SHIYONG JINGJIFA
XINBIAN

实用经济法新编

赵美珍　刘永宝　主　编
宣　頔　余小伟　副主编

法律出版社
LAW PRESS · CHINA
—— 北京 ——

图书在版编目(CIP)数据

实用经济法新编 / 赵美珍, 刘永宝主编 ; 宣頔, 余小伟副主编. -- 北京 : 法律出版社, 2022

ISBN 978-7-5197-7232-1

Ⅰ. ①实… Ⅱ. ①赵… ②刘… ③宣… ④余… Ⅲ. ①经济法-中国-高等学校-教材 Ⅳ. ①D922.29

中国版本图书馆 CIP 数据核字(2022)第 197801 号

实用经济法新编
SHIYONG JINGJIFA XINBIAN

赵美珍　刘永宝　主　编
宣　頔　余小伟　副主编

策划编辑　肖　越
责任编辑　肖　越
装帧设计　汪奇峰

出版发行 法律出版社
编辑统筹 法商出版分社
责任校对 李慧艳
责任印制 胡晓雅
经　　销 新华书店

开本 710 毫米×1000 毫米　1/16
印张 29.5　　**字数** 565 千
版本 2022 年 11 月第 1 版
印次 2022 年 11 月第 1 次印刷
印刷 唐山玺诚印务有限公司

地址:北京市丰台区莲花池西里 7 号(100073)
网址:www.lawpress.com.cn
投稿邮箱:info@lawpress.com.cn
举报盗版邮箱:jbwq@lawpress.com.cn

销售电话:010-83938349
客服电话:010-83938350
咨询电话:010-63939796

书号:ISBN 978-7-5197-7232-1　　**定价**:108.00 元

凡购买本社图书,如有印装错误,我社负责退换。电话:010-83938349

编写说明

我国经济已由高速增长阶段转向高质量发展阶段，正处在转变发展方式、优化经济结构、转换增长动力的攻关期。推动经济高质量发展，离不开法治保障。经济法是对社会主义市场经济关系进行整体、系统、全面、综合调整的一个法律部门，在依法治国体系中发挥重要作用。通过经济法对经济活动的规范，调节市场和政府间的关系，达成经济效率和实质公平的统一，促进新常态下的中国经济向形态更高级、分工更复杂、结构更合理的阶段逐步演化，从而实现国家的长期稳定与繁荣。

本教材在参考、借鉴相关教材、专著、论文的基础上，按照习近平总书记2016年12月在全国高校思想政治工作会议上的讲话精神和教育部《高等学校课程思政建设指导纲要》的要求，充分利用网络资源，选用最新的资料，介绍最新的观点，探讨最前沿的问题，反映时代特色，具有以下特点：

第一，融入思想政治元素。新时代要求现代大学生应当具有新的法律理念、法治思维，本教材各章内容均紧密结合中央精神、社会主义市场经济特点和法治建设要求，不仅要使学生学习和掌握经济法知识，同时坚持德法并举，融入了丰富的思想政治元素。

第二，反映最新立法动态。随着我国社会主义法治建设的不断推进，科学立法依次开展，涉及经济法的规范性文件陆续被制定和完善，以往有关教材已经难以跟上立法发展的步伐，而本教材各章均以最新立法内容为依据，展现了我国经济立法的最新成果。

第三，体现经济法的实用性。经济法是实用性较强的部门法，本教材框架既博采众长，又有别于现有的经济法教材，特设“市场交易法”一编，注重理论与实际相结合，以利于大学生系统掌握和正确运用经济生活中相关法律、法规，体现实用性。

本教材由赵美珍、刘永宝任主编，宣頔、余小伟任副主编。本教材的编写人员及撰稿分工如下：

蒋雪勤:第一编经济法概论第一章经济法概述、第二章经济法的调整对象和责任制度、第三章经济法的法律体系;第四编市场规制法第十六章竞争法律制度。

刘永宝:第二编经济法主体第四章经济法主体的一般原理、第五章国家经济管理主体法律制度、第六章企业法律制度、第七章市场中介组织法律制度。

赵美珍:第三编市场交易法第八章市场交易法的一般原理;第四编市场规制法第十五章市场规制法的一般原理;第五编宏观调控法第二十五章宏观调控法的一般原理、第二十六章计划调控和投资调控法律制度、第二十七章产业调控法律制度。

高　可:第三编市场交易法第九章合同法律制度。

宣　頔:第三编市场交易法第十章票据法律制度、第十一章证券法律制度、第十二章保险法律制度、第十三章期货法律制度;第四编市场规制法第二十二章金融监管法律制度;第五编宏观调控法第二十八章金融调控法律制度、第二十九章财政税收法律制度。

余小伟:第三编市场交易法第十四章知识产权法律制度;第四编市场规制法第十七章消费者权益保护法律制度、第十八章产品质量法律制度、第十九章食品安全法律制度、第二十章广告监管法律制度、第二十一章价格监管法律制度、第二十三章房地产市场监管法律制度、第二十四章劳动力市场监管法律制度。

当今社会,新知识不断增加、知识更新率不断加快,国内外经济法的变化日新月异,相关的研究成果层出不穷。鉴于编写者的学识水平、能力和占有资料有限,本教材难免存在疏漏或欠缺之处,期盼广大读者给予批评和指正。感谢本教材所引用参考文献的原作者和为本教材顺利出版的各位同仁。

编　者

2021 年 8 月 20 日

序

中国特色社会主义迈入新时代,经济由高速增长转向高质量发展,经济法在这一过程和新的发展格局中都起着规范和保障作用。经济法是公共管理渗透到经济领域,政府引领经济社会,对其进行调控监管并参与经济活动的产物。经济法通过规划和产业政策法、财税法、中央银行和金融监管法、国有企业暨合作制法、产业部门法、质量和技术监督法、反垄断和反不正当竞争法、消费者法、对外经济贸易法等,在市场决定资源配置的基础上助力政府更好发挥作用,以有为政府助成有效市场。经济法反映着经济的规律和要求,以其实体规定和固有的精神推动着政府治理能力和治理水平不断提升;同时,在宪法行政法和民主法治一般的框架及有效规范下,使政府行为不得超过经济法规定的度,不至于滥权乱作为、懈怠不作为、以权谋私、徇私舞弊、贪赃枉法等。

《实用经济法新编》是常州大学立项的课程思政教学改革项目中课程思政重点教材培育工程类项目的结题成果。其“实用”在于,不囿于经济法部门的内容,将范围适当扩充至实践中常用的与经济有关的法,并在编写方法和形式上有所体现。本教材共五编二十九章:第一编经济法概论,阐述经济法的地位和意义,介绍其调整对象、责任特点、自身体系等知识点;第二编经济法主体,明确经济法主体的类型及权责划分,并概括介绍各主体的相关制度;第三编市场交易法,介绍市场交易法的特点和内容,着重阐释合同、票据、证券、保险、期货、知识产权等市场经济的重要法律制度;第四编市场规制法,介绍市场规制法特点和内容,并从竞争、消费者、产品质量、食品安全等方面阐释社会主义市场经济下的法律制度;第五编宏观调控法,介绍宏观调控法的特点和内容,阐释计划调控和投资调控法律制度、产业调控法律制度、金融调控法律制度以及财政税收法律制度。

常州大学(原江苏石油化工学院)于1994年设立经济法专业。常州大学史良法学院是2014年民盟中央与常州大学共建的法学院,以从常州走出去的我国著名政治家、法学家、社会活动家史良先生的名字命名。学院教师队伍学历层次高、实践创新能力强、年龄结构合理。学院拥有法学一级学科硕士学位授予权,其中经济法学是重要的二级学科硕士点。本教材编写组由史良法学院一批老中青教师组成,具备法学博士、硕士等学位及教授、副教授、讲师等职称。既有从事法学教学三十多年、经验丰富的老教师,也有具有海外留学背景、年富力强的中青年骨干教师;既有从事兼职律师工作、仲裁员工作等实务经验的教师,也有具有较强理论功底、以研究见长的教师,从而为本教材理论联系实际、专业结合实务奠定了坚实的基础。

本教材具有思政元素与理论知识相结合的特点。各章内容均紧密结合中央精神、社会主义市场经济特点和法治建设要求,与时俱进,结合当下经济社会形势与时事热点、专业领域内重点关注的问题,将思想政治素材充实到经济法案例库中,将显性教育与隐性教育相结合,融入思想政治元素。

教材坚持正确的政治方向,特别是按照习近平总书记2016年在全国高校思想政治工作会议上的讲话精神和课程思政的要求,编排教材的内容体系,融课程思政与法律知识于一体,具有内在的逻辑性和学术性。

同时,本教材相较于市场上的同类教材而言,在选题立意、体系结构、法律法规、编写方法等方面具有一定程度的创新性。首先,选题立意新。确立编写指导思想,将思政元素融入每章的知识传授,对社会暨法律生活中出现的新问题进行研究。其次,体系结构新。不限于经济法部门,而是以经济法为主,从实践出发来设置教材框架结构。再次,法律法规新。教材各章均反映了国家经济立法的先进成果。最后,教材整理出一套简明扼要的系统纲要,具有较强的学习指导性;通过脚注方式标明了法律法规的来源,方便读者检索;每章结尾设置若干思考题,引导读者在使用中进行思考,也便于对知识点的复习检测。

本教材可作为大学法学院及其他相关专业研习经济法课程的辅助教材,也可供法律实务工作者参考及查阅法律,还可作为普通民众了解经济法的通俗读物。

我本人是常州溧阳人,并曾有幸在史良法学院成立时被常州大学聘为客座教授,十分高兴看到学院成立以来不断发展壮大,水平日益提高。欣闻本教材立项及完稿,兹为之作序。

2022年10月11日

目　　录

第一编　经济法概论

第二编　经济法主体

第三编 市场交易法

第五编　宏观调控法

第一编

经济法概论

第一章　经济法概述

【本章导读】

社会主义市场经济体制是中国改革开放所建立的市场经济体制。建立和完善社会主义市场经济体制是中国进一步深化经济体制改革的一项重要内容。2017年10月18日,习近平总书记在党的十九大报告中指出,加快完善社会主义市场经济体制。经济法是支撑我国社会主义市场经济体制发展的重要法律部门,学习和掌握经济法知识对于理解并参与我国市场经济体制运作具有重大意义。本章旨在对经济法进行概述,有助于读者全面知悉我国新时代经济形态下社会主义特色经济法体系的构建,深入理解我国社会主义市场经济的科学有效法治建设。本章从经济法的定义入手,阐述了经济法的本质、基本原则和价值等基本理论知识。

第一节　经济法的定义

一、定义经济法的方法

要明确经济法的概念,就需要先界定经济法的调整对象,通常在法学领域提炼某个部门法概念的时候,人们适用“某某法是调整某某社会关系的法律规范的总称”这样的基本定义公式。经济法的定义包含了多个方面的内容:第一,在时间上,经济法是与现代国家、现代市场经济相关联的,因而在产生基础和存续上不同于传统部门法;第二,在空间上,经济法侧重于在一国范围内对调控和规制关系进行法律调整,因而不同于国际层面的法律协调,与国际公法或国际经济法有别;第三,在调整对象上,经济法调整的是宏观调控关系和市场规制关系,简称调制关系;第四,经济法是一类法律规范的总称,因此,它并不是形式上的法律或法规的总称,而是从实质意义的部门法角度作出归类。

二、经济法定义的表述

经济法是调整在现代国家进行宏观调控和市场规制的过程中发生的社会关系的法律规范的总称。从经济法定义的表述可解读为:第一,经济法最基本的属性在于它体现了国家运用法律对社会经济生活的干预;第二,经济法并不调整所有的社会关系,而仅调整具有全局性的和社会公共关系的经济关系;第三,不是所有的全局性和社会公共性的经济关系,都需要由国家进行干预,只有市场失灵需要国家干预时，国家才进行干预，也就是说，市场失灵为经济法的国家干预划定了界限。[1]

第二节 经济法的本质

一、市场失灵

法是社会关系的反映，社会关系特别是以生产关系为核心的各种物质利益关系即经济关系，是法的本源。在统一开放市场环境中，广大生产经营者自由充分地进行竞争，市场调节这只“无形之手”维持着市场大致协调的各种结构比例关系。但是，市场调节机制并非万能，它存在一定的局限性，也就是我们所说的市场缺陷。在一定条件下，市场缺陷不会造成严重后果。但是，如果该条件发生变化，市场缺陷显露出来，就会造成严重后果，这时市场调节这只“无形之手”所发挥的作用将不再充分有效，这就是我们所称的“市场失灵”。[2]

二、国家调节

当市场机制不再足以有效调节社会经济，就需要国家进行调节，国家调节需要法律授权，需要法律规制，也需要法律的保障，这就产生了经济法。因此，“国家调节”是经济法的一个显著特征，也是经济法的本质属性和各种特征的集中体现。国家调节既是一种经济调节机制，也是现代国家的一种职能。国家调节的重要使命是在市场调节的基础上，为了弥补市场机制之不足，运用人们的主观能动性，通过国家职能活动，影响社会的经济结构和运行，使市场恢复自由开放的竞争环境，实现调节经济的目的。[3]

第三节 经济法的基本理念

在中国经济发展中，要适应中国社会主要矛盾的变化，满足人民日益增长的美好生活需要，必须在现实条件和原有研究的基础上，进一步研究和明确中国经济法的基本理念。经济法基本理念最为重要的意义就在它能够对整个经济法学和经济法本身的理论起到统摄和指导作用，只有明确经济法的基本理念，才能保证经济立法以及经济法学研究沿着正确的方向发展。[4] 中国经济法学者关于经济法理念的研究与探索，取得了一大批研究成果。最具代表性的观点有：“经济法的理念是

---

〔1〕 参见肖江平：《经济法定义的中国学术史考察——侧重于经济法调整对象》，载《北京大学学报(哲学社会科学版)》2012 年第 5 期。

〔2〕 参见王冰：《市场失灵理论的新发展与类型划分》，载《学术研究》2000 年第 9 期。

〔3〕 参见李昌麒、应飞虎：《论经济法的独立性——基于对市场失灵最佳克服的视角》，载《山西大学学报(哲学社会科学版)》2001 年第 3 期。

〔4〕 参见李昌麒：《经济法理念研究》，法律出版社 2009 年版，第 3 ~ 4 页。

经济社会化条件下的实质公平正义，其核心内容是社会整体经济利益的实现”[1]；经济法应包括“自由理念、公平理念、安全理念和发展理念”[2]等。当下中国进入新时代，社会主要矛盾发生了转化，“创新、协调、绿色、开放、共享”的新发展理念必将指引中国经济社会发展跃升到一个新的阶段。新时期的经济法基本理念集中体现为平衡协调发展理念、共治共享理念以及风险控制理念。

一、平衡协调发展理念

党的第十八届五中全会提出了“创新、协调、绿色、开放、共享”的新发展理念。其中的协调重在解决发展不平衡的问题，即通过协调各方，解决经济社会发展不平衡问题，而“经济法就是平衡协调法”。经济法要协调个体的营利性和社会的公益性，这种协调不但要保障个体的效率，而且要保障整个社会的效率；不但强调经济效率，而且追求社会效益。其协调和保障，是为了降低交易成本，减少经济和制度运行的摩擦，以使整个社会的总体福利最大化。平衡协调发展理念是新发展理念在经济法理念中的具体体现，平衡协调发展原则把全面、协调和可持续发展有机结合起来，成为实现经济法以消费者为中心理念的手段和保障。经济法理念加入协调要素，是适应社会主要矛盾转化、贯彻以人民为中心的客观要求。协调发展是指各项发展目标要配合适当，各种发展手段要配合适当，发展时机、发展顺序要配合适当，只有大力推进协调发展才能实现平衡。此外，随着大数据时代的到来，很多价值理念都发生了转变，大数据增强了国家权利的扩张，社会自由和权利会受到严重减损。这些都是加剧市场资源配置和机会利益发展的不平衡、不公正，以及政府权力与社会自由的不平衡、比例原则所致，因此，需要根据互联网、大数据和人工智能技术的时代发展，确立相适应的平衡发展理念，探索良好的平衡方式、范围和尺度，使经济法在调整、协调经济关系时，以组织协调、平衡发展为己任，从而促进、引导或强制实现社会整体目标与个人利益目标的统一。[3]

二、共治共享理念

互联网时代的发展方式已从独享经济迈向分享经济。这场信息革命在带来巨大好处，促进政府治理带来新理念、提供新模式、注入新动力的同时，也可能会增加信息犯罪、加剧道德危机和社会分化，从而带来巨大挑战。尤其是依托于互联网、大数据和人工智能技术，打造了匹配各种产品和服务的买家—卖家的平台效应，加剧利益和价值向少部分人手中集中。为此，必须设法平衡数字平台的效益与风险，确保其开放性，并为协作式创新提供机会。这样，就需要按照党的十九大提出的“共建共治共享”的战略部署，在经济法上确立与法治精神相契合的共治共享发展

---

〔1〕 史际春、李青山：《论经济法的理念》，载《华东政法学院学报》2003年第2期。

〔2〕 单飞跃：《经济法理念与范畴的解析》，中国检察出版社2002年版，第3～12页、第75～106页。

〔3〕 参见徐孟洲：《经济法如何适应中国社会主要矛盾之变》，载《经济法论丛》2018年第1期。

理念，[1]从而通过国家干预、市场自主化治理和广泛的公众参与，努力消解数字鸿沟、数据歧视、信息孤岛和信息垄断，使社会大众能够与商家分享数据权利和利益的机会，也能够实现政府的信息公开与数据权利保护，实现数据公平和信息自由。

三、风险控制理念

随着信息革命的到来，互联网、大数据和人工智能技术加速融合发展，滴滴打车、移动支付、自动驾驶、智能机器人、智能合约等深刻地改变着人们的生产生活和交往方式。一方面，它构建了便捷舒适、个性多样、灵活高效的自动化、智能化商业模式和生活状态；另一方面，其也带来了全新的、较高的社会风险，如数据挖掘和算法的真实性和可靠性问题、人工智能的技术风险和道德风险问题、数字鸿沟和数据垄断问题等。可见，"由于技术的可能性出现了不可预料的、全新的机会，鉴于同时产生的风险，所以一切与真实生活有关的问题一定要由人们来做最后的决定。其实，真正的挑战就产生在我们赋予数据意义的同时"。[2] 在大数据时代的高风险社会环境中，"努力降低风险，防止由于风险过大而产生危机，确保经济安全和社会安全，已成为经济法调整的重要目标"。[3] 这就要求在经济法上确立风险控制理念，塑造合理化、法治化的公共政策机制，以便能够"迅速发展必需的防御措施，其中包括道德标准、法律标准和防御技术本身"，从而使"机会和风险可以得到恰当的权衡"。

第四节　经济法的基本原则

一、经济法基本原则的概述

法的原则是法的要素之一，它是由法所确立的在其调整一定社会关系时，在一定范围内普遍适用的基本准则。经济法的基本原则，是指由经济法所确立的调整特定的社会关系即国家调节经济关系时所遵循的最重要的准则。这个准则是由经济法确立和规定的，具有法律约束力，是规范国家经济调节活动中各有关主体行为的准则，在经济法全部或一定范围内具有普遍适用性。但是，它只适用于经济法范围，不适用于其他部门法。经济法基本原则具有一定的抽象性，它区别于具体行为规范，只是为人们行为指示一定的基本方向和模式。同时，经济法的基本原则具有一定的稳定性，经济法的基本原则不会因为国家的经济形势或经济政策发生变化

[1] 参见张守文：《在法治框架内加强和改善宏观调控》，载《人民日报》2016 年 9 月 13 日，第 7 版。
[2] [德]罗纳德·巴赫曼、[德]吉多·肯铂等：《大数据时代下半场——数据治理、驱动与发展》，刘志则等译，北京联合出版公司 2017 年版，第 271 页。
[3] 参见张守文：《观察经济法的风险维度》，载《国际商报》2010 年 2 月 3 日，第 2 版。

而变化。经济法是调节国家经济之法律,虽然国家调节影响社会各个方面,但经济法主要涉及的领域是经济,它的价值、功能和理念的特定性在于体现社会整体的经济效率和社会经济的公平。因此,创设经济法的基本原则,最终的目标是维护和促进社会经济总体效率和社会公平。[1]

二、经济法基本原则的具体内容

参照我国现行法律、法规,考虑到经济法的价值取向,在市场经济条件下的经济法的基本原则可概括为八项原则:(1)资源优化配置原则;(2)国家适度干预原则;(3)社会本位原则;(4)经济民主原则;(5)经济公平原则;(6)经济效益原则;(7)经济安全原则;(8)可持续发展原则。[2]

三、经济法基本原则之间的关系

经济法的上述八项基本原则是相互联系、相互促进,缺一不可的有机整体。它们之间存在的逻辑关系为:寻求资源的优化配置,是经济法首要追求的目标;在寻求资源优化配置的过程中,国家干预起着重要的作用;但是,国家的干预并非任意的,它必须以社会公共利益为出发点和目标;国家对经济实施干预时,又必须促进和保障经济民主和经济公平的实现,而经济民主和经济公平,又是推动和提高经济效益的重要因素;在实现经济效益的同时,还必须防范全球化发展背景下的经济风险的产生,因此需要确保经济安全。最后,经济法要适应现代化发展的趋势,促进全球性的可持续发展战略的中国的实施,以及科学发展观指导我国的经济社会发展。[3]

第五节　经济法的价值

一、经济法的价值概述

法的价值,是指法律在发挥其社会作用过程能够保护、增进那些为人所追求的美好事物。法的重要价值通常包括自由、正义、秩序、效率等。[4] 经济法作为法体系的一个部门法,其价值同其他部门法价值、一般法的价值有着共性,但又存在特殊性。

经济法的价值包含自由、正义、秩序、效率等方面内容,但是其具体内涵有所不同。首先,经济法价值的特殊性是由经济法在法体系中的特殊本质属性所决定的。经济法主要涉及经济领域和经济生活,其内容主要是经济性,所以,可以说经济法

[1] 参见邱本:《再论经济法的基本原则》,载《经济法论坛》2004年第2期。

[2] 参见李昌麒:《经济法学》,法律出版社2010年版,第77~85页。

[3] 参见李昌麒:《经济法学》,法律出版社2010年版,第77~85页。

[4] 参见张文显:《法理学》(第4版),高等教育出版社2011年版,第250~251页。

的价值也主要表现在其经济性上。经济法和民商法价值的区别在于,经济法所关注的主要是社会经济的宏观和市场总体结构的运行。其次,经济法是19世纪末生产和其他方面社会化的背景下产生的新的法律部门,是社会化的产物,所以经济法的价值亦重在其社会性。

综上所述,经济法的价值强调其经济性、社会性的一面,此为经济法价值区别于其他部门法价值的显著特点,也是我们准确把握经济法价值的关键。[1]

二、经济法的价值的具体内容

经济法价值中的自由着重强调市场经济条件下的交易自由。微观经济学假定每个人都是理性的利益最大化者,且每个人是维护自身最大利益的最佳人选。市场经济主体在自愿的条件下之所以达成交易,一定是以交易所带来的收益大于交易成本为前提的,而交易双方主体收益的提高代表着整个社会净收益的增加。因此,经济法中的市场交易法保障合同制度的有序运作,既有助于维持市场交易主体的意志自由,也增进了社会福利。

经济法中的正义(或称公平)主要是指经济生活中的公平,侧重于社会总体的经济公平。经济法并不是笼统地反对"形式公平",但它更注重"实质公平"。社会为了实现总体公平,往往会在某些个体或团体之间存在一些程度的"不公平"。

经济法价值中的秩序着重于维护社会经济总体结构和运行的秩序。在社会中的每一个个体虽然是自由的,但其行使权利受到社会必要的限制,不得损害他人或其他公众的自由和权利,不得损害社会整体经济的运行和发展。经济法侧重于从社会整体角度来协调和处理个体和社会的关系,即是以社会为本位,是关注社会利益的秩序。

经济法中的效率主要是指社会整体的经济效率,其中包括劳动生产效率、经营效率、资源利用效率等。首先,社会总体经济效率虽然是由单个个体的经济效率以及团体的经济效率所构成,但是,当某个个体经济效率或团体效率损害社会总体效率的时候,需要对该个体经济效率或团体效率进行必要的限制来实现社会整体效率的最大化。其次,社会总体效率包括社会总体的长远效率,但社会的眼前效率与长远效率产生冲突时,就需要进行协调平衡并统筹兼顾,将眼前效率和长远效率进行综合考虑,重视社会经济的可持续发展。

经济法的这些价值都很重要,但是效率和公平(或正义)应排在第一序列,最为重要,可以说,效率和公平这两个价值同等重要,缺一不可。同时,效率和公平是息息相关的,国家对经济法的立法和实施有效地维护了社会总体效率和社会公平。只有实现了效率和公平,社会秩序、自由、安全等价值才有意义。

---

〔1〕 参见漆多俊:《经济法基础理论》,法律出版社2017年版,第164~168页。

【复习与思考】

1. 何为经济法？
2. 经济法的本质是什么？
3. 经济法的基本原则有哪些？
4. 经济法的价值有哪些？

以案释法：

政府调控

【案情】网景公司曾因推出可在多个不同的操作系统上运行的导航者(Navigator)浏览器而迅速崛起。微软公司为争夺互联网客户平台的控制权，开发了Internet Explorer(简称IE)浏览器，并在为电脑制造商预装Windows操作系统时，通过排他性合同捆绑IE浏览器。在微软公司的强大攻势下，网景公司的市场份额急剧下降。1998年美国司法部和20个独立州和哥伦比亚特区诉微软公司对个人电脑操作系统市场进行垄断，违反了《谢尔曼法》第1条和第2条。最终哥伦比亚特区巡回上诉法院批准了和解协议。

【问题】政府为什么要干预私人的经济活动？

【解答】本案中微软公司利用其在Windows操作系统的市场支配地位，实施了一系列的垄断行为，这些行为严重限制了市场的自由竞争。仅仅依靠市场这只“无形的手”已无法进行自我调节，这就要求国家承担其经济管理职能，运用法律来克服“市场失灵”，维护市场的自由竞争。

【评析】微软垄断案比较直观地展现了经济活动中的垄断现象和反垄断法的功能，在广泛意义上说明了国家对现代社会的市场经济活动中“市场失灵”问题的干预必要性。“市场失灵”要求国家承担起全新的经济管理职能，解决“市场失灵”不能仅依赖于市场的自身调节，国家必须主动对经济运行进行适度干预。

第二章　经济法的调整对象和责任制度

【本 章 导 读】

2013年7月23日习近平总书记在武汉召开部分省市负责人座谈会时强调，要把更好发挥市场在资源配置中的基础性作用作为下一步深化改革的重要取向，加快形成统一开放、竞争有序的市场体系，营造稳定公平透明的营商环境，着力清除市场壁垒，提高资源配置效率。这就需要进一步抓好市场监管与宏观调控等方面的工作。市场的自发性、盲目性和滞后性决定了国家协调的必要性。本章从法律上所指的调整入手，阐述了调整以及经济法调整的一般含义，经济法的调整对象及其具体范围，并简单介绍经济法的法律责任。

第一节　经济法的调整对象

一、关于调整的一般含义

法律上所指的调整，是指法律对社会关系的规范。法律所规范的主体或者行为最终仍然体现为一种社会关系。我们把“调整”归结为“规范”，既可以体现调整的法律属性，又可以表明对社会关系的整顿。这种整顿既可以表现为对已经充分展现出来得较为稳定的社会关系的整顿，还表现为对按照通常规律可能出现的社会关系进行事前的整顿。所以，法律上的规范既是对现有的社会关系的理顺，也包含了对社会关系的有条件的创制，即“超前规范”。

二、经济法调整的含义

一般认为，经济法调整是为了弥补民法和行政法调整之不足而产生的。将经济法的调整归结为一种机制，表明经济法的调整是从经济法律规范的形成、遵守和实施，到生产预期的最佳的法律秩序状态，进而推动社会生产力向前发展的综合运动过程。这种运动过程，最终目的是把物质关系领域中需要国家干预但不具备强制执行力的一种社会关系，变为由法律保障实施的具有强制执行效力的社会关系。

三、经济法的调整对象

经济法的调整对象，是指经济法促进、限制、取缔和保护的社会关系的范围。也就是说，国家运用经济法的形式干预社会经济关系的范围，即经济法律规范效力所及的范围。我们需要把经济法的调整对象与民法和行政法的调整对象区别开来。民法的调整对象是平等主体之间基于意思自治而发生的不具有权力从属性质的社会关系;而行政法的调整对象是行政关系,当然行政关系也包括一定范围的经济关系,但行政法所调整的一定范围的经济关系,其主要目的是对行政权的制衡,在通常情况下并不进一步介入具体的社会关系。因此,经济法作为国家调节社会经济过程中发生的各种社会关系,其主要调整任务是要把事实上的经济关系变成由法律保障实施的经济法律关系。

四、经济法调整对象的具体范围

笼统而言,经济法的调整对象是需要由国家干预的经济关系。按照一般对经济法的定义,本书将经济法调整对象的具体范围划分为四个部分。

第一,市场主体的调控关系。指国家从维护社会公共利益出发,在对市场主体的组织和行为进行必要干预过程中发生的社会关系。在市场经济条件下,各类市场主体的法律地位都是平等的,并不存在任何依附关系,但是,这些主体依然需要国家来进行调控。在当今社会,企业已经成为负担社会责任的主体,而国家必须考虑全局性和社会公共利益的需要,就必须对市场主体的组织以及活动进行必要的、适度的干预。而各个市场主体在自己的运行过程中,为了实现自己的需求,也有必要对其内部机构和成员的行为进行必要的管理(详见本书第二编)。

第二,市场交易的调控关系。指国家对市场经济主体之间形成的各种类型的交易关系(如合同债权债务关系、票据债权债务关系、知识产权转让与许可使用关系)进行调整所形成的社会关系(详见本书第三编)。

第三,市场秩序的调控关系。主要是国家对市场竞争中的垄断和限制行为、不正当竞争行为以及其他不公平交易行为,运用国家强制力进行干预所发生的一种国家经济调节关系(详见本书第四编)。

第四,宏观经济的调控关系。指国家对社会经济活动实行引导、约束和促进过程中所发生的社会关系。在国家宏观引导调控中所发生的社会关系主要包括国家计划的制定和实施过程中,各国家机关、国家机关与企业、事业单位和其他社会组织之间的关系;国家各项经济政策制定和实施中各方之间的关系;国家在运用各项政策性工具和调节手段过程中的各方之间的关系(详见本书第五编)。

第二节 经济法的责任制度

一、经济法的责任概述

法律责任通常理解为人们违反法律规定的义务所应付出的代价。经济法责任即人们违反经济法规定的义务所应付出的代价。根据各个部门法的性质义务不同,相对应的法律责任的性质也不同。如刑法所规定的义务是人们不得实施严重危害社会的行为,所以其法律责任的性质也比较严重,往往需要以其财产、人身自由甚至生命作为代价。民法规定的是不得侵害法律所保护的平等主体直接的财产权利和人身权利,所以其法律责任的义务是对侵害人实施财产或人身方面的补偿。经济法规定的是经济法各主体在国家经济调节活动中应正确实施调节或管理,以及被管理主体应沿革服从和执行调节和管理义务。如有违反,即给国家经济调节和国家、社会或者具体的社会组织与个人造成经济利益的危害。因此,经济法规定的法律责任是指弥补给国家经济调节和给国家、社会或其他被侵害主体的经济利益造成的损害,消除上述已经或将会造成的不利影响。

既然经济法义务人为其对国家经济调节和国家、社会或相关个体的经济利益造成损害而付出代价,所以,这种代价应当和国家、社会或者其他被侵害者的经济利益相关,并与行为人造成的危害性质、后果和程度相当。如对被侵害者的财产和经济利益进行补偿,或消除侵害行为可能会继续产生危害,或者限制或剥夺侵害人此后可能继续实施危害的资格和手段。因此,经济法责任的形式主要包括财产和其他经济利益方面的责任,经济行为方面的责任、经济信誉方面的责任和经济管理方面的责任等。[1]

二、经济法的责任具体类型

在司法实践中,最基本的分类是根据引起法律责任的行为性质为标准所进行的分类,即把经济法的责任分为经济民事法律责任、经济行政法律责任以及经济刑事法律责任。经济民事法律责任为私法责任,经济行政法律责任与刑事法律责任为公法责任。

经济民事法律责任,是指自然人、法人与非法人组织由于违反经济法律法规中的民事义务规范(构成民事违法行为)从而应当承担的不利法律后果。依《民法典》第 179 条第 1 款,民事责任的主要承担方式包括:(1)停止侵害;(2)排除妨碍;(3)消除危险;(4)返还财产;(5)恢复原状;(6)修理、重作、更换;(7)继续履行;(8)赔偿损失;(9)支付违约金;(10)消除影响、恢复名誉;(11)赔礼道歉。在经济法中,最常用的民事责任是赔偿损失,原则上是填补性责任,不具有惩罚性。例如,《反不正当竞争法》第 17 条第 1 款规定:“经营者违反本法规定,给他人造成损害的,应当依法承担民事责任。”但在某些经济活动中,民事赔偿责任也具有惩罚性,旨在加大对恶意违法经济活动的法律威慑。例如,《民法典》第 1185 条规定:“故意侵害他人知识产权,情节严重的,被侵权人有权请求相应的惩罚性赔偿。”第 1207 条规定:“明知产品存在缺陷仍然生产、销售,或者没有依据前条规定采取有效补救措施,造成他人死亡或者健康严重损害的,被侵权人有权请求相应的惩罚性赔偿。”

经济行政法律责任,是指行政机关及其公职人员或者行政相对人(自然人、法人与非法人组织)由于违反经济法律法规中的行政禁止性或者命令性规定(构成

---

[1] 参见漆多俊:《经济法基础理论》,法律出版社 2017 年版,第 186~187 页。

行政违法行为）而承担的不利法律后果。经济行政法律责任的范围包括：承担市场监管与宏观调控职责的行政机关的行政法律责任；国家行政工作人员的行政法律责任；行政相对人的行政法律责任。行政机关、国家行政工作人员行政责任形式是行政国家赔偿和行政处分；相对人的行政责任形式是行政处罚。行政处分与行政处罚具有惩罚性，但其严厉程度轻于刑事责任。

经济刑事法律责任，是指行为人违反《刑法》中有关国家经济监管或调控秩序的规范，从而构成犯罪所应承受的不利法律后果。经济刑事责任针对的是最严重的经济违法行为——经济犯罪行为，因而其惩罚措施也是最严厉的。须注意的是，经济刑事法律责任的认定与施加，只能依据《刑法》规范进行。《刑法》中规制经济违法行为的规范，主要集中规定于第二编分则第三章破坏社会主义市场经济秩序罪中，主要犯罪类型包括生产、销售伪劣商品罪、走私罪、妨害对公司、企业管理秩序罪、破坏金融管理秩序罪、金融诈骗罪、危害税收征管罪与扰乱市场秩序罪。

【复习与思考】

1. 经济法的调整对象是什么？
2. 经济法的责任制度内容是什么？

以案释法：

缺陷产品、召回责任制度

【案情】据美国报道，自2014年以来，宜家某款抽屉已经夺去数名幼儿的生命。2016年6月宜家在美国宣布召回包括该款抽屉系列柜子以及其他多款家具。但是，宜家在美国发布召回公告后在中国市场未有任何行动。直至1个月后，于2016年7月在质检总局和地方监管部门的指导下，才发起了对销售的“马尔姆”系列抽屉柜的召回。

【问题】根据《产品质量法》和相关法律规范能否调整宜家家具的问题？

【解答】能。根据《产品质量法》第46条“产品缺陷”的定义，并结合公布的相关信息来看，宜家该款抽屉柜已经在美国造成多名儿童死亡，产品危及人身、财产安全的危险程度超过了人们的合理期待和承受范围，基本可以判断该产品存在缺陷，产品质量特性难以满足安全性的合理要求。根据《侵权责任法》第46条的规定可知，如商品存在影响消费者权益的缺陷的话，应及时采取补救措施或进行召回。

【评析】通常我们判断一个产品是否合格，主要是依据产品标准。但是，往往有一些产品符合标准却存在缺陷，会出现缺陷产品符合产品标准的情形。宜家之所以在美国实施召回，而在我国没有及时采取补救行动，这就说明我国在缺陷的认定和召回责任制度的立法方面仍存在不足，需要补充和完善。

第三章　经济法的法律体系

【本 章 导 读】

习近平总书记强调，改革开放是前无古人的崭新事业，必须坚持正确的方法论，把握全面深化改革的内在规律。发展社会主义市场经济，既要发挥市场作用，也要发挥政府对市场的调控作用。政府的职责和作用主要是保持宏观经济稳定，加强和优化公共服务，保障公平竞争，加强市场监管，维护市场秩序，推动可持续发展，促进共同富裕，弥补市场失灵。为此，必须大力完善我国经济法的法律体系，为政府调控市场提供坚实的制度保障。根据国家对社会经济的调控目标，可将经济法的法律体系细分为经济主体法、市场交易法、市场规制法与宏观调控法四个法律子部门，本章对此进行简要介绍。

第一节　经济主体法

一、经济主体法概述

在"大经济法观点"的视角下，经济法的调整对象是需要由国家干预的经济关系。这种经济关系既包括民间社会经济关系，也包括国家经济调节关系。所谓民间社会经济关系，是指民间社会的自然人、法人和非法人组织从事经济活动，相互之间发生的经济关系。在国家经济调节中发生的以国家为一方主体的社会关系，称为国家经济调节关系。相应地，经济主体法可以区分为民间社会经济主体法与国家经济调节主体法。

二、民间社会经济主体法

在民间的社会经济关系中，经济主体包括三类，即自然人、法人和非法人组织。[1] 2021 年 1 月 1 日生效的《民法典》对这三类经济主体的概念、主体资格、类型等提供了基础性的规范。所谓自然人，是指自然状态下出生的人，从出生时起到死亡时止，具有民事权利能力，依法享有民事权利，承担民事义务。[2] 自然人从事工商业经营，经依法登记，为个体工商户，个体工商户可以起字号，以字号的名义独

---

〔1〕 参见《民法典》第 2 条。

〔2〕 参见《民法典》第 13 条。

立参与经济活动。[1] 农村集体经济组织的成员，依法取得农村土地承包经营权，从事家庭承包经营的，为农村承包经营户。[2] 所谓法人，是指具有民事权利能力和民事行为能力，依法独立享有民事权利和承担民事义务的组织。[3] 法人应当依法成立。法人应当有自己的名称、组织机构、住所、财产或者经费。法人成立的具体条件和程序，依照法律、行政法规的规定。设立法人，法律、行政法规规定须经有关机关批准的，依照其规定。[4] 法人的民事权利能力和民事行为能力，从法人成立时产生，到法人终止时消灭。[5] 法人以其全部财产独立承担民事责任。[6] 所谓非法人组织，是指不具有法人资格，但是能够依法以自己的名义从事民事活动的组织。非法人组织包括个人独资企业、合伙企业、不具有法人资格的专业服务机构等。[7] 非法人组织应当依照法律的规定登记。设立非法人组织，法律、行政法规规定须经有关机关批准的，依照其规定。[8] 非法人组织的财产不足以清偿债务的，其出资人或者设立人承担无限责任。法律另有规定的，依照其规定。[9]

在《民法典》之外，尚有许多单行的经济主体法针对特定的民间社会经济主体进行更为具体的规范。这样的法律法规包括《公司法》《合伙企业法》《个人独资企业法》《外商投资法》《企业破产法》《证券法》《保险法》《社会组织登记管理条例（草案意见征求稿）》《民办非企业单位登记管理暂行条例》等。

三、国家经济调节主体法

国家经济调节关系在性质上为行政关系，一方主体为作为行政主体的国家经济调节机关，另一方主体为作为行政相对人的自然人、法人或者非法人组织。在我国，国家经济调节机关为国务院，国务院有行使领导和管理经济工作的职权。[10] 具体而言，在国务院各组成部门或直属机构中，与国家经济调节有关的部门或机构是相当多的，例如，国家发展和改革委员会、人力资源和社会保障部、民政部、财政部、住房和城乡建设部、商务部、审计署、中国人民银行、国家市场监督管理总局、国家税务总局等。相应地，国家制定了大量单行经济法律法规来规范前述国家经济调节主体及其公职人员的职权与职责，例如，《劳动法》《劳动合同法》《社会保险

---

〔1〕 参见《民法典》第54条。
〔2〕 参见《民法典》第55条。
〔3〕 参见《民法典》第57条。
〔4〕 参见《民法典》第58条。
〔5〕 参见《民法典》第59条。
〔6〕 参见《民法典》第60条。
〔7〕 参见《民法典》第102条。
〔8〕 参见《民法典》第103条。
〔9〕 参见《民法典》第104条。
〔10〕 参见《宪法》第89条第6项。

法》《社会救助暂行办法》《土地管理法》《城乡规划法》《城市房地产管理法》《电子商务法》《审计法》《中国人民银行法》《反不正当竞争法》《反垄断法》《消费者权益保护法》《税收征收管理法》等。与中央国家机关各组成部门或直属机构相对应，在全国地方人民政府中也设有相应的组成部门或机构，在各自行政管辖区内拥有类似的经济调节的职权与职责。

第二节　市场交易法

一、市场交易法概述

在实行市场经济的国家，社会稀缺资源的配置首先是通过民间社会经济主体之间自由的市场交易行为进行的。在一个竞争市场上，商品或者服务的卖方与买方在价格机制的引导下，达成一个个对双方而言都有利的交易，从而在无形中增进了社会财富。市场交易的基本法律工具包括合同、票据等。另外，知识产权作为无形资产，在现代社会越来越具有财富价值。知识产权的转让与许可使用制度也是市场交易的重要表现形式。因此，市场交易法主要包括合同法律制度、票据法律制度与知识产权法律制度。

二、合同法律制度

我们生活在一个合同社会。在很大程度上，个人依赖他们自愿缔结的协议来获取他们所需要的商品与服务。古代社会，人们十分依赖于通过家庭来获取食物、衣服与精心的照料。与古代社会不同，现今的人们广泛依赖于通过自愿达成的协议，来规范与他人的法律关系。因此，合同在整个市场交易法体系中占有核心的地位。国家保障个人的享受一定范围的自我决定权，从而得以自由缔结其所想要的合同，以追求有价值的人生目标。这就使合同不仅是促进与规制经济活动及劳动分工的工具，还是个人得以追求其所认为的美好事物的手段。

与此同时，也正是这种对意思自治的强调，导致许多合同存在致命的缺点。原则上讲，只要合同的双方当事人在社会与经济地位上旗鼓相当，那么当双方自愿达成协议时，双方都将会从该合同交易中获得收益。但是，现实情况也许并非如此：消费者买家、被保险人、承租人、雇员与小型企业，通常会接受比他们经济地位更强、经验更丰富的相对人所提出的合同条款。这就解释了为什么合同法同时蕴含两项原则：(1)合同自由——鼓励通过自愿交易来配置社会资源；(2)合同正义——保证在合同当事人之间实现最低限度的公平，以防止优势一方滥用其议价能力。

合同法律制度主要规定于《民法典》合同编。该编在现行合同法的基础上，贯彻全面深化改革的精神，坚持维护契约、平等交换、公平竞争，促进商品和要素自由流动，完善合同制度。其中，合同通则部分规定了合同的订立、效力、履行、保全、转让、终止、违约责任等一般性规则，并在现行合同法的基础上，完善了合同总则制度；典型合同部分，在现行合同法规定的买卖合同、赠与合同、借款合同、租赁合同等15种典型合同的基础上新增4种典型合同：一是吸收了担保法中关于保证的内容，增加了保证合同（《民法典》第三编第十三章）。二是适应我国保理行业发展和优化营商环境的需要，增加了保理合同（《民法典》第三编第十六章）。三是针对物业服务领域的突出问题，增加了物业服务合同（《民法典》第三编第二十四章）。四是增加规定合伙合同，将《民法通则》中有关个人合伙的规定纳入其中（《民法典》第三编第二十七章）。同时，《民法典》第三分编“准合同”部分分别对无因管理和不当得利的一般性规则作了规定（《民法典》第三编第二十八章、第二十九章）。当然，《民法典》总则编有关民事法律行为、代理的规定以及其他法律中有关合同的特别规定，都属于合同法律制度的范畴。

三、票据法律制度

现代市场交易的运作，除合同制度外，票据也起到了很重要的工具性作用。票据是指出票人依法签发的由自己或指示他人无条件支付一定金额给收款人或持票人的有价证券，即某些可以代替现金流通的有价证券。广义的票据泛指各种有价证券和凭证，如债券、股票、提单、国库券、发票等。狭义的票据仅指以支付金钱为目的的有价证券，即出票人根据票据法签发的，由自己无条件支付确定金额或委托他人无条件支付确定金额给收款人或持票人的有价证券。在我国，票据即汇票（银行汇票和商业汇票）、支票及本票（银行本票）的统称。票据法律制度集中规定于《票据法》，该法共7章111条，主要规定了票据概述、票据权利、票据抗辩与补救、汇票（出票、背书、承兑、保证）、本票和支票以及法律责任等内容。

四、证券法律制度

证券法律制度是现代金融法律制度的重要组成部分，在市场经济法律体系中占有重要地位。从若干行政法规和部门规章的逐步建立，到以《证券法》为核心的证券法律制度的初步形成，我国的证券法律制度建设贯穿证券市场发展的全过程，为证券市场规范运行并充分发挥积极作用提供了重要保障。我国的证券法律制度以《证券法》共14章226条内容为核心，辅之以《公司法》相关内容以及300多件相关的行政法规、部门规章及规范性文件构成。目前，我国证券法律制度的调整范围主要是股票、公司债券和国务院依法认定的其他证券的发行和交易。其基本内容包括四个方面：（1）证券发行上市的法律规范；（2）证券交易的法律规范；（3）证券服务的法律规范；（4）证券市场监管的法律规范。

五、保险法律制度

1871年英国制定《劳合社法》，出现了最早的保险公司。商人们通过商会和协会等自律组织，形成交易规则，把承接风险者称为保险人，把转移风险者称为投保人，把转移风险的交易称为保险，将交易费用称为保险费。现代保险法律制度便由此而来。保险是市场经济条件下风险管理的基本手段,是金融体系和社会保障体系的重要组成部分,在社会主义和谐社会建设中具有重要作用。世界各国经济社会发展的历史也充分表明,经济越发展、社会越进步,保险越重要。

我国于1995年6月颁布了《保险法》。这是新中国成立以来的第一部保险基本法。后来,随着中国加入世贸组织和适应保险业发展的新形势,多次对保险法律制度进行修改与完善。《保险法》采用两法合一的模式,将保险法划分为保险合同法和保险业法两大类,保险合同法以保险合同关系为规范对象,内容主要包括人身保险、财产保险和再保险合同。保险业法以商业保险经营者为规范对象,内容主要包括市场主体组织形式、市场准入、保险产品管理、偿付能力监管、市场行为监管、保险中介监管等。

六、期货法律制度

期货市场是一种高度组织化的市场,为了保障期货交易有一个"公开、公平、公正"的环境,保障期货市场平稳运行,对期货市场的高风险实施有效的控制,期货交易所制定了一系列的交易制度(也就是"游戏规则"),所有交易者必须在承认并保证遵守这些"游戏规则"的前提下才能参与期货交易。

近年来,我国期货市场法治建设不断加强,《期货交易管理条例》和有关部门的规章、规范性文件以及期货交易场所、行业协会的自律规则等构成了相关法规制度体系,但位阶不高,与我国期货市场的现状和下一步发展要求不相符。适时出台期货法,有利于稳定交易者预期,规范和促进期货市场健康发展,并与国际市场更好衔接。目前期货市场体系不断完善,市场运行较为稳定,为期货法立法奠定了必要基础,期货法出台时机已基本成熟。

2021年4月26日,第十三届全国人大常委会第二十八次会议首次审议了《中华人民共和国期货法(草案)》。草案重点围绕期货交易、结算与交割基本制度,期货交易者保护制度,期货经营机构和期货服务机构的监管,期货交易场所和期货结算机构的运行,期货市场监督管理,法律责任等作了规定。该草案共14章173条,主要有以下内容:明确立法宗旨、原则和监管体制;系统规定期货交易、结算和交割制度;规定其他衍生品交易的基本制度;确立期货交易者权益保护制度;规范期货经营机构、期货交易场所、期货结算机构和期货服务机构运行;明确期货市场的监督管理。

七、知识产权法律制度

知识产权制度发端于17世纪,乃工业文明借助于市场经济逐步形成的崭新的财产制度。随着工业化与全球化的发展,知识产权制度已经成为世界各国普遍接受的法律制度,并成为现代社会财产制度的核心。我国自20世纪70年代末改革开放以来,逐步建立健全了知识产权制度,并加入了主要知识产权国际组织和公约。

为建设创新型国家,《民法典》对知识产权作了概括性规定,以统领各个单行的知识产权法律(第123条),同时也明确规定了知识产权保护的客体范围。《民法典》规定:民事主体依法享有知识产权。知识产权是权利人依法就下列客体享有的专有的权利:(1)作品;(2)发明、实用新型、外观设计;(3)商标;(4)地理标志;(5)商业秘密;(6)集成电路布图设计;(7)植物新品种;(8)法律规定的其他客体。[1]

在我国,保护知识产权的主要法律法规包括《著作权法》《专利法》《商标法》《反不正当竞争法》《植物新品种保护条例》《集成电路布图设计保护条例》等。

第三节　市场规制法

一、市场规制法概述

市场障碍包含内部障碍和外部障碍,而经济法所解决的是市场内部的经济性的障碍。市场内部障碍主要是市场内存在的一些不良经营行为,如垄断、限制竞争、不正当竞争以及其他不公平交易行为。这些不公平交易行为限制了市场的自由公平竞争,使市场机制不能正常发挥调节作用,即市场机制的作用遇到了障碍。为了恢复市场机制对调节经济的正常作用,我们就需要制定相关法律来规制这些不正当竞争行为。这些法律就是市场规制法,因此市场规制法包括竞争规制法以及其他的有关不公平交易行为的规制法。竞争规制法包括反垄断法和反不正当竞争法;不公平交易行为的规制法包括消费者权益保护法和产品责任法等。除此之外,有关食品安全、广告、价格、金融、房地产市场、劳动力市场监管方法的法律制度也属于市场规制法的范畴。

二、一般市场规制法

一般市场规制法就是指调整在国家规制市场过程中所发生的可以适用于各类市场规制制度的法律规范的总称。它主要包括“两反一保”,即《反垄断法》《反不正当竞争法》《消费者权益保护法》。

国家对市场的规制主要是对竞争的规制,因此国家制定了《反垄断法》和《反不正当竞争法》,这两部法律共同构成了竞争法作为市场规制法的主要部分。《反垄断法》和《反不正当竞争法》的基本功能虽然都是规制不正当竞争的法律,但是它们存在本质的区别。《反垄断法》是通过规制垄断,使市场保持一种竞争的状态,保证市场上有足够的竞争者,从而保证消费者有选择商品的权利。因此,《反垄断法》追求的是自由竞争,目的是保障企业在市场上自由参与竞争的权利,提高经济效益,扩大整个社会的福利,规范整个市场的竞争。因此,《反垄断法》也可以

---

〔1〕 参见《民法典》第123条。

称为反限制竞争法,它所着重保护的是竞争市场而不是单个竞争者,是从保护市场的角度出发保护竞争者,而不是绝对不保护竞争者。而《反不正当竞争法》旨在防止企业以仿冒、虚假、诋毁、窃取等不正当手段,利用他人的商誉,摄取他人的竞争优势,目的是维护公平的市场竞争秩序,从而保护合法的经营者和消费者的利益,因而《反不正当竞争法》也可以称为公平竞争法,它所追求的是公平竞争,侧重于保护竞争者,从而保护竞争市场。此外,《反垄断法》规制的对象一般是大型垄断企业,从《反垄断法》中可以看出,只有相当规模的企业才有可能滥用市场支配地位,排除或限制竞争。一般的中小企业没有资金、技术实力做到这一点,而《反不正当竞争法》的调整对象则不限制企业规模大小。

消费者保护法就是指以保护消费者利益为宗旨,调整在保护消费者权益过程中所发生的各种社会关系的法律规范的总称。广义上的消费者权益保护法主要包括:产品质量法律制度、各种食品安全法律制度、广告监管法律制度以及价格监管法律制度。其中,产品质量法是调整产品质量监督管理关系和产品质量责任关系的法律规范的总称。通常所说的产品质量法就是指 1993 年施行的《产品质量法》,目前已经 2000 年、2009 年、2018 年三次修订。它主要包括政府对产品质量的宏观管理、产品质量的行政监管、产品质量的社会监督、生产者、销售者的产品质量义务以及违反产品质量的相关法律责任等。食品安全法律制度主要是为了保证食品安全,保障公众身体健康和生命安全,该制度主要规定食品安全风险监测和评估、食品安全的各级标准、食品安全控制、食品安全事故处置以及违反食品安全制度的法律责任等。广告监管法是指为了保证、促使广告活动遵守广告准则、广告行为规范和其他相关规定,而由政府监管、社会监督广告活动的法律规范的总称。它主要是对广告行为的监管,主要包括广告内容准则、广告的行为规范以及监督管理,同时规定了违反广告法的相关民事、行政和刑事法律责任等。价格监管法是为了规范价格行为,发挥价格合理配置资源的作用,稳定市场价格总水平,保护消费者和经营者的合法权益,促进社会主义市场经济健康发展。重点包括价格监管的措施,主要包括对经营者价格行为的监管、政府定价、价格总水平调控和价格监督检查,同时规定了违反价格监管法的相关民事和行政法律责任。

三、特别市场规制法

与一般市场相对的是特别市场,其外延主要包括金融市场、自然垄断市场、食品与药品市场、建筑与房地产市场以及其他市场等。[1] 与此相对应地,只适用于一种或少数几种特殊的市场规制便是特别市场规制制度。特别市场规制法律制度,仍然是市场规制法律制度体系的一部分,而且并不是独立的一部分,是融合在市场规制各类法律制度之中。同时,特别市场规制法律制度是市场规制法律制度

〔1〕 参见张守文:《经济法学》(第 2 版),高等教育出版社 2019 年版,第 330 页。

在特殊市场中的体现,是体现特殊市场特点的市场规制法律制度。

金融法律制度是由多个部门法、子部门法的法律规范构成。其中属于经济法的金融法规范,又分属于宏观调控法和市场规制法。金融市场规制法律制度具体来分,又可分为银行市场规制法律制度、证券市场规制法律制度、期货市场规制法律制度、保险市场规制法律制度、信托市场规制法律制度等。

自然垄断市场规制法律制度体系较为庞大,一般可以分为电力市场规制制度、电信市场规制制度、邮政市场规制制度、城市供水市场规制制度、铁路运输市场规制制度、有线电视传输市场规制制度等。同时,规制自然垄断行业的市场行为,主要是规制其滥用市场支配地位行为,包括强制交易行为、拒绝交易行为、独家交易行为、掠夺性定价行为、垄断高价行为、垄断低价行为及其综合表现出的"瓶颈"垄断行为、搭售行为等。

食品药品市场规制法律制度主要包括三个方面内容:一是欺骗性标示行为规制制度,主要集中在其中的虚假陈述规制制度,并集中于对食品药品包装、装潢和广告中的陈述行为规制;二是价格行为规制制度,主要是对在特定市场条件下处于垄断地位的食品药品经营者的垄断高价行为规制的制度;三是食品药品市场准入制度,主要集中在从业人员专业资格、健康状况和卫生设施管理体系上。

建筑与房地产市场规制法律制度,其中建筑市场规制主要涉及建筑市场准入规制、建筑工程发包与承包行为规制、建筑工程监理行为规制以及建筑安全生产管理行为规制等,房地产市场规制主要包括地产市场规制、房地产开发行为规制和房地产交易行为规制、房地产市场进入规制等。

第四节 宏观调控法

一、宏观调控法概述

国家对社会经济的调节除了上述市场规制以外,还会采用引导调控的方式指导国家经济运行。引导调控方式即对社会经济从总体上予以筹划、引导和控制,对各类经济活动予以指导、鼓励、提供帮助和服务,或者予以约束,从而使社会经济按照国家所预期的目标运行。

宏观引导调控方式着眼于指导性,也具有约束性。国家计划主要是在分析经济和社会发展形势的基础上,提出经济预测,预告国家将要实施的经济政策和将要实施的重要经济决策。后企业根据国家提出的计划并结合自身实际情况,自觉决定如何执行,自主地制订自己的生产经营计划。国家制定的各项经济政策主要是依靠财政、税收、金融等方面的经济杠杆和政策工具予以实施。当然,宏观引导调控中存在一定的强制性措施。如中央银行对利息、存款准备金和贴现率等的调整,对汇率的干预,对税种税率的调整,对某些重大投资项目的审批以及对某些经营活动的许可或限制等都存在一定的强制性，所涉及的单位和个人都必须去执行。

二、宏观调控法的基本内容

从我国宏观调控的政策和立法实践来看，宏观调控行为，包括计划调控行为、投资调控行为、产业调控行为、金融调控行为和财政税收调控行为等。根据这些行为产生相应的法律关系，即计划调控关系、投资调控关系、产业调控关系、金融调控关系和财政税收调控关系等，因此，形成了调整这些法律关系的法律规范，即计划调控法规范、投资调控法规范、产业调控法规范、金融调控法规范和财政税收调控法规范。上述各类调控规范，分别称为计划调控法、投资调控法、产业调控法、金融调控法和计财政税收调控法。同时，对上述计划调控行为、投资调控行为、产业调控行为、金融调控行为和财政税收调控行为还可作进一步细分，如可将财政调控行为划分为财政收入行为、财政支出行为和财政管理行为。相应地，可产生财政收入关系、财政支出关系和财政管理关系，也分别相应形成财政收入法律规范、财政支出法律规范和财政管理法律规范，并总称为财政收入法、财政支出法和财政管理法。按照这样逐层划分，形成了宏观调控法体系的构造。

【复习与思考】

1. 经济法的法律体系是如何构成的？
2. 什么是经济主体法？
3. 什么是市场交易法？
4. 什么是市场规制法？
5. 什么是宏观调控法？

以案释法：

宏观调控、市场监管

【案情】2019年年中全国的猪肉市场供应阶段性偏紧和猪价大幅波动时有发生。为稳定生猪生产，国务院办公厅于2019年9月6日印发了《关于稳定生猪生产促进转型升级的意见》（国办发〔2019〕44号）。2019年9月16日，国家市场监督管理总局价监竞争局在京召开生猪及猪肉生产、流通企业价格法规政策提醒告诫会。提醒告诫经营者要依法诚信经营，加强价格自律，规范价格行为，切勿触碰价格红线。一旦触犯法律，市场监管部门将根据《价格法》等法律、法规依法严肃查处。

【问题】政府为何对生猪市场实施宏观调控和市场监管措施？

【解答】在此案中，我国生猪市场价格出现大幅波动，如果任其自主调节，不但不能像人们所希望的回归到良性的发展轨道上，可能还会出现价格垄断、囤积奇货、价格欺诈以及哄抬物价等违法行为。因此,政府在特定的时期对生猪市场实施宏观调控和市场监管是必要的。

【评析】在现实生活中,价格机制未必能够正常发挥作用,比如,在自然垄断和合法垄断的条件下,无法通过充分竞争形成市场价格;人为操控市场会造成价格扭曲、社会恐慌、盲从的心理,也会造成价格的波动。在本例中,我国对生猪市场的价格干预活动中既有针对价格的宏观调控,又有较为具体的市场监管活动。

第二编

经济法主体

第四章　经济法主体的一般原理

【本章导读】

经济法主体也称经济法律关系的主体，是在国家调整本国经济运行过程中，依法享受权利(权力)和承担义务的组织体或个体。本章主要了解经济法主体的概念及特征，明确经济法主体的不同分类，正确认识经济法主体的法律责任。

第一节　经济法主体的概念和特征

一、经济法主体的概念

所有法律都要调整特定的社会关系，并形成相应的法律关系。在法律关系中，法律主体是其核心内容之一。某类主体是否属于经济法主体，应根据其是否参与经济法所调整的社会关系而定。

经济法主体也称经济法律关系的主体，是在国家调整本国经济运行过程中，依法享受权利(权力)和承担义务的组织体或个体。经济法主体是经济法律关系构成的基本要素，是经济法律关系的直接参与者，既是经济权利(权力)的享有者，又是经济义务的承担者，是经济法律关系中最积极、最活跃的因素。

二、经济法主体的特征

(一)经济法主体范围的广泛性

一切法律主体都是个体(如自然人)或由个体构成的组织，某个个体或组织究竟是哪个法律部门的主体，取决于它们实施了怎样的行为和缔结了怎样的社会关系。在市场经济社会中，经济法主体数量庞大，类型丰富，这是主体经济利益性的外在化要求，通过对每种经济利益都有数种具体经济法主体加以代表、维护和追求，实现各种经济利益的和谐发展，才能最终达致经济法所要维护的社会公共利益的实现。在经济法主体中，不仅自然人、法人和非法人组织可以成为经济法主体，国家及法人的内部组织也可以成为经济法主体。

(二)经济法主体的法定性

经济法是体现国家干预社会经济的法律，因此，谁有权参与经济法律关系，什么时候参与经济法律关系，如何参与经济法律关系等，均应由相关经济法律、法规明确规定。这是保证国家合理干预社会经济的需要，反映了经济法是规范、确认国家干预之法的本质。这一点对于政府及其经济管理机关尤为重要,它们必须严格依法干预。

(三)经济法主体角色的变化性

一个人在社会关系中的角色可能是多重的,一个组织在社会关系中的角色也可能是多重的。就具体的某个经济法主体而言,由于其在不同经济关系中"角色"的不同,也令其主体外在类型和内涵发生着各种交错和转换。比如,一个主体既可能是经营者(相对于生产者而言),或者销售者(相对于消费者而言),又可能是竞争者(相对于其他竞争者而言),或者被调控者、被规制者(相对于政府而言),甚至是经过授权的行业管理者(相对于本行业其他经营者而言)等。这除了是由经济关系的流动性和复杂性所造成外,主体在不同经济关系中所肩负的社会责任不同才是主体具有角色变化性的根本原因。

第二节 经济法主体的分类

对于经济法主体可以从不同角度进行不同的分类。

一、根据主体在经济运行中的客观形态分类

经济法律行为是一种利益关系范围极为广泛的、民主性和群体参与性极强的活动,经济法律关系的主体并不一定由经济法本身设立。根据主体在经济运行中的客观形态划分,经济法主体可分为自然人、个体工商户和农村承包经营户、企业(营利法人和非法人企业)、国家机关及其他特别法人、非营利法人等。

1. 自然人

自然人是经济法律关系参加者,其参加的经济法律关系主要是税收、消费、竞争法律关系等。例如,自然人依法向税务机关缴纳个人所得税时,即是税收法律关系的主体。

2. 个体工商户和农村承包经营户

个体工商户是指自然人在法律允许的范围内依法经核准登记,从事工商业经营的个体经营户。

农村承包经营户是指农村集体经济组织的成员,依法取得农村土地承包经营权,从事家庭承包经营的农户。

3. 企业(营利法人和非法人企业)

企业是指依法设立的,以营利为目的从事生产、流通和服务等经营活动的经济组织,包括有限责任公司、股份有限公司和其他企业法人等及其他非法人企业。企业是重要的经济法主体,它承担着保证国家微观经济运行质量、效益和秩序的重要使命,是联系作为经济管理主体的国家机关和作为消费主体的单位和个人的重要纽带。

4. 国家机关及其他特别法人

国家机关是指行使国家职能的各种机关的通称，包括国家权力机关、国家行政机关、国家司法机关等。其中，国家权力机关主要作为经济决策主体出现在经济法律关系中；国家行政机关，特别是具有经济管理职能的行政机关，主要作为经济管理主体出现在经济法律关系中，根据宪法、法律、法规规定的性质、职能、任务等，承担组织、管理和协调经济运行的职能。国家行政机关由国务院及其所属的部、委、办、局等机构，以及地方各级人民政府及其所属机构组成。在某些情况下，国家机关或国家作为整体也可以作为经济实施主体参加经济法律关系，例如，国家对外签订政府贷款或担保合同，对内、对外发行政府债券，政府出让土地使用权，作为股东投资设立企业等。

机关法人、农村集体经济组织法人、城镇农村的合作经济组织法人、基层群众性自治组织法人为特别法人。其中，农村集体经济组织法人、城镇农村的合作经济组织法人、基层群众性自治组织法人也可以成为经济法律关系的主体。

5. 非营利法人

为公益目的或者其他非营利目的成立，不向出资人、设立人或者会员分配所取得利润的法人，为非营利法人。非营利法人包括事业单位、社会团体、基金会、社会服务机构等。

具备法人条件，为适应经济社会发展需要，提供公益服务设立的事业单位，经依法登记成立，取得事业单位法人资格；依法不需要办理法人登记的，从成立之日起，具有事业单位法人资格。事业单位是由国家财政预算拨款或其他资金来源设立的，不以营利为目的从事文化、教育、科研、卫生等事业的单位，如学校、医院等。事业单位主要以经济实施主体的身份参加经济法律关系，但在根据法律授权或行政机关委托实施经济管理职责时，是以经济管理主体的身份参加经济法律关系。

具备法人条件，基于会员共同意愿，为公益目的或者会员共同利益等非营利目的设立的社会团体，经依法登记成立，取得社会团体法人资格；依法不需要办理法人登记的，从成立之日起，具有社会团体法人资格。社会团体是由自然人或组织依法自愿组成的从事公益事业、党团事务、行业管理和服务等社会活动的社会组织，包括党团组织、工会、妇联、行业性、职业性协会及公益性、学术性团体等。

二、根据经济法律调整领域不同分类

根据经济法调整领域的不同，可以将经济法主体分为宏观调控法主体和市场规制法主体两类。

1. 宏观调控法主体

宏观调控法主体又可以分为调控主体和受控主体。调控主体也就是宏观调控主体，即宏观调控行为的实施者，调控主体主要包括国家发展和改革委员会、财政部、国家税务总局、中国人民银行等。受控主体是指宏观调控行为的受动者，受控主体往往体现为各类市场主体，主要包括经营者和消费者，特殊情形下行业协会等经营者利益的代表者也可以成为受控主体。

2. 市场规制法主体

市场规制法主体可分为规制主体和受制主体。规制主体也就是市场规制主体，即市场规制行为的实施者，规制主体主要是指国家和政府，包括商务部、国家市场监督管理总局等。受制主体也称市场规制受体，是市场规制行为的受动者，企业、个人、事业单位、社会团体等都可以成为经济法上的受制主体。

上述的调控主体与受控主体、规制主体与受制主体的地位不是平等的，其权利、义务和责任也不同。传统民法强调主体在经济能力、认知能力、信息能力等方面的无差别性，因而主体才能够是“平等”的。而在经济法上则正好相反，主要是强调主体的差异性。其中，调控主体与规制主体是主导者，但受控主体和受制主体也具有一定的独立性和主动性，并非完全被动地受控或受制于人。

三、根据经济法主体的权职属性不同分类

经济法主体根据其权职属性的不同，可以分为经济决策主体、经济管理主体、经济中介主体、生产经营主体、消费主体、经济监督主体。

1. 经济决策主体

经济决策主体是根据我国宪法和有关法律规定，在经济法律关系中享有决策权的社会实体。主要是指各级国家权力机关和企业组织，两者享有和行使的决策权分别由法律或章程规定。

经济决策主体又可以分为最高决策主体、地方各级决策主体和基层决策主体。在经济法主体结构体系中的决策主体，主要还是指国家各级权力机关。

2. 经济管理主体

经济管理主体是根据我国宪法和有关法律规定，在经济法律关系中享有国家经济职权和企业经营管理权的社会实体，主要是指各级行政机关和企业组织。

经济管理主体又可分为国家经济管理主体和企业经济管理主体。

3. 经济中介主体

经济中介主体也叫市场中介组织，一般是指那些介于政府与企业之间、商品生产者与经营者之间、个人与单位之间，为市场主体提供信息咨询、培训、经纪、法律等各种服务，并且在各类市场主体，包括企业之间、政府与企业、个人与单位、国内与国外企业之间从事协调、评价、评估、检验等活动的机构或组织。

一般而言，经济中介主体是宏观调控与市场规制相结合中不可缺少的环节，具有政府经济管理不可替代的作用。经济中介主体大多属于民间性机构，有的还具有官方色彩。

4. 生产经营主体

生产经营主体是根据宪法和有关法律规定，从事生产经营或服务性活动，以营利为目的的社会实体,主要包括各类企业、个体经营者和承包户等。

作为独立的生产者、经营者依法从事各类生产经营活动,成为与其他经济组织或其他社会组织而形成的经济法律关系的一方主体;国家机关在进行国家经济管理活动时,生产经营主体以被管理者身份,作为国家机关在实施经济管理活动中形成的经济法律关系的相对主体。

5. 消费主体

消费主体是指为了生活消费需要而购买、使用商品或接受服务,享受消费者权益的个人。

6. 经济监督主体

经济监督主体是指根据宪法和有关法律规定,在社会经济活动和国民经济管理活动中,享有监督权的社会实体,包括各级国家权力机关、国家行政机关、行使专项监督权的专门机关、非国家机关的组织以及人民群众。

第三节 经济法主体责任

一、经济法主体责任的概念

经济法主体责任,也称经济法责任,是指经济法主体因实施了违反经济法规定的行为而应当承担的法律后果。

二、经济法主体责任的特点

(一)经济法主体责任的独立性

在经济法中,由于调整领域的复杂性,经济法主体责任形式更加多样化,其他法律部门的法律责任形式在经济法上不断体现。经济法主体责任是对传统法律责任形式的一种质变式的"整合"而非"组合";同时,经济法主体责任还在实务中创出了三大传统法律部门均不具有的独创性责任形式,如《产品质量法》中的产品召回责任。在当代社会经济背景下,经济法责任已经成为一个独立的新兴责任体系。

(二)经济法主体责任的特殊性

相对于传统法律主体的责任,经济法主体责任有其自身特点。

1. 责任承担的非过错性

传统私法的责任主体通常以其过错程度确定承担相应的法律责任,但经济法在对经营者的市场规制中,对经营者的责任追究更多地适用无过错责任及过错推定责任。

2. 责任追究的积极性

相对于传统法律责任"行为—损害结果—法律责任"所体现的责任追究的消极性,经济法基于社会本位原则体现了责任追究的积极性,即使损害结果还未发生或不确定,仍可对相关主体追究经济法律责任。

3. 责任主体的绝对性

传统法律中,责任主体具有相对性。但在经济法中,从社会公共利益出发,责任的承担会体现出对社会整体负责的绝对性。

4. 责任内容的惩罚性

传统法律中更多体现损失填补原则,但经济法在规制经营者的行为中规定了惩罚性的赔偿。例如,《消费者权益保护法》《食品安全法》对经营者规定了欺诈经营的惩罚性赔偿。

三、经济法主体责任的类型

(一)调制主体的责任

1. 调制主体间接承担的责任

这种责任多表现为对调制主体相关责任人员的警告、记过、撤职、降级、要求引咎辞职等形式,对调制主体来讲只是间接承担责任。

2. 调制主体对调制受体承担的国家赔偿责任

当调制主体怠于履行或不合理履行职责时,对调制受体需要承担国家赔偿责任。

(二)调制受体的责任

1. 经营者对消费者承担的责任

在消费者与经营者的市场消费行为中,经营者违反法律规定的义务侵犯消费者合法权益,应当依法承担对消费者的各种法律责任。

2. 经营者对其他经营者承担的责任

经营者因为垄断行为或者不正当竞争行为等侵犯其他经营者合法权益的,应当对其他经营者承担法律责任。

3. 经营者对调制主体承担的责任

经营者违反经济法规定不接受调制主体的依法调制时,应当依法对调制主体承担法律责任。

【复习与思考】

1. 什么是经济法主体?其有哪些特征?

2. 根据经济法主体的权职属性,可以将经济法主体分为哪些类型?

3. 经济法主体责任有哪些特点?

以案释法:

市场主体违法经营,规制主体依法规制

【案情】某市盐务局与某盐业集团公司吉安公司(经营范围为食盐、各类用盐、场地出租、日用百货等，以下简称吉安盐业公司）二者属一套人马两块牌子。因吉安盐业公司除专营食盐批发业务外，还经营日用百货。为提高企业效益，该公司部分业务员在批发、配送食盐过程中，强制搭配非盐商品（食用油、白酒等）或在食盐配送过程中搭配低钠盐、深井盐，否则就以无高钠盐（中盐）或无盐为由停止供应食盐。部分食用盐零售商不满，向某市市场监督管理局（以下简称市场监管局）投诉，该局先后两次向吉安盐业公司下达责令改正通知书，后立案调查，作出行政处罚决定：责令停止违法行为，处以罚款16万元。吉安盐业公司不服，申请行政复议后复议机关维持上述处罚决定。该公司诉至法院，请求撤销市市场监管局的行政处罚决定。

【问题】市场监管局能否作出行政处罚决定？

【解答】可以作出行政处罚决定。因为市场监管局是《反不正当竞争法》规定的市场规制主体，吉安盐业公司的行为构成了限定他人购买其指定的经营者的商品，违反了《反不正当竞争法》的规定，市场监管局作为法定规制主体，有权依法作出行政处罚决定。

【评析】本案是市场规制主体依法查处不正当竞争行为的典型案件。不正当竞争行为的突出表现之一，是公用企业等依法具有独占地位的经营者，限定他人购买其指定的经营者的商品，或违背购买者意愿搭售商品或附加其他不合理的条件，上述行为严重侵害了其他经营者的公平竞争权，排挤、剥夺了他人公平获得财富的机会。要建立平等自由、竞争有序的市场秩序，离不开对于广大经营者公平竞争权的充分保护。这一权利是各类市场主体从事经营活动的基础性权利，是稳定市场秩序、激发创新活力的压舱石。

第五章　国家经济管理主体法律制度

【本 章 导 读】

本章主要了解国家经济管理主体的概念、特征，认识国家经济管理主体的类型，正确全面把握国家经济管理主体的职权，依法提升国家经济管理主体治理体系和治理能力现代化水平。

第一节　国家经济管理主体概述

一、国家经济管理主体的概念

经济管理主体是根据我国宪法和有关法律规定，在经济法律关系中享有国家经济职权和企业经营管理权的社会实体。经济管理主体又可分为国家经济管理主体和企业经济管理主体。

国家经济管理主体，是指依据宪法和有关法律规定，明确其性质、职能、任务、隶属关系等，在市场经济活动中承担计划、组织、指导、协调、执行等经济管理职能的组织。

理解：(1)国家经济管理主体是属于享有经济管理权限的经济法主体；(2)国家经济管理主体既可以是国家行政机关，也可以是其他社会组织；(3)国家经济管理主体是以国家名义，并代表国家进行国家经济管理活动的。

二、国家经济管理主体的特征

(一)主体地位的法定性

国家经济管理主体地位的法定性源于其所具有的权力(权利)和义务的实际状态。国家经济管理主体地位的法定性表现在：首先，它的成立是由法律直接规定的。国家经济管理主体的成立通常是根据宪法及相关组织法而设立，其组织机构的设置、有关人员的任免均由法律直接规定。其次，它的职权也是由法律直接规定的。最后，它的撤销也是依据法律进行的。

(二)主体权力与责任的一致性

国家经济管理主体与其他法律关系主体相比，其行使经济权力的同时，要全面履行经济义务。国家经济管理主体的职权不能抛弃，不能不当履行，不得自由处分。

(三)意志的单方性

在经济法律关系中,国家经济管理主体是以国家名义参与的,其与管理相对人之间并不像民事法律关系中的主体那样追求意思表示的一致,国家经济管理主体不需要与管理相对人协商一致,而是依照法律单方作出意思表示,且不得超出法律规定范围。

第二节　国家经济管理主体的类型

国家经济管理主体的类型可以分为两类:一类是宏观调控主体;另一类是市场规制主体。

一、宏观调控主体

宏观调控主体,也就是宏观调控行为的实施者。作为国家经济管理主体中的宏观调控主体,既是宏观调控权力的享有者,也是宏观调控义务的承担者。市场经济固有的盲目性、无序性会产生市场失灵,而市场本身无法克服市场失灵,必须依赖于国家的宏观调控。在国家对市场的经济管理中,为了履行宏观调控职责,宏观调控主体应运而生,国家依法设置相应的宏观调控机构。根据国家相关法律规定,宏观调控机构具有以下特点:

(一)宏观调控机构主要是国家机构

这是由宏观调控本身的性质所决定的。宏观调控涉及的是关系国计民生的宏观大局,必然要求公权力的介入和干预,所以宏观调控机构必然不能由私人主体构成,而应主要由国家机构担任。

(二)宏观调控机构应具有统一性

既然宏观调控事关国计民生的宏观大局,那么统一性则是宏观调控的基本要求。宏观调控机构应当上下隶属,纵横统一,令行禁止,政令畅通。

(三)宏观调控机构应具有权威性

宏观调控要求令行禁止,顾全大局、服从大局。在进行利益协调平衡过程中,必须保证宏观调控机构具有真正的权威。

(四)宏观调控机构应具有专业性

现代社会已经步入高科技发展时代,有关经济问题涉及高精尖、专业性,宏观调控必须适应时代要求,依靠科学理性、专业知识,才能进行有效调控。所以,宏观调控机构也必须体现科学和专业的要求,具有专业性。

(五)宏观调控机构应具有民生性

宏观调控应当遵循社会本位原则,充分考虑民生福祉,发挥民众的主动性、积极性和创造性,宏观调控要发扬民主、依靠人民、集思广益。所以,宏观调控机构应具有民生性。

(六)宏观调控机构应具有相对的独立性

虽然有些宏观调控机构在形式上是国家行政机关,但不能认为宏观调控机构就是行政机关,为了避免和减少行政干预,宏观调控机构应具有相对的独立性,要独立于行政机关。

二、市场规制主体

市场规制主体,是市场规制行为的实施者。市场规制主体是市场经济公平、自由、竞争秩序的忠实卫士。在国家对市场的经济管理中,为了履行市场规制职能,必须设立市场规制机构。根据我国相关法律规定,市场规制机构具有以下特点:

(一)市场规制机构主要是国家机构

实践表明,垄断和不正当竞争行为不仅是损害消费者合法权益的行为,还是危害社会经济秩序的行为,会招致社会的广泛反对。但国家作为经济管理的主体,必须有效利用公权力依法对垄断和不正当竞争行为进行规制,因此国家依法建立反垄断和反不正当竞争的机构,依法实施规制行为。

(二)市场规制机构是专业机构

现代市场经济越来越复杂,反垄断和反不正当竞争也出现了专业性、技术性、政策性多方面的复杂问题,因此也就决定了国家的反垄断机构和反不正当竞争机构应是一个由各种专家组成的专业性很强的机构。

(三)市场规制机构是一个相对独立的机构

市场规制机构应具有相对独立的地位,切实独立地执行市场规制法律,维护市场公平、自由、竞争秩序,避免其他有关人与事的干扰,保持其相对独立性。

第三节 国家经济管理主体的职权

一、国家经济管理主体职权的概念和特征

(一)概念

国家经济管理主体职权是指国家经济管理主体依据宪法和法律的规定,代表国家行使经济管理权限,干预和介入市场经济活动的范围、权力及其责任。

(二)国家经济管理主体职权的特征

1.职权的法定性

国家经济管理主体所享有的职权均源自宪法和法律的规定和授权。职权的法定性还表现在国家经济管理主体必须依照法律规定的范围、程序合法行使其权力。国家经济管理机关超越其职权干预经济的活动是非法的,不仅不能得到法律的支持,而且相反要承担管理不当、违法管理的责任。例如,《中国人民银行法》规定,中国人民银行履行下列职责:依法制定和执行货币政策、发行人民币、管理人民币流通、按照规定审批、监督管理金融机构等。

2. 职权的不可处分性

法律赋予国家经济管理主体的职权是明确的，其职权行使专属于特定的国家经济管理主体。也就是要求国家经济管理主体必须依照法律规定行使职权，不得抛弃、让渡职权，也不得扩大和缩小职权范围。

3. 职权的义务性

国家经济管理主体依法享有职权，该职权同时也是国家经济管理主体必须履行的义务。国家经济管理主体不履行其职责，要承担相应法律责任。

二、国家经济管理主体职权的内容及行使

（一）国家经济管理主体职权的内容

1. 宏观调控权

宏观调控权是指国家经济管理主体对国民经济和社会发展目标的决策权力，以及在国民经济与社会发展计划的实施过程中采用各种手段从宏观上对国民经济实行调节的权力。宏观调控法具体规定国家经济管理主体干预宏观经济的许可权、范围、程序、措施和责任，同时也要求国家经济管理主体行使宏观调控权是在法律规定的范围内进行。宏观调控权主要包括规划调控权、货币政策调控权、财政税收调控权等内容，如国家权力机关依法享有国民经济和社会发展计划的审批权和修改权，中国人民银行依法享有货币发行权、基准利率的确定权等。

宏观调控权除具有国家经济管理职权的一般特征外，还具有以下特性：第一，宏观调控权配置上的中央属性；第二，宏观调控权实施目标上的公共物品属性；第三，宏观调控权的间接性、诱导性和长期性；第四，宏观调控权的弱可诉性。

2. 市场规制权

市场规制权，即市场管理权，指国家经济管理主体依法对市场活动主体的市场经营行为进行许可、审批、决定等职权。市场经济的正常运行要求有一定的自由竞争和经营秩序。但任何市场经济中都不可避免地会出现限制自由竞争、不正当竞争的行为，会扰乱市场经济的正常秩序，最终伤害的是国民经济的发展。平等的市场主体之间很难纠正这样的违法行为，故国家经济管理主体依法对市场活动进行管理，规制垄断和不正当竞争行为，保护消费者合法权益，维护市场经济的正常秩序和发展。

市场规制权除具有国家经济管理职权的一般特征外，还具有以下特性：第一，市场规制权实施主体的独立性；第二，市场规制权对实施对象的直接性；第三，市场规制权实施过程中在市场规制主体、经营者、消费者之间呈品字形结构；第四，市场规制权实施方式的谦抑性。

（二）国家经济管理主体行使职权的原则

1. 转变政府职能、政企分开原则

中国实行社会主义的市场经济体制。按照市场经济的要求，政府由过去全能的、无所不管的政府变成一个有限的政府,其经济管理权力仅限于对宏观经济的调控和对市场违法行为的纠正、规范,承认企业包括国有企业在内的独立市场主体地位,承认其经营自主权。政府对企业的干预是依法进行宏观调控和市场规制。国家经济管理职权赋予政府干预经济以合法性,同时限制政府对企业的随意干预。

2. 精简、统一、效能原则

该原则要求国家在设置经济管理主体时做到精兵简政,权力统一,提高经济管理效能。

3. 权责相统一的原则

该原则要求国家经济管理主体享有经济管理职权,该职权同时又是国家经济管理主体必须履行的义务,国家经济管理主体不正当行使职权就应承担相应的责任。

【拓展学习与思考】

在社会主义市场经济条件下,作为经济管理主体的我国政府的经济职能有哪些?

在社会主义市场经济条件下,作为经济管理主体的我国政府的经济职能主要包括:国有资产管理、市场监管、宏观调控和公共产品提供。

1. 国有资产管理

所谓国有资产管理是指对所有权属于国家的各类资产的经营和使用,进行组织、指挥、协调、监督和控制的一系列活动的总称。具体地说,就是对国有资产的占有、使用、收益和处分进行管理。国有资产管理的任务是优化国有资产结构,保障国有资产的保值和增值,维护国有资产使用单位的合法权益,巩固和发展全民所有制经济的主导地位,推动社会主义市场经济和生产力的不断发展。

2. 市场监管

市场监管,就是政府规范市场行为,维护市场秩序,使资源配置符合国家政策法律制度的要求,保护和巩固经济关系,达到巩固国家政权、保护自然人、法人和其他经济组织的合法权益。

3. 宏观调控

宏观调控是国家运用计划、法规、政策、道德等手段,对经济运行状态和经济关系进行干预和调整,把微观经济活动纳入国民经济宏观发展轨道,及时纠正经济运行中的偏离宏观目标的倾向,以保证国民经济的持续、快速、协调、健康发展。

宏观调控是对整个市场经济的调控,调控的领域自然是整个市场经济。着重关注三个方面的领域:一是有关国家整体经济布局及国计民生的重大领域;二是容易产生“市场失灵”的经济领域;三是私人的力量不愿意进入的领域。

4. 公共产品提供

公共产品指能为绝大多数人共同消费或享用的产品或服务，如国防、公安、司法等方面所具有的财物和劳务，以及义务教育、公共福利事业等。特点是一些人对这一产品的消费不会影响另一些人对它的消费，具有非竞争性；某些人对这一产品的利用，不会排斥另一些人对它的利用，具有非排他性。一般由政府或社会团体提供。由政府提供的重要的公共产品有国防、秩序、环保、科技、教育、文化等。

以案释法：

规范管理主体，避免不当干预

【案情】2015 年 2 月，江苏省丹阳市珥陵镇某超市（以下简称甲超市）向该市市场监督管理局（以下简称市市场监管局）提交个体工商户变更登记申请书，申请在原营业执照核准的经营范围内增加蔬菜零售项目。2015 年 2 月，该局向甲超市出具个体工商户变更登记受理通知书，随后审查材料，赴实地调查核实，认定甲超市经营场所距某农贸市场不足 200 米，其申请不符合丹阳市人民政府丹政办发〔2012〕29 号通知中“菜市场周边 200 米范围内不得设置与菜市场经营类同的农副产品经销网点”的规定，遂作出了驳回通知书，决定对其变更申请不予登记。甲超市不服诉至法院，请求撤销该驳回通知书，判令对其申请事项进行变更登记。

【问题】市市场监管局作为国家经济管理主体作出驳回通知书的决定是否合法？

【解答】不合法。国家对个体工商户实行市场平等准入、公平待遇的原则。申请办理个体工商户登记，申请登记的经营范围不属于法律、行政法规禁止进入的行业的，登记机关应当依法予以登记。本案中，甲超市申请变更登记增加的经营项目为蔬菜零售，并非法律、行政法规禁止进入的行业。市市场监管局适用丹政办发〔2019〕29 号通知的规定，对原告的申请不予登记，该规定与有关上位法不相符，也违反上述市场平等准入、公平待遇的原则，依法不能作为认定被诉登记行为合法的依据。

【评析】本案是国家经济管理机关违反市场平等准入、公平待遇原则的典型案例。现代经济运行很大程度上靠市场这一“无形之手”发挥资源配置的决定性作用。政府在实施管理过程中，要找准定位，正确引导、指导和调节市场，避免各种不当干预与限制。

第六章　企业法律制度

【本章导读】

本章主要了解企业的概念及根据不同标准进行的分类，明确现代企业制度的基本内容，重点掌握企业法中公司法的主要内容。

第一节　企业法律制度概述

一、企业概述

（一）企业的概念

企业是指把人的要素和物的要素结合起来的、独立从事商品生产经营、服务活动的、具有营利性的经济组织。这一定义的基本含义是：企业是经济组织；企业是人的要素和物的要素的结合；企业具有经营自主权；企业具有营利性。企业通过各种生产经营活动创造物质财富，提供满足社会公众物质和文化生活需要的产品服务，在市场经济中占有非常重要的地位。

（二）企业的分类

企业按不同标准可以有不同分类。

1. 根据现代企业制度，可分为个人独资企业、合伙企业、公司企业。在我国，公司企业又可分为有限责任公司和股份有限公司。

2. 根据企业投资人的责任形式，可分为无限责任企业、有限责任企业、有限责任与无限责任并存企业。

3. 根据企业所有制形式，可分为全民所有制企业、集体所有制企业、私营企业、混合所有制企业和外商投资企业。

4. 根据企业规模，可分为特大型企业、大型企业、中型企业、小型企业和微型企业等。

5. 根据企业生产经营领域，可分为工业企业、商业企业、生产型企业、流通型企业、服务型企业和金融型企业等。

6. 根据企业组合方式，可分为单一企业、多元企业、经济联合体、企业集团、连锁企业。

7. 根据企业的信用程度，可分为人合企业、资合企业、人资兼合企业。

8. 根据企业的国籍不同,可分为本国企业和外国企业。

二、企业法概述

(一)企业法的概念

企业法是指调整企业在设立、组织形式、管理和运行过程中发生的经济关系的法律规范的总称。

企业法是以确认企业法律地位为主旨的法律体系,因此,广义企业法应当是规范各种类型企业的法律规范的总体;狭义企业法是指《全民所有制工业企业法》《公司法》《合伙企业法》《个人独资企业法》等国家单行立法。

(二)企业法的调整对象

企业法调整特定的经济关系,其调整对象包括:第一,国家对企业的规制及宏观调控关系。第二,企业的内部组织关系。第三,企业经营过程中部分涉及社会整体利益需由企业法调整的经济关系。

需要指出的是,企业的一般经营活动通常不属于企业法调整的范畴而由其他的部门法,如民法中合同立法等予以调整。企业是最基本的市场主体,国家须对企业的组织与行为进行必要的协调、引导、监督和服务,以法律对企业行为予以必要的规制及调控。企业组织内部的经济关系多数也由企业的章程和内部规章来规定,国家不予干涉,企业法不予调整。但企业内部的一些必须由法律予以规制的经济关系应由企业法予以调整,如必须符合法律规定的组织形式、组织机构、财务制度等。

三、企业法中的现代企业制度

(一)现代企业制度的概念

现代企业制度是在现代市场经济条件下运行的企业制度。也就是说,所有作为现代市场经济载体的企业都是现代企业,包括公司、合伙企业和个人独资企业等,而以公司为基本形态。通常来看,公司是大中型企业的法律形态,合伙企业和独资企业是小型企业的法律形态。

(二)现代企业制度的特征

1. 产权清晰

所谓"产权清晰",是指明确的产权主体,对相关资产行使占有、使用、处置和收益等权利,有清晰的产权边界,理清产权关系,权责相一致。

2. 权责明确

"权责明确"是指合理区分和确定企业所有者、经营者和劳动者各自的权利和责任。所有者、经营者、劳动者在企业中的地位和作用是不同的,因此他们的权利和责任也是不同的。

(1)权利。所有者按其出资额,享有资产受益、重大决策和选择管理者的权利,企业破产时则对企业债务承担相应的有限责任。企业在其存续期间,对由各个投资者投资形成的企业法人财产拥有占有、使用、处置和收益的权利，并以企业全部法人财产对其债务承担责任。经营者受所有者的委托在一定时期和范围内拥有经营企业资产及其他生产要素并获取相应收益的权利。劳动者按照与企业的合约拥有就业和获取相应收益的权利。

(2)责任。与上述权利相对应的是责任。严格意义上说，责任也包含了通常所说的承担风险的内容。要做到"权责明确"，除明确界定所有者、经营者、劳动者及其他企业利益相关者各自的权利和责任外，还必须使权利和责任相对应或相平衡。此外，在所有者、经营者、劳动者及其他利益相关者之间，应当建立起相互依赖又相互制衡的机制，这是因为他们之间是不同的利益主体，既有共同利益的一面，也有不同乃至冲突的另一面。相互制衡就要求明确彼此的权利、责任和义务，要求相互监督。

3. 政企分开

"政企分开"的基本含义是政府行政管理职能、宏观和行业管理职能与企业经营职能分开。(1)政企分开要求政府将原来与政府职能合一的企业经营职能分开后还给企业，改革以来进行的"放权让利""扩大企业自主权"等就是为了解决这个问题。(2)政企分开还要求企业将原来承担的社会职能分离并交还给政府和社会，如住房、医疗、养老、社区服务等。应注意的是，政府作为国有资本所有者，对其拥有股份的企业行使所有者职能是理所当然的，不能因为强调"政企分开"而改变这一点。

4. 管理科学

"管理科学"要求企业管理的各个方面，如质量管理、生产管理、供应管理、销售管理、研究开发管理、人事管理等方面的科学化。管理致力于调动人的积极性、创造性，其核心是激励、约束机制。要使"管理科学"，当然要学习、创造、引入先进的管理方式，包括国际上先进的管理方式。对于管理是否科学，虽然可以从企业所采取的具体管理方式的"先进性"上来判断，但最终还要从管理的经济效率上，即管理成本和管理收益的比较上做出评判。

第二节　公司法律制度

一、公司的概念与特征

公司就是指依照公司法所规定的条件和程序设立的、以营利为目的的企业法人。通常公司具有以下特征：

(一)公司的法人性

公司是企业法人，有独立的法人财产，享有法人财产权。公司区别于合伙企业、独资企业等其他经济组织的显著特征就是它具有"法人性"，与自然人一样，具有独立的人格。这种独立的人格使其能够区别于其成员而独立存在,因此它能够享有权利、承担义务。可以说,公司完全是法律的产物,是一种法律的拟制,公司人格的诞生以满足法律规定的实质和程序要件为前提。

关于公司的法人格,有两点需要进一步说明:

第一,将公司定性为法人,只是一种法律政策上的考量。其目的在于方便公司从事各种经营活动。第二,公司法人格的虚拟性,决定了公司人格具有可否认性。这一点与自然人完全不同,自然人的人格具有不可否认性。

(二)公司的社团性

从公司组织形式来看,公司是一种法人组织。经典法人理论将法人区分为社团法人和财团法人。前者是以社员的结合作为其成立基础,如公司、合作社;后者是以财产的捐助作为其成立的基础,如慈善机构、基金会等。公司的这种社团性特征决定了公司的成员由多数股东构成,但是针对不同性质的公司,法律对股东成员人数的要求是不同的。

我国承认公司的社团性,但也承认一人公司的发展潮流,并在《公司法》中对其专门进行了规定。

(三)公司的营利性

公司是一种营利性法人,设立公司的目的在于营利。公司从事营业活动只是手段,其终极目的在于追求利润。公司是典型的营利性法人,这一标志使它与其他公益性法人区别开来,如大学或者机关等机构的根本性目的在于做好科学、教育等公益性事业。

利润的最大化体现了传统公司法上的“股东至上”的原则,在这一原则下,股东投资企业就是为了获取回报。这种回报的形式表现为两种方式:一是股利的分配;二是剩余财产的分配。股利的分配以公司有盈利为前提,如果公司经营无利润,自然也就没有股利分配。剩余财产分配是指在公司解散后,经过清算如尚有剩余财产,则由股东进行分配,实际上是一种资本的分配。

公司的营利性以及相应的股东利益最大化目标,近年来随着公司社会责任理论和实践的发展,受到了相当的挑战。现代公司法要求公司在考虑利润最大化的目标时,也要兼顾其他“利益相关者”的利益,即公司也要承担一定的社会责任。

二、公司法的概念和性质

(一)公司法的概念

公司法是国家为了实现对公司的调控而制定的,调整公司在设立、变更和终止以及其他对内、对外活动中所发生的社会关系的法律规范的总称。从公司法的定义中,我们可以看出,公司法既调整公司的内部关系,也调整公司的外部关系。具体有:(1)公司内部的财产关系,如公司发起人之间、公司发起人与其他股东之间、股东相互之间、股东与公司之间在设立、变更、破产、解散和清算过程中所形成的带有经济内容的社会关系;(2)公司外部的财产关系,主要指公司从事与公司组织特征密切相关的营利性活动,与其他公司、企业或个人之间发生的财产关系,如发行公司债券或股票;(3)公司的内部组织管理与协作关系,主要指公司内部组织机构,如股东会、董事会、监事会相互之间,公司同公司职员之间发生的管理或协作关系;(4)公司的外部组织管理关系,主要指公司在设立、变更、经营活动和解散过程中与有关国家经济管理机关之间形成的纵向经济管理关系,如公司的设立审批、登记,股份、公司债的发行审批、交易管理,公司财务会计的检查监督等。

(二)公司法的性质

1. 公司法是兼有公法属性的私法

传统意义上的公司法,无论是在民商合一的国家,还是在民商分立的国家,都被视为纯粹意义上的私法,是协调市民私人之间关系的法律。然而,随着国家对经济干预的加强,西方资本主义国家中普遍出现了公法性质的条款,使公司法兼具有公法的性质。在现代社会,大多数国家的公司法都规定了许多具有行政管理性质的强制性的规定,如公司的登记制度、公司资本的最低限额、公司发行股票的资格等。这些体现了国家对公司法律关系的干预。

2. 公司法兼具组织法与行为法的特征

公司法是关于公司设立、变更、终止及内部组织和管理的规范,即组织法。在世界各国的法律制度中,对市场主体大都采用企业形态法定主义,即只有法律明确规定的企业形态才为法律所承认和保护。同时,公司法又规范了公司的股票和债券的发行、转让及其他有关公司行为,具有行为法的特征。对公司部分行为加以调整,可以使公司法更为完整和高效。

3. 公司法是国内法,同时又有一定的国际性

公司法所涉及的不仅有本国公司,还有外国公司,本国公司中又有本国资本与外国资本合资经营的公司,这就在一定的程度上反映了公司法的国际性。在当前我国对外开放,建设社会主义市场经济新秩序的时期,尤其应当注意将公司法与国际上有关法律相接轨,参照国际上对公司的通常做法,使公司法的规定符合国际惯例。

三、公司法的基本制度

(一)公司的设立

1. 公司的名称

一般来讲,公司的名称就是公司的称谓,它是指公司依法专有的与其他公司相区别的一种文字标志。公司的名称是公司的人格性、独立性的具体体现,是公司设立登记,从事生产经营活动,并享有权利和承担义务的基本条件。

设立公司,应当向公司登记机关申请公司名称的预先核准。申请公司名称预先核准时,应当提交符合规定的申请文件。经公司登记机关核准的公司名称,应当签发企业名称预先核准通知书。预先核准的公司名称可以有 6 个月的保留期,在

保留期内,该名称不得用于经营活动,也不得转让。

2. 公司设立方式

公司设立的方式基本为两种,即发起设立和募集设立。

发起设立又称“同时设立”“单纯设立”等,是指公司的全部股份或首期发行的股份由发起人自行认购而设立公司的方式。有限责任公司、股份有限公司均可采用此种方式设立公司。发起设立在程序上较为简便,许多国家公司法都规定了此种设立方式。

募集设立又称“渐次设立”,是指发起人认购公司股份或首期发行股份的一部分,其余股份向社会募集的设立方式。其特点是,发起人可以只认购公司发行股份的一部分,但其余部分必须以公开招股的方式募足,并经过召开创立大会,公司方可登记成立。这种方式只为股份有限公司设立之方式。

原则上,股份有限公司的设立既可以采取发起方式,也可以采取募集方式。一般说来,募集方式是目前各国较为普遍采用的方式。此外,在特殊情况下,法律也可以限定某一种设立方式。比如,根据公司的情况及所经营的事业,对于不适宜由公众投资的必须采取发起方式;对于适宜公众投资的采取募集方式。

3. 公司设立登记

公司设立登记是指公司设立人按法定程序向公司登记机关申请,经公司登记机关审核并记录在案,以供公众查阅的行为。设立公司登记制度,旨在巩固公司信誉并保障社会交易的安全。在我国,公司进行设立登记应向公司登记机关提出申请,并应遵守《市场主体登记管理条例》的有关规定。

(1)公司设立登记一般登记事项

公司设立人应当向其所在地公司登记机关提出申请。设立有限责任公司,应由全体股东指定的代表或共同委托的代理人作为申请人;设立国有独资公司,应由国家授权投资的机构或国家授权的部门作为申请人;设立股份有限公司,应由董事会作为申请人。

提出申请时,有限责任公司应提交下列文件:公司法定代表人签署的设立登记申请书;全体股东指定代表或共同委托代理人的证明;公司章程;股东的主体资格证明或者自然人身份证明;载明公司董事、监事、经理的姓名、住所的文件以及有关委派、选举或者聘用的证明;公司法定代表人任职文件和身份证明以及公司名称预先核准通知书;公司住所证明等。

股份有限公司应提交下列文件:公司法定代表人签署的设立登记申请书;董事会指定代表或者共同委托代理人的证明记录;公司的章程;发起人法人资格证明或者自然人身份证明;载明公司董事、监事、经理的姓名、住所的文件以及有关委派、选举或者聘用的证明;公司法定代表人任职文件和身份证明以及公司名称预先核准通知书;公司住所证明等。

(2)公司营业执照及法定代表人

依法设立的公司,由公司登记机关发给公司营业执照。公司营业执照签发日期为公司成立日期。公司营业执照应当载明公司的名称、住所、注册资本、实收资本、经营范围、法定代表人姓名等事项。公司营业执照记载的事项发生变更的,公司应当依法办理变更登记,由公司登记机关换发营业执照。

公司法定代表人依照公司章程的规定,由董事长、执行董事或者经理担任,并依法登记。公司法定代表人变更,应当办理变更登记。

(3)公司设立登记的法律效力

公司经设立登记,一是取得法人资格;二是取得从事经营活动的合法身份;三是取得公司名称专用权。

4. 分公司与子公司

公司可以设立分公司。设立分公司,应当向公司登记机关申请登记,领取营业执照。分公司不具有法人资格,其民事责任由公司承担。公司可以设立子公司,子公司具有法人资格,依法独立承担民事责任。

(二)公司章程

1. 公司章程的概念和特征

公司章程是指公司所必备的,全体发起人共同制定的,规定其名称、资本、宗旨、组织机构等对内、对外事务的基本法律文书,是公司组织与活动的根本准则。章程对于公司的作用,犹如宪法对于国家的作用。公司章程的法律特征如下:

(1)法定性。法定性主要强调章程是公司设立的法定必备文件、公司章程内容的法定性、章程修改程序的法定性、章程效力的法定性。

(2)真实性。真实性主要强调公司章程记载的内容必须是客观存在的、与实际相符的事实。

(3)自治性。自治性主要表现在:第一,公司章程作为一种行为规范,不是由国家而是由公司依法自行制定的;第二,公司章程是一种法律以外的行为规范,由公司自己来执行,无须国家强制力来保证实施;第三,公司章程作为公司内部规章,其效力仅限于公司和相关当事人,而不具有普遍的约束力。

(4)公示性。公司章程的公示性表现在:不论公司的性质如何,公司章程都是设立公司必须向公司登记机关提交的重要文件之一;公司应当将公司章程备置于公司住所,某些类型公司的章程还须向社会公告。公司章程的公示是在公司、公众、政府三者之间建立的一种信息通道,在一定的程度上有助于保障交易的安全、提高交易效率。

2. 公司章程的记载事项

公司章程的记载事项可以分为三种类别:绝对记载事项、相对记载事项和任意记载事项。

绝对记载事项，是指公司法明确规定公司章程中必须记载的内容，若缺少其中任何一项记载或任何一项记载不合法，整个章程即归无效。

相对记载事项，是指法律列举的事项，但这些事项是否记载于章程，由当事人决定。若予以记载，则发生法律效力；不予记载，也不影响整个章程的效力；若记载违法，则仅该事项无效，并不导致整个章程的无效。

任意记载事项，是指法律没有明文规定，公司创立人认为可以记载于章程之中，而又不违反法律、公共秩序和善良风俗的内容。此类事项一经记载，即发生效力；若不予记载，也不影响整个章程的效力；若记载违法，则仅该事项无效，并不导致整个章程无效。

《公司法》规定，公司章程中一般应记载下列事项：公司名称和住所；公司经营范围；公司设立方式；公司注册资本；公司股东的姓名或名称、出资方式和出资额以及转让出资的条件，或者发起人的姓名或名称、认购的股份数；董事会、监事会的组成、职权、任期和议事规则，或者公司机构的产生办法；公司法定代表人；股东或股东大会认为需要规定的其他事项等。

3. 公司章程的订立、生效和修改

(1)公司章程的订立。订立公司章程的法律行为是要式法律行为，不仅要求股东意思表示真实，章程内容合法，而且章程订立的程序和章程的表现形式也必须符合法律规定。

根据《公司法》规定，有限责任公司章程由公司设立时的全体股东共同制定，股东应当在公司章程上签名、盖章；股份有限公司章程经发起人制定，若以募集方式设立公司时，公司章程还须由认股人在创立大会上通过。

(2)公司章程的生效。从原理上讲，公司章程随公司的成立而生效。但是，章程中有关设立股东(或发起人)的权利、义务、责任的内容。自设立股东签字盖章时，章程即对设立股东产生约束力。至于公司章程对公司、股东、董事、监事、经理的约束力则始于公司成立。

(3)公司章程的变更。一般来说，公司章程生效后，应保持其内容的相对稳定，不得随意变更。但是，由于社会经济情况或公司内部情况的变化，章程必须作出相应的修改。

《公司法》规定，公司可以修改章程，但是必须符合法定程序：有限责任公司修改公司章程，必须由股东会决议，经代表 2/3 以上表决权的股东通过；股份有限公司修改公司章程，必须由股东大会决议，经出席股东大会的股东所持表决权的 2/3 以上通过。另外，公司章程的变更，还必须履行注册登记手续。

(三)公司的资本

1. 公司资本的概念

公司资本也称股本，是指公司成立时由章程所确定的由股东出资构成的财产总额。公司资本是股东对公司的永久性投资,是公司赖以生存的"血液"、公司运营的物质基础,是公司对其债务的总担保,也是债权人衡量公司对外信用程度的基本依据。

公司资本主要有以下几种形态:(1)注册资本,是指公司在成立时由公司章程所确定的、经公司登记机关登记注册、公司所申报的资本总额。(2)认缴资本,又称为发行资本,是指公司实际已向股东发行的资本总额,即股东承诺以货币或非货币方式认购的资本总额。在实行法定资本制的国家,认缴资本一般会等于注册资本,在实行授权资本制的国家,认缴资本一般会小于注册资本。(3)实缴资本,是指股东已经向公司实际交付的资本总额,它是公司实际拥有的资本。在实行法定资本制的国家,实缴资本与认缴资本和注册资本都应一致。

在我国,有限责任公司的注册资本为在公司登记机关登记的全体股东认缴的出资额。股份有限公司采取发起设立方式设立的,注册资本为在公司登记机关登记的全体发起人认购的股本总额,股份有限公司采取募集方式设立的,注册资本为在公司登记机关登记的实收股本总额。

2. 传统公司法上的"资本三原则"

传统公司法认为,公司纯粹是一种资本的集合,其所确定的资本既是公司从事经营活动的必要物质基础,同时又是公司信誉的唯一担保。由于资本的所有与企业的经营是分开的,股东仅对企业债务承担有限责任,即只在其出资范围内对公司承担债务责任。因此,为了确保债权人的利益不因股东的有限责任而受到损害,立法上预先设计了一整套关于资本形成、维持和退出的机制。这一机制在理论上被归纳为资本确定、维持和不变原则。

资本确定原则,是指公司设立时,必须在公司章程中明确规定公司的资本总额,并须由股东全部认足。该原则也称法定资本制,为大陆法国家所广泛采用。英美法国家则采用授权资本制,即公司章程中规定公司的注册资本总额,但股东只认购其中规定的一部分,公司即可成立,未认足的部分则授权董事会根据需要随时发行新股募集。

资本维持原则,亦称资本充实原则,是指公司在存续期间,应维持与资本总额相当的财产。公司在经营过程中,资本总额不会变更,但公司的财产则处于不断变化之中。为了防止公司资本的实质减少,保护公司债权人利益,许多国家的公司法都规定,禁止发行低于票面价格的股票;严格控制股东的实物出资;在分派盈余之前,应提取一定比例的法定盈余公积;发起人和董事负有资本充实责任;等等。

资本不变原则,是指公司的资本总额非经严格的法定程序,不得任意增减。这一原则之下,无论是增加公司资本还是减少公司资本均须履行法定程序,必须经股东会决议通过。其中,减少资本还应编制资产负债表、财产清单,向债权人发出通知或公告。

《公司法》在修订时,对传统的资本制度进行了修正,表现在认缴资本制的确定、股东出资形式、公司回购自己股份、公司发行债券限制等方面。

(四)公司的担保

根据《公司法》的规定,公司向其他企业投资或者为他人提供担保,依照公司章程的规定,由董事会或者股东会、股东大会决议;公司章程对投资或者担保的总额及单项投资或者担保的数额有限额规定的,不得超过规定的限额。公司为公司股东或者实际控制人提供担保的,必须经股东会或者股东大会决议。被担保的股东或者受实际控制人支配的股东,不得参加相关规定事项的表决。该项表决由出席会议的其他股东所持表决权的过半数通过。

(五)公司的财务会计制度

1. 公司财务会计概述

公司应当依照法律、行政法规和国务院财政主管部门的规定建立本公司的财务、会计制度。依此规定,公司均应按照《公司法》、《会计法》和经国务院批准财政部颁布的《企业财务通则》《企业会计准则》,建立本公司的财务、会计制度。公司除法定的会计账簿外,不得另立会计账簿。对公司资产,不得以任何个人名义开立账户存储。

公司财务会计制度主要包括两个内容:一是财务会计报告制度,即公司应当依法编制财务会计报表和制作财务会计报告;二是收益分配制度,即公司的年度分配,应当依照法律规定及股东会的决议,将公司利润用于缴纳税款、提取公积金,以及进行红利分配。

2. 公司的财务会计报告

公司的财务会计报告是指公司业务执行机构在每一会计年度终了时制作的反映公司财务会计状况和经营效果的书面文件。

(1)编制

公司应当在每一会计年度终了时制作财务会计报告,并依法经审查验证。财务会计报告应当包括下列财务会计报表及附属明细表:资产负债表;损益表;财务状况变动表;财务情况说明书;利润分配表。

(2)披露

有限责任公司应当按照公司章程规定的期限将财务会计报告送交各股东。

股份有限公司的财务会计报告应当在召开股东大会年会的 20 日以前置备于本公司,供股东查阅。以募集设立方式成立的股份有限公司必须公告其财务会计报告。

3. 公司的收益分配制度

(1)公司收益分配顺序

公司当年税后利润分配规定的法定顺序:第一,弥补亏损。在公司已有的法定公积金不足以弥补上一年度公司亏损的,应当先用当年利润弥补亏损。第二,提取法定公积金。公司分配当年税后利润时,应当提取利润的10%列入公司法定公积金,公司法定公积金累计额为公司注册资本的50%以上的,可不再提取。第三,公司在从税后利润中提取法定公积金后。经股东会决议,可以提取任意公积金。第四,支付股利。对公司弥补亏损和提取公积金后所余利润,股东按照实缴的出资比例分取红利,但是,全体股东约定不按照出资比例分取红利或者不按照出资比例优先认缴出资的除外;股份有限公司按照股东持有的股份比例分配,但股份有限公司章程规定不按持股比例分配的除外。

(2)公积金

公积金是为巩固公司财产基础,加强公司信用起见,于股本之外所保留的资金金额。以来源为标准,公积金分为资本公积金和盈余公积金,前者来自盈余之外的财源,后者来自公司的税后利润。盈余公积金又分为法定盈余公积金和任意盈余公积金。

公司的公积金用于弥补公司的亏损、扩大公司生产经营或者转为增加公司资本。但是,资本公积金不得用于弥补公司的亏损。

股份有限公司经股东大会决议将公积金转为资本时,按股东原有股份比例派送新股或者增加每股面值。但法定公积金转为资本时,所留存的该项公积金不得少于转增前公司注册资本的25%。

4. 会计师事务所的独立性

公司聘用、解聘承办公司审计业务的会计师事务所,依照公司章程的规定,由股东会、股东大会或者董事会决定。公司股东会、股东大会或者董事会就解聘会计师事务所进行表决时,应当允许会计师事务所陈述意见。公司应当向聘用的会计师事务所提供真实、完整的会计凭证、会计账簿、财务会计报告及其他会计资料,不得拒绝、隐匿、谎报。

此外,监事会、不设监事会的有限责任公司的监事发现公司经营情况异常,可以进行调查,必要时,聘请会计师事务所等协助其工作,费用由公司承担。

(六)公司的变更、合并与分立

1. 公司的变更

公司的变更是指公司设立登记事项中某一项或某几项的变更。公司变更的内容,主要包括公司名称、住所、法定代表人、注册资本、公司组织形式、经营范围、营业期限、有限责任公司股东或者股份有限公司发起人的姓名或名称的变更等。

公司变更设立登记事项,应当向原公司登记机关即公司设立登记机关申请变更登记。但公司变更住所跨公司登记机关辖区的,应当在迁入新住所前向迁入地公司登记机关申请变更登记;迁入地公司登记机关受理的,由原公司登记机关将公司登记档案移送迁入地公司登记机关。未经核准变更登记,公司不得擅自改变登记事项。

2. 公司的合并

公司合并，是指依照法律规定和合同约定，按照法定程序，将两个以上的公司合并为一个公司的法律行为。公司合并可以采取吸收合并和新设合并两种形式。其中一个公司吸收其他公司为吸收合并，被吸收的公司解散；两个以上公司合并设立一个新的公司为新设合并，合并各方解散。前者包括一个公司解散程序，后者包括公司解散和公司设立两个程序。

公司合并的程序及效力如下：

首先，公司的合并，由公司的股东（大）会决议，有限责任公司合并必须经代表2/3以上表决权的股东通过；股份有限公司合并，必须经出席股东大会会议股东所持表决权的2/3以上通过，并且必须经国务院授权的部门或者省级人民政府批准。

其次，应当由合并各方签订合并协议，并编制资产负债表及财产清单。公司应当自作出合并决议之日起10日内通知债权人，并于30日内在报纸上公告。债权人自接到通知书之日起30日内，未接到通知书的自第一次公告之日起45日内，有权要求公司清偿债务或者提供相应的担保。不清偿债务或者不提供相应担保的公司不得合并。

再次，公司合并时，合并各方的债权、债务，应当由合并后存续的公司或者新设的公司承继。

最后，公司合并，登记事项发生变更的，应当依法向公司登记机关办理变更登记；设新公司的，应当依法办理公司设立登记。

3. 公司的分立

公司的分立，是指一个公司变为两个或者两个以上公司的法律行为。公司分立也有两种方式，即存续分立和新设分立。前者是指从原公司中分立出新公司，原公司仍然存在；后者是指新设立两个以上公司，原公司解散。存续分立包括一个公司设立程序，而新设分立则包括公司解散和公司设立两个程序。

公司分立的程序及效力如下：

首先，公司的分立，由公司的股东（大）会决议。有限责任公司分立必须经代表2/3以上表决权的股东通过；股份有限公司分立，必须经出席股东大会会议的股东所持表决权的2/3以上通过，并且必须经国务院授权的部门或者省级人民政府批准。

其次，公司分立，其财产应作相应的分割。公司应当编制资产负债表及财产清单。

再次，公司应当自作出分立决议之日起10日内通知债权人，并于30日内在报纸上公告。公司分立前的债务由分立后的公司承担连带责任。但是，公司在分立前与债权人就债务清偿达成的书面协议另有约定的除外。

最后,公司分立,登记事项发生变更的,应当依法向公司登记机关办理变更登记;设新公司的,应当依法办理公司设立登记。

(七)公司的解散和清算

1.公司解散原因

公司解散是指已成立的公司基于一定的法定事由而使公司消灭的法律行为。在公司法理论上,一般把公司解散的原因分为两类,即任意解散原因和强制解散原因。

任意解散原因是指只要出现了解散公司的事由公司即可解散。公司法规定的有:公司章程规定的营业期限届满或者公司章程规定的其他解散事由出现;股东会决议解散;因公司合并或者分立需要解散。

强制解散的原因是指由于某种情况的出现,主管机关或者人民法院命令公司解散。公司法规定的原因主要有:依法被吊销营业执照、责令关闭或者被撤销;公司经营管理发生严重困难,继续存续会使股东利益受到重大损失,通过其他途径不能解决的,持有公司全部股份表决权10%以上的股东,可以请求人民法院解散公司。

2.公司的清算

公司的清算,是终结解散公司的法律关系、分配公司财产的法定程序。

《公司法》对各种原因的公司解散(除公司因分立、合并而解散无须清算,以及因破产而解散的适用破产清算程序外),规定了以下清算事项:

(1)清算组的成立

公司因章程规定的营业期限届满或者章程规定的其他解散事由出现,以及因股东(大)会决议而解散的,应当在15日内成立清算组。有限责任公司的清算组由股东组成,股份有限公司的清算组由董事会或股东大会确定其人选;逾期不成立清算组进行清算的,债权人可以申请人民法院指定有关人员组成清算组,进行清算。人民法院应当受理该申请,并及时指定清算组成员,进行清算。

(2)清算组的职权

清算组在清算期间行使下列职权:清理公司财产,分别编制资产负债表和财产清单;通知或者公告债权人;处理与清算有关的公司未了结的业务;清缴所欠税款以及清算过程中产生的税款;清理债权、债务;处理公司清偿债务后的剩余财产;代表公司参与民事诉讼活动。

(3)清算事务

清算组应当自成立之日起10日内通知债权人,并于60日内在报纸上公告。债权人应当自接到通知书之日起30日内,未接到通知书的自公告之日起45日内,向清算组申报其债权。债权人申报其债权,应当说明债权的有关事项,并提供证明材料。清算组应当对债权进行登记。

清算组清理公司财产、编制资产负债表和财产清单。之后，应当制定清算方案，并报股东（大）会或者人民法院确认。

公司财产能够清偿公司债务的，分别支付清算费用、职工工资和劳动保险费用、缴纳所欠税款、清偿公司债务。公司财产按上述规定清偿后的剩余财产，有限责任公司按照股东的出资比例分配，股份有限公司按照股东持有的股份比例分配。

清算期间，公司不得开展新的经营活动。公司财产在未按上述规定清偿前，不得分配给股东。

公司因非破产解散而清算的，清算组在清理公司财产、编制资产负债表和财产清单后，发现公司财产不足清偿债务的，应当立即向人民法院申请宣告破产。公司经人民法院裁定宣告破产后，清算组应当将清算事务移交给人民法院。

（4）清算的完结

公司清算结束后，清算组应当制作清算报告，报股东（大）会或者人民法院确认，并报送公司登记机关，申请注销公司登记，公告公司终止。不申请注销公司登记的，由公司登记机关吊销其公司营业执照，并予以公告。

（5）清算组成员的义务及责任

清算组成员应当忠于职守，依法履行清算义务；清算组成员不得利用职权收受贿赂或者其他非法收入，不得侵占公司财产；清算组成员因故意或者重大过失给公司或者债权人造成损失的，应当承担赔偿责任。

（八）公司董事、监事、高级管理人员的资格和义务

1. 董事、监事和经理的任职资格

有下列情形之一的，不得担任公司的董事、监事、高级管理人员：

第一，无民事行为能力或者限制民事行为能力；

第二，因贪污、贿赂、侵占财产、挪用财产或者破坏社会主义市场经济秩序，被判处刑罚，执行期满未逾 5 年，或者因犯罪被剥夺政治权利，执行期满未逾 5 年；

第三，担任破产清算的公司、企业的董事或者厂长、经理，对该公司、企业的破产负有个人责任的，自该公司、企业破产清算完结之日起未逾 3 年；

第四，担任因违法被吊销营业执照、责令关闭的公司、企业的法定代表人，并负有个人责任的，自该公司、企业被吊销营业执照之日起未逾 3 年；

第五，个人所负数额较大的债务到期未清偿。

公司违反上述规定选举、委派董事、监事或者聘任高级管理人员的，该选举、委派或者聘任无效。董事、监事、高级管理人员在任职期间出现上述所列情形的，公司应当解除其职务。

2. 董事、监事、高级管理人员的义务

董事、监事、高级管理人员的义务，是基于“委托—代理”关系所产生的“代理人”对“委托人”的管理责任，又具体分为两种义务：一是忠实义务；二是勤勉义务。

前者是指公司的管理者应将公司利益置于自己利益之上,后者是指管理者应当以适当的注意管理公司以免损害公司的利益。

《公司法》规定,董事、监事、高级管理人员不得利用职权收受贿赂或者其他非法收入,不得侵占公司的财产。同时董事、高级管理人员不得有下列行为:挪用公司资金;将公司资金以其个人名义或者以其他个人名义开立账户存储;违反公司章程的规定,未经股东会、股东大会或者董事会同意,将公司资金借贷给他人或者以公司财产为他人提供担保;违反公司章程的规定或者未经股东会、股东大会同意,与本公司订立合同或者进行交易;未经股东会或者股东大会同意,利用职务便利为自己或者他人谋取属于公司的商业机会,自营或者为他人经营与所任职公司同类的业务;将他人与公司交易的佣金归为己有;擅自披露公司秘密;违反对公司忠实义务的其他行为。董事、高级管理人员违反前项规定所得的收入应当归公司所有。

董事、监事、高级管理人员执行公司职务时违反法律、行政法规或者公司章程的规定,给公司造成损失的,应当承担赔偿责任。

股东会或者股东大会要求董事、监事、高级管理人员列席会议的,董事、监事、高级管理人员应当列席并接受股东的质询。

董事、高级管理人员应当如实向监事会或者不设监事会的有限责任公司的监事提供有关情况和资料,不得妨碍监事会或者监事行使职权。

董事、高级管理人员有违反公司法规定的情形的,有限责任公司的股东、股份有限公司连续180日以上单独或者合计持有公司1%以上股份的股东,可以书面请求监事会或者不设监事会的有限责任公司的监事向人民法院提起诉讼;监事有违反公司法规定的情形的,前述股东可以书面请求董事会或者不设董事会的有限责任公司的执行董事向人民法院提起诉讼。

(九)外国公司的分支机构

1. 外国公司分支机构的概念

外国公司是指依照外国法律在境外登记成立的公司。外国公司的分支机构,是指外国公司在中国境内设立的从事生产经营等活动的分支机构。

为了便于外国公司来我国设立分支机构且我国对此进行规范化管理,我国公司法也对外国公司的分支机构作了专门规定。

2. 外国公司分支机构的设立

外国公司在中国境内设立分支机构,必须向中国主管机关提出申请,并提交其公司章程、所属国的公司登记证书等有关文件,经批准后,向公司登记机关依法办理登记,领取营业执照。外国公司在中国境内设立分支机构,必须在中国境内指定负责该分支机构的代表人或者代理人,并向该分支机构拨付与其所从事的经营活动相适应的资金(对外国公司分支机构的经营资金需要规定最低限额的,由国务院另行规定)。

外国公司的分支机构应当在其名称中标明该外国公司的国籍及责任形式。外国公司的分支机构应当在本机构中置备该外国公司章程。

3. 外国公司分支机构的活动及其法律地位

经批准设立的外国公司分支机构,在中国境内从事业务活动,必须遵守中国的法律,不得损害中国的社会公共利益,其合法权益受中国法律保护。

外国公司属于外国法人,其在中国境内设立的分支机构不具有中国法人资格。外国公司对其分支机构在中国境内进行经营活动承担民事责任。

外国公司撤销其在中国境内的分支机构时,必须依法清偿债务,按照公司法有关公司清算程序的规定进行清算。未清偿债务之前,不得将其分支机构的财产移至中国境外。

四、股东权利

(一)股东身份的认定

股东是向公司出资或认购股份并记载于公司章程或股东名册上的人,因而股东身份的确定需要符合两个条件:一是向公司出资或认购股份;二是股东姓名或名称被记载在公司章程或股东名册。在我国,公司法仅仅要求有限责任公司的公司章程记载股东姓名或名称,股份有限公司只记载发起人的姓名或名称。在股份有限公司情形下,社会公众认股人的股东身份依赖公司设置的股东名册,股东名册是记载公司股东姓名或名称的簿册。

《公司法》第 32 条规定,有限责任公司应当置备股东名册,记载下列事项:股东的姓名或者名称及住所;股东的出资额;出资证明书编号。记载于股东名册的股东,可以依股东名册主张行使股东权利。公司应当将股东的姓名或者名称及其出资额向公司登记机关登记;登记事项发生变更的,应当办理变更登记。未经登记或者变更登记的,不得对抗第三人。

《公司法》第 130 条规定,公司发行记名股票的,应当置备股东名册,记载下列事项:股东的姓名或者名称及住所;各股东所持股份数;各股东所持股票的编号;各股东取得股份的日期。发行无记名股票的,公司应当记载其股票数量、编号及发行日期。

(二)股权

1. 股权的概念和特征

股权实际上是股东权利的简称。《公司法》第 4 条规定,公司股东依法享有资产收益、参与重大决策和选择管理者等权利。由此规定,我们可以将股权定义为,股东基于其股东身份和地位而享有从公司获取经济利益并参与公司经营管理的权利。股权具有如下特征:第一,股权的内容包括经济利益和参与公司经营管理的权利。第二,股东作为投资人按投入公司的资本额享有所有者的权利。这体现了公司法上的一条重要原则,即股权平等原则。

2. 股权的分类

(1) 自益权与共益权

依据股权的行使是为了自己的利益还是为了股东的共同利益为标准,可将股权分为自益权和共益权。

自益权是股东为了自己的利益而行使的权利,如股利分配请求权、剩余财产分配请求权、新股认购请求权等。自益权主要表现为股东获取投资回报及其相应的财产权,这正是股东投资的根本目的。

共益权是股东为全体股东的共同利益而间接为自己利益行使的权利,如表决权、请求召集股东会的权利、请求判决股东会决议无效的权利、请求查阅账簿的权利等。共益权实际上也是股东参与公司经营管理的一种体现,该种权利的行使所获得的利益使股东间接受益。

(2) 单独股东权与少数股东权

依据是否需要股东持有一定比例的股份才能行使权利,可将股权区分为单独股东权与少数股东权。

可由股东单独行使的权利为单独股东权,法律对这种权利的行使没有设置任何限制,只要持有公司股份即可行使股权。只能由少数股东行使的权利为少数股东权,法律对这种权利的行使设置了一定的限制,即只有持有一定比例的股份才可以行使。

(3) 普通股权与优先股权

普通股股东享有的权利为普通股权,优先股股东享有的权利为优先股权。

普通股股东有权在公司提取了公积金以及支付了优先股股利后,参与公司的盈余分配,其股利不定。公司终止清算时,普通股股东在优先股股东之后取得剩余财产。普通股股东有出席或委托代理人出席股东大会并行使表决权的权利。优先股股东在公司盈余或剩余财产的分配上享有比普通股股东优先的权利,但优先股股东没有表决权。

3. 股权的内容

股权的具体内容表现在以下几个方面:

(1) 股利分配请求权

股利分配请求权是指股东基于其公司股东的资格和地位所享有的请求公司向自己分配股利的权利。一般来说,公司只有在盈利的情况下才可能发生股利的分配。

(2) 剩余财产分配请求权

剩余财产分配请求权是指股东在公司清算时,就公司的剩余财产所享有的请求分配的权利。公司剩余财产分配请求权的发生必须以公司向其全体债权人清偿债务之后尚有剩余财产为要件。

(3) 新股认购优先权

新股认购优先权是指股份有限公司发行新股时,原有股东享有优先于一般人按照自己原有持股比例而认购新股的权利。这种权利实际上只是一种选择权,股东可以行使,也可以不行使。

(4)表决权

表决权是指股东就股东大会的议案的决议权。股东表决权是股东的一项重要权利,它体现的是股东参与公司重大决策的权利和选择管理者的权利。股东表决权是股东的固有权利,公司债权人、职工等其他利害关系人不享有表决权,尽管他们也向公司提供资金或劳务。

原则上,股东表决权不受限制,但在公司持有自己股份的情况下,该种股东没有表决权。

股东表决权可由股东亲自行使,也可以委托他人代理行使。

(5)知情权

知情权是指股东了解公司经营状况、财务状况并对公司提出建议或者质询的权利。股东的知情权不仅指单纯地了解公司有关信息的权利,还包括对公司进行监督的权利。

股东知情权的行使需要有“正当性”,股东也有责任证明其目的正当,如果股东的请求符合法定要求却遭到公司的无理拒绝或公司未在合理时间内允许股东查阅,股东可以向法院申请强制查阅。

(6)诉讼权

股东的诉权包括股东的直接诉权和派生诉权。直接诉权是基于对股东的直接侵害而由股东提起的诉讼,股东派生诉权又称股东代表诉权,是指当公司由于某种原因没有就其所遭受的某种行为的侵害提起诉讼时,公司股东可以代表公司以使公司获得赔偿等救济为目的而针对该种行为提起的诉讼。

一般而言,如果涉及错误行为是对公司的侵害,应当选择派生诉讼,而涉及对股东个人利益的侵害则应当选择直接诉讼。

直接诉讼的主要情形:涉及股东知情权方面的、涉及股东表决权方面的、涉及股东优先认购权方面的、涉及股利分配的、涉及股份回购的、涉及公司并购、解散和清算方面的等。

派生诉讼的主要情形:涉及公司管理层重大过失的、涉及浪费公司资产的、涉及自我交易的、涉及管理报酬的、涉及利用公司机会的等。

(三)股权转让

股权转让是股东将其对公司的股权转移给受让人,由受让人取得股权而成为公司新股东的法律行为。这种法律行为以双方当事人之间就股权的转让达成合意即告成立,公司法上规定的股权转让的过户要求,只产生对抗的效力,不影响股权转让协议的生效问题。

1. 出资转让

出资转让,是指有限责任公司的股东将其股权转让给他人的法律行为。

(1)一般规定

有限责任公司的股东之间可以相互转让其全部或者部分股权。

股东向股东以外的人转让股权,应当经其他股东过半数同意。股东应就其股权转让事项书面通知其他股东征求同意,其他股东自接到书面通知之日起满30日未答复的,视为同意转让。其他股东半数以上不同意转让的,不同意的股东应当购买该转让的股权;不购买的,视为同意转让。经股东同意转让的股权,在同等条件下,其他股东有优先购买权。两个以上股东主张行使优先购买权的,协商确定各自的购买比例;协商不成的,按照转让时各自的出资比例行使优先购买权。公司章程对股权转让另有规定的,从其规定。

人民法院依照法律规定的强制执行程序转让股东的股权时,应当通知公司及全体股东,其他股东在同等条件下有优先购买权。其他股东自人民法院通知之日起满20日不行使优先购买权的,视为放弃优先购买权。

前两种情形下,股东转让股权后,公司应当注销原股东的出资证明书,向新股东签发出资证明书,并相应修改公司章程和股东名册中有关股东及其出资额的记载。对公司章程的该项修改不需再由股东会表决。

(2)特殊规定

《公司法》规定,有下列情形之一的,对股东会该项决议投反对票的股东可以请求公司按照合理的价格收购其股权:公司连续5年不向股东分配利润,而该公司5年连续盈利,并且符合本法规定的分配利润条件的;公司合并、分立、转让主要财产的;公司章程规定的营业期限届满或者章程规定的其他解散事由出现,股东会会议通过决议修改章程使公司存续的。

自股东会会议决议通过之日起60日内,股东与公司不能达成股权收购协议的,股东可以自股东会会议决议通过之日起90日内向人民法院提起诉讼。

自然人股东死亡后,其合法继承人可以继承股东资格;但是,公司章程另有规定的除外。

2. 股份转让

股份转让,是指股份有限公司股东将其股份转让给他人的法律行为。

股份的自由转让是股份有限公司的固有特征。但股份的自由转让并非绝对,虽然公司不能限制或者禁止股份的转让,但法律往往对股份的转让设定一些条件或者要求。《公司法》第137条规定,股东持有的股份可以依法转让。所谓“依法转让”,根据我国法律的规定,至少包含如下几层意思:

第一,转让场所法定。股东转让其股份,应当在依法设立的证券交易场所进行或者按照国务院规定的其他方式进行。

第二，转让方式法定。主要针对记名股票，由股东以背书方式或者法律、行政法规规定的其他方式转让；转让后由公司将受让人的姓名或者名称及住所记载于股东名册。

第三，特定人的股份转让受到限制。《公司法》第 141 条第 1 款规定，发起人持有的本公司股份，自公司成立之日起 1 年内不得转让。公司公开发行股份前已发行的股份，自公司股票在证券交易所上市交易之日起 1 年内不得转让。

公司董事、监事、高级管理人员应当向公司申报所持有的本公司的股份及其变动情况，在任职期间每年转让的股份不得超过其所持有本公司股份总数的 25%；所持本公司股份自公司股票上市交易之日起 1 年内不得转让。上述人员离职后半年内，不得转让其所持有的本公司股份。

公司章程可以对公司董事、监事、高级管理人员转让其所持有的本公司股份作出其他限制性规定。

五、有限责任公司

（一）有限责任公司的设立条件

有限责任公司，是指股东以其出资额为限对公司承担责任，公司以其全部资产对公司债务承担责任的企业法人。设立有限责任公司，应当具备下列条件：

1. 股东符合法定人数。有限责任公司应当由 50 人以下股东共同出资设立。除国有独资公司外，有限责任公司的股东可以是自然人，也可以是法人。

2. 有符合公司章程规定的全体股东认缴的出资额。

3. 股东共同制定公司章程。

4. 有公司名称，建立符合有限责任公司要求的组织机构。

5. 有公司住所。

（二）有限责任公司的组织管理机构

依照《公司法》的规定，对有限责任公司组织机构的设置作了多元制的规定，即一般的有限责任公司，其组织机构为股东会、董事会和监事会；股东人数较少和规模较小的有限责任公司，其组织机构为股东会、执行董事和监事。国有独资公司，其组织机构为唯一股东、董事会和监事会。

1. 股东会

（1）股东会的性质和组成

股东会是有限责任公司的权力机关。除《公司法》有特别规定的外，有限责任公司必须设立股东会。但股东会是非常设机关，而仅以会议形式存在，只有在召开股东会会议时，股东会才作为公司机关存在。有限责任公司股东会由全体股东组成，股东是按其所认缴出资额向有限责任公司缴纳出资的人。

（2）股东会的职权

股东会行使下列职权：决定公司的经营方针和投资计划；选举和更换非由职工

代表担任的董事、监事,决定有关董事、监事的报酬事项;审议批准董事会的报告;审议批准监事会或者监事的报告;审议批准公司的年度财务预算方案、决算方案;审议批准公司的利润分配方案和弥补亏损方案;对公司增加或者减少注册资本作出决议;对发行公司债券作出决议;对公司合并、分立、变更公司形式、解散和清算等事项作出决议;修改公司章程;公司章程规定的其他职权。对前款所列事项股东以书面形式一致表示同意的,可以不召开股东会会议,直接作出决定,并由全体股东在决定文件上签名、盖章。

(3)股东会的召开

股东会的首次会议由出资最多的股东召集和主持。有限责任公司设立董事会的,股东会会议由董事会召集,董事长主持;董事长不能履行职务或者不履行职务的,由副董事长主持;副董事长不能履行职务或者不履行职务的,由半数以上董事共同推举一名董事主持。

有限责任公司不设董事会的,股东会会议由执行董事召集和主持。

董事会或者执行董事不能履行或者不履行召集股东会会议职责的,由监事会或者不设监事会的公司的监事召集和主持;监事会或者监事不召集和主持的,代表1/10以上表决权的股东可以自行召集和主持。

股东会会议分为定期会议和临时会议。定期会议应当按照公司章程的规定按时召开。召开股东会会议,应当于会议召开15日以前通知全体股东;但是,公司章程另有规定或者全体股东另有约定的除外。股东会应当对所议事项的决定作成会议记录,出席会议的股东应当在会议记录上签名。临时会议由下列人员提议召开:代表1/10以上表决权的股东,1/3以上的董事,监事会或者不设监事会的公司的监事。

(4)股东会决议

有限责任公司股东会可依职权对所议事项作出决议。一般情况下,股东会会议作出决议时,由股东按照出资比例行使表决权。

股东会的议事方式和表决程序,除公司法有规定外,由公司章程规定。股东会的决议方法,也因决议事项的不同而不同。普通决议事项须经代表1/2以上表决权的股东通过;特别决议事项须经代表2/3以上表决权的股东通过方可作出。依公司法规定,股东会对公司增加或者减少注册资本、分立、合并、解散或者变更公司形式作出决议,以及修改公司章程的决议,必须经代表2/3以上表决权的股东通过。

2. 董事会

(1)董事会的性质及其组成

董事会是有限责任公司的业务执行机关,享有业务执行权和日常经营的决策权。董事会由董事组成,其成员为3~13人,董事会设董事长1人,可以设副董事长;董事长、副董事长的产生办法由公司章程规定。董事任期由公司章程规定,但每届任期不得超过3年。董事任期届满,连选可以连任。

两个以上的国有企业或者其他两个以上的国有投资主体投资设立的有限责任公司,其董事会成员中应当有公司职工代表;其他有限责任公司董事会成员中也可以有公司职工代表。董事会中的职工代表由公司职工通过职工代表大会、职工大会或者其他形式民主选举产生。

根据《公司法》的规定,有限责任公司在股东人数较少和经营规模较小的情况下,可仅设1名执行董事,执行董事可以兼任公司经理。执行董事的职权由公司章程规定。

(2)董事会的职权

董事会对股东会负责,行使下列职权:召集股东会会议,并向股东会报告工作;执行股东会的决议;决定公司的经营计划和投资方案;制定公司的年度财务预算方案、决算方案;制定公司的利润分配方案和弥补亏损方案;制定公司增加或者减少注册资本以及发行公司债券的方案;制定公司合并、分立、变更公司形式、解散的方案;决定公司内部管理机构的设置;决定聘任或者解聘公司经理及其报酬事项,并根据经理的提名决定聘任或者解聘公司副经理、财务负责人及其报酬事项;制定公司的基本管理制度;公司章程规定的其他职权。

(3)董事会的召开

董事会会议由董事长召集和主持;董事长不能履行职务或者不履行职务的,由副董事长召集和主持;副董事长不能履行职务或者不履行职务的,由半数以上董事共同推举一名董事召集和主持。

董事会的议事方式和表决程序,除本法有规定的外,由公司章程规定。董事会应当对所议事项的决定作成会议记录,出席会议的董事应当在会议记录上签名。董事会决议的表决,实行一人一票。

3. 经理

经理(或总经理)亦称为经理人,是指经法律或者公司章程或者董事会授权,由董事会聘任,对内执行公司日常经营管理业务,对外代表公司的高级管理人员。从形式上看,经理与董事会很相似,但是两者之间有着本质的区别。因为董事会是公司的业务执行机构,经理则是董事会的业务辅助执行人,并且直接隶属于董事会。因此,有学者认为经理实质上就是代理人,它与公司的关系是一种代理关系或委托关系。

有限责任公司可以设经理,由董事会决定聘任或者解聘。经理对董事会负责,行使下列职权:主持公司的生产经营管理工作,组织实施董事会决议;组织实施公司年度经营计划和投资方案;拟订公司内部管理机构设置方案;拟订公司的基本管理制度;制定公司的具体规章;提请聘任或者解聘公司副经理、财务负责人;决定聘任或者解聘除应由董事会决定聘任或者解聘以外的负责管理人员;董事会授予的其他职权。

公司章程对经理职权另有规定的,从其规定。经理列席董事会会议。

4. 监事会

(1)监事会的性质及其组成

监事会是对公司管理和经营独立行使监督权的法定必备的常设机关,是公司的监督机构。有限责任公司设立监事会,其成员不得少于3人。股东人数较少或者规模较小的有限责任公司,可以设1~2名监事,不设立监事会。监事会应当包括股东代表和适当比例的公司职工代表,其中职工代表的比例不得低于1/3,具体比例由公司章程规定。监事会中的职工代表由公司职工通过职工代表大会、职工大会或者其他形式民主选举产生。监事会设主席1人,由全体监事过半数选举产生。监事会主席召集和主持监事会会议;监事会主席不能履行职务或者不履行职务的,由半数以上监事共同推举1名监事召集和主持监事会会议。

董事、高级管理人员不得兼任监事。监事的任期每届为3年。监事任期届满,连选可以连任。监事任期届满未及时改选或者监事在任期内辞职导致监事会成员低于法定人数的,在改选出的监事就任前,原监事仍应当依照法律、行政法规和公司章程的规定,履行监事职务。

(2)监事会或者监事的职权

监事会、不设监事会的公司的监事行使下列职权:检查公司财务;对董事、高级管理人员执行公司职务的行为进行监督,对违反法律、行政法规、公司章程或者股东会决议的董事、高级管理人员提出罢免的建议;当董事、高级管理人员的行为损害公司的利益时,要求董事、高级管理人员予以纠正;提议召开临时股东会会议,在董事会不履行本法规定的召集和主持股东会会议职责时召集和主持股东会会议;向股东会会议提出提案;依照《公司法》第151条的规定,对董事、高级管理人员提起诉讼;公司章程规定的其他职权。

监事可以列席董事会会议,并对董事会决议事项提出质询或者建议。监事会、不设监事会的公司的监事发现公司经营情况异常,可以进行调查;必要时,可以聘请会计师事务所等协助其工作,费用由公司承担。

(3)监事会的召开

监事会每年度至少召开一次会议,监事可以提议召开临时监事会会议。监事会的议事方式和表决程序,除《公司法》有规定的外,由公司章程规定。监事会决议应当经半数以上监事通过。监事会应当对所议事项的决定作成会议记录,出席会议的监事应当在会议记录上签名。

监事会、不设监事会的公司的监事行使职权所必需的费用,由公司承担。

（三）一人公司

《公司法》第57条第2款规定，一人有限责任公司，是指只有一个自然人股东或者一个法人股东的有限责任公司。一人公司仍然是公司，在法律上仍然适用公司法的规定。但是，一人公司又是一种独立形态的公司，因此，一人公司的设立、治理结构等与一般的普通公司有显著不同之处。我国公司法对一人公司的特殊问题予以了专门规定，即公司法上对一人公司有专门规定的，适用专门规定，公司法上对一人公司没有规定的，则适用公司法的一般规定。

一个自然人只能投资设立一个一人有限责任公司。该一人有限责任公司不能投资设立新的一人有限责任公司。

一人有限责任公司应当在公司登记中注明自然人独资或者法人独资，并在公司营业执照中载明。

一人有限责任公司章程由股东制定。一人有限责任公司不设股东会。股东作出《公司法》第37条第1款所列决定时，应当采用书面形式，并由股东签字后置备于公司。

一人有限责任公司应当在每一会计年度终了时编制财务会计报告，并经会计师事务所审计。

一人有限责任公司的股东不能证明公司财产独立于股东自己财产的，应当对公司债务承担连带责任。

（四）国有独资公司

国有独资公司，是指国家单独出资、由国务院或者地方人民政府授权本级人民政府国有资产监督管理机构履行出资人职责的有限责任公司。

国有独资公司章程由国有资产监督管理机构制定，或者由董事会制定报国有资产监督管理机构批准。

国有独资公司不设股东会，由国有资产监督管理机构行使股东会职权。国有资产监督管理机构可以授权公司董事会行使股东会的部分职权，决定公司的重大事项，但公司的合并、分立、解散、增减注册资本和发行公司债券，必须由国有资产监督管理机构决定；其中，重要的国有独资公司合并、分立、解散、申请破产的，应当由国有资产监督管理机构审核后，报本级人民政府批准。前面所称重要的国有独资公司，按照国务院的规定确定。

国有独资公司设立董事会，依照《公司法》第46条、第66条的规定行使职权。董事每届任期不得超过3年。董事会成员中应当有公司职工代表。董事会成员由国有资产监督管理机构委派；但是，董事会成员中的职工代表由公司职工代表大会选举产生。董事会设董事长一人，可以设副董事长。董事长、副董事长由国有资产监督管理机构从董事会成员中指定。

国有独资公司设经理，由董事会聘任或者解聘。经理依照《公司法》第49条规定行使职权。经国有资产监督管理机构同意,董事会成员可以兼任经理。国有独资公司的董事长、副董事长、董事、高级管理人员,未经国有资产监督管理机构同意,不得在其他有限责任公司、股份有限公司或者其他经济组织兼职。

国有独资公司监事会成员不得少于5人,其中职工代表的比例不得低于1/3,具体比例由公司章程规定。监事会成员由国有资产监督管理机构委派;但是,监事会中的职工代表由公司职工代表大会选举产生。监事会主席由国有资产监督管理机构从监事会成员中指定。监事会行使《公司法》第53条规定的职权和国务院规定的其他职权。

六、股份有限公司

(一)股份有限公司的设立

股份有限公司,是指依照公司法有关规定设立的,其全部资本分为等额股份,股东以其所持股份为限对公司承担责任,公司以其全部资产对公司的债务承担责任的企业法人。

1.设立条件

按照《公司法》的规定,设立股份有限公司应当具备下列条件:发起人符合法定人数;有符合公司章程规定的全体发起人认购的股本总额或者募集的实收股本总额;股份发行、筹办事项符合法律规定;发起人制定公司章程,采用募集方式设立的经创立大会通过;有公司名称,建立符合股份有限公司要求的组织机构;有公司住所。

股份有限公司的设立必须要有发起人筹办。《公司法》规定,设立股份有限公司,应当有2人以上200人以下为发起人,其中须有半数以上的发起人在中国境内有住所。

发起人对股份有限公司的设立具有重大意义,在设立公司的过程中,由于公司发起人的行为直接涉及债权人、其他股东和即将成立的公司的利益,因此各国公司法对于发起人的责任都有严格规定。股份有限公司的发起人应承担以下方面的责任:公司不能成立时,对设立行为所产生的债务和费用负连带责任;公司不能成立时,对认股人已缴纳的股款,负返还股款并加算银行同期存款利息的连带责任;在公司设立过程中,由于发起人的过失致使公司利益受到损害的,应当对公司承担赔偿责任;发起人虚假出资,如未支付货币、实物或者未转移财产权,处以虚假出资金额5%以上15%以下的罚款;发起人在公司成立后抽逃其出资的,责令其改正,处以所抽逃资金额5%以上15%以下的罚款。

2.股份公司的设立程序

股份有限公司的设立方式不同,其相应的设立程序也不同。采用发起方式设立时,其程序主要包括以下几项:发起人制定公司章程;发起人认购公司应发行的全部股份;发起人依据所认购的股份缴足股款;召开创立大会,选举董事会和监事会;由董事会向公司登记机关报送设立公司的批准文件、公司章程、验资证明等文件,申请设立登记。

募集设立的程序,除包括上述发起设立程序中的前两项之外,还包括以下几项:

(1)发起人认购股份

发起人认购的股份不得少于公司股份总额的35%;但是,法律、行政法规另有规定的,从其规定。

(2)制作招股说明书

招股说明书应当附有发起人制定的公司章程,并载明下列事项:发起人认购的股份数;每股的票面金额和发行价格;无记名股票的发行总数;募集资金的用途;认股人的权利、义务;本次募股的起止期限及逾期未募足时认股人可撤回所认股份的说明。

(3)签订承销协议和代收股款协议

发起人就股份承销的方式、数量、起止日期、承销费用的计算与支付等具体事项,与证券经营机构签订承销协议;发起人就代收和保存股款的具体事宜,与银行签订代收股款协议。

(4)提出申请

发起人向社会公开募集股份,必须向国务院证券监督管理部门递交募股申请。

(5)经国务院证券监督管理部门批准

国务院证券管理部门对发起人递交的募股申请依法进行审查。经国务院债券管理部门审查符合法律规定条件的募股申请,予以批准;不符合法定条件的不予批准。未经国务院债券管理部门批准,发起人不能向社会公开募集股份。

(6)公开募集股份

发起人向社会公开募集股份,必须公告招股说明书,并制作认股书。认股书应当载明《公司法》第86条所列事项,由认股人填写认购股数、金额、住所,并签名、盖章。认股人按照所认购股数缴纳股款。

(7)召开创立大会

创立大会通常被认为是股份有限公司募集设立过程中的决议机构。发行股份的股款缴足后(经法定的验资机构验资并出具证明),发起人应当在30日内主持召开公司创立大会。

创立大会由发起人、认股人组成。发起人应当在创立大会召开15日前将会议日期通知各认股人或者予以公告。创立大会应有代表股份总数1/2以上的认股人出席,方可举行。创立大会行使下列职权:审议发起人关于公司筹办情况的报告;通过公司章程;选举董事会成员;选举监事会成员;对公司的设立费用进行审核;对发起人用于抵作股款的财产的作价进行审核;发生不可抗力或者经营条件发生重大变化直接影响公司设立的,可以作出不设立公司的决议。创立大会对上述事项作出决议,必须经出席会议的认股人所持表决权的半数以上通过。

(8)向公司登记机关申请设立登记

董事会应于创立大会结束后30日内,向公司登记机关报送下列文件,申请设立登记:公司登记申请书;创立大会的会议记录;公司章程;验资证明;法定代表人、董事、监事的任职文件及其身份证明;发起人的法人资格证明或者自然人身份证明;公司住所证明。

(二)股份有限公司的组织机构

股份有限公司的组织机构包括股东大会、董事会、经理、监事会。

1. 股东大会

(1)股东大会的性质及其组成

股东大会为股份有限公司必须设立的机关,是股份有限公司的最高权力机关。股东大会由全体股东组成。

(2)股东大会的职权

股东大会的职权主要有两类:其一,审议批准事项。如审议批准董事会的报告;审议批准监事会的报告;审议批准公司的年度财务预算方案、决算方案;审议批准公司的利润分配方案和弥补亏损方案等。其二,决定、决议事项。决定公司的经营方针和投资计划;选举和更换董事,决定有关董事的报酬事项;选举和更换由股东代表出任的监事,决定有关监事的报酬事项;对公司增加或者减少注册资本作出决议;对发行公司债券作出决议;对公司合并、分立、解散和清算等事项作出决议;修改公司章程等。

(3)股东大会的召开

股东大会分为年会(定期股东大会)和临时股东大会两种。年会(定期股东大会)是指应当每年召开一次的会议,通常在每个会计年度终了后6个月内召开。临时股东大会,是指当有下列情形之一时,应当在2个月内召开的会议:董事人数不足法定人数或者公司章程所规定人数的2/3时;公司未弥补的亏损达实收股本总额1/3时;单独或者合计持有公司股份10%以上的股东请求时;董事会认为必要时;监事会提议召开时;公司章程规定的其他情形。

股东大会会议由董事会召集,董事长主持;董事长不能履行职务或者不履行职务的,由副董事长主持;副董事长不能履行职务或者不履行职务的,由半数以上董事共同推举一名董事主持。董事会不能履行或者不履行召集股东大会会议职责的,监事会应当及时召集和主持;监事会不召集和主持的,连续90日以上单独或者合计持有公司10%以上股份的股东可以自行召集和主持。

召开股东大会会议,应当将会议召开的时间、地点和审议的事项于会议召开20日前通知各股东;临时股东大会应当于会议召开15日前通知各股东;发行无记名股票的,应当于会议召开30日前公告会议召开的时间、地点和审议事项。

单独或者合计持有公司3%以上股份的股东,可以在股东大会召开10日前提出临时提案并书面提交董事会;董事会应当在收到提案后2日内通知其他股东,并将该临时提案提交股东大会审议。临时提案的内容应当属于股东大会职权范围,并有明确议题和具体决议事项。股东大会不得对前述通知中未列明的事项作出决议。

无记名股票持有人出席股东大会会议的,应当于会议召开5日前至股东大会闭会时将股票交存于公司。

(4)股东大会的决议

股东大会的决议实行股份多数决定的原则是指股东大会依持有多数股份的股东的意志作出决议。股东大会决议实行股份多数表决原则,必须具备两个条件:一是要有代表股份多数的股东出席;二是要有出席会议的股东所持表决权的多数通过。

股东出席股东大会会议,所持每一股份有一表决权。但是,公司持有的本公司股份没有表决权。股东大会作出决议,必须经出席会议的股东所持表决权过半数通过。但是,股东大会作出修改公司章程、增加或者减少注册资本的决议,以及公司合并、分立、解散或者变更公司形式的决议,必须经出席会议的股东所持表决权的2/3以上通过。

公司法和公司章程规定公司转让、受让重大资产或者对外提供担保等事项必须经股东大会作出决议的,董事会应当及时召集股东大会会议,由股东大会就上述事项进行表决。

股东大会选举董事、监事,可以根据公司章程的规定或者股东大会的决议,实行累积投票制。公司法所称累积投票制,是指股东大会选举董事或者监事时,每一股份拥有与应选董事或者监事人数相同的表决权,股东拥有的表决权可以集中使用。

股东可以委托代理人出席股东大会会议,代理人应当向公司提交股东授权委托书,并在授权范围内行使表决权。

股东大会对所议事项的决定应当作成会议记录,由出席会议的董事签名。会议记录应当与出席股东的签名册及代理出席的委托书一并保存,供股东查阅。

2. 董事会

(1)董事会的性质及组成

董事会是股份有限公司的经营决策和业务执行机构,向股东会负责,董事会由股东大会选举产生,由5人至19人组成,董事会成员中可以有公司职工代表。董事会中的职工代表由公司职工通过职工代表大会、职工大会或者其他形式民主选举产生。董事的产生有两种情况:在公司设立时,采取发起方式设立的公司,董事由发起人选举产生;采取募集方式设立的公司,董事由创立大会选举产生。在公司成立后,董事由股东大会选举产生。

董事会设董事长1人,可以设副董事长。董事长和副董事长由董事会以全体董事的过半数选举产生。董事长召集和主持董事会会议,检查董事会决议的实施情况。副董事长协助董事长工作,董事长不能履行职务或者不履行职务的,由副董事长履行职务;副董事长不能履行职务或者不履行职务的,由半数以上董事共同推举一名董事履行职务。

(2)董事会的职权

有限责任公司董事会职权的规定,适用于股份有限公司董事会。

(3)董事会会议的召开

董事会每年度至少召开两次会议,每次会议应当于会议召开10日前通知全体董事和监事。代表1/10以上表决权的股东、1/3以上董事或者监事会,可以提议召开董事会临时会议。董事长应当自接到提议后10日内,召集和主持董事会会议。董事会召开临时会议,可以另定召集董事会的通知方式和通知时限。

董事会会议应有过半数的董事出席方可举行。董事会作出决议,必须经全体董事的过半数通过。董事会决议的表决,实行一人一票。

董事会会议,应由董事本人出席;董事因故不能出席,可以书面委托其他董事代为出席,委托书中应载明授权范围。

董事会应当对会议所议事项的决定作成会议记录,出席会议的董事应当在会议记录上签名。董事应当对董事会的决议承担责任。董事会的决议违反法律、行政法规或者公司章程、股东大会决议,致使公司遭受严重损失的,参与决议的董事对公司负赔偿责任。但经证明在表决时曾表明异议并记载于会议记录的,该董事可以免除责任。

3. 经理

股份有限公司的经理负责公司日常经营管理工作,其职权与有限责任公司经理的职权基本相同。

公司董事会可以决定由董事会成员兼任经理。

公司不得直接或者通过子公司向董事、监事、高级管理人员提供借款。

公司应当定期向股东披露董事、监事、高级管理人员从公司获得报酬的情况。

4. 监事会

监事会是股份有限公司的内部监督机构,对公司的财务及业务执行情况进行监督。监事会由监事组成,其人数不得少于3人。监事的人选由股东代表和适当比例的公司职工代表构成,其中职工代表的比例不得低于1/3,具体比例由公司的章程规定。其中,股东代表由股东大会选举产生,职工代表由职工民主选举产生。监事的任期每届为3年,监事任期届满,连选可连任。

股份有限公司监事会的职权与有限责任公司基本相同。

七、公司的法律责任

(一)公司设立的违法责任

违反《公司法》规定,办理公司登记时虚报注册资本、提交虚假证明文件或者采取其他欺诈手段隐瞒重要事实取得公司登记的,由公司登记机关责令改正,对虚报注册资本的公司,处以虚报注册资本金额5%以上15%以下的罚款;对提交虚假证明文件或者采取其他欺诈手段隐瞒重要事实的公司,处以5万元以上50万元以下的罚款;情节严重的,撤销公司登记或者吊销营业执照。

(二)发起人、股东出资的违法责任

公司资本认缴制下,公司的发起人及股东需按时足额缴纳出资。未履行或未全面履行出资义务的股东,应当向公司足额缴纳出资,设立公司时的其他发起人对此向公司承担连带责任;欠缴股东在未出资的本息范围内对公司债务不能偿还的部分对债权人承担补充赔偿责任,其他发起人对此承担连带责任,其他发起人承担责任后,可以向欠缴股东追偿,若欠缴股东已经承担上述责任,其他债权人提出相同请求的,人民法院不予支持。此外欠缴股东还需对其他已足额缴付出资的股东承担违约责任。

公司的发起人、股东虚假出资,未交付或者未按期交付作为出资的货币或者非货币财产的,由公司登记机关责令改正,处以虚假出资金额5%以上15%以下的罚款。公司的发起人、股东在公司成立后,抽逃其出资的,由公司登记机关责令改正,处以所抽逃出资金额5%以上15%以下的罚款。

(三)公司财务、会计的违法责任

公司应当依照法律、行政法规和国务院财政主管部门的规定建立本公司的财务会计制度。现行《公司法》规定,公司应当在每一会计年度终了时编制财务会计报告,并依法经会计师事务所审计,同时根据《会计法》及《企业财务会计报告条例》的规定,公司必须根据实际发生的经济业务事项进行会计核算,填制会计凭证,登记会计账簿,编制财务会计报告。公司除法定会计账册外,不得另设会计账册,对公司资产,也不得以任何个人名义开立账户存储。

对于公司在法定的会计账簿以外另立会计账簿的,由县级以上人民政府财政部门责令改正,处以5万元以上50万元以下的罚款。公司在依法向有关主管部门提供的财务会计报告等材料上作虚假记载或者隐瞒重要事实的,由有关主管部门对直接负责的主管人员和其他直接责任人员处以3万元以上30万元以下的罚款。公司不依照《公司法》规定提取法定公积金的,由县级以上人民政府财政部门责令如数补足应当提取的金额,可以对公司处以20万元以下的罚款。

(四)公司变更、清算中的违法责任

公司在合并、分立、减少注册资本或者进行清算时,不依照《公司法》规定通知

或者公告债权人的，由公司登记机关责令改正，对公司处以 1 万元以上 10 万元以下的罚款。

公司在进行清算时，隐匿财产，对资产负债表或者财产清单作虚假记载或者在未清偿债务前分配公司财产的，由公司登记机关责令改正，对公司处以隐匿财产或者未清偿债务前分配公司财产金额 5% 以上 10% 以下的罚款；对直接负责的主管人员和其他直接责任人员处以 1 万元以上 10 万元以下的罚款。

公司在清算期间开展与清算无关的经营活动的，由公司登记机关予以警告，没收违法所得。清算组不依照《公司法》规定向公司登记机关报送清算报告，或者报送清算报告隐瞒重要事实或者有重大遗漏的，由公司登记机关责令改正。清算组成员利用职权徇私舞弊、谋取非法收入或者侵占公司财产的，由公司登记机关责令退还公司财产，没收违法所得，并可以处以违法所得 1 倍以上 5 倍以下的罚款。

（五）资产评估、验资或者验证机构的违法责任

承担资产评估、验资或者验证的机构提供虚假材料的，由公司登记机关没收违法所得，处以违法所得 1 倍以上 5 倍以下的罚款，并可以由有关主管部门依法责令该机构停业、吊销直接责任人员的资格证书，吊销营业执照；承担资产评估、验资或者验证的机构因过失提供有重大遗漏的报告的，由公司登记机关责令改正，情节较重的，处以所得收入 1 倍以上 5 倍以下的罚款，并可以由有关主管部门依法责令该机构停业、吊销直接责任人员的资格证书，吊销营业执照。

承担资产评估、验资或者验证的机构因其出具的评估结果、验资或者验证证明不实，给公司债权人造成损失的，除能够证明自己没有过错的外，在其评估或者证明不实的金额范围内承担赔偿责任。

（六）有关国家主管机关的违法责任

公司登记机关对不符合《公司法》规定条件的登记申请予以登记，或者对符合《公司法》规定条件的登记申请不予登记的，对直接负责的主管人员和其他直接责任人员，依法给予行政处分。

公司登记机关的上级部门强令公司登记机关对不符合《公司法》规定条件的登记申请予以登记，或者对符合《公司法》规定条件的登记申请不予登记的，或者对违法登记进行包庇的，对直接负责的主管人员和其他直接责任人员依法给予行政处分。

国家有关主管部门的国家机关工作人员，徇私舞弊，滥用职权，对不符合法律规定条件的公司设立、登记申请或股票、债券发行、上市申请，予以批准或登记，致使公共财产、国家和人民利益遭受重大损失的，处 5 年以下有期徒刑或拘役。上级部门强令登记机关及其工作人员实施前述行为的，对其直接负责的主管人员，依照前述规定处罚。

(七)其他规定

未依法登记为有限责任公司或者股份有限公司,而冒用有限责任公司或者股份有限公司名义的,或者未依法登记为有限责任公司或者股份有限公司的分公司,而冒用有限责任公司或者股份有限公司的分公司名义的,由公司登记机关责令改正或者予以取缔,可以并处10万元以下的罚款。利用公司名义从事危害国家安全、社会公共利益的严重违法行为的,吊销营业执照。

公司成立后无正当理由超过6个月未开业的,或者开业后自行停业连续6个月以上的,可以由公司登记机关吊销营业执照。公司登记事项发生变更时,未依照《公司法》规定办理有关变更登记的,由公司登记机关责令限期登记;逾期不登记的,处以1万元以上10万元以下的罚款。公司违反《公司法》规定,应当承担民事赔偿责任和缴纳罚款、罚金的,其财产不足以支付时,先承担民事赔偿责任。

外国公司违反《公司法》规定,擅自在中国境内设立分支机构的,由公司登记机关责令改正或者关闭,可以并处5万元以上20万元以下的罚款。违反《公司法》规定,构成犯罪的,依法追究刑事责任。

【复习与思考】

1. 什么是企业?企业有哪些类型?
2. 现代企业制度有哪些特征?
3. 如何理解公司章程的记载事项?
4.《公司法》对公司提供担保是如何规定的?
5.《公司法》对公司高级管理人员的义务是如何规定的?
6. 股东权利有哪些内容?
7.《公司法》对有限责任公司的股权转让是如何规定的?
8. 如何理解股份有限公司发起人的责任?

以案释法:

公司高管需忠实,违反义务应受罚

【案情】姚某为一有限责任公司的董事长,2016年1月,另一公司的经理李某找姚某借一笔资金。正好公司刚收回一笔50万元的货款,姚某即转给了李某,李某拿出5万元给姚某,姚某未敢收,遂存入公司的小金库中,该小金库是姚某伙同部分董事及监事赵某私自开立的,用于他们的各项业余开支。同年2月,姚某利用手中的职权为其妹夫的公司促成一笔钢材生意,获利10万元,姚某存入其私人账户。2016年3月,股东会觉察姚某与赵某的渎职行为,责令其停职反省,同时,组织人员进行调查,待查清事实后,依照法律和公司章程进行处理。

【问题】本案中姚某做了哪些违法活动?

【解答】(1)挪用公司资金;(2)将公司资金以其个人名义或者以其他个人名义开立账户存储;(3)违反公司章程的规定,未经股东会或者董事会同意,将公司资金借贷给他人或者以公司财产为他人提供担保;(4)违反公司章程的规定或者未经股东会同意,与本公司订立合同或者进行交易。

【评析】本案是涉及公司董事、监事、高级管理人员忠实义务的案例。根据《公司法》的规定,董事、监事、高级管理人员不得利用职权收受贿赂或者其他非法收入,不得侵占公司的财产,不得有挪用公司资金、将公司资金以其个人名义或者以其他个人名义开立账户存储等违反对公司忠实义务的行为。所有董事、监事、高级管理人员应当依法切实履行忠实义务,否则应当依法承担法律责任。

第七章　市场中介组织法律制度

【本 章 导 读】

本章主要了解市场中介组织的基本概念及特征，认识我国市场中介组织的基本类型，明确市场中介组织发展中存在的问题，依法规制市场中介组织。

第一节　市场中介组织法律制度概述

一、市场中介组织的概念和特征

市场中介组织，是指依法设立，介于政府与企业之间、商品生产者与经营者之间、个人与单位之间，从事经济运行的中介服务的自治性社会组织。

市场中介组织具有以下特征：

1. 市场中介组织必须依法设立

市场中介组织必须按照有关法律规定的条件及程序成立。一方面，它具有合法的独立主体资格，能以自己的名义从事中介服务活动；另一方面，它与非依法成立而从事中介服务活动的组织不同。

2. 市场中介组织是在经济运行中介于政府与市场普通主体之间的中间主体

市场中介组织是超然于政府与企业之间，以独立性、客观性、技术性为特征的社会组织，因而它具有为社会和企业提供公正鉴定的独特功能。市场中介组织属于对市场经济运行中间环节起重要作用的特殊市场主体，与市场中介组织发生法律关系的相对方是国家机关和其他市场主体，如招投标、拍卖行、评估行、公证事务所。受政府有关部门的委托，对国有独资企业或国家控股公司进行资产评估和财务审计，以保证国有资产保值增值；帮助企业处理日常财务业务、税收代理、培训人员；市场中介组织可以沟通政府与民间、政府与企业、政府与社会的联系，发挥桥梁和纽带的作用，可以把政府与企业、政府与社会紧密联系起来，如行业协会等社会团体组织。

3. 市场中介组织在经济运行过程中从事各种中介服务

市场中介组织作为政府、企业与市场之间的中介，主要任务是承担一部分不宜由政府、也不便由企业来承担的事情，并在一定程度上弥补市场缺陷和政府缺陷。从中介服务的具体功能看，中介服务主要包括：(1) 提供信息。市场中介组织承担由政府转移出来的执行性行为，特别是政府转变职能后，需要有一个能沟通政府和企业的中间层次去承载监督和管理等纯执行职能。这类中介组织的行为必须由法律、法规或政府规章规范，帮助企业了解市场，帮助市场了解企业，为企业信誉提供佐证；为外商提供企业的咨询信息、吸引外商投资，促进中国企业走向国际市场。(2)提供双向服务。市场中介组织提供广泛的社会服务。为各级政府和企业提供双向服务，引导企业合理发展，为企业进行现代企业制度改造中的改组、改制进行资产评估、财务审计、界定产权。中介组织作为社会服务性组织，可以发挥市场中介组织自我组织、自我服务的功能，达到为企业服务、为全社会服务、为社会公益事业服务的目的。(3)维护权益服务。主要是指市场中介组织维护行业及其成员合法权益的服务，包括市场中介组织在向政府反映行业及成员的诉求，防止行政机关及其他组织对本行业及成员的非法干预，以及在遭受行政机关和其他组织侵害时依法进行救济等过程中所提供的服务。

4. 市场中介组织属于社会自治性组织

市场中介组织不属于国家机关，它属于社会自治性组织。市场中介组织的独立法律人格应当受到政府和其他组织的尊重和维护，更不受非法干预；同时，市场中介组织有自己的组织形态和管理制度，依照法律规定和章程等进行自我管理和自我约束。

二、市场中介组织的类型

我国的市场中介组织大体有如下类型：

1. 咨询性市场中介组织，如资产评估中心、技术成果交流中心、交易鉴定中心、信息咨询机构、证券交易所、期货交易所等为交易双方提供各种服务的机构。

2. 公证性市场中介组织，如会计师事务所、审计事务所、律师事务所、公证处、认证机构等具有法律性质的中介机构。

3. 代理性市场中介组织，如专利代理事务所、保险代理机构等。

4. 经纪性市场中介组织，如经纪人事务所、人才交流中心等。

5. 监督性市场中介组织，如消费者协会、各种行业协会等自律管理和服务机构。

上述市场中介组织都具有独立性、自主性、服务性等特点，在国家宏观调控体系中起承上启下的媒介调控作用。同时，根据不同标准还可以从不同的学科角度和以不同的标准对它进行多种分类。例如，根据市场中介组织的设立和存续是否具有营利性，可以分为营利性市场中介组织和非营利性市场中介组织；根据市场中介组织是否具有行业性，可分为行业性中介组织和非行业性中介组织；根据市场中介组织所提供的服务是否属于评价性服务，可分为评价性服务中介组织与非评价性服务中介组织；根据市场中介组织提供服务时是否直接以专业技术服务为标的参与交易法律关系，可分为专业服务性中介组织与佣金服务性中介组织。

三、我国市场中介组织的立法概述

我国至今尚无全国性单行的市场中介组织专门立法，在相关立法中体现了市场中介组织的法律规范，如在《银行业监督管理法》中关于“银行业自律组织”的规定，《证券法》中关于“证券业协会”“证券交易所”“证券服务机构”的规定，《保险法》中关于“保险代理人和保险经纪人”的规定，《拍卖法》中关于“拍卖师事务所”和“拍卖行业协会”的规定，《注册会计师法》中关于“注册会计师事务所”和“注册会计师协会”的规定，《城市房地产管理法》中关于“房地产中介服务机构”的规定，《对外贸易法》中关于对外贸易的“有关协会、商会”的规定，《进出口商品检验法》中关于“社会检验机构”的规定等。

根据相关法律规定，我国还制定有许多关于市场中介组织的行政法规、规章及地方性法规。

第二节　行业性市场中介组织的一般法律规定

一、行业性市场中介组织的概念和特征

（一）行业性市场中介组织的概念

行业性市场中介组织，是指依法成立、由同一行业成员自愿组成，并以促进行业群体的公共利益为目的的非营利性市场中介组织。

（二）行业性市场中介组织的特征

在我国，行业性市场中介组织的特征可以概括为如下几个方面：

1. 行业中介性

这是行业性市场中介组织的本质属性，主要表现在：一是充当政府特别是政府行政部门与行业整体的中介；二是充当行业整体与市场其他主体及消费者的中介。

2. 行业代表性

行业性市场中介组织是同属于一个行业的所有生产经营企业、个体经营者的代表，在反垄断、反不正当竞争、消费者权益保护、行业管理监督等法律制度方面具有特定的意义。

3. 行业自治性

行业性市场中介组织的管理权力和管理系统具有独立自主性，其管理规则和管理行为对行业成员具有自律性，包括行规对成员有约束力，成员之间的冲突与纠纷有自我解决机制，对成员的或者行业的违规行为有自我矫正机制等。

4. 非营利性

行业性市场中介组织不能有营利性，否则有违禁止利益冲突的法治原则。我国相关法律规定行业性市场中介组织是非营利性社会组织，其经费以及开展章程规定活动所取得的合法收入必须用于章程规定的业务活动，不得在会员中分配。

二、行业性市场中介组织的基本组织结构

行业性市场中介组织没有统一的立法,因此其也没有统一的组织结构。根据一些典型的行业性组织的通常实践,行业性市场中介组织的基本组织结构包括:

1. 会员结构

行业性市场中介组织的会员结构主要分为两种模式:一是单纯团体会员制,会员包括企业、社会团体、其他组织;二是团体会员与个人会员混合制,包括企业、社会团体、其他组织及个人。前者如外商投资企业协会、银行业协会等;后者如资产评估协会、注册会计师协会、律师协会等。

2. 最高权力机构

通常情况下,行业性市场中介组织的最高权力机构均是会员代表大会。它是行业性市场中介组织重大事项的决策机构。

3. 执行机构和常设执行机构

行业性市场中介组织执行机构通常表现为理事会,理事由会员代表大会选举产生。在会员代表大会闭会期间领导本会开展日常工作,对会员代表大会负责。常设执行机构为常务理事会,由理事会选举产生,在理事会闭会期间负责理事会的工作。

4. 法定代表人

会长通常是行业性市场中介组织的法定代表人,有的由会员代表大会选举产生,有的由理事会选举产生。一般只有召集并主持会议、检查工作、代表行业签署对外文件的职权。

5. 专门委员会

其主要包括专家委员会、行业委员会等,如惩戒委员会、资格评定委员会等。它们负责章程规定的或者理事会委托的专项事务。

6. 监督机构

其主要包括监事会、独立监督员等。

第三节 市场中介组织的法律规制

一、市场中介组织的存在价值

市场中介组织是介于政府与市场之间的“第三组织”。发展中介组织有利于分化社会管理,延伸政府服务,增强社会自律,完善市场体制。市场中介组织作为市场体系中不可或缺的组成部分,是专业化分工的必然要求,是市场经济发展的必然产物。市场中介组织在市场经济活动中充当了润滑剂、助推器和桥梁的角色,为市场经济的正常运行提供了服务,疏通了渠道,消除了障碍,打破了限制,使通过市场机制配置有限资源的过程更为协调、有效。

二、市场中介组织发展中存在的问题

市场中介组织在发展过程中存在许多问题，主要有以下几个方面：

1. 市场中介组织的管理体制不够健全

这集中体现在两个方面：一方面，政府对中介组织干预过多。目前，我国的市场中介组织有的是由行政机关采取行政手段建立起来的，政府直接管理中介组织的人、财、物，结果中介组织成了政府行政机构的附属物，独立性和自主性受到了严重的限制，难以发挥其应有的作用。另一方面，有关部门对中介组织缺乏统一规划、协调和管理。目前，有关部门还没有对市场中介组织的发展进行统一规划，也没有明确的、权威的主管和协调部门。政府部门、社会团体各自为政、自成体系、互不兼容，致使同一性质中介组织在利益上的摩擦与冲突迭起。

2. 市场中介组织数量不足，资金来源缺乏

目前，尽管我国市场中介组织的数量有所增加，但相对于我国市场经济的发展来看，还远远不能适应需要，一些急需建立的中介组织没有建立起来，已有的中介组织分布和发展也很不平衡，其经费来源普遍缺乏，特别是像行业协会这种社团类中介组织的资金问题尤为突出。这也严重地限制了中介组织的发展规模和发展速度。

3. 市场中介组织的独立性差

这表现在政府行政部门与中介机构不分，有些中介机构是由政府部门设立。也有的中介机构要求挂靠政府行政部门，以便谋求特权和保护。行政机构与中介机构不分，往往还会成为滋生腐败行为的温床。中介机构为了谋求行政部门的保护，就可能采取某种形式的不正当手段，将自己同行政部门之间的关系建立在利益关系的基础上。企业为了获得更好的评估和审计结果，也可能用不正当手段将自己同中介机构之间的关系建立在利益关系的基础上。所有这些，都会妨碍市场经济的正常运行。目前，我国的市场中介组织虽然按市场经济要求不断进行改革，但在经营管理上仍然缺乏一定的独立性、自主性，往往遇事喜欢依靠政府去解决，不能真正独立地面向社会、面向市场，市场中介组织的作用难以真正发挥。

4. 市场中介组织自身素质较差，执业活动不严肃、不规范，甚至从事非法活动

目前，许多地区的市场中介组织从业人员未经过专业训练，人员素质不高，专业人员短缺，降低了市场中介组织的服务质量和效果。由于人员素质较差，加之有关部门监管不力，有的市场中介组织甚至无视职业道德，违规舞弊，破坏了公正、有效和规范的市场秩序，严重地影响了市场中介组织的声誉和健康发展。例如，有的会计师事务所，在企业提供的资料不全等情况下，也为其提供验资服务。有的资产评估机构任意变动评估日期，帮助企业逃避国家的检查。相当一部分市场中介组织业务要求的专业知识性很强，具有知识密集型特征。因此，要求其从业人员必须具有较高的文化知识素质，精通专业业务，通晓国际惯例。

三、规制市场中介组织的措施

1. 转变政府职能

除少数官办的市场中介机构外，大多数市场中介组织不得由政府组建，也不得挂靠政府部门。政府要加强市场中介组织的监管，制定适合各类市场中介组织发展的政策和法规，并监督其执行；对市场中介组织及其构成人员的资格进行审核和确认等。政府不干预市场中介组织具体的业务活动，政府应实现由唱主角到当配角、由包办到协办的角色转换，为市场中介组织的合理定位和独立运作创造良好的社会经济环境。做到中介组织与政府部门脱钩，将部门的行业监督、协调、审计、集训和服务等职能分离出来，交由律师事务所、会计师事务所、审计事务所以及行业协会等市场中介组织承担，同时确保中介机构与党政机关、事业单位机构分设、人员分开、职能分离、财务分账，改变“形脱神不脱”的现象，斩断政府部门与市场中介组织形成的“利益链”，还中介于市场，减少对市场中介活动的介入，减少行政干预。

2. 明确市场中介组织主体地位

主体地位是在特定法律关系中的法律资格，随着法的部门的不同而有不同的法律定性，同一法律人格的主体可以参加不同的法律关系而形成新的不同的主体资格。无论是从事民间主体之间的市场中介服务、进行自主性民间协调的市场中介组织，如经纪性、服务性市场中介组织，还是从事与部门业务有关的市场中介组织，如国有企业资产评估拍卖、国有土地评估拍卖，以及其他资产评估拍卖、工程招投标和公共物品采购代理等，都应定位为自主经营、自负盈亏的市场主体，割断市场中介组织与政府部门之间的利益关系。加强对中市场介组织的宏观指导、调控和执业培训，使市场中介组织进一步适应市场、规范自律，坚持公平、法治、诚信。

3. 加强市场中介组织行业自律

强化市场中介组织的自身建设，加速其内部经营机制的转换。积极指导成立行业协会，对经济上尚不能自立的协会，可以考虑由政府财政给予一定的资助；抓紧调整充实行业协会机构、人员、职能；健全行业协会规章制度，加强行业协会内部管理，对某些严重违纪者进行处罚；政府主管部门委托行业协会行使某些具体事权，如行业准入、行业标准、行业规划、行业统计、行业培训等，政府或社会对行业协会的运作情况进行管理或监督。加强从业人员的培训工作，坚持先培训、后上岗，提高专业人员和整个中介组织的素质，培养一批过得硬的专家队伍，以保证提供优良的服务；在提高业务素质的同时，加强职业道德教育，提高整个队伍的政治思想素质，端正服务态度，切实纠正行业的不规范行为。逐步建立起中介组织内部的激励机制、竞争机制和约束机制，实行人才的合理流动，优胜劣汰，工资收入与效益直接挂钩。

4. 坚持依法监管

健全组织法规，制定专门法律，对中介组织的性质、任务、职能、组织形式、权利义务、法律责任等作出明确规定，使其经营有法可依、有章可循。将社会中介组织的发展纳入法制化轨道，改变“重行政管理、轻依法管理”的局面。在行业准入制度上，建立统一的执业资格审批制度，对于专业性较强的中介业务从业人员，实行全国统一的资格审核或考核办法，并推行执业公示制。在诚信制度上，开展中介组织信用评级工作，建立中介组织信用档案。为实现“阳光操作”，可通过建立全国统一的中介组织信息平台，将中介组织的资产规模、技术力量、人员规模、从业业绩等在网上公开，以网上竞标选择中介组织等方式促进中介活动公平、公正、公开。健全信息披露机制和奖惩机制。依据法律对市场中介组织进行规范、引导和监督，彻底扭转把市场中介组织当作行政机关或事业单位来管理的传统做法，使中介组织的运行和管理尽快走上法治化的轨道。

【复习与思考】

1. 市场中介组织的概念和特征。
2. 行业性市场中介组织的概念和特征。

以案释法：

市场中介组织需依法，违法认证被撤销资格

【案情】国家认监委在组织管理体系认证专项监督检查工作中发现，甲认证机构认证活动存在严重违反认证规则的问题。经进一步调查发现，甲认证机构在2015年7月对北京某机电设备有限公司实施质量管理体系认证时，减少、遗漏认证程序和活动，在未对该公司质量管理体系覆盖的关键过程和活动进行现场审核的情况下，就向其颁发了认证证书。在2016年3月对莱州市某物流有限公司实施质量管理体系认证时，减少、遗漏认证程序和活动，致使审核中关于该公司仓储设施情况的描述与实际情况严重不符，结论严重失实。

【问题】甲认证机构的行为是否合法？

【解答】甲认证机构的行为不合法。甲认证机构作为从事认证活动的市场中介组织，应当依法进行认证。根据我国有关规定，认证机构以及与认证有关的检查机构、实验室从事认证以及与认证有关的检查、检测活动，应当完成认证基本规范、认证规则规定的程序，确保认证、检查、检测的完整、客观、真实，不得增加、减少、遗漏程序。

【评析】认证机构应当按照认证基本规范、认证规则规定的程序对认证全过程实施有效控制，确保认证和产品测试过程完整、客观、真实，并具有可追溯性，不得

增加、减少或者遗漏认证程序和活动,并配备具有相应能力和专业的认证人员对上述过程进行评价。甲认证机构违法认证严重影响了认证活动的有效性和真实性,2017 年 5 月,国家认监委依法对甲认证机构做出了撤销其认证机构批准书的行政处罚,体现了我国监管机关对市场中介组织的有效监管。

第三编

市场交易法

第八章 市场交易法的一般原理

【本章导读】

2013年，习近平总书记在武汉主持召开部分省市负责人座谈会的讲话中指出，进一步实现社会公平正义，通过制度安排更好保障人民群众各方面权益。要在全体人民共同奋斗、经济社会不断发展的基础上，通过制度安排，依法保障人民权益，让全体人民依法平等享有权利和履行义务。党的十八大以来，习近平总书记在国内外多个重要场合强调诚信的重要性，为诚信在社会生活、外交关系和时代价值上的体现开启了多维视野，提供了基本遵循。市场经济离不开交易，市场交易要体现公平公正社会主体核心价值观，交易主体要遵守诚信原则。据此，我们应当加强市场交易法的学习研究。

市场交易法是调整市场交易行为的法律规范的总称。本章承接“经济法总论”，统摄“市场交易法”其他各章，是本单元的“小总论”，阐述了市场交易法的基础知识和基本制度。市场交易法的基础知识包括市场交易法的概念、调整对象、基本原则等；市场交易法的基本制度包括市场交易主体制度、市场交易行为制度、市场交易责任制度等。

第一节 市场交易法基础知识

一、市场交易与市场交易法

1. 市场交易

市场交易是指商品或服务的各个供应者和需求者在特定的市场上进行交换和买卖的行为以及在从事此类行为的过程中所形成的各种关系。[1]

从法学角度讲，市场交易是对多维市场竞争状态的简约和抽象，所描述的是经营者和其交易相对人——其他的厂商、经销商、分销商、开发商、投资商、中介服务商及消费者之间，就资金、技术、劳务、商品、市场份额以及自然资源和其他资源，按照市场规则、惯例和要求，相互进行的流转活动。市场交易既可以采取法律提供的

---

〔1〕 参见邵建东：《中国竞争法》，江西人民出版社1994年版，第23页。

主导模型契约，也可以是无合意的协调行动，还可以是单方面的安排、默许或强调。市场交易的结果是实现资源的优化配置，但经营者所追求和企盼的是在达成结果出现前的过程中成为资源配置的主导方和优化的受益方。[1]

2. 市场交易法

市场交易法是对市场交易的标的、双方权利与义务、交易方式、场地、程序及其行为规则的各种法律规范的总和。其主要包括合同法律规范、票据法律规范、知识产权法律规范、担保法律规范等。

市场交易法的调整对象是当事人基于市场交易行为产生的权利义务关系。而市场交易行为则是市场主体为建立直接的商品交换关系所实施的行为。

二、市场交易法的基本原则

市场交易法的基本原则就是市场交易活动中必须遵循的规则和秩序的根据。市场交易法的基本原则包括自愿原则、公平原则、诚信原则、鼓励交易原则等。

1. 自愿原则

自愿原则也称意思自治原则，是指平等民事主体之间在确定、变更或者终止民事法律关系时，要以各自的真实意志来表达自己意愿的基本准则。自愿原则要求合同确立的权利义务关系必须建立在双方当事人自愿同意的基础上，贯穿当事人合同行为的全过程。

根据自愿原则，合同当事人享有以下权利：第一，当事人有按自己意愿自主决定与他人订立合同的权利，任何人不得干预，更不得强迫；第二，当事人在订立合同时享有自由选择对方的权利；第三，当事人对合同内容的确定享有充分自主权，在不违反法律强制性规范的前提下可以自由约定，任何一方不得将自己的意志强加于对方；第四，当事人在不违背法律规定的情况下，享有自由选择合同形式的权利；第五，合同成立后在履行的过程中，当事人可以自愿协商补充、变更或解除合同；第六，对于可能发生的合同纠纷，当事人有权选择解决合同争议的方式等。虽然合同法从最大限度活跃市场交易与维护当事人合法权益角度确立了合同自愿原则，但当事人享有的这种订立合同的自愿权利并不是绝对的、不受限制的，不论从合同法还是司法实践看，当事人订立合同时，必须遵守法律、法规，尊重社会公德，不得扰乱社会经济秩序，不得损害国家、集体或他人的利益。这种对当事人订立合同的自愿权利的限制，符合当代世界各国合同立法的趋势及我国的国情。

2. 公平原则

公平是市场交易的灵魂，是衡量市场交易活动是否有序、规范的试金石。公平原则也称为正义原则，是针对民事权益确定的基本准则。它是指对市民社会的人身利益、财产利益进行分配，确定权利和义务时，须以社会公众的公平观念作为基

---

〔1〕 参见王艳林：《市场交易的基本原则》，载《政法论坛（中国政法大学学报）》2001年第6期。

础,维持民事主体之间的利益均衡的基本准则。[1] 法律的作用在于维护社会正义,公平地确定法律主体间的民事权利义务关系。公平原则作为合同法的一项基本原则,它要求合同各方当事人享有的权利与承担的义务具有等值性。

公平原则的含义包括以下内容:第一,公平原则的基本要求是对民事利益分配关系达到均衡,以实现分配正义。对民事主体进行利益分配,要体现公正、正直、不偏袒、公道的特质和品质,以及公平交易或者正当行事的理念,保证法的分配正义的实现。第二,公平原则的具体要求是民事主体依照公平观念行使权利、履行义务,以实现交换正义。在民事利益交换中,体现民法的正义要求,不得滥用权利、侵害他人的合法权益,防止造成不公平的后果。第三,公平原则是确定民事活动目的性的评价标准,以实现实质正义。判断民事活动是否违背公平原则,主要是从结果上判断是否符合公平的要求,如果交易的结果导致当事人之间的利益失衡,除非当事人自愿接受,否则法律就应当作出适当调整。第四,公平原则是法官适用法律应当遵循的基本理念,以实现裁判正义。在适用法律裁判民事纠纷时,应当严格依照公平理念作出判断,公正无私地进行司法活动,保障裁判正义的实现。

3. 诚信原则

市场经济是信用经济,诚信是现代市场交易活动的基本精神。诚信原则是指当事人按照合同约定的条件,切实履行自己所承担的义务,取得另一方当事人的信任,相互配合履行,共同、全面地实现合同签订的目的。诚信原则被称为民法特别是债法的最高指导原则,甚至被奉为“帝王原则”。诚信原则要求一切市场参加者在追求自己的利益时,不得损害他人利益和社会公益,目的是在当事人之间的利益关系和当事人与社会之间的利益关系中实现平衡,并维持市场道德秩序。根据诚信原则,当事人在合同订立、履行以及合同关系终止前的整个过程中,必须诚实无欺,恪守诺言,讲究信用,相互协作,以善意方式履行合同义务,负有不得滥用权利及规避法律的义务。

实践中,诚信原则作为合同法的基本原则,对当事人的全部合同行为有指导作用,主要表现在以下几方面:第一,诚信原则是指导当事人订立合同的行为准则。当事人应遵循商业道德,如实陈述商品质量和财产状况,对于履行能力以及履行过程中可能发生的问题不隐瞒、欺诈,公平地确定双方的权利义务及风险分担。第二,根据诚信原则,当事人应正确行使合同权利,善意履行合同义务。按照合同的性质、目的和交易习惯,履行及时通知、协助、提供必要条件、防止损失扩大、保守商业秘密等义务。第三,当事人对于合同中没有约定或者约定不明的事项、对于合同条款理解发生争议时,应诚实无欺、实事求是地对不明事项做出补充规定,对于争

---

〔1〕 参见杨立新主编:《中华人民共和国民法典释义与案例评注》,中国法制出版社 2020 年版,第 32 页。

议条款做出公平合理的解释，确保双方当事人的合法权益都得以实现。诚信原则理应具有强制性规范的性质，如果合同双方当事人的利益或当事人与社会、他人的利益发生冲突，而《民法典》合同编等法律、法规对此又无具体规范时，需要用诚信原则予以调整。

4.鼓励交易原则

鼓励交易原则是指法律对交易中合同的效力最大限度地予以维护，在法律的具体制度设计上、在合理的范围里，给予交易以最大程度的支持，鼓励当事人从事自愿交易行为。这是合同法保护功能中一个重要功能和目标。鼓励交易是提高效率、增进社会财富积累的手段，确立鼓励交易原则，可以引导民事主体积极主动地寻求自身的最大利益，从而充分保障合同的履行和合同利益的实现。鼓励交易原则以实现经济效率和社会财富最大化为目标，这就决定了鼓励交易原则的内涵应该包括以下三个方面：[1] 第一，鼓励交易应该是鼓励合法、自愿和可能履行的交易；第二，鼓励交易应该是鼓励最有效率的交易；第三，鼓励交易所追求的经济效率最终是社会整体意义上的效率。

鼓励交易原则的适用至少应服从以下三项基本规则：第一，必要性规则。只有在依其他价值目标就合同法律制度构建和适用解释难以形成确定结论的情况下，或者在不与合同法其他价值目标构成冲突的情况下，才需要借助效率价值面向的考量。第二，充分合理性规则。只有在以经济效率和鼓励交易为由进行制度构建或适用解释能够得出具有确定性的结论，且具有明显的、充分的合理性的情况下，才能适用鼓励交易原则。第三，履行可能性与最大效率性规则。鼓励交易原则的适用，必须把握交易的履行可能性，在可能的情况下还应该满足交易的最大效率性。[2]

第二节　市场交易法基本制度

市场交易法的基本制度包括市场交易主体制度、市场交易行为制度、市场交易责任制度等。

一、市场交易主体制度

市场交易主体即市场交易法律关系中的主体，是指在市场中从事交易的人或组织，既包括自然人，也包括法人和其他社会组织；既包括营利性机构，也包括非营利性机构。

市场交易主体具有以下特征：第一，经济性。市场交易主体应该是拥有一定数

---

[1] 参见罗昆：《鼓励交易原则的反思与合理表达》，载《政治与法律》2017年第7期。

[2] 参见罗昆：《鼓励交易原则的反思与合理表达》，载《政治与法律》2017年第7期。

量的生产资料和劳动力、从事商品经营活动、独立核算的社会基本经济单位。第二,独立性。市场交易主体应该具有独立的经济利益,独立自主地参与市场经济活动。主要表现为产权的独立和经营权的独立。第三,灵活性。市场交易主体在遵循市场规律的前提下,对经营战略和策略进行调整,这是其存在于市场的基本功能。第四,平等性。在市场中,任何一个经济组织都是以平等的地位参与社会经济活动,都是在同等的条件下参与市场竞争。任何组织或者个人在从事商品交换活动中都不应有任何特权。[1] 此外,市场交易主体还具有相互间的关联性、合法性等特征。

市场交易主体包括投资者、经营者、消费者、受益者等。

1. 投资者。投资者是指一般性营利性投资者。投资者的资格必须满足以下要求:第一,投资的方向或领域。在一些领域内,非国有资本是不能进入的;而在一些领域内,国家立法限制国有资本的进入,以达到鼓励相关领域的发展。第二,投资的数量或额度。第三,出资形式。此外,还有投资方式以及其他规定。

2. 经营者。经营者是指从事生产、经营商品或者提供有偿服务的法人、其他组织和个人。经营者的资格一般有以下几方面:第一,意志能力。第二,经营范围。第三,财产能力。第四,技术能力。除此之外,经营者还应当具有信誉能力,即可以提供参与市场活动的资质。

3. 消费者。消费者是指非以盈利为目的而购买商品或者接受服务的人。消费者既可能是亲自购买商品的个人,也可能是使用和消费他人购买的商品的人;既可能是有关服务合同中接受服务(如旅馆、运输、酒店、食品、劳务等各种服务)的一方当事人,也可能是接受服务的非合同当事人。必须指出的是,消费者并不能完全等同于买受人。消费者购买商品或接受服务,其目的主要是用于个人与家庭的消费,并不是将这些商品或者服务转让给他人从而盈利。

4. 受益者。受益者就是指通过投资、经营、消费以及企业分红获得的应有报酬。

二、市场交易行为制度

市场经济中的行为无非有两种:投资行为和交易(交换)行为,其中交易行为最为复杂。

市场交易行为是指市场交易主体的资本经营行为,它是市场交易主体为了确立、变更或终止市场交易法律关系而实施的行为。市场交易行为的特点包括:第一,市场交易行为是双方的、相互平等的行为,交易出于自愿,结于互利;第二,市场交易行为的性质是商品交换,市场行为所具有的性质它都具备;第三,市场交易行为的形式是合同,包括书面合同、口头合同、电子合同等;第四,市场交易行为直接

---

〔1〕 参见洪功翔主编:《政治经济学》,中国科学技术大学出版社 2012 年版,第 290 页。

涉及质量、计量(数量)和价格以及其他有关内容。

市场交易行为制度主要包括合同制度、担保制度、现代交易制度、公平竞争制度。

1. 合同制度。市场活动参加者是彼此相互独立、法律地位平等的自然人、法人或其他经营者,任何人均不能将自己的意志强加于他人,迫使他人接受自己的交易条件。因此,他们之间的关系唯有采取合同(契约)的形式。合同是市场交易行为的基本法律形式。有交易就有合同,就有相应的规则,这就是合同法律制度。《民法典》合同编规定的合同自由并不是无限制的自由,也要受到一定的制约,当事人订立、履行合同,应当遵守法律、行政法规,尊重社会公德,不得扰乱社会经济秩序,损害社会公共利益。

2. 担保制度。市场经济是竞争性经济,有竞争中必然有风险。市场经济的法律制度不仅要保护竞争,还要防范市场风险。市场经济法律需要一种把市场风险减少到最低程度的制度,这种制度就是担保制度,《民法典》规定的担保种类主要有保证、抵押、质押、留置、定金等。

3. 现代交易制度。现代交易制度即有价证券制度,有价证券把财产权利和书面凭证紧密结合在一起,主要包括汇票、本票、支票、企业债券、股票、彩票等。现代交易手段可以加速资本的流转,最大特点就在于交易的便利和迅速。目前我国调整有价证券的法律主要有《票据法》《证券法》等。

4. 公平竞争制度。公平竞争是市场经济的核心。党的十九届四中全会通过的《中共中央关于坚持和完善中国特色社会主义制度　推进国家治理体系和治理能力现代化若干重大问题的决定》,系统阐述了公平竞争制度逻辑架构,强调"建设高标准市场体系,完善公平竞争制度""强化竞争政策基础地位,落实公平竞争审查制度"等。可见,公平竞争制度是一个包含竞争性政策、公平竞争审查、公平产权保护等一系列制度在内的制度集合,是以竞争政策为前提、以公平为原则的产权保护制度为基础、以公平竞争监管为保障的制度体系。[1]

三、市场交易责任制度

合同法是市场经济的基本法,在现代市场经济法治保障中发挥着最为基础性的作用。市场交易责任主要是合同责任,《民法典》合同编(第八章)违约责任第577条也是延续了《合同法》规定的违约责任、缔约过失责任的相关规定。

(一)违约责任

违约责任即违反合同义务的责任,它是合同责任的基干,是一种广义的违约责任,包括两种责任形式:

---

[1] 参见何立胜:《公平竞争制度是市场公平竞争的基础保障》,载人民网,http://theory.people.com.cn/n1/2020/0318/c40531-31636849.html。

1. 现实违约责任

现实违约责任是违约责任的基本形式，指当事人一方不履行合同义务或者履行合同义务不符合约定时所应承担的继续履行、采取补救措施、赔偿损失或支付违约金等合同责任。《民法典》合同编（第八章）违约责任相关条文对这种合同责任作出了详细的规定，主要包括拒绝履行、不完全履行、迟延履行等情形下的违约责任。

2. 预期违约责任

预期违约责任是指在合同订立以后、履行期限到来之前，一方当事人无正当理由而明示或默示将不履行合同，对方可在履行期限届满之前请求其承担的违约责任。预期违约包括明示毁约和默示毁约。《民法典》第578条确认了预期违约责任，明确规定："当事人一方明确表示或者以自己的行为表明不履行合同义务的，对方可以在履行期限届满之前要求其承担违约责任。"

（二）缔约过失责任

缔约过失责任也称先契约责任或者缔约过失中的损害赔偿责任，是指在合同缔结过程中，当事人因自己过失违反依诚信原则所应承担的先合同义务，致使合同不能成立，对相信该合同为有效成立的相对人，为基于此项信赖而产生的损害，应负的损害赔偿责任。缔约过失责任的法律基础是建立在诚信原则之上的先合同义务。[1] 先合同义务是自缔约人双方为签订合同而相互接触磋商开始，随着合同关系的发展，依事态情况而逐渐产生的互相协助、照顾、保护等义务。该义务是法定的义务。《民法典》第500条、第501条确立了缔约过失责任制度。

此外，《民法典》还规定了合同责任方式，即违反约定或者法定合同义务的行为人承担民事责任的具体方式，主要有继续履行、采取补救措施、给付违约金、赔偿损失等。

【拓展学习与思考】

在市场交易中，诚信原则有哪些要求？

在市场交易中，诚信原则要求包括：第一，善意。经营者在竞争活动中，应以善意之主观心态积极从事经济活动，不得损害国家利益、社会公共利益和他人正当利益。善意虽为主观之范畴，但其判断、评估、衡量和约束、制衡的却是客观行为。经营者作为经济人，唯利是其本性，片面指责经营者唯利是图、违背诚信是不恰当的。善意的追求利益，既是经营者个体生命之所在，也是市场经济活跃发展之动力。第二，无欺。经营者在竞争活动中，不能欺骗消费者、欺诈当事人，不能在市场上散布

〔1〕 参见魏振瀛主编：《民法》，北京大学出版社、高等教育出版社2000年版，第417～418页。

虚假的服务信息、商品信息和商誉。第三，守诺。经营者在竞争活动中应当遵守诺言，对合同约定义务和法律要求承担的义务，须为全面积极之履行，并顾及一般交易惯例。第四，相互信赖。诚信原则的内涵是信赖，它在有组织的法律文化中起着一种凝聚作用，特别是相互信赖。具体包括三方面：一是尊重他人应受保护之权益；二是不滥用交易另一方的信任，或恶意利用另一方之疏忽，获取交易之外不正当利益；三是遵守交易规则，以制度安排为后盾，建立互相信赖之网络。

以案释法：

鼓励交易原则

【案情】吕某于 2017 年 3 月 1 日与雷某、某合作社之间签订《场地租赁合同》一份，约定：雷某代表某合作社将位于石柱镇沟西村牛场场地及厂房租赁给吕某使用，租赁期限为 5 年，即从 2017 年 3 月 1 日起至 2022 年 3 月 1 日止；租金：每年租金合计为人民币贰万元整，满两年后逐年递增贰仟元整，从 2017 年 3 月 1 日起开始；租金支付方式：租金于每年 3 月 1 日一次性支付。至 2020 年 3 月 2 日，吕某应当支付租赁费 86,000 元，但仅支付了 34,000 元。某合作社向法院提起诉讼，要求解除合同、退还厂房、支付拖欠的租赁费。

【问题】某合作社要求解除合同的诉讼请求是否能获得法院的支持？

【解答】吕某未按照合同的约定支付租赁费，确实构成违约，但为了维护市场经济秩序和民商事法律关系的安全稳定性，坚持鼓励交易原则，某合作社主张解除租赁合同的诉讼请求，法院依法不予支持。

【评析】本案租赁合同正在履行中，且租赁合同没有到期，其租赁场地是为了养猪，养猪是特殊行业，解除合同势必造成损失，引起连锁反应。从经济法鼓励交易的原则出发，法院判决吕某支付租赁费，但不支持解除合同的主张，这样的判决是合理的。

第九章　合同法律制度

【本 章 导 读】

习近平总书记在2020年5月29日“切实实施民法典”第二十次集体学习中指出，要加强民法典重大意义的宣传教育，讲清楚实施好民法典，是坚持以人民为中心、保障人民权益实现和发展的必然要求，是发展社会主义市场经济、巩固社会主义基本经济制度的必然要求。作为我国市场经济的重要制度之一，对合同法律制度的学习，可以帮助学生深入了解我国在民法典制定过程中的建设性成就，充分认识诚信等道德原则在我国法律体系中的核心要求，树立强大的中国特色社会主义法治建设的道路自信与理论自信。

第一节　合同制度概述

一、合同的概念与特征

（一）合同的概念

合同，亦称契约，是指平等主体的自然人、法人、其他组织之间设立、变更、终止民事权利义务关系的协议。合同有广义和狭义之分。广义的合同除了民事合同外，还包括行政合同、劳动合同等。民事合同是民事主体之间设立、变更、终止民事法律关系的协议。[1]《民法典》中所称的合同，是指狭义上的合同，其调整对象为除了身份合同以外的所有民事合同。

（二）合同的特征

1. 合同是民事主体之间自愿签订的协议。

（1）当事人法律地位平等。合同是各方平等协商的结果，任何一方均不得将自己的意志强加于人。

（2）意思表示一致。合同建立在当事人之间就协议内容达成一致的基础上，因此合同就是当事人之间的一种合意。

2. 合同是设立、变更、终止民事权利义务关系的协议。

---

〔1〕 参见《民法典》第464条第1款。

(1)合同的目的是设立、变更和终止民事权利义务,否则不能称为合同。

(2)合同是一种民事权利义务关系,或称为民事法律关系。合同法律关系与其他法律关系的特殊性主要在于合同的相对性,即合同的主体是特定的。合同的权利主体与义务主体都是特定的,债权人原则上只能向特定的债务人行使权利。

3. 合同是主要调整财产关系的协议。婚姻、收养、监护等有关身份关系的协议,适用有关该身份关系的法律规定。但是,此次《民法典》较之于《合同法》发生了稍许变化,即明确对于婚姻、收养、监护等有关身份关系的协议,该身份关系没有法律规定的,可以根据其性质参照适用合同编的规定。[1]

二、合同的种类

基于不同的标准,可以将合同分为以下几种类型:

(一)单务合同与双务合同

以合同当事人是否互负给付义务为标准,合同可分为单务合同与双务合同。单务合同,是指仅一方当事人承担给付义务的合同,如借用合同、赠与合同等。双务合同,是指合同当事人互负给付义务的合同,如买卖合同、租赁合同等。

二者区分的法律意义在于:第一,抗辩权的行使不同。双务合同当事人可以使用同时履行抗辩权、先履行抗辩权及不安抗辩权,[2]但单务合同当事人不可。第二,风险的负担不同。双务合同中,若因不可归责于双方当事人的原因而不能履行的,会发生风险负担问题;但单务合同中不会发生风险负担问题。第三,违约责任的承担方式不同。双务合同中若当事人一方已经履约但对方违约的,守约方可以请求违约方继续履行或承担其他违约责任,甚至解除合同,解除合同时会发生违约方财产返还的情况;但单务合同中,一方违约时不发生对方要求违约方对待履行或返还财产的问题,因为双方并不互为对待给付义务。

(二)有偿合同与无偿合同

以合同当事人取得权利时是否需要支付对价为标准,合同可分为有偿合同与无偿合同。有偿合同,是指当事人必须支付相应对价才能取得权利的合同,如买卖合同、租赁合同、雇佣合同等,是合同的主要形态。无偿合同,是指当事人无须支付相应对价即可取得权利的合同,如赠与合同、借用合同。

二者区分的法律意义在于:第一,主体资格要求不同。有偿合同的当事人一般情况下需要具备完全民事行为能力,限制民事行为能力人需要在法定代理人同意的情况下,或者从事与其年龄、智力相适用的情形时才能成为有偿合同的当事人。第二,注意义务不同。法律对有偿合同要求更高的注意义务,但对于无偿合同的注

---

[1] 参见《民法典》第464条第2款。

[2] 参见《民法典》第525条、第526条及第527条。

意义务要求较低。[1] 第三，行使撤销权不同。对于债务人与第三人的无偿合同，符合撤销权行使条件的，债权人可以对该无偿合同行使撤销权；[2]但对于债务人与第三人的有偿合同，只有在明显不合理的低价或明显不合理的高价的情况下，债权人才可以对该有偿合同行使撤销权。[3]

（三）有名合同与无名合同

以法律上是否规定了确定的名称为标准，合同可以分为有名合同与无名合同。有名合同又称为典型合同，是指法律设有明确的规范并赋予了一定名称的合同，如买卖合同、承揽合同、租赁合同等。无名合同又称为非典型合同，是指法律尚未特别规定，尚未赋予确定名称的合同。

二者区分的法律意义在于：有名合同可以直接使用法律的具体规定，但无名合同需要适用合同编通则的规定，并可以参照适用合同编通则或其他法律最相类似的合同的规定。[4]

（四）诺成合同与实践合同

以合同的成立是否以交付标的物或完成其他给付为标准，合同可分为诺成合同与实践合同。诺成合同，是指当事人意思表示一致即可成立的合同，如租赁合同、承揽合同等。实践合同，是指除当事人意思表示一致外，还需要完成标的物交付或其他给付方得成立的合同，如保管合同、自然人借款合同等。

二者区分的法律意义在于：诺成合同在当事人意思表示一致时即可成立；实践合同必须完成给付才能成立。因此，对于实践合同而言，作为合同成立要件的给付义务的违反并不产生违约责任，而是缔约过失责任。

（五）要式合同与不要式合同

以合同的成立是否以特定的形式为要件作为标准，合同可分为要式合同与不要式合同。要式合同，是指应当按照法律规定的特定形式订立的合同。不要式合同，是指法律没有要求必须采用特定形式即可订立的合同。

二者区分的法律意义在于：是否可以由当事人自主决定合同的订立形式。

（六）主合同与从合同

以合同之间是否存在从属关系为标准，合同可分为主合同与从合同。主合同，是指不以其他合同的存在为前提即可独立存在的合同。从合同，是指必须以其他合同的存在为前提才能存在的，自身不能独立存在的合同。如抵押借款合同，其中借款合同为主合同，抵押合同是为了担保借款合同而存在的从合同。

---

[1] 参见《民法典》第 897 条。

[2] 参见《民法典》第 538 条。

[3] 参见《民法典》第 539 条。

[4] 参见《民法典》第 467 条第 1 款。

二者区分的法律意义在于:从合同不能脱离主合同而存在,主合同无效的,从合同无效;主合同有效的,从合同不一定有效。主合同转让或消灭的,从合同原则上也随之转让或消灭。

第二节 合同的订立

一、合同订立的概念

合同订立又称为缔约,指民事主体之间为设立、变更、终止民事法律关系而进行磋商、达成意思表示一致并订立协议的过程。当事人订立合同,应当具有相应的民事权利能力和民事行为能力。当事人依法可以委托代理人订立合同。

合同的订立区别于合同的成立,合同的订立是个过程,合同的成立是合同订立的结果。合同的订立可能达成的结果一种是当事人之间形成合意,即合同成立;另一种是当事人之间没有形成合意,即合同不成立。

二、合同订立的形式

当事人订立合同,可以采用书面形式、口头形式或者其他形式。书面形式指合同书、信件、电报、传真等可以有形地表现所载内容的形式,以电子数据交换、电子邮件等方式能够有形地表现所载内容,并随时可以调取查用的数据电文,也被视为书面形式。[1] 口头形式指通过电话交谈、对话交谈等语言达成合意的形式。只要是法律或者当事人没有特别规定的,都可以采用口头形式订立合同。其他合同形式主要是指默示形式,它是指不直接以语言文字而是通过行为作意思表示,该形式只有在法律有特别规定或者当事人事先有特别约定的情况下才能运用。

三、合同的内容

合同的内容,即合同条款,由于合同的种类不同,当事人的目的不同,因而其要求和内容也就存在很大差异。但是,作为合同,必须包括一些共同的基本条款内容。

根据《民法典》的规定,合同的内容由当事人约定,一般包括下列条款:(1)当事人的姓名或者名称和住所;(2)标的;(3)数量;(4)质量;(5)价款或者报酬;(6)履行期限、地点和方式;(7)违约责任;(8)解决争议的方法。当事人可以参照各类合同的示范文本订立合同。[2] 除上述条款之外,根据法律规定或按合同性质必须具备的条款,以及当事人一方要求具备的条款,也是合同的主要条款。

四、合同订立的程序

合同订立程序是指当事人之间对合同内容进行相互协商,取得一致意见的过

---

〔1〕 参见《民法典》第469条。

〔2〕 参见《民法典》第470条。

程。合同的订立一般包括要约与承诺两个阶段。

(一)要约

1.要约的概念与条件

要约又称为发盘、报价或者发价,是希望与他人订立合同的意思表示,该意思表示应当符合下列条件:(1)内容具体确定;(2)表明经受要约人承诺,要约人即受该意思表示约束。[1] "他人"可以是特定人,也可以是非特定人。

要约的发出人称为要约人,要约的接受人称为受要约人、相对人和承诺人。

2.要约邀请

要约邀请是希望他人向自己发出要约的表示。拍卖公告、招标公告、招股说明书、债券募集办法、基金招募说明书、商业广告和宣传、寄送的价目表等为要约邀请。[2]

商业广告等内容一直是颇具争议的一种要约邀请方式,针对普遍存在的一些问题,《民法典》规定如果商业广告和宣传的内容符合要约条件的,则构成要约,而不是要约邀请。如在悬赏广告中,悬赏人以公开方式声明对完成特定行为的人支付报酬的,完成该行为的人可以请求其支付。[3] 可见,此种悬赏广告即为要约而不是要约邀请。

3.要约的生效

根据《民法典》第137条的规定,要约的生效根据要约作出的方式而有所区别:

(1)以对话方式作出的要约,在相对人知道要约内容时生效。

(2)以非对话方式作出的要约,在到达相对人时生效。若采用数据电文形式的,又分为两种情形:其一,相对人指定特定系统接收数据电文的,该数据电文进入该特定系统时生效;其二,相对人未指定特定系统的,相对人知道或者应当知道该数据电文进入其系统时生效。但是,如果当事人对采用数据电文形式的要约的生效时间另有约定的,按照其约定。

4.要约的撤回与撤销

要约可以撤回,但要约人的撤回通知必须在要约尚未到达受要约人之前或者与要约同时到达受要约人。[4] 由此可见,要约的撤回必须发生在要约尚未生效时,如果要约已经生效,则要约人不可撤回要约,只能撤销要约。但是,要约的撤销

---

[1] 参见《民法典》第472条。

[2] 参见《民法典》第473条。

[3] 参见《民法典》第499条。

[4] 参见《民法典》第141条。

有两种例外情况:[1](1)要约人以确定承诺期限或者其他形式明示要约不可撤销的,该要约不可撤销;(2)受要约人有理由认为要约是不可撤销的,并已经为履行合同做了合理准备工作的,该要约不可撤销。

要约撤销的生效时间根据意思表示作出的形式而有所差异。若撤销要约的意思表示以对话方式作出的,该意思表示的内容应当在受要约人作出承诺之前为受要约所知道;若撤销要约的意思表示以非对话方式作出的,应当在受要约人作出承诺之前到达受要约人。[2]

5. 要约的失效

要约的失效,是指要约失去了法律效力,要约人与受要约人都不再受要约的拘束。根据《民法典》第 478 条的规定,有下列情形之一的,要约失效:(1)要约被拒绝;(2)要约被依法撤销;(3)承诺期限届满,受要约人未作出承诺;(4)受要约人对要约的内容作出实质性变更。

(二)承诺

1. 承诺的概念与方式

承诺是受要约人同意要约的意思表示。[3] 一般情况下,只要受要约人作出承诺,合同即告成立,合同的订立过程宣告完成。

承诺需要以通知的方式作出,但根据交易习惯或者要约表明可以通过行为作出承诺的除外。[4] 通知的方式就是要求受要约人以明示的方式让要约人知晓其承诺的意思表示。

2. 承诺的期限

承诺应当在要约确定的期限内到达要约人,否则要约就会失去效力,受要约人不能再作出承诺。

如果要约没有确定承诺期限的,承诺应当依照下列规定到达:(1)要约以对话方式作出的,应当即时作出承诺;(2)要约以非对话方式作出的,承诺应当在合理期限内到达。[5]

对于承诺期限的起算,《民法典》第 482 条规定,要约以信件或者电报作出的,承诺期限自信件载明的日期或者电报交发之日开始计算。信件未载明日期的,自投寄该信件的邮戳日期开始计算。要约以电话、传真、电子邮件等快速通讯方式作出的,承诺期限自要约到达受要约人时开始计算。

---

[1] 参见《民法典》第 476 条。

[2] 参见《民法典》第 477 条。

[3] 参见《民法典》第 479 条。

[4] 参见《民法典》第 480 条。

[5] 参见《民法典》第 481 条。

3. 承诺的生效

承诺的生效与要约的生效一样需要适用《民法典》第137条的规定，因此承诺的生效根据承诺发出的方式而有所区别：(1)以对话方式作出的承诺，在相对人知道承诺内容时生效；(2)以非对话方式作出的承诺，在到达相对人时生效。若采用数据电文形式的，又分为两种情形：其一，相对人指定特定系统接收数据电文的，该数据电文进入该特定系统时生效；其二，相对人未指定特定系统的，相对人知道或者应当知道该数据电文进入其系统时生效。但是如果当事人对采用数据电文形式的承诺的生效时间另有约定的，按照其约定。

此外，若承诺不需要通知的，则根据交易习惯或者要约的要求作出承诺的行为时生效。

4. 承诺的撤回

承诺人发出承诺后可能因为各种原因反悔，此时承诺人可以撤回承诺。承诺的撤回适用《民法典》第141条的规定，即承诺人撤回意思表示的通知应当在意思表示到达相对人前或者与意思表示同时到达要约人。

5. 承诺的逾期与迟到

承诺的逾期与迟到都是承诺的意思表示没有按时到达要约人的情形，但二者的成立条件与法律后果截然不同。

承诺的逾期又称为承诺的迟延，是指受要约人超过承诺期限发出承诺，或者虽在承诺期限内发出承诺，但按照通常情形不能及时到达受要约人。[1] 此种情况下，除非要约人及时通知受要约人该承诺有效，则受要约人作出的意思表示视为向要约人发出的新要约，受要约人与要约人的身份发生了反转。

承诺的迟到，是指受要约人在承诺期限内发出承诺，按照通常情形能够及时达到要约人，但是因为其他原因致使承诺到达要约人时超过承诺期限。对于迟到的承诺，除非要约人及时通知受要约人因为迟到而不接受该承诺外，这个承诺就是有效的。[2]

6. 承诺的变更

一般情况下，承诺的内容应当与要约的内容一致。如果受要约人仅对要约做了细微的诸如文字错误等方面的变更，除要约人及时表示反对或者要约表明承诺不得对要约的内容作出任何变更的，该承诺依然有效。[3] 但是，如果受要约人对有关合同标的、数量、质量、价款或者报酬、履行期限、履行地点和方式、违约责任和解决争议方法等内容作了变更，就是对要约内容的实质性变更，受要约人的意思表

---

〔1〕 参见《民法典》第486条。

〔2〕 参见《民法典》第487条。

〔3〕 参见《民法典》第489条。

示将被视为新的要约。[1]

五、特殊合同的订立

(一)国家计划合同

针对新冠疫情等特殊情况下暴露出的重要物资紧缺的问题,此次《民法典》增设了国家计划合同专门条款,规定了相关主体的法定缔约义务。

《民法典》第494条规定:"国家根据抢险救灾、疫情防控或者其他需求下达国家订货任务、指令性任务的,有关民事主体之间应当依照有关法律、行政法规规定的权利和义务订立合同。依照法律、行政法规的规定负有发出要约义务的当事人,应当及时发出合理的要约。依照法律、行政法规的规定负有作出承诺义务的当事人,不得拒绝对方合理的订立合同要求。"

(二)预约合同

预约合同又称为预约,是当事人为了约定将来订立一定的合同而签订的协议,如认购书、订购书、预订书等。对于预约合同,如果当事人一方不履行预约合同约定的订立合同义务的,对方可以请求其承担预约合同的违约责任。[2]

六、合同的成立

(一)合同成立的时间

合同成立的时间因合同订立方式的不同而有所差异:

1. 承诺生效时,合同成立。大部分的合同成立采用这一标准。

2. 采用合同书形式订立合同的,自当事人均签名、盖章或者按指印时合同成立。在签名、盖章或者按指印之前,当事人一方已经履行主要义务,对方接受时,该合同成立。

法律、行政法规规定或者当事人约定合同应当采用书面形式订立,当事人未采用书面形式但是一方已经履行主要义务,对方接受时,该合同成立。

3. 当事人采用信件、数据电文等形式订立合同要求签订确认书的,签订确认书时合同成立。当事人一方通过互联网等信息网络发布的商品或者服务信息符合要约条件的,对方选择该商品或者服务并提交订单成功时合同成立,但是当事人另有约定的除外。

(二)合同成立的地点

与合同成立时间相似的是,合同的成立地点也因合同订立的方式而不同:

1. 承诺生效的地点为合同成立的地点。

2. 采用数据电文形式订立合同的,收件人的主营业地为合同成立的地点;没有主营业地的,其住所地为合同成立的地点。当事人另有约定的,按照其约定。

---

〔1〕 参见《民法典》第488条。

〔2〕 参见《民法典》第495条第2款。

3. 当事人采用合同书形式订立合同的，最后签名、盖章或者按指印的地点为合同成立的地点，但是当事人另有约定的除外。

七、格式条款

格式条款是当事人为了重复使用而预先拟定，并在订立合同时未与对方协商的条款。格式条款因为其有利于订约的便捷以及成本的节约而广泛被运用。但因为格式条款是合同当事人一方（往往是强势的一方）提前拟定的，双方在缔约过程中协商的余地非常小，极有可能存在不公平的条款存在。为此，《民法典》对格式条款作了特别规定，以此保证相对人的合法权益。

1. 提供格式条款的一方应尽到提示与说明义务。采用格式条款订立合同的，提供格式条款的一方应当遵循公平原则确定当事人之间的权利和义务，并采取合理的方式提示对方注意免除或者减轻其责任等与对方有重大利害关系的条款，按照对方的要求，对该条款予以说明。提供格式条款的一方未履行提示或者说明义务，致使对方没有注意或者理解与其有重大利害关系的条款的，对方可以主张该条款不成为合同的内容。[1]

2. 格式条款具有《民法典》第一编第六章第三节和第506条规定的情形的，该格式条款无效。若提供格式条款一方不合理地免除或者减轻其责任、加重对方责任、限制对方主要权利的，该格式条款无效。此外，提供格式条款一方排除对方主要权利的，该格式条款同样无效。[2]

3. 有争议时的解释规则。对格式条款的理解发生争议的，应当按照通常理解予以解释。对格式条款有两种以上解释的，应当作出不利于提供格式条款一方的解释。格式条款和非格式条款不一致的，应当采用非格式条款。[3]

八、缔约过失责任

缔约过失责任，是指当事人在订立合同过程中因故意或过失致使合同未成立、未生效、被撤销或无效，造成对方损失，应当承担的赔偿责任。缔约过失责任与违约责任和侵权责任有显著区别，是一种独立的责任形式。

缔约过失责任的构成需要以下几个条件：(1)一方当事人违反了缔约过程中应尽的义务；(2)违反义务的当事人是出于故意或者过失；(3)缔约过程中义务的违反给相对人确实造成了损失。承担缔约过失责任的情形有：(1)假借订立合同，恶意进行磋商；(2)故意隐瞒与订立合同有关的重要事实或者提供虚假情况；(3)有其他违背诚信原则的行为。

缔约过失责任与违约责任的区别主要在于：(1)适用情形不同。缔约过失责

---

〔1〕 参见《民法典》第496条。

〔2〕 参见《民法典》第497条。

〔3〕 参见《民法典》第498条。

任适用于合同未成立、未生效或无效等情形;违约责任适用于生效的合同。(2)发生阶段不同。缔约过失责任发生在合同成立之前;违约责任发生在合同生效之后。(3)赔偿范围不同。缔约过失责任针对信赖利益进行赔偿;违约责任赔偿的是可期待利益。[1]

第三节 合同的效力

一、合同的生效

合同的生效即法律赋予依法成立的合同对当事人各方以及第三人的法律约束力,也就是法律效力。

《民法典》第502条规定,依法成立的合同,自成立时生效。但仍然要区分合同的成立与合同的生效。合同的成立就是为了合同生效,但合同成立的不一定必然生效,因为合同成立仅是合同生效的前提,合同成立后还可能因为法律的规定或当事人的约定而暂时不能生效。合同成立后,只有当其符合生效条件时才能生效。在大多数情况下,合同成立与合同生效是同时发生的,即在合同成立之时也就生效了。但是也有少数合同,合同虽然成立但并不发生法律效力,主要是指无效合同、可撤销合同、效力待定合同。常见的合同生效情形有以下两种:

1. 依照法律、行政法规的规定,合同应当办理批准等手续的,在合同成立后,还需要完成批准手续的办理合同才能生效。

2. 当事人对合同的效力约定了条件或期限,则合同成立后,需要待所约定的条件实现或约定的期限到来,合同才得以生效。

值得注意的是,虽然未办理批准等手续会影响合同的生效,但不影响合同中履行报批等义务条款以及相关条款的效力。应当办理申请批准等手续的当事人未履行义务的,对方可以请求其承担违反该义务的责任。[2] 而合同不生效、无效、被撤销或者终止的,不影响合同中有关解决争议方法的条款的效力。[3]

二、效力有瑕疵的合同处理规则

除有效合同外,还存在效力待定的合同、无效的合同以及可撤销的合同。相关合同效力的认定,参照《民法典》第一编第六章第三节的规定处理。但是针对一些特殊情形,需要遵循《民法典》第三编第三章的规定:

1. 无权代理人以被代理人的名义订立合同,被代理人已经开始履行合同义务

---

〔1〕 参见中国注册会计师协会编:《经济法》,中国财政经济出版社2018年版,第83页。

〔2〕 参见《民法典》第502条第2款。

〔3〕 参见《民法典》第507条。

或者接受相对人履行的,视为对合同的追认。[1]

2. 法人的法定代表人或者非法人组织的负责人超越权限订立的合同,除相对人知道或者应当知道其超越权限外,该代表行为有效,订立的合同对法人或者非法人组织发生效力。[2]

3. 当事人超越经营范围订立的合同的效力,不得仅以超越经营范围确认合同无效。[3]

三、免责条款的限制

根据意思自由原则,合同当事人可以自行约定免除自己或对方责任的条款,但是免责条款如果属于下面两种情形,则该免责条款无效:(1)免除造成对方人身损害责任的条款;(2)免除因故意或者重大过失造成对方财产损失责任的条款。[4]

第四节　合同的履行

一、合同履行的概念与原则

合同的履行是指合同双方当事人按照合同的规定,全面完成各自应履行的义务和实现各自应享有的权利,使双方当事人的目的得以实现的行为。合同的履行是实现双方当事人体现在合同中的目的的重要环节。当事人只有全面地、正确地履行合同,才能保证正常的经济秩序。

当事人在合同的履行中要坚持以下三个基本原则:

1. 全面履行原则,即当事人应当按照约定全面履行自己的义务。

2. 诚信履行原则,即当事人应当遵循诚信原则,根据合同的性质、目的和交易习惯履行通知、协助、保密等义务。

3. 经济合理履行原则,即当事人在履行合同过程中,应当避免浪费资源、污染环境和破坏生态。

二、合同履行的具体规则

(一)内容约定不明的确定规则

合同生效后,当事人就质量、价款或者报酬、履行地点等内容没有约定或者约定不明确的,可以协议补充;不能达成补充协议的,按照合同相关条款或者交易习惯确定。[5] 如果按照上述规则仍不能确定的,适用下列规定:[6]

---

〔1〕 参见《民法典》第503条。
〔2〕 参见《民法典》第504条。
〔3〕 参见《民法典》第505条。
〔4〕 参见《民法典》第506条。
〔5〕 参见《民法典》第510条。
〔6〕 参见《民法典》第511条。

1. 质量要求不明确的，按照强制性国家标准履行；没有强制性国家标准的，按照推荐性国家标准履行；没有推荐性国家标准的，按照行业标准履行；没有国家标准、行业标准的，按照通常标准或者符合合同目的的特定标准履行。

2. 价款或者报酬不明确的，按照订立合同时履行地的市场价格履行；依法应当执行政府定价或者政府指导价的，依照规定履行。执行政府定价或者政府指导价的，在合同约定的交付期限内政府价格调整时，按照交付时的价格计价。逾期交付标的物的，遇价格上涨时，按照原价格执行；价格下降时，按照新价格执行。逾期提取标的物或者逾期付款的，遇价格上涨时，按照新价格执行；价格下降时，按照原价格执行。[1]

3. 履行地点不明确，给付货币的，在接受货币一方所在地履行；交付不动产的，在不动产所在地履行；其他标的，在履行义务一方所在地履行。

4. 履行期限不明确的，债务人可以随时履行，债权人也可以随时请求履行，但是应当给对方必要的准备时间。

5. 履行方式不明确的，按照有利于实现合同目的的方式履行。

6. 履行费用的负担不明确的，由履行义务一方负担；因债权人原因增加的履行费用，由债权人负担。

（二）电子合同履行规则

通过互联网等信息网络订立的电子合同的标的为交付商品并采用快递物流方式交付的，收货人的签收时间为交付时间。电子合同的标的为提供服务的，生成的电子凭证或者实物凭证中载明的时间为提供服务时间；前述凭证没有载明时间或者载明时间与实际提供服务时间不一致的，以实际提供服务的时间为准。

电子合同的标的物为采用在线传输方式交付的，合同标的物进入对方当事人指定的特定系统且能够检索识别的时间为交付时间。

电子合同当事人对交付商品或者提供服务的方式、时间另有约定的，按照其约定。[2]

（三）向第三人履行与由第三人履行

合同具有相对性，其权利主体和义务主体均是特定的，因此合同的履行主体往往是合同的当事人。但是在某些特殊情况下，第三人也可以成为合同的履行主体。

1. 向第三人履行

当事人约定由债务人向第三人履行债务，债务人未向第三人履行债务或者履行债务不符合约定的，应当向债权人承担违约责任。

法律规定或者当事人约定第三人可以直接请求债务人向其履行债务，第三人

---

〔1〕 参见《民法典》第513条。

〔2〕 参见《民法典》第512条。

未在合理期限内明确拒绝，债务人未向第三人履行债务或者履行债务不符合约定的，第三人可以请求债务人承担违约责任；债务人对债权人的抗辩，可以向第三人主张。[1]

2. 由第三人履行

当事人约定由第三人向债权人履行债务，第三人不履行债务或者履行债务不符合约定的，债务人应当向债权人承担违约责任。[2]

债务人不履行债务，第三人对履行该债务具有合法利益的，第三人有权向债权人代为履行；但是，根据债务性质、按照当事人约定或者依照法律规定只能由债务人履行的除外。债权人接受第三人履行后，其对债务人的债权转让给第三人，但是债务人和第三人另有约定的除外。[3]

此外，合同生效后，当事人不得因姓名、名称的变更或者法定代表人、负责人、承办人的变动而不履行合同义务。[4]

（四）合同履行中的抗辩权

在双务合同中，由于当事人双方互负的给付义务是具有牵连性的，一方没有履行义务即有可能给对方造成损失，为此，需要设置具体的制度保护交易安全。抗辩权就是指在双务合同中，一方当事人享有的依法对抗对方要求或否认对方权利主张的权利。履行抗辩权的设置，使当事人可以在法定情况下对抗对方的请求权，使当事人的拒绝履行行为不构成违约，可以更好地维护当事人的合法权益。根据《民法典》的规定，履行抗辩权主要包括同时履行抗辩权、先履行抗辩权与不安抗辩权。

1. 同时履行抗辩权

同时履行抗辩权，指双务合同中没有先后履行顺序的当事人一方在对方没有履行或履行不符合约定时，可以拒绝对方请求自己履行相应义务的权利。《民法典》第525条规定，当事人互负债务，没有先后履行顺序的，应当同时履行。一方在对方履行之前有权拒绝其履行请求。一方在对方履行债务不符合约定时，有权拒绝其相应的履行请求。

2. 先履行抗辩权

先履行抗辩权，是指双务合同中履行顺序在后的当事人一方，在履行顺序在先的当事人一方没有履行或履行不符合约定时，可以拒绝对方请求自己履行相应义务的权利。《民法典》第526条规定，当事人互负债务，有先后履行顺序，应当先履

---

[1] 参见《民法典》第522条。

[2] 参见《民法典》第523条。

[3] 参见《民法典》第524条。

[4] 参见《民法典》第532条。

行债务一方未履行的,后履行一方有权拒绝其履行请求。先履行一方履行债务不符合约定的,后履行一方有权拒绝其相应的履行请求。

3. 不安抗辩权

不安履行抗辩权,是指双务合同中履行顺序在先的当事人一方,在有确切证据能够证明在履行顺序在后的当事人一方不能保证履行义务时,可以中止履行的权利。《民法典》第 527 条规定,应当先履行债务的当事人,有确切证据证明对方有下列情形之一的,可以中止履行:(1)经营状况严重恶化;(2)转移财产、抽逃资金,以逃避债务;(3)丧失商业信誉;(4)有丧失或者可能丧失履行债务能力的其他情形。当事人没有确切证据却中止履行的,应当承担违约责任。

因行使不安抗辩权而中止履行的,应当及时通知对方。对方提供适当担保的,应当恢复履行。中止履行后,对方在合理期限内未恢复履行能力且未提供适当担保的,视为以自己的行为表明不履行主要债务,中止履行的一方可以解除合同并可以请求对方承担违约责任。[1]

(五)中止履行、提前履行与部分履行

1. 中止履行

除当事人行使不安抗辩权会导致合同的中止履行外,债权人分立、合并或者变更住所没有通知债务人,致使履行债务发生困难的,债务人可以中止履行或者将标的物提存。[2]

2. 提前履行

一般情况下,当事人应当严格按照合同约定的时间履行义务,债权人可以拒绝债务人提前履行债务。提前履行合同,对于债权人来说在许多情况下是有利的,但在一些情况下,提前履行对债权人来说并没有实际意义,甚至是有害的。但是提前履行不损害债权人利益的,债务人可以提前履行债务。由此给债权人增加的费用,则由债务人承担。[3]

3. 部分履行

部分履行又称为不完全履行合同,是指债务人有履行合同的行为,但履行行为在数量上不符合合同的约定,仅是履行了其中应当履行的债务的一部分。根据全面履行原则,当事人应当按照约定全面履行自己的合同义务,因此债权人可以拒绝债务人部分履行债务。但是部分履行不损害债权人利益的,债务人可以部分履行债务。由此给债权人增加的费用,则由债务人承担。[4]

---

〔1〕 参见《民法典》第 528 条。
〔2〕 参见《民法典》第 529 条。
〔3〕 参见《民法典》第 530 条。
〔4〕 参见《民法典》第 531 条。

(六)情势变更

合同成立后,合同的基础条件发生了当事人在订立合同时无法预见的、不属于商业风险的重大变化,继续履行合同对于当事人一方明显不公平的,受不利影响的当事人可以与对方重新协商;在合理期限内协商不成的,当事人可以请求人民法院或者仲裁机构变更或者解除合同。人民法院或者仲裁机构应当结合案件的实际情况,根据公平原则变更或者解除合同。[1]

第五节　合同的保全

合同的保全,是指为了保护债权人不因债务人财产的不当减少而遭受损害,允许债权人干预债务人相关财产处分行为的制度。债权人可以通过行使代位权或撤销权来实现合同的保全。

一、代位权

(一)代位权的概念

代位权,是指当债务人怠于行使其对次债务人享有的债权或者与该债权有关的从权利,从而影响债权人的到期债权实现时,债权人得向人民法院请求以自己的名义代位行使债务人对相对人的权利。

(二)代位权的适用对象

代位权的适用对象是债务人的消极行为,即债务人危及债权人利益的怠于行使其权利的行为,主要是指债务人不履行其对债权人的到期债务,又不以诉讼方式或者仲裁方式向其债务人主张其享有的具有金钱给付内容的到期债权,致使债权人的到期债权未能实现。例如,次债务人(债务人的债务人)提出抗辩,不认为债务人有怠于行使其到期债权情况的,次债务人应当承担举证责任。在代位权诉讼中,次债务人对债务人的抗辩,可以向债权人主张。

(三)代位权的成立要件

债权人提起代位权诉讼,应当符合下列条件:

1. 债权人对债务人的债权到期。因为债权人对债务人的债权尚未到期的,债务人处分其对次债务人的债权或有关从权利是否会影响到债权人债权的实现,尚不得而知,如果贸然允许债权人行使代位权,会侵害债务人及次债务人的合法权益。但是,如果债权人的债权到期前,债务人的债权或者与该债权有关的从权利存在诉讼时效期间即将届满或者未及时申报破产债权等情形,影响债权人的债权实现的,债权人可以代位向债务人的相对人请求其向债务人履行、向破产管理人申报

---

[1] 参见《民法典》第533条。

或者作出其他必要的行为。[1]

2. 债务人对次债务人的债权到期。如果债务人对次债务人的债权未到期，债权人行使代位权存在损害次债务人合法权益之虞。

3. 债务人怠于行使其债权或者与该债权有关的从权利。所谓怠于行使，是指债务人能够行使却不行使，即对于债务人不存在任何行使该权利的客观障碍，但债务人仍然消极行使其权利。

4. 债务人怠于行使权利的行为会影响债权人到期债权的实现。如果债务人确实存在对次债务人怠于行使权利的行为，但该行为并不会给债权人到期债权的实现带来损害，则债权人当然不得行使代位权，否则会构成对债务人合法权利的不当干涉。

5. 债务人对相对人享有的权利不是专属于债务人自身的。一般情况下，基于扶养关系、扶养关系、赡养关系、继承关系等身份关系产生的给付请求权，以及退休金、养老金、安置费、劳动报酬等基于劳动关系产生的给付请求权都是专属于债务人自身的权利。但是，债权人对债务人的享有的债权是否专属于债权人自身，不会影响代位权的成立。

（四）代位权的行使

1. 行使的主体与方式

代位权必须通过诉讼的方式行使，由被告住所地人民法院管辖。在代位权诉讼中，原告为债权人，被告为次债务人，债务人可作为代位权诉讼的第三人。

根据《民法典》第535条的规定，债权人行使代位权的必要费用，由债务人承担。如果相对人对债务人有抗辩事由的，也可以将其向债权人主张。而且，代位权的行使以债权人的到期债权为限。

2. 行使的效力

人民法院认定代位权成立的，由债务人的相对人向债权人履行义务，债权人接受履行后，债权人与债务人、债务人与相对人之间相应的权利义务终止。债务人对相对人的债权或者与该债权有关的从权利被采取保全、执行措施，或者债务人破产的，依照相关法律的规定处理。[2]

值得注意的是，《民法典》明确了代位权行使的“直接清偿规则”，即由债务人的相对人直接向债权人履行义务。只有在特定情况下才采用“入库规则”，即债权人行使代位权后不得受领此债务人的给付。

二、撤销权

（一）撤销权的概念

撤销权，是指债权人对于债务人实施的危害债权实现的减少财产的行为，得向

---

〔1〕参见《民法典》第536条。

〔2〕参见《民法典》第537条。

法院请求予以撤销的权利。

债权人的撤销权与可撤销合同中的撤销权不同，债权人撤销权的行使对象是债务人的相对人，已经突破了合同的相对性；但可撤销合同中，撤销权的当事人即合同法律关系的当事人，并未突破合同的相对性。

撤销权的适用对象是债务人的积极行为，撤销权行使的结果是恢复债务人相应的财产与权利，债权人就撤销权行使的结果并无优先受偿权利。撤销权的行使范围以债权人的债权为限，债权人行使撤销权的必要费用，由债务人负担。

（二）撤销权的成立要件

债权人行使撤销权应当符合下列条件：

1. 债务人有减少财产的行为。减少财产的行为包括两种：

（1）无偿行为，即债务人放弃其债权、放弃债权担保、无偿转让财产等方式无偿处分财产权益，恶意延长其到期债权的履行期限等。在债务人的无偿行为中，并不考察债务人相对人的主观情况，无论债务人的相对人是否知道债务人的无偿行为将损害债权人的利益，债权人都可以行使撤销权。

（2）有偿行为，即债务人以明显不合理的低价转让财产，或者以明显不合理的高价受让他人财产或者为他人的债务提供担保等。在这种情况下，需要债务人的相对人知道或者应当知道该情形，债权人才可以请求人民法院撤销债务人的行为。对于"明显不合理的低价"，一般以交易当地一般经营者的判断，并参考交易当时交易地的物价部门指导价或者市场交易价，结合其他相关因素综合考虑。转让价格达不到交易时交易地的指导价或者市场交易价70%的，一般可以视为明显不合理的低价；对转让价格高于当地指导价或者市场交易价30%的，一般可以视为明显不合理的高价。

2. 债务人的行为须于债权发生后有效成立且持续存在。若债务人减少财产的行为发生在债权成立之前，则不能认定债务人的行为有影响债权人的债权实现的故意，债权人不得行使撤销权。

3. 债务人减少财产的行为影响债权人的债权实现。若债务人确有减少财产的行为，但并不影响其偿债能力，则债权人不得行使撤销权。

（三）撤销权的行使

1. 行使的主体与方式

撤销权与代位权一样，必须通过诉讼的方式行使，由被告住所地人民法院管辖。在代位权诉讼中，原告为债权人，被告为债务人，债务人的相对人可作为代位权诉讼的第三人。

根据《民法典》第540条的规定，撤销权的行使范围以债权人的债权为限。债权人行使撤销权的必要费用，由债务人负担。

撤销权的行使有时间限制，即撤销权自债权人知道或者应当知道撤销事由之日起1年内行使。自债务人的行为发生之日起5年内没有行使撤销权的,该撤销权消灭。[1] 此处的期间是除斥期间。

2. 行使的效力

债务人影响债权人的债权实现的行为被撤销的,自始没有法律约束力。[2] 因此,债务人的处分行为归于无效,债务人的相对人需要返还相应财产。对于返还的财产将归属于债务人的责任财产,行使撤销权的债权人并没有优先受偿的权利。

第六节　合同的担保

一、合同担保概述

(一)合同担保的概念和种类

合同的担保,是指保障债权人债权得以实现,促使债务人积极履行其义务的各项法律措施的总称。

合同的担保方式主要有五种:保证、定金、抵押、质押和留置。保证是基于对特定人的信任成立的担保,故而又被称为人的担保。定金是以一定金钱为基础成立的担保,又可称为金钱担保。抵押、质押与留置都是以具体财产为基础的担保,属于物的担保。与此同时,前四种担保方式都是依据当事人的合同而成立的,是约定担保。留置是直接根据法律的规定而成立的,是法定担保。

由于抵押、质押和留置属于物权的种类,本节将仅阐述合同编涉及的保证和定金两种担保方式。

(二)合同担保的性质

1. 从属性。担保合同属于从合同,其以主合同的存在为前提,随着主合同的移转而移转。

2. 相对独立性。虽然担保合同附属于主合同,但担保合同本身也是一个独立的合同,需要满足合同相关法律规定的条件,与被担保债权的成立和发生分别属于两个不同的法律关系。

3. 补充性。合同的担保仅是为了补充债权的效力而存在的,如果债权得以全面履行,则因担保而产生的义务并不需要实际履行,只有当主合同的债务没有全面履行时,才需要补充义务的履行来保证主债权的实现。

二、保证

(一)保证合同的定义

保证合同是为保障债权的实现,保证人和债权人约定,当债务人不履行到期债

---

〔1〕 参见《民法典》第541条。

〔2〕 参见《民法典》第542条。

务或者发生当事人约定的情形时，保证人履行债务或者承担责任的合同。

根据《民法典》第 682 条的规定，保证合同与主合同的关系是：保证合同是主债权债务合同的从合同。主债权债务合同无效的，保证合同无效，但是法律另有规定的除外。保证合同被确认无效后，债务人、保证人、债权人有过错的，应当根据其过错各自承担相应的民事责任。

（二）保证合同的主体

保证合同的当事人为债权人和保证人，债权人和保证人都可以是自然人、法人或其他组织。其中，保证合同的债权人即主合同的债权人，由于保证合同的债权人是纯获利益的，因此，对于债权人并无完全民事行为能力的要求。但是，保证人如果是自然人的，必须是完全民事行为能力人。法律对保证人也作了以下几个方面的限制：

1. 主债务人不得同时为保证人。如果两个身份混同，意味着责任财产并未得到增加，保证合同的存在目的将落空。

2. 机关法人原则上不得为保证人，但是经国务院批准为使用外国政府或者国际经济组织贷款进行转贷的除外。

3. 基层群众性自治组织法人原则上不得为保证人，但依法代行村集体经济职能的村民委员会，依照村民委员会组织法规定的讨论决定程序对外提供担保的除外。

4. 以公益为目的的非营利法人、非法人组织不得为保证人，主要指以公益为目的的学校、医院、幼儿园、养老机构等事业单位或社会团体，但如果有下列情形的，可以做保证人：(1) 在购入或者以融资租赁方式承租教育设施、医疗卫生设施、养老服务设施和其他公益设施时，出卖人、出租人为担保价款或者租金实现而在该公益设施上保留所有权；(2) 以教育设施、医疗卫生设施、养老服务设施和其他公益设施以外的不动产、动产或者财产权利设立担保物权。

5. 企业法人的职能部门不得担任保证人。

6. 公司的分支机构原则上不得以自己的名义担任保证人，但是经公司股东（大）会或者董事会决议的，可以以分支机构自己的名义对外提供保证。[1]

（三）保证合同的形式和内容

1. 保证合同的形式

保证合同只能通过书面的形式订立，我国法律并不承认口头形式的订立的保证合同。保证合同可以是单独订立的书面合同，也可以是主债权债务合同中的保证条款。第三人单方以书面形式向债权人作出保证，债权人接收且未提出异议的，

---

〔1〕 金融机构与担保公司的分支机构的保证人主体地位，参见最高人民法院《关于适用〈中华人民共和国民法典〉有关担保制度的解释》第 11 条。

保证合同成立。[1]

2. 保证合同的内容

保证合同应当包括以下内容:(1)被保证的主债权种类、数额;(2)债务人履行债务的期限;(3)保证的方式;(4)保证担保的范围;(5)保证的期间。除此之外,还可以包含双方认为需要约定的其他事项,如果保证合同不完备的,可以进行补正,并不会当然导致保证合同的无效。

(四)保证方式

1. 一般保证与连带保证

以保证人承担责任的方式为划分依据,保证可以分为一般保证和连带责任保证。

根据《民法典》第686条的规定,当事人在保证合同中对保证方式没有约定或者约定不明确的,按照一般保证承担保证责任。这一规定改变了《担保法》中将保证方式未约定或约定不明确的,认定为连带责任保证的做法,有利于保护保证人的合法权益。因为现实生活中绝大多数保证人在签订保证合同时并未意识到自己将要承担的责任类别,连带责任保证无疑对保证人的要求过为苛刻。

(1)一般保证

一般保证,是指当事人在保证合同中约定,债务人不能履行债务时,由保证人承担保证责任的保证。根据最高人民法院《关于适用〈中华人民共和国民法典〉有关担保制度的解释》第25条的规定,当事人在保证合同中约定了保证人在债务人不能履行债务或者无力偿还债务时才承担保证责任等类似内容,具有债务人应当承担责任的意思表示的,人民法院应当认定为一般保证。

一般保证的保证人具有先诉抗辩权,即在主合同纠纷未经审判或者仲裁,并就债务人财产依法强制执行仍不能履行债务前,有权拒绝向债权人承担保证责任,但是有下列情形之一的除外:①债务人下落不明,且无财产可供执行;②人民法院已经受理债务人破产案件;③债权人有证据证明债务人的财产不足以履行全部债务或者丧失履行债务能力;④保证人书面表示放弃本款规定的权利。

(2)连带责任保证

连带责任保证,是指当事人在保证合同中约定保证人和债务人对债务承担连带责任的保证。根据最高人民法院《关于适用〈中华人民共和国民法典〉有关担保制度的解释》第25条的规定,当事人在保证合同中约定了保证人在债务人不履行债务或者未偿还债务时即承担保证责任、无条件承担保证责任等类似内容,不具有债务人应当先承担责任的意思表示的,人民法院应当将其认定为连带责任保证。

《民法典》第688条第2款规定,连带责任保证的债务人不履行到期债务或者

---

〔1〕 参见《民法典》第685条。

发生当事人约定的情形时,债权人可以请求债务人履行债务,也可以请求保证人在其保证范围内承担保证责任。

可见,在连带责任保证中,保证人并不享有先诉抗辩权,而是与债务人承担连带责任。债权人可以直接要求保证人承担保证责任,无须先要求债务人承担相应义务。

2. 单独保证与共同保证

以保证人的数量为划分依据,保证可以分为单独保证与共同保证。单独保证指保证人只有一个的保证。共同保证指同一债务有两个以上保证人的保证。

在共同保证中需要明确共同保证人各自承担的保证份额。根据《民法典》第699条的规定,同一债务有两个以上保证人的,保证人应当按照保证合同约定的保证份额,承担保证责任;没有约定保证份额的,债权人可以请求任何一个保证人在其保证范围内承担保证责任。因此,对于没有约定保证份额的共同保证也可以称为连带共同保证。但连带共同保证中,是共同保证人之间的保证,这种连带与连带责任保证中,保证人与债务人之间的连带不同,需要加以区分。

(五)保证责任

1. 保证责任的范围

保证的范围包括主债权及其利息、违约金、损害赔偿金和实现债权的费用。当事人另有约定的,按照其约定。当事人对保证担保的范围没有约定或者约定不明确的,保证人应当对全部债务承担责任。

2. 保证期间

保证期间,是指保证责任的存续期间,债权人可在保证期间内向保证人行使权利。保证期间除斥期间,不发生中止、中断和延长。

关于保证期间的长短,债权人与保证人可以约定,但是约定的保证期间早于主债务履行期限或者与主债务履行期限同时届满的,视为没有约定;没有约定或者约定不明确的,保证期间为主债务履行期限届满之日起6个月。[1] 保证合同约定保证人承担保证责任直至主债务本息还清时为止等类似内容的,视为约定不明。[2] 债权人与债务人对主债务履行期限没有约定或者约定不明确的,保证期间自债权人请求债务人履行债务的宽限期届满之日起计算。[3]

债权人和债务人变更主债权债务合同的履行期限,未经保证人书面同意的,保证期间不受影响。[4]

---

〔1〕 参见《民法典》第692条第2款。

〔2〕 参见最高人民法院《关于适用〈中华人民共和国民法典〉有关担保制度的解释》第32条。

〔3〕 参见《民法典》第692条第3款。

〔4〕 参见《民法典》第695条第2款。

3. 保证债务的诉讼时效

一般保证的债权人在保证期间届满前对债务人提起诉讼或者申请仲裁的，从保证人拒绝承担保证责任的权利消灭之日起，开始计算保证债务的诉讼时效。连带责任保证的债权人在保证期间届满前请求保证人承担保证责任的，从债权人请求保证人承担保证责任之日起，开始计算保证债务的诉讼时效。

一般保证中，主债务诉讼时效中断，保证债务诉讼时效中断；连带责任保证中，主债务诉讼时效中断，保证债务诉讼时效不中断。一般保证与连带责任保证中，主债务诉讼时效中止的，保证债务的诉讼时效同时中止。

4. 保证人不再承担保证责任的情形

根据《民法典》的规定，保证人在以下几种情形下不再承担全部或部分保证责任：

(1) 债权人欺诈保证人或债务人欺诈保证人债权人知情的，保证人可以诉讼撤销该保证行为。[1]

(2) 主合同无效，保证合同无效，保证人不再承担保证责任。[2]

(3) 债务人以自己的财产设定抵押，抵押权人放弃该抵押权、抵押权顺位或者变更抵押权的，其他担保人在抵押权人丧失优先受偿权益的范围内免除担保责任，但是其他担保人承诺仍然提供担保的除外。[3]

(4) 一般保证的债权人未在保证期间对债务人提起诉讼或者申请仲裁的，保证人不再承担保证责任。连带责任保证的债权人未在保证期间请求保证人承担保证责任的，保证人不再承担保证责任。[4]

(5) 债权人和债务人未经保证人书面同意，协商变更主债权债务合同内容，减轻债务的，保证人仍对变更后的债务承担保证责任；加重债务的，保证人对加重的部分不承担保证责任。

(6) 债权人转让全部或者部分债权，未通知保证人的，该转让对保证人不发生效力。保证人与债权人约定禁止债权转让，债权人未经保证人书面同意转让债权的，保证人对受让人不再承担保证责任。[5]

(7) 债权人未经保证人书面同意，允许债务人转移全部或者部分债务，保证人对未经其同意转移的债务不再承担保证责任，但是债权人和保证人另有约定的除外。第三人加入债务的，保证人的保证责任不受影响。[6]

---

〔1〕 参见《民法典》第 148 条。
〔2〕 参见《民法典》第 388 条。
〔3〕 参见《民法典》第 409 条第 2 款。
〔4〕 参见《民法典》第 693 条。
〔5〕 参见《民法典》第 696 条。
〔6〕 参见《民法典》第 697 条。

(8)一般保证的保证人在主债务履行期限届满后,向债权人提供债务人可供执行财产的真实情况,债权人放弃或者怠于行使权利致使该财产不能被执行的,保证人在其提供可供执行财产的价值范围内不再承担保证责任。[1]

此外,根据最高人民法院《关于适用〈中华人民共和国民法典〉有关担保制度的解释》第39条的规定,主合同当事人双方协议以新贷偿还旧贷,除保证人知道或者应当知道的外,保证人不承担民事责任。新贷与旧贷系同一保证人的,不适用前述规定。

(六)保证人的权利

1. 保证人的追偿权

保证人承担保证责任后,除当事人另有约定外,有权在其承担保证责任的范围内向债务人追偿,享有债权人对债务人的权利,但是不得损害债权人的利益。

2. 保证人的抗辩权

保证人可以主张债务人对债权人的抗辩。债务人放弃抗辩的,保证人仍有权向债权人主张抗辩。

3. 保证人的抵销权和撤销权

债务人对债权人享有抵销权或者撤销权的,保证人可以在相应范围内拒绝承担保证责任。

三、定金

(一)定金的概念与种类

定金,是指合同当事人为了担保合同的履行而约定的,一方向另一方给付的一定数额的金钱或其他替代物,以保证债权实现的担保方式。定金与预付款不同,预付款是合同一方当事人未履行付款义务而预先向对方当事人支付的一定款项,无担保作用。债务人履行债务后,定金应当抵作价款或者收回。给付定金的一方不履行约定的债务的,无权要求返还定金;收受定金的一方不履行约定的债务的,应当双倍返还定金。

以定金的目的与功能为划分依据,定金可以分为立约定金、成约定金、证约定金、违约定金与解约定金。

(二)定金的成立

《民法典》第586条第1款规定,定金合同自实际交付定金时成立。可见,定金合同为实践合同,以定金的实际交付为成立条件。实际交付的定金数额多于或者少于约定数额的,视为变更约定的定金数额。

定金合同依据当事人的约定而产生,因此当事人可以自由决定定金的数额。但畸高的定金数额将损害当事人一方的合法权益,不利于交易安全。为此,《民法

[1] 参见《民法典》第698条。

典》在尊重当事人意思自治的基础上,对定金数额作了一定的限制:定金数额不得超过主合同标的额的20%,超过部分不产生定金的效力。[1]

(三)定金的效力

1. 定金罚则。债务人履行债务的,定金应当抵作价款或者收回。给付定金的一方不履行债务或者履行债务不符合约定,致使不能实现合同目的的,无权请求返还定金;收受定金的一方不履行债务或者履行债务不符合约定,致使不能实现合同目的的,应当双倍返还定金。[2] 由此可知,不履行债务并不当然适用定金罚则,必须是相应行为致使不能实现合同目的时才可适用。

2. 违约金与定金竞合选择权。当事人既约定违约金,又约定定金的,一方违约时,对方可以选择适用违约金或者定金条款。定金不足以弥补一方违约造成的损失的,对方可以请求赔偿超过定金数额的损失。[3] 为弥补过去法律规定违约金与定金只能择一行使,不利于保护守约方合法权益的缺陷,此次《民法典》吸收了2012年最高人民法院《关于审理买卖合同纠纷案件适用法律问题的解释》第28条的规定,[4]并将其置于合同编通则部分,扩大了该条的适用范围。

第七节　合同的变更与转让

依法成立的合同,受法律保护,对当事人具有法律约束力。当事人应当按照合同约定履行自己的义务,不得擅自变更或者解除合同。但合同订立之后,由于情况的变化,变更、转让和终止合同对当事人更为有利的,基于合同自由法律应当允许。

一、合同的变更

合同的变更有广义和狭义两个含义。广义的合同的变更,是指合同主体与内容的变更。狭义的合同的变更,仅指合同内容的变更。由于合同主体的变更实际上就是新的债权人或债务人替换原来的债权人或债务人,即合同的转让,因此,通常说的合同的变更采用的是狭义的含义。

根据《民法典》的规定,只要当事人协商一致,即可变更合同。[5] 但法律、行政法规规定变更合同应当办理批准、登记手续的,应依照其规定办理批准、登记等

---

〔1〕参见《民法典》第586条第2款。

〔2〕参见《民法典》第587条。

〔3〕参见《民法典》第588条。

〔4〕2012年最高人民法院《关于审理买卖合同纠纷案件适用法律问题的解释》(已废止)第28条规定:“买卖合同约定的定金不足以弥补一方违约造成的损失,对方请求赔偿超过定金部分的损失的,人民法院可以并处,但定金和损失赔偿的数额总和不应高于因违约造成的损失。”

〔5〕参见《民法典》第543条。

手续;当事人对合同变更的内容约定不明确的,推定为未变更。[1] 因合同变更导致一方当事人受到经济损失的,受损一方可向另一方当事人要求赔偿损失。

二、合同的转让

合同的转让,即合同主体的变更,是指当事人将合同的权利和义务全部或部分转让给第三人。合同的转让,分为债权的转让和债务的转让。当事人一方经对方同意,也可以将自己在合同中的权利和义务一并装让给第三人,即债权债务的概括转移。

(一)债权转让

1. 债权转让的条件

债权人可以将债权的全部或者部分转让给第三人,其中债权人是转让人,第三人是受让人。债权人转让债权无须征得债务人的同意,但必须通知债务人。如果债权人转让债权,未通知债务人,则该转让仅对债权人与第三人有效,对债务人不发生效力。而且,债权转让的通知非经受让人同意,不得撤销。

2. 债权转让的限制

《民法典》第 545 条第 1 款规定,有下列情形之一的债权不得转让:(1)根据债权性质不得转让。如赠与合同、委托合同等基于当事人特定身份而订立的合同。(2)按照当事人约定不得转让。(3)依照法律规定不得转让。

还须注意的是,当事人约定非金钱债权不得转让的,不得对抗善意第三人。当事人约定金钱债权不得转让的,不得对抗第三人。可见,针对非金钱债权,当事人不得转让的约定,仅对非善意第三人有效,而对于善意第三人,债权让与依然有效,受让人可以取得债权。针对金钱债权,当事人不得转让的约定效力并不能涉及第三人,即无论第三人善意与否,受让人都可取得债权。

3. 债权转让的效力

(1)在债权全部转让的情形下,让与人脱离原债权债务关系,受让人取代原债权人的位置,成为新的债权人。

(2)在债权部分转让的情形下,让与人与受让人均成为债务人的债权人,让与人仅丧失部分债权。

(3)从权利一并转让。债权人转让债权的,受让人取得与债权有关的从权利,但是该从权利专属于债权人自身的除外。受让人取得从权利不因该从权利未办理转移登记手续或者未转移占有而受到影响。

(4)债务人的抗辩权。债务人接到债权转让通知后,债务人对让与人的抗辩,可以向受让人主张。

(5)债务人的抵销权。债务人基于以下两种情形可以向受让人主张抵销:其

---

[1] 参见《民法典》第 544 条。

一,债务人接到债权转让通知时,债务人对让与人享有债权,且债务人的债权先于转让的债权到期或者同时到期;其二,债务人的债权与转让的债权是基于同一合同产生。

(6)费用承担。因债权转让增加的履行费用,由让与人负担。

(二)债务承担

1. 债务承担的条件

(1)免除的债务承担。债务人将债务的全部或者部分转移给第三人的,应当经债权人同意。债务人或者第三人可以催告债权人在合理期限内予以同意,债权人未作表示的,视为不同意。

(2)并存的债务承担。第三人与债务人约定加入债务并通知债权人,或者第三人向债权人表示愿意加入债务,债权人未在合理期限内明确拒绝的,债权人可以请求第三人在其愿意承担的债务范围内和债务人承担连带债务。

2. 债务承担的效力

(1)免除的债务承担,原债务人脱离债权债务关系,受让人成为新的债务人。

(2)并存的债务承担,受让人加入债权债务关系,与原债务人一起成为债权人的债务人。

(3)受让人享有抗辩权。债务人转移债务的,新债务人可以主张原债务人对债权人的抗辩。

(4)受让人不得使用原债务人对债权人享有的债权主张抵销,否则侵犯了原债务人的合法权益。

(5)从债务随主债务一起转移。债务人转移债务的,新债务人应当承担与主债务有关的从债务,但是该从债务专属于原债务人自身的除外。

(三)债权债务的概括移转

债权债务的概括移转,是指合同当事人经对方同意,一方将自己在合同中的权利和义务一并转让给第三人。合同的权利和义务一并转让的,适用债权转让、债务转移的有关规定。

第八节 合同的终止

一、合同终止概述

合同的终止,即合同的消灭,是指因为法定或者约定情形的发生,使当事人之间的权利义务关系消灭,债权债务不复存在,从而合同终止法律效力。

根据《民法典》第557条的规定,有下列情形之一的,债权债务终止:(1)债务已经履行;(2)债务相互抵销;(3)债务人依法将标的物提存;(4)债权人免除债务;(5)债权债务同归于一人;(6)法律规定或者当事人约定终止的其他情形。此外,合同解除的，合同的权利义务关系也终止。

合同终止后，虽然当事人之间的债权债务终止了，但当事人应当遵循诚信等原则，根据交易习惯履行通知、协助、保密、旧物回收等后合同义务。[1] 同时债权的从权利也随之消灭，除非法律另有规定或者当事人另有约定。[2]

二、清偿

清偿，是指合同之债的债务人或者第三人按照合同的约定圆满履行合同的给付义务。清偿是最普遍最正常的合同终止原因。

在前文"合同的履行"中，已对与合同履行有关的问题进行了阐述，在此需要补充的内容为以下几点：

（一）清偿抵充

清偿抵充，是指一个债务人对同一债权人负有数个种类相同债务时，如果债务人的给付不足以清偿所有债务，则该给付按照当事人约定或者法律规定抵充某一债务的制度。关于清偿抵充顺序的规定，主要包括：

1. 除当事人另有约定外，由债务人在清偿时指定其履行的债务。

2. 债务人未作指定的，应当优先履行已经到期的债务；数项债务均到期的，优先履行对债权人缺乏担保或者担保最少的债务；均无担保或者担保相等的，优先履行债务人负担较重的债务；负担相同的，按照债务到期的先后顺序履行；到期时间相同的，按照债务比例履行。

（二）代物清偿

代物清偿，是指债务人以有别于合同约定的给付代替原给付的清偿。其须满足以下几个要件：

1. 合同之债有效存在。当事人之间要存在有效的债权债务关系，且对标的物没有严格的限制。

2. 实际给付与原约定给付不同。如果实际所为的给付与原约定的给付种类相同，则仍为原定给付。

3. 有代物清偿的必要。必须是原定给付确实无法实现或实现非常困难。

4. 双方意思表示一致。如果双方没有协商一致，债权人有权拒绝债务人的代物清偿，且不会发生受领迟延。

（三）债务清偿顺序

债务人在履行主债务外还应当支付利息和实现债权的有关费用，其给付不足以清偿全部债务的，除当事人另有约定外，应当按照下列顺序履行：（1）实现债权

---

〔1〕 参见《民法典》第558条。
〔2〕 参见《民法典》第559条。

的有关费用;(2)利息;(3)主债务。[1]

三、解除

合同的解除,是指在合同成立后,没有完全履行之前,因为法定事由或当事人约定的事由,使合同关系终止的法律制度。合同的解除分为合意解除与法定解除两种情况。

(一)合意解除

合意解除,是指根据当事人事先约定的事由或者当事人协商一致导致合同解除。在订立合同时,当事人可以约定一方解除合同的条件。解除合同的条件成就时,解除权人可以解除合同。法律规定了或者当事人约定了解除权行使期限,期限届满当事人不行使的,该权利消灭。法律没有规定或者当事人没有约定解除权行使期限的,经对方催告后在合理期限内不行使的,该权利消灭。合同订立后,经当事人协商一致,也可以解除合同。

(二)法定解除

法定解除,是指根据法律规定而解除合同。有下列情形之一的,当事人可以解除合同:

1. 因不可抗力致使不能实现合同目的。需要注意的是,若仅发生不可抗力并不必然可以解除合同,必须是合同目的因为不可抗力而无法实现。

2. 在履行期限届满前,当事人一方明确表示或者以自己的行为表明不履行主要债务。如果当事人一方仅表明不履行从义务或附随义务的,不能当然解除合同。

3. 当事人一方迟延履行主要债务,经催告后在合理期限内仍未履行。该项解除权的行使需要满足三个条件:(1)迟延履行;(2)迟延履行的为主要债务;(3)催告后仍未履行。

4. 当事人一方迟延履行债务或者有其他违约行为致使不能实现合同目的。该项解除权与上一项解除权不同的是,当事人不需要迟延履行主要债务,只要是迟延履行导致合同目的无法实现,另一方当事人即可行使解除权。

5. 以持续履行的债务为内容的不定期合同,当事人可以随时解除合同,但是应当在合理期限之前通知对方。

6. 法律规定的其他情形。如《民法典》第 787 条,定作人在承揽人完成工作前可以随时解除合同,造成承揽人损失的,应当赔偿损失。

合同成立以后客观情况发生了当事人在订立合同时无法预见的、非不可抗力造成的不属于商业风险的重大变化,继续履行合同对于一方当事人明显不公平或者不能实现合同目的,当事人请求人民法院变更或者解除合同的,人民法院应当根据公平原则,并结合案件的实际情况确定是否变更或解除。

---

[1] 参见《民法典》第 561 条。

(三)解除权的行使

1. 解除权的行使期限。法律规定或者当事人约定解除权行使期限,期限届满当事人不行使的,该权利消灭。

法律没有规定或者当事人没有约定解除权行使期限,自解除权人知道或者应当知道解除事由之日起1年内不行使,或者经对方催告后在合理期限内不行使的,该权利消灭。[1] 因此,解除权适用除斥期间。

2. 解除权的行使规则。当事人一方依法主张解除合同的,应当通知另一方。合同自通知到达对方时解除;通知载明债务人在一定期限内不履行债务则合同自动解除,债务人在该期限内未履行债务的,合同自通知载明的期限届满时解除。对方对解除合同有异议的,任何一方当事人均可以请求人民法院或者仲裁机构确认解除行为的效力。

当事人一方未通知对方,直接以提起诉讼或者申请仲裁的方式依法主张解除合同,人民法院或者仲裁机构确认该主张的,合同自起诉状副本或者仲裁申请书副本送达对方时解除。[2]

(四)解除的效力

1. 合同解除后,尚未履行的,终止履行;已经履行的,根据履行情况和合同性质,当事人可以请求恢复原状或者采取其他补救措施,并有权请求赔偿损失。

2. 合同因违约解除的,解除权人可以请求违约方承担违约责任,但是当事人另有约定的除外。

3. 主合同解除后,担保人对债务人应当承担的民事责任仍应当承担担保责任,但是担保合同另有约定的除外。

4. 合同的权利义务关系终止,不影响合同中结算和清理条款的效力。

四、抵销

合同的抵销,是指合同当事人双方互负有基于不同法律关系而产生的债务,各自以其债权充当债务的清偿,使双方的债务在等额的范围内消灭的法律制度。

抵销作为合同消灭的方法,与其他方法相比具有减少清偿成本、简化交易程序,实现担保债权的优点。

按照抵销产生根据的不同,可分为法定抵销与约定抵销。

(一)法定抵销

根据《民法典》第568条第1款,当事人互负债务,该债务的标的物种类、品质相同的,任何一方可以将自己的债务与对方的到期债务抵销;但是,根据债务性质、按照当事人约定或者依照法律规定不得抵销的除外。因此,法定抵销的成立要

---

[1] 参见《民法典》第564条。

[2] 参见《民法典》第565条。

件是：

1. 双方互负债务，互享债权。抵销成立的基本前提是存在两个债务。

2. 双方的债务种类、品质相同。只要种类、品质相同即可，不需要价值相同。

3. 抵销债权须到期。对于被动债权是否到期不作要求。这是《民法典》在合同抵销部分作的变更。因为如果被动债权没有到期但抵销人仍为抵销的，实为放弃自身的期限利益，于当事人双方而言并无不妥。

4. 属于可抵销的债务。当事人未约定或法律未规定不可抵销，且债务的性质允许抵销。

当事人主张抵销的，应当通知对方。通知自到达对方时生效。抵销不得附条件或者附期限。

(二) 约定抵销

约定抵销，也可以称为合意抵销。《民法典》第 569 条规定，当事人互负债务，标的物种类、品质不相同的，经协商一致，也可以抵销。约定抵销的成立要件是：

1. 双方互负债务，互享债权。

2. 双方的债务种类、品质可不尽相同。

3. 当事人意思表示一致。

4. 不损害第三人的利益。

五、提存

在合同履行中，有时会出现因债权人等方面的原因使债务人难以履行债务的情况，这时债务人可以采取提存的方法履行债务。提存之后，合同终止。

(一) 提存的原因

根据《民法典》第 570 条第 1 款的规定，有下列情形之一，难以履行债务的，债务人可以将标的物提存：(1) 债权人无正当理由拒绝受领；(2) 债权人下落不明；(3) 债权人死亡未确定继承人、遗产管理人，或者丧失民事行为能力未确定监护人；(4) 法律规定的其他情形。

(二) 提存的方法

1. 标的物适于提存，标的物不适于提存或者提存费用过高的，债务人依法可以拍卖或者变卖标的物，提存所得的价款。

2. 提存需要通知相关当事人。标的物提存后，债务人应当及时通知债权人或者债权人的继承人、遗产管理人、监护人、财产代管人。

(三) 提存的效力

1. 风险转移。标的物提存后，毁损、灭失的风险由债权人承担。提存期间，标的物的孳息归债权人所有。

2. 费用承担。提存费用由债权人负担。

3. 提存受领权。债权人可以随时领取提存物，但债权人对债务人负有到期债务的,在债权人未履行债务或者提供担保之前,提存部门根据债务人的要求应当拒绝其领取提存物。债权人领取提存物的权利,自提存之日起5年内不行使而消灭,提存物扣除提存费用后归国家所有。但债权人未履行对债务人的到期债务,或者债权人向提存部门书面表示放弃领取提存物权利的,债务人负担提存费用后有权取回提存物。

六、免除与混同

债权人免除债务人部分或者全部债务的,债权债务部分或者全部终止,但是债务人在合理期限内拒绝的除外。债权和债务同归于一人的,债权债务终止,但是损害第三人利益的除外。

第九节　违约责任

一、违约责任概述

(一)违约责任的概念和种类

违约责任又称为违反合同的责任,是指合同当事人违反合同义务或者以明示、默示的方式表明自己将不履行合同义务时所应当承担的民事责任。《民法典》规定,当事人一方不履行合同义务或者履行合同义务不符合约定的,应当承担继续履行、采取补救措施或者赔偿损失等违约责任。[1] 同时,当事人一方明确表示或者以自己的行为表明不履行合同义务的,对方可以在履行期限届满前请求其承担违约责任。[2] 由此可见,违约责任主要有两种形态,即届期违约与预期违约。

届期违约又称为实际违约,是指履行期限到来后,当事人一方不履行合同义务或者不完全履行合同义务;预期违约又称为先期违约,是指履行期限届满前,当事人一方明确表示或者以自己的行为表明不履行合同义务。一般情况下,合同期限届满之前,当事人一方不履行合同义务是正常的,但是如果当事人表示不履约,则期限到来后必然会构成实际违约,如果不能允许守约方提前要对对方承担责任,则有可能不利于交易安全。

(二)违约责任的特征

违约责任的特征有以下几个方面:

1. 违约责任以合同义务的存在为前提。若当事人违反的不是合同义务,而是其他义务,则属于其他民事责任而不是违约责任。

2. 违约责任是具有相对性。合同关系是相对民事法律关系,违约责任是合同义务人向合同权利人承担的责任。即使合同义务人因第三人的原因造成的违约,

---

〔1〕 参见《民法典》第577条。

〔2〕 参见《民法典》第578条。

也应当由合同义务人承担违约责任,而合同义务人与第三人的法律关系依照其他规定或者约定处理。[1]

3. 违约责任主要目的是补偿。违约责任主要是为了弥补因一方当事人违约给对方造成的损失,仅在部分违约责任中可适用惩罚性赔偿。

(三)违约责任的归责原则

违约责任的归责原则主要为过错责任原则和严格责任原则。过错责任原则以过错的存在作为追究违约责任的要件。严格责任原则追究违约责任不以过错责任的存在作为要件,适用于法律明文规定的情况。

二、违约责任的承担方式

承担违约责任的方式主要有以下几种:继续履行、替代履行、瑕疵履行的补救措施、损害赔偿等。

(一)继续履行

1. 金钱债务的继续履行。当事人一方未支付价款、报酬、租金、利息,或者不履行其他金钱债务的,对方可以请求其支付。[2]

2. 非金钱债务的继续履行。当事人一方不履行非金钱债务或者履行非金钱债务不符合约定的,对方可以请求履行,但是有下列情形之一的除外:(1)法律上或者事实上不能履行;(2)债务的标的不适于强制履行或者履行费用过高;(3)债权人在合理期限内未请求履行。如果存在上述几种除外情形之一,致使不能实现合同目的的,当事人可以请求人民法院或者仲裁机构终止合同权利义务关系,同时要求违约方承担违约责任。[3]

(二)替代履行

当事人一方不履行债务或者履行债务不符合约定,根据债务的性质不得强制履行的,对方可以请求其负担由第三人替代履行的费用。[4]

(三)瑕疵履行的补救措施

瑕疵履行,即当事人的履行质量不符合约定。此种情况下,若当事人之间有约定的,应当按照当事人的约定承担违约责任。对违约责任没有约定或者约定不明确,依据《民法典》第510条的规定仍不能确定的,受损害方根据标的的性质以及损失的大小,可以合理选择请求对方承担修理、重作、更换、退货、减少价款或者报酬等违约责任。[5]

---

[1] 参见《民法典》第593条。

[2] 参见《民法典》第579条。

[3] 参见《民法典》第580条。

[4] 参见《民法典》第581条。

[5] 参见《民法典》第582条。

（四）损害赔偿

1. 赔偿损失

（1）赔偿损失的适用情形。当事人一方不履行合同义务或者履行合同义务不符合约定的，在履行义务或者采取补救措施后，对方还有其他损失的，应当赔偿损失。[1]

（2）损失的赔偿范围。当事人一方不履行合同义务或者履行合同义务不符合约定，造成对方损失的，损失赔偿额应当相当于因违约所造成的损失，包括合同履行后可以获得的利益；但是，不得超过违约一方订立合同时预见到或者应当预见到的因违约可能造成的损失。[2]

（3）非违约方的防止损失扩大义务。当事人一方违约后，对方应当采取适当措施防止损失的扩大；没有采取适当措施致使损失扩大的，不得就扩大的损失请求赔偿。当事人因防止损失扩大而支出的合理费用，由违约方负担。[3]

2. 支付违约金

违约金，是指按照当事人约定或法律规定，当事人一方违约时应当向对方支付的一定数额的金钱。违约金的计算方法可以是根据违约情况，也可以是根据违约产生的损失赔偿额。

约定的违约金低于造成的损失的，当事人可以向人民法院或者仲裁机构请求予以增加；约定的违约金过分高于造成的损失的，当事人可以向人民法院或者仲裁机构请求予以适当减少。例如，最高人民法院《关于审理商品房买卖合同纠纷案件适用法律若干问题的解释》第 12 条规定："当事人以约定的违约金过高为由请求减少的，应当以违约金超过造成的损失 30% 为标准适当减少；当事人以约定的违约金低于造成的损失为由请求增加的，应当以违约造成的损失确定违约金数额。"同时，若当事人就迟延履行约定违约金的，违约方支付违约金后，还应当履行债务。

此外，适用定金罚则也是违约责任的一种承担方式，前文已经涉及，在此不再赘述。需要强调的是，当事人既约定违约金，又约定定金的，一方违约时，对方可以选择适用违约金或者定金条款。定金不足以弥补一方违约造成的损失的，对方可以请求赔偿超过定金数额的损失。

三、免责事由

违约责任的免责事由又被称为违约责任的免责条件，是指依据法律规定或者当事人约定，当事人不用承担部分或全部违约责任的事由。免责事由主要包括以

---

[1] 参见《民法典》第 583 条。

[2] 参见《民法典》第 584 条。

[3] 参见《民法典》第 591 条。

下两项：

(一)不可抗力

根据《民法典》第180条第2款，不可抗力是不能预见、不能避免且不能客服的客观情况。当事人一方因不可抗力不能履行合同的，根据不可抗力的影响，可以部分或者全部免除责任，法律另有规定的除外；但当事人迟延履行后发生不可抗力的，不免除其违约责任。[1] 主张因不可抗力不能履行合同的当事人需要负担两项义务：(1)应当及时通知对方当事人，以减轻可能给对方造成的损失；(2)应当在合理期限内提供证明。

(二)债权人过错

根据《民法典》第592条第2款，当事人一方违约造成对方损失，对方对损失的发生有过错的，可以减少相应的损失赔偿额。

【复习与思考】

1. 诺成合同与实践合同的区别。
2. 商业广告是否属于要约邀请？
3. 承诺可否撤销？
4. 有争议的格式条款应如何解释？
5. 价款约定不明确时应如何确定？
6. 代位权的成立要件是什么？
7. 一般保证与连带责任保证的区别是什么？
8. 法定合同解除条件有哪些？

以案释法：

合同目的；根本违约；合同的解除

【案情】张某于2014年2月7日与A市某置业有限公司签订《商品房买卖合同》，合同约定：张某购买该公司开发的商品房一套并一次性付清房款63万元。该商品房属于期房，鉴于张某对房间布局及具体方位的明确要求，该公司将双方约定的房间布局与方位平面图作为合同附件并加盖公章予以确认。2015年7月初，张某应该公司通知前去验房，发现所购房产的实际房间布局与双方合同约定的完全相反。随后，张某多次与该公司交涉沟通，但该公司回避问题。张某向法院提起诉讼，要求解除商品房买卖合同，退还房款并支付相应的利息。

---

[1] 参见《民法典》第590条。

【问题】张某要求解除合同的诉讼请求能否获得法院的支持?

【解答】该公司所交付的房屋与合同约定的房屋左右布局完全相反,严重违反合同约定。该公司的违约行为造成了张某的经济损失,张某有权要求解除合同并返还购房款本金,并支付利息。

【评析】本案商品房买卖合同中,该置业公司实际交付房屋与宣传图片、购房合同附件左右布局相反。且与购房合同约定一致的户型已经全部销售,无法交付与合同附件房屋平面图一致的房屋。因此,案涉房屋内部布局左右相反导致上诉人张某合同目的不能实现,其有权解除购房合同。

第十章　票据法律制度

【本 章 导 读】

随着我国社会主义市场经济的发展,票据已经成为社会经济活动中法人、自然人进行资金清算的重要支付工具。改革开放以来,运用票据进行支付和资金清算日益增多,同时由于国际贸易往来扩大,支付活动的数量日趋上升,为了规范票据行为,保障票据的正常使用和流通,必须要制定和完善票据法律制度。习近平总书记指出,深化金融供给侧结构性改革必须强化金融服务功能,找准金融服务重点,以服务实体经济、服务人民生活为本。票据是金融的一部分,也是企业支付、结算、信用、融资的重要工具,因此票据需要回归本源,更好服务实体经济发展。同时,票据法律制度应以保护票据当事人的合法权益、促进票据的正常使用和流通为宗旨。本章首先介绍了票据的基本概念、主要分类以及重要功能,其次分别对票据法中规定的汇票、本票、支票基本制度进行了具体阐述。

第一节　票　　据

一、票据的概念、特征

(一)票据的概念

从形式上说,票据是按照一定形式制成、写明有付出一定货币金额义务的证件,是出纳或运送货物的凭证。在学理上对此概念又分为广义和狭义之说,广义的票据相当于有价证券,泛指一切体现商事权利或具有财产价值的书面凭证,权利的发生、移转和行使均以持有该凭证为必要,主要包括汇票、本票、支票、股票、债券、国库券、提单、仓单、车船票等。狭义的票据专指票据法所规定的汇票、支票以及本票。《票据法》第 2 条第 2 款规定:“本法所称票据,是指汇票、本票和支票。”由此可见,我国票据法律制度中的票据采用狭义的票据概念。

(二)票据的特征

票据是权利和证券的结合体,体现的是一种财产权利,这种权利的发生、移转和行使都必须以证券的存在为前提,因而其具有有价证券的全部特征,同时也包含了其独有的特征。

1. 票据是完全有价证券。根据证券和权利是否可以分离,可以将有价证券分为完全有价证券和不完全有价证券。证券与权利在任何情况下都不可分离的,为完全有价证券。由于票据权利与票据的占有不可分离,票据上权利的发生、移转、行使,都必须持有票据,因而票据是完全有价证券。

2. 票据是设权证券。这是指票据权利的产生必须首先作成证券。在证券作成之前权利不存在,票据权利是在票据作成的同时才发生的。没有票据也就没有票据上的权利。

3. 票据是无因证券。票据权利仅以票据法的规定发生,不需要考虑票据权利发生的原因或基础。只要权利人持有票据,就享有票据权利,就可以行使票据上的权利。至于权利人持有票据或取得票据的原因以及票据权利发生的原因,都不影响票据权利的存在。

4. 票据是文义证券。票据所创设的一切权利义务,完全地、严格地依据票据上所记载的文字为准,不得离开票据上的记载文字,以其他事实或因素来解释或确定。即便票据上记载的文字有误,也要以该记载的文字内容为准,而不得以当事人的意思或者其他有关事项来确定票据上的权利义务关系。

5. 票据是金钱债权证券。票据上的权利,是一种以给付的金额为标的的债权,表示的是一种债法上的请求权,因而票据是金钱债权证券。

6. 票据是流通证券。票据的一个基本功能就是流通,称其为流通证券,是指票据较民法上的一般财产的流通方式更为灵活简便。票据上的权利,经背书或单纯的交付即可转让,无须特别的转让手续和条件。

7. 票据是要式证券。票据的要式性是指票据的作成,必须依票据法规定的格式进行;票据上的记载事项,也必须严格遵循票据法的规定。如果不依据票据法的规定作成票据或不按票据法的规定记载,就会影响票据的效力,甚至会造成票据无效。

二、票据的分类

(一)票据理论上的分类

1. 根据票据对权利人的不同记载方式,可将票据分为记名式、无记名式和指示式三种。记名式票据是指在票据上记明特定的人为权利人,即只能由该特定的人行使票据权利,且该种票据只能以背书交付方式转让。无记名式票据是指票据上不记载权利人的姓名,或者将权利人记作“持票人”,只要持有票据就可以享有和行使票据权利,此种票据以单纯交付的方式转让。指示式票据是指在票据上记载“特定人或特其指定的人”为权利人,这种票据应以背书方式转让,出票人、背书人不得作“禁止转让”的记载。

2. 根据票据功能的不同,可将票据分为支付证券与信用证券。支付证券是指票据功能仅限于见票即付,且只能由银行或其他金融机构充当付款人票据。信用证券是指票据金额在出票日后的指定到期日才能交付的票据。

3. 根据出票人是否同时为付款人,可将票据分为自付证券和委付证券。凡是出票人约定自己在一定时间内支付票据金额的票据即为自付证券。凡是出票人自己不是付款人,而是委托他人支付票据金额的票据,即为委付票据。

(二)票据法上的分类

各国票据立法对票据的种类主要采取法定主义,即票据法对票据的种类作出明确的、封闭性的规定,不允许有法律规定以外的票据存在。但是,不同国家对于票据的具体分类却又大不相同。美国将票据分为汇票、支票、存款单和半票四种,德国、法国、日本、瑞士的票据法则将票据仅分为汇票和本票,不包括支票。我国票据法上的票据分为汇票、本票和支票三种。

三、票据的功能

票据的功能就是其在经济生活中所产生的作用,对于整个社会的商业活动和资金融通活动都发挥着非常重要的作用。具体包括:

(一)票据具有支付功能

票据作为金钱债权证券,代表着定额货币,能够替代现金进行支付。在现代市场交易活动中,经常发生数额巨大、交易次数频繁,有大量资金往来的经济活动,为了简化、便捷支付行为,保障支付安全,票据支付则应运而生。票据的支付功能是票据最原始的功能,它操作简便、快捷,能够安全输送金钱和兑换货币。中国银行汇票体现了这一功能。

(二)票据具有信用功能

票据的信用功能主要体现在远期票据规则上:出票人不以现金支付,而是签发票据,约定在一定时间到期后付款,此时票据就表现了一定时间上的信用关系。信用功能使出票人将其自身或其他付款人的信用转化为当前的支付能力,扩大了当事人的商业交易能力。同时,持有未到期票据的权利人,可以将票据背书转让给他人或到银行贴现,从而提前获得现金,这也是票据信用功能的体现。

(三)票据具有融资功能

票据的融资功能是其信用功能的必然延伸。票据的融资功能是通过票据转让和贴现来实现资金的融通。票据融资建立在票据自由流转的基础上,实际上是将票据的信用力贴现为货币资金。

(四)票据具有结算功能

商事活动中,当事人之间往往互负债务,需要进行相互支付,当采用票据结算时,双方当事人就可以抵销的方式结清账目。例如,A、B 公司之间进行货物买卖交易,A 应当向 B 支付货款 1 万元,A 向 B 签发 1 万元本票;B 在另一笔交易中应付 A 货款 2 万元,B 向 A 签发 2 万元本票。当双方本票均到期时,可直接用两张本票票据对其中的 1 万元货款进行抵销。

第二节　票　据　法

一、票据法的概念

票据法，是指规范票据制度以及各种票据关系的法律。票据上的法律关系不仅包括票据关系，还包括与票据有关的其他法律关系。票据关系是指票据当事人之间基于票据行为而产生的票据权利义务关系，例如，出票行为所产生的出票人与收款人、付款人之间的关系，对票据背书而产生的背书人与被背书人之间、前手与后手的关系等。与票据有关的其他法律关系是指由票据法规定的、与票据关系有密切联系的，但非基于票据行为而产生特定权利义务关系，例如，正当权利人向持票人请求返还票据的关系，正当持票人与出票人或承兑人之间返还利益的关系等。

票据法有广义和狭义之分。广义的票据法是指各个法律部门中关于票据规定的总合，即除了票据专门立法之外，还包括民法、刑法、诉讼法、破产法、税法等法律中有关票据的一切规定。狭义的票据法则是指有关票据的专门立法，既可以是以"票据法"为名称的单行法律，也可以是民法典[1]或商法典中以票据为名称的编、章或节。此外，狭义的票据法还包括有关票据法的施行法及有关实施细则等。

二、我国的票据立法

1990年年底，中国人民银行总行正式成立了票据法起草小组，拟订了《中华人民共和国票据法（草案）》。该草案于1994年12月提请全国人大常委会审议。1995年5月10日，第八届全国人大常委会第十三次会议审议通过了《票据法》，自1996年1月1日起施行。2004年8月28日，第十届全国人大常委会第十一次会议对《票据法》作了细小的修改，删去了原法第75条。[2]《票据法》施行以后，经国务院批准，中国人民银行于1997年8月21日发布了《票据管理实施办法》，自1997年10月1日起施行。2000年2月24日，最高人民法院通过了《关于审理票据责任纠纷案件若干问题的规定》，对票据纠纷案件的受理和管辖、票据保全、举证责任、票据权利及抗辩、失票救济、票据效力、票据背书、票据保证、法律适用、法律责任等问题作出了解释。[3]

三、票据法的法律性质

票据法作为民法的特别法，民法的一些基本制度必然体现在票据法中。但票

〔1〕如《民法典》第440条、第441条、第442条。

〔2〕1995年《票据法》第75条规定："本票出票人的资格由中国人民银行审定，具体管理办法由中国人民银行规定。"

〔3〕最高人民法院《关于审理票据纠纷案件若干问题的规定》（2000年2月24日最高人民法院审判委员会第1102条会议通过，法释〔2000〕32号）。

据法作为商事法律，基于票据的流通特性及保障持票人票据权利的需要，票据法又规定诸多有别于民法的商事法律制度。在既要促进票据流通又要保障票据上权利的宗旨下，票据法比一般的民商法多了些独有的性质。

(一) 票据法具有法律上的强行性

商法与民法虽同为私法，但商法在鼓励交易的同时更关注交易安全和市场秩序的维护，因而通常比民法更具强行性。而票据法属于商法的一种，为确保票据流通安全，规避流通风险，维护流通秩序，增强票据权利内容的确定性，票据法更多地体现强行法而非任意法的性质。一方面，票据的种类、票据的格式、票据权利义务等都由票据法强制规定，不允许当事人随意变更；另一方面，票据法采取严格的要式行为规则，各种票据行为，如出票、背书、承兑、保证等都要遵循票据法的要式规定。虽然票据法的强行性限制了当事人自由创设票据的行为，但它增强了票据的确定性和可预见性，有利于保障票据当事人的合法权益，也有利于促进票据的顺利流转，更符合现代商事交易的需求。

(二) 票据法具有极强的技术性

票据法的技术性表现在具体规则的技术性特征，如票据格式规定，票据行为规则和票据无因性等，并未体现社会一般的伦理道德意志，而仅仅追求票据内容的确定和流转的便利。票据法通过严密、详细的规定，将票据的运作纳入有序而严谨的轨道，确保票据在流转和使用中的安全。票据是为便利商品交易和商业信用而创设的，而票据法是对这种商业工具的法律化，它随着商业交易的自然法则而发展的，较少受到伦理道德的影响，它本身并不表示善恶，这和居于明显道德、伦理色彩的刑事、民事规范有很大不同。[1]

(三) 票据法在民事法律制度中的体现

1. 票据当事人的民事行为能力

《票据法》第 6 条规定，无民事行为能力人或者限制民事行为能力人在票据上签章的，其签章无效，但是不影响其他签章的效力。[2] 《票据法》并未另行规定票据当事人的民事行为能力，因此，票据当事人的行为能力应当适用民法关于民事主体民事行为能力的相关规定。

2. 非法手段取得票据（行为违法）的，或因恶意或重大过失（主观过错）取得票据的，不受法律保护

《票据法》第 12 条规定，以欺诈、偷盗或者胁迫等手段取得票据的，或者明知有前列情形，出于恶意取得票据的，不得享有票据权利。持票人因重大过失取得不

〔1〕 参见王秉乾：《比较票据法案例选评》，对外经济贸易大学出版社 2013 年版，第 17 页。

〔2〕 参见《票据法》第 6 条。

符合该法规定的票据的，也不得享有票据权利。[1] 任何法律都不会保护当事人通过非法手段获取利益，票据权利的取得也不例外。

3. 汇票质押

汇票质押的设立、效力及质物处置适用《民法典》物权编的规定，至于《民法典》与票据法规定的不一致之处，在于是否在票据上记载“质押”字样，并非质押设立的有效要件，而是对抗要件，即如果出质人未在汇票上记载“质押”字样的，出质人和质押权人不能对抗善意的持票人。因为票据属于文义证券，出质人未记载“质押”字样的，后手无从得知该票据被质押的事实。[2]

4. 各种期间的计算

期间系民法上的重要制度设计，涉及民事主体权利的取得、限制及消灭。《票据法》第 107 条规定：“本法规定的各项期限的计算，适用民法通则关于计算期间的规定。”

5. 民事责任的承担

票据责任虽属于广义上的民事责任，但又不同于民事责任。按票据法的规定，票据责任是指票据债务人向持票人支付票据金额的义务。但在票据流转过程中，票据当事人的违法行为也有可能造成票据当事人的损失，即产生了民法上的民事责任。如票据法规定了付款人向持票人的付款期限，付款人超过付款期限付款的，必然给持票人造成损失。付款人除承担支付票据金额的票据责任外，尚应向持票人赔偿损失，该民事责任的承担适用民法的规定。[3]

四、票据法律行为

（一）票据法律行为的概念

票据法律行为有广义和狭义之分。广义上的票据行为，是指一切能够引起票据关系产生、变更或消灭的法律或准法律行为。狭义的票据行为，则仅指以发生票据上的债务为目的的法律行为。一般认为，狭义的票据行为包括出票、背书、承兑、参加承兑保证、保付等六种行为，其中出票、背书和保证行为为汇票、本票和支票三种票据所共有，承兑和参加承兑行为仅限于汇票，保付仅限于支票。我国现行《票据法》未对参加承兑和保付作规定，因此《票据法》规定的狭义的票据行为仅有出票、背书、承兑、保证四种行为。广义的票据行为则除了狭义的票据行为外，还包括更改、涂销、禁止背书、付款（为三种票据所共有）、划线（仅限于支票）、见票（仅限

---

[1] 参见《票据法》第 12 条。

[2] 参见《票据法》第 35 条第 2 款，最高人民法院《关于审理票据纠纷案件若干问题的规定》第 55 条，《民法典》第 440 条、第 441 条以及最高人民法院《关于适用〈中华人民共和国民法典〉有关担保制度的解释》第 58 条。

[3] 参见《票据法》第 106 条。

于本票)等行为。

(二)票据法律行为的要件

票据行为属于民事法律行为,因此必须具备一般民事法律行为应具备的要件。同时。票据行为又是一种特殊的、要式的民事法律行为,因此还需要具备票据法规定的特别要件。前者为票据行为的实质要件,后者为票据行为的形式要件。

1. 票据法律行为的实质要件

票据法律行为的实质要件,包括行为人的票据能力和意思表示两个方面。

(1)票据能力

票据能力包括票据权利能力和票据行为能力。前者是指可以享受票据权利、承担票据义务的资格;后者是指通过独立的票据行为取得票据法上的权利、承担票据法上的义务的资格。

对于票据权利能力,《票据法》并没有任何明确的限制性规定。因此,只要具备民事主体资格,无论是自然人、法人还是其他团体或组织,都具有票据权利能力。对于票据行为能力,《票据法》对自然人作了明确的限制。该法第 6 条规定:“无民事行为能力人或者限制民事行为能力人在票据上签章的,其签章无效。”可见,无民事行为能力人和限制民事行为能力人不具有票据行为能力。法人和其他团体或组织的票据行为能力,应同于其票据权利能力,《票据法》对此并无限制。第 7 条第 2 款对“法人和其他使用票据的单位”如何在票据上签章的问题作了规定,也说明《票据法》是以“法人”和其他“单位”具有票据行为能力为出发点的。

(2)意思表示

票据行为属于民事法律行为。因此,民法有关意思表示的规则原则上也适用于票据行为,票据行为人的意思表示原则上也必须合法,真实或无瑕疵。不过,由于票据是文义证券和无因证券,票据经常在不特定的多数人之间流通,因此,为了保护善意第三人的权利,促进票据流通,票据法更强调对行为人的意思表示作客观的、规范的解释。这样,民法上有关意思表示无效或可撤销的规定,不适用或者只能有限制地适用于票据行为。

2. 票据法律行为的形式要件

票据法律行为的形式要件,有书面、签章、记载事项和交付四项。

(1)书面

《票据法》第 108 条第 2 款规定:“票据凭证的格式和印刷管理办法,由中国人民银行规定。”有的票据行为须记载在票据的正面,有的则必须记载在票据反面,还有的可以记载在票据的粘单上。任何以口头形式所为的票据行为均属无效。

(2)签章

各种票据行为的内容虽然不一,但签章是所有票据行为共同的要件。所有国家的票据法都规定,在票据上签名的,负票据责任。我国《票据法》第 4 条规定,在票据上签章的人，必须按照票据上的记载事项承担票据责任。[1]

(3)记载事项

票据行为要有效成立，还必须根据票据法的具体规定，在票据上记载有关事项。根据这些记载事项的不同效力，可以将其分为必要记载事项、任意记载事项、不得记载事项以及记载后不生票据法上效力的事项。

(4)交付

交付是指票据行为人将票据实际交付对方持有。例如，出票人须将票据交付给收款人，背书人须将票据交付给被背书人，而承兑人及保证人则须将票据交付给持票人。《票据法》虽然没有明文规定票据行为必须以交付为要件，但它在总则第10条中使用的是"票据的签发"，在对汇票、本票和支票下定义时也都使用了"汇票的签发""本票的签发"和"支票的签发"。

五、票据权利

(一)票据权利的概念和特征

《票据法》第4条第4款规定："本法所称票据权利是指持票人向票据债务人请求支付票据金额的权利，包括付款请求权和追索权。"[2]其基本特征主要包括四方面：

1. 票据权利是一种金钱债权。这是由票据的金钱债权证券性质所决定的。

2. 票据权利是一种证券化权利。票据是完全有价证券，票据权利与证券不可分离，票据权利的发生、转移和行使，都以票据的存在为必要。

3. 票据权利是一种无因性权利。权利人仅凭占有票据即享有票据权利，至于票据权利发生的原因或权利人取得票据的原因，义务人则没有审查的权利。

4. 票据权利是一种两次性权利。第一次请求权是付款请求权，是指票据权利人对票据主债务人或其他付款义务人请求支付票据金额的权利；第二次请求权是追索权，是指票据权利人在付款请求权得不到实现时向付款人以外的票据债务人要求支付票据金额和其他有关费用的权利。[3]

(二)票据权利的取得

1. 票据权利的原始取得

票据权利的原始取得是指持票人最初取得票据权利，而不是从其他前手权利人处受让票据权利。一般认为，票据权利的原始取得包括两种情形：一种是持票人直接从出票人那里通过其出票行为取得票据权利，简称出票取得；另一种是持票人依法从无票据权利处分人手中善意取得票据权利，简称善意取得。

---

〔1〕 参见《票据法》第4条第1款。

〔2〕 参见《票据法》第4条第4款。

〔3〕 参见最高人民法院《关于审理票据纠纷案件若干问题的规定》第5条。

(1)出票取得

票据是设权证券,出票是创设票据权利的票据行为,出票人签发票据并交付给支票人时,持票人就原始实现了对票据的占有,因而取得了票据权利。根据《票据法》第4条第1款的规定,出票人制作票据并在票据上签章的,应承担票据责任。[1]

(2)善意取得

善意取得,是指持票人依票据法规定的权利取得方法,从无处分权人手中善意受让票据,从而取得票据权利。《票据法》虽然没有从正面规定票据权利的善意取得制度,但是在第12条中规定:"以欺诈、偷盗或者胁迫等手段取得票据的,或者明知有前列情形,出于恶意取得票据的,不得享有票据权利。持票人因重大过失取得不符合本法规定的票据的,也不得享有票据权利。"[2]对这条规定作反面解释,即是关于票据权利善意取得的规定。

2. 票据权利的继受取得

票据权利的继受取得,是指持票人从有权处分票据权利的前手那里,依背书交付或单纯交付方式,受让票据权利。票据保证人因履行保证义务而取得票据权利、被追索人因清偿票据债务而取得票据权利等,也都属于票据权利的继受取得。

(三)票据抗辩

1. 票据抗辩的概念和种类

《票据法》第13条第3款规定:"本法所称抗辩,是指票据债务人根据本法规定对票据债权人拒绝履行义务的行为。"[3]票据抗辩所依据的事由称为抗辩原因,票据债务人享有的拒绝债权人行使权利的权利,称为抗辩权。票据法理论根据不同的抗辩原因,一般将票据抗辩分为物的抗辩和人的抗辩。

(1)物的抗辩,也称绝对的抗辩、客观的抗辩,是指基于票据本身的事由发生的抗辩。票据债务人可以物的抗辩对抗一切票据债权人,并不因持票人的变更而受到影响。即使持票人没有恶意或无重大过失,票据债务人仍可提出这些抗辩。

(2)人的抗辩,也称相对的抗辩、主观的抗辩,是指基于人的事由发生的抗辩。人的抗辩是基于票据债务人和特定的票据债权人之间的关系而发生的抗辩。离开了特定的债权人,如在债权人发生变更时,抗辩事由即被切断,债务人不得再以原来的抗辩事由对抗新的持票人。

2. 票据抗辩的限制

《票据法》第13条第1款规定:"票据债务人不得以自己与出票人或者与持票

---

[1] 参见《票据法》第4条第1款。

[2] 参见《票据法》第12条。

[3] 参见《票据法》第13条第3款。

人的前手之间的抗辩事由对抗持票人，但是持票人明知存在抗辩事由而取得票据的除外。”[1] 此款规定明确了《票据法》对票据抗辩限制的内容和例外。例如，甲、乙之间存在买卖合同法律关系，甲签发一张以 A 银行为付款人的汇票给乙，以支付货款。A 银行对汇票作了承兑。A 银行之所以对甲签发的汇票进行承兑，是因为其从甲那里获得了补偿的资金。乙作为票据债权人，在向 A 银行请求支付汇票金额时，A 不得以他与甲之间存在抗辩事由，拒绝向乙付款。

第三节　汇　　票

一、汇票的基本概述

（一）汇票的概念和特征

汇票是出票人签发的，委托付款人在见票时或者在指定日期无条件支付确定的金额给收款人或者持票人的票据。[2] 其具有以下三点特征：

1. 汇票是典型的票据类型。汇票是金钱债权证券，代表了一定的财产权利；同时汇票是完全有价证券，取得汇票就取得汇票上的权利。

2. 汇票是一种委托他人支付的票据。汇票的出票人仅为签发票据的人，而不是票据的付款人。

3. 汇票的到期日具有多样性，属于一种信用证券。主要包括见票即付、定日付款、见票后定期付款、出票后定期付款等方式。

汇票的主要当事人包括：(1) 出票人，即签发汇票的人；(2) 受票人，即汇票的付款人；(3) 收款人，即汇票规定的可收取款项的人；(4) 背书人，即收款人或持票人在汇票背面签字，将收款权利转让给他人的人；(5) 承兑人，开证申请人、开证行或其指定的付款银行；(6) 持票人，即指持有汇票、有权收款的人。

（二）汇票的种类

《票据法》第 19 条第 2 款规定：“汇票分为银行汇票和商业汇票。”银行汇票是指由银行签发的汇票，商业汇票是指由银行以外的其他主体签发的汇票。从理论上说，商业汇票的出票人可以是自然人，也可以是法人、其他组织或团体。[3] 但我国有关行政规章将商业汇票的出票人限制在“企业和其他组织”的范围内。[4] 除此之外，理论上还将汇票分为即期汇票和远期汇票、一般汇票和变式汇票、记名汇票和无记名汇票等。

---

〔1〕 参见《票据法》第 13 条第 1 款。

〔2〕 参见《票据法》第 19 条第 1 款。

〔3〕 参见刘家琛：《票据法原理与法律适用》，人民法院出版社 1995 年版，第 210 页。

〔4〕 参见中国人民银行《票据管理实施办法》第 8 条。

二、汇票的特殊规则

(一)汇票的出票

1. 汇票出票的概念

汇票出票,是指出票人签发票据并将其交付给收款人的票据行为。[1] 汇票的出票人必须与付款人具有真实的委托付款关系,并且具有支付汇票金额的可靠资金来源。同时也不得签发无对价的汇票用以骗取银行或者其他票据当事人的资金。[2]

2. 汇票出票的格式

汇票出票的格式是指出票人在汇票票面上进行记载和签章时所应遵循的形式规则。其内容主要包括绝对必要记载事项和相对必要记载事项、任意记载事项和不得记载事项。

绝对必要记载主要包括:(1)表明"汇票"字样;(2)无条件支付的委托;(3)确定的金额;(4)付款人名称;(5)收款人名称;(6)出票日期;(7)出票人签章。汇票上未记载前款规定事项之一的,汇票无效。[3] 相对必要记载事项包括:付款日期、付款地和出票地。[4] 任意记载事项是指出票人可以依其意志选择是否在票据上记载的事项,此类事项一经记载即发生票据法上的效力,允许记载的内容包括代理付款人、预备付款人、付款处所、利息及利率等。不得记载事项就是指票据法规定的出票人不得在票据上记载的事项,一经记载将会导致记载事项乃至整个票据都归于无效的后果。

3. 汇票出票的效力

(1)对出票人的效力。出票人签发汇票后,即承担保证该汇票承兑和付款的责任。出票人在汇票得不到承兑或者付款时,应当向持票人清偿相应的金额和费用。[5]

(2)对收款人的效力。出票人作成汇票并将汇票实际交付给收款人后,收款人便取得了汇票上的权利,包括付款请求权和追索权。但在付款人对汇票进行承兑之前,收款人的付款请求权尚处于不确定的状态,仅仅是一种期待权,只有在付款人承兑以后,该期待权才能成为现实权。

(3)对付款人的效力。付款人因出票行为而成为汇票上的关系人,但并非票据债务人,出票行为并不直接使其承担付款义务,而是"使其取得对汇票进行承兑和付款的资格",即付款人没有义务必须对汇票承兑或付款,而是可以选择是否进行承兑或付款。

---

〔1〕 参见《票据法》第20条。

〔2〕 参见《票据法》第21条,最高人民法院《关于审理票据纠纷案件若干问题的规定》第14条。

〔3〕 参见《票据法》第22条。

〔4〕 参见《票据法》第23条。

〔5〕 参见《票据法》第26条。

(二)汇票的背书

1. 汇票背书的概念

背书是指在票据背面或者粘单上记载有关事项并签章的票据行为。[1] 主要包括四个要素:首先,背书是一种附属的票据行为,必须在基本的票据行为完成后才能进行;其次,背书是由持票人所为的票据行为;再次,背书是要式行为,必须由背书人在汇票的背面或者粘单上签名或盖章;最后,背书是以转让汇票权利或授予一定票据权利给他人为目的的票据行为。

2. 汇票背书的种类

(1)转让背书与非转让背书

转让背书是指持票人以转让汇票权利为目的的背书;非转让背书是指持票人非以转让汇票权利为目的,而是授予他人一定的汇票权利为目的的背书。

(2)完全背书与空白背书

完全背书是指背书人在汇票背面或粘单上记载背书的意思、被背书人的名称并签章的背书。空白背书,是指背书人不记载被背书人的名称,仅仅由自己签章的背书。《票据法》不承认汇票的空白背书。[2]

(三)汇票的承兑

1. 承兑的概念和程序

承兑是指汇票付款人承诺在汇票到期日支付汇票金额的票据行为。[3] 票据法设立承兑制度,正是为了使付款人的汇票义务、收款人的汇票权利得以确定。承兑的程序主要包括:

(1)持票人向付款人提示承兑

提示承兑是指持票人现实地出示和交付汇票,并请求付款人在汇票上表示愿意到期支付票据金额的行为。提示承兑本身并不属于承兑行为,其行为要件也不含有提示人在票据上记载或者签章等内容;但提示承兑是完成汇票承兑的必要前提程序,并且对持票人保全其票据权利具有重要意义。汇票未按照规定期限提示承兑的,持票人丧失对其前手的追索权。[4]

(2)付款人承兑或者拒绝承兑汇票

付款人对向其提示承兑的汇票,应当自收到提示承兑的汇票之日起3日内承兑或者拒绝承兑。[5] 若付款人超过这一期限而没有任何表态的,应视为拒绝承

[1] 参见《票据法》第27条第4款。
[2] 参见《票据法》第30条。
[3] 参见《票据法》第38条。
[4] 参见《票据法》第40条第2款。
[5] 参见《票据法》第41条第1款。

兑。付款人承兑汇票,不得附有条件,承兑附有条件的,视为拒绝承兑。付款人在承兑汇票之后,就应当承担到期付款的责任。[1]

(3)承兑交还

持票人向付款人提示承兑汇票将使付款人暂时占有该汇票,付款人须向持票人签发收到汇票的回单,在付款人做出承兑或不承兑该汇票的决定后,无论该汇票是否得到承兑,都应将该汇票返还给持票人。此时承兑程序才告完成,并产生相应的法律效力。

2. 承兑的效力

(1)对付款人的效力。付款人承兑汇票后,即成为汇票的承兑人,从汇票关系上转变为汇票上的第一债务人,应当承担到期付款的责任。[2]

(2)对持票人的效力。持票人在付款人对汇票承兑前所获得的票据权利是一种期待权,通过汇票承兑可以将持票人所享有的付款请求权转变为现实确定的权利,持票人可以在汇票到期日届满时,向承兑人请求付款。

(3)对出票人和背书人的效力。出票人和背书人在做出相应票据行为后,即对其后手持票人附有法定担保责任,包括担保承兑和担保付款的双重责任内容。在付款人对汇票进行承兑后,出票人和背书人将成为确定的第二票据债务人,持票人必须首先向承兑人请求付款。

(四)汇票的保证

1. 保证的概念和分类

汇票的保证是指债务人以外的第三人为担保特定汇票债务人履行债务,以负担同一内容的汇票债务为目的而为的附属票据行为。汇票的债务可以由保证人承担保证责任。[3] 汇票保证主要有全部保证和部分保证、单独保证和共同保证、正式保证和略式保证。

2. 保证的效力

保证行为的法律效力,主要通过保证人的责任和保证人的权利两方面体现出来。

(1)保证人的责任

保证人对合法取得汇票的持票人所享有的汇票权利,承担保证责任。但是被保证人的债务因汇票记载事项欠缺而无效的除外。[4] 此外,被保证的汇票,保证

---

〔1〕 参见《票据法》第43条、第44条。

〔2〕 参见《票据法》第44条。

〔3〕 参见《票据法》第45条第1款,最高人民法院《关于审理票据纠纷案件若干问题的规定》第61条、第62条。

〔4〕 参见《票据法》第49条。

人应当与被保证人对持票人承担连带责任。汇票到期后得不到付款的,持票人有权向保证人请求付款,保证人应当足额付款。[1]

(2)保证人的权利

保证人履行保证义务,清偿汇票债务后,便可取得汇票持票人的地位,向汇票的其他有关债务人行使追索权。保证人清偿汇票债务后,可以行使持票人对被保证人及其前手的追索权。[2]

(五)汇票的付款

1.付款的概念和程序

付款是指汇票的付款人或其代理付款人支付汇票金额,以消灭汇票关系的行为。付款的程序包括三个阶段:付款提示、实际付款和交回汇票。

(1)付款提示,是指持票人向代理人付款人实际出示汇票,以请求其付款的行为。付款提示是持票人行使其付款请求权的必要前提,也是付款人支付汇票金额的必经程序。付款提示的当事人,一方为提示人,另一方为被提示人,通过委托收款银行或者通过票据交换系统向付款人提示付款的,视同持票人提示付款。[3]

(2)实际付款。《票据法》采用付款人即时足额付款原则,不允许付款人延期付款、部分付款。[4] 付款人及其代理付款人付款时,应当审查汇票背书的连续,并审查提示付款人的合法身份证明或者有效证件。[5]

(3)交回汇票。持票人获得付款的,应当在汇票上签收,并将汇票交给付款人,持票人委托银行收款的,受委托的银行将代收的汇票金额转账收入持票人账户,视同签收。[6]

2.付款的效力

付款人依法足额付款后,全体汇票债务人的责任解除。付款人按照汇票记载的文义,即时足额支付汇票金额后,汇票法律关系全部归于消灭,付款人和全体汇票债务人的票据责任因此而解除。

(六)汇票的追索权

1.追索权的概念

追索权是指持票人在汇票到期不获付款或期前不获承兑或者其他法定原因时,在依法行使或保全了汇票权利后,向其前手请求偿还汇票金额、利息及其他法定款项的一种票据权利。汇票追索权是汇票上的第二次权利,是为补充汇票上的

---

〔1〕 参见《票据法》第50条。

〔2〕 参见《票据法》第52条。

〔3〕 参见《票据法》第53条第3款。

〔4〕 参见《票据法》第54条。

〔5〕 参见《票据法》第57条第1款。

〔6〕 参见《票据法》第55条。

第一次权利即付款请求权而设立的。

2. 追索权的效力

追索权的效力分为对人的效力和对物的效力。

(1)对人效力

票据法为了保障持票人的追索权能够得到实现,赋予持票人选择追索权、变更追索权和代位追索权。汇票的出票人、背书人、承兑人和保证人对持票人承担连带责任。[1] 同时,持票人行使追索权,对被追索人产生下列两方面的效力:一是汇票出票人、背书人、承兑人和保证人对持票人承担连带责任;二是被追索人清偿汇票债务后,与持票人享有同一权利,即被追索人在清偿了汇票债务后,可取得持票人的追索权,对其前手进行追索。

(2)对物效力

追索权的对物效力表现为一定的追索金额,持票人行使追索权可以请求被追索人支付下列金额和费用:(1)被拒绝付款的汇票金额;(2)汇票金额自到期日或者提示付款日起至清偿日止,按照中国人民银行规定的利率计算的利息;(3)取得有关拒绝证明和发出通知书的费用。[2]

第四节 本　　票

一、本票的基本概述

(一)本票的概念和特征

本票是出票人签发的,承诺自己在见票时无条件支付确定的金额给收款人或者持票人的票据。[3] 本票具有下列法律特征:

1. 本票是票据的一种。本票与汇票支票一样,具有一切票据所共有的性质。

2. 本票是由出票人自己对收款人支付并承担绝对付款责任的票据。这是本票区别于汇票、支票的根本所在。

3. 本票是出票人在到期日无条件支付票款的票据。本票的到期日不以见票即付为限,可以由出票人指定一定的付款期限。

(二)本票的分类

根据不同的标准,可以对本票进行以下分类。

1. 以本票上记载权利人的方式为标准,可将本票分为记名式、指示式和无记名式本票。

---

〔1〕 参见《票据法》第68条第1款。

〔2〕 参见《票据法》第70条第1款。

〔3〕 参见《票据法》第73条第1款。

2. 以本票上指定的到期日方式为标准，可将本票分为即期本票和远期本票。

3. 以本票的出票人为标准，本票可分为银行本票和商业本票。我国票据法只承认银行本票，不承认商业本票。

二、本票的特殊规则

（一）本票出票

本票出票与汇票出票不同，汇票出票是出票人委托付款人向收款人支付一定金额的票据行为，本票出票则是指出票人表示自己承担支付本票金额债务的票据行为。本票的必要记载事项包括：(1) 表明"本票"的字样；(2) 无条件支付的承诺；(3) 确定的金额；(4) 收款人名称；(5) 出票日期；(6) 出票人签章。如果本票上未记载这些事项中的任何一项，本票为无效。[1]

本票出票的效力，是指出票人签发本票后承担的责任以及收款因此享有的权利。对出票人来说，出票人必须承担对本票持票人的付款责任。本票持票人未按照规定的期限提示见票的，虽然丧失对其前手的追索权，但仍然可以向出票人行使追索权。[2] 对于收款人来说，出票人签发本票后，收款人及以后的持票人就取得本票上的权利，包括付款请求权和追索权。至于本票收款人因出票行为取得的追索权，则与汇票相同，即只有在付款请求权不能实现，并在法定期限内作成拒绝证明后才能行使。

（二）本票见票

本票的见票，是指本票的出票人，因持票人的提示，为确定见票后定期付款本票的到期日，在本票上记载"见票"字样及见票日期并签名的一种行为。由于《票据法》规定的本票仅限于见票即付，不承认见票后定期付款的本票，因此，《票据法》中也就不存在本票的见票问题。

第五节　支　票

一、支票的基本概述

（一）支票的概念和特征

支票是出票人签发的，委托办理支票存款业务的银行或者其他金融机构在见票时无条件支付确定的金额给收款人或者持票人的票据。[3] 支票具有下列法律特征：

1. 支票是票据的一种，具有一般票据的共同特征。

2. 支票的付款人仅限于银行或其他金融机构。支票与汇票一样是委付证券，

---

〔1〕 参见《票据法》第75条。

〔2〕 参见《票据法》第79条。

〔3〕 参见《票据法》第81条。

不是自付证券。《票据法》对支票付款人的资格有限制，只能是银行或其他金融机构，不能是其他法人或自然人。

3. 支票是见票即付的票据，其主要功能在于代替现金进行支付。

4. 支票的无因性受到一定的限制。支票的出票人签发的支票金额不得超过其付款时在付款人处实有的存款金额。出票人签发的支票金额超过其付款时在付款人处持有的存款金额的为空头支票，《票据法》禁止签发空头支票。

（二）支票的分类

根据不同的标准，可以对支票进行以下分类。

1. 以支票上记载权利的方式为标准，可将支票分为记名式、指示式和无记名式支票。

2. 以支票的付款方式为标准，可将支票分为现金支票和转账支票。支票可以支取现金，也可以转账，用于转账时应当在支票正面注明。

3. 以支票当事人是否兼任为标准，可将支票分为一般支票或变式支票。《票据法》承认变式支票。例如，《票据法》规定，出票人可以在支票上记载自己为收款人。[1]

二、支票的特殊规则

（一）支票出票

支票出票与汇票、本票不同。汇票出票是出票人委托付款人向收款人支付一定金额的票据行为，本票出票是指出票人表示自己承担支付本票金额债务的票据行为，而支票出票则是指出票人委托银行或其他金融机构无条件向持票人支付一定金额的票据行为。支票的必须记载事项包括：(1)表明“支票”的字样；(2)无条件支付的委托；(3)确定的金额；(4)付款人名称；(5)出票日期；(6)出票人签章。[2]

（二）支票出票的效力

出票人必须按照签发的支票金额承担保证向该持票人付款的责任。[3] 即使支票因超过提示付款期限等原因而不获付款，出票人仍应当对持票人承担票据责任。

对支票付款人来说，出票人签发支票的行为对自己没有强制性效力，付款人并不因出票行为而负有付款义务。但出票人在付款人处的存款足以支付支票金额时，付款人应当在当日足额付款。[4] 对于支票付款人来说，出票人一经签发支票，

---

[1] 参见《票据法》第86条第4款。
[2] 参见《票据法》第84条第1款。
[3] 参见《票据法》第89条第1款。
[4] 参见《票据法》第89条第2款。

便取得向付款人请求付款的权利。除请求付款外，收款人也可在一定条件下行使追索权。

（三）支票的付款

支票的持票人应当在自出票日起10日内提示付款；异地使用的支票，其提示付款的期限由中国人民银行另行规定。[1] 由于支票是见票即付的票据，因此，持票人在提示期限内提示付款时，付款人应立即付。如果持票人超过了提示期限，付款人可以拒绝付款。

【复习与思考】

1. 简述票据的特点。
2. 简述票据的功能。
3. 简述票据权利善意取得的构成要件。
4. 简述票据抗辩及其限制。
5. 简述汇票绝对必要记载事项。
6. 简述汇票出票的效力。
7. 简述本票必要记载事项。
8. 简述本票出票的效力。
9. 简述支票的必要记载事项。
10. 简述支票出票的效力。
11. 简述汇票、本票、支票的异同。
12. 甲公司因欠乙公司工程款50万元，因此甲公司于2019年6月1日向乙公司开出一张50万元的商业承兑汇票。乙公司对此汇票进行背书，转让给丙公司，用于支付货款，但乙公司在合同存续期间内发现丙公司根本无货可供，于是立即通知付款人停止向丙公司支付货款。丙公司获此票据后，又对该票据进行背书，转让给了丁公司，用于购买一批生产设备。丁公司用此票据向戊公司购买一批原材料，并在背书时注明了“货到后票据生效”。戊公司于2019年8月5日向付款人请求付款，付款人在对该汇票审查后拒绝付款，理由是：丙公司以欺诈行为从乙公司获取票据的行为为无效票据行为；乙公司已通知付款人停止付款；该汇票未记载付款日期，且背书附有条件，为无效票据。

请根据以上材料，回答下列问题：

（1）甲公司开出的汇票未记载付款日期是否为无效票据？为什么？

（2）丁公司的背书是否有效？该条件是否影响汇票效力？

---

〔1〕 参见《票据法》第91条第1款。

(3)付款人可否以丙公司的欺诈行为为由拒绝向戊公司支付票款？为什么？

(4)戊公司的付款请求权得不到实现时,可以向本案哪些当事人行使追索权？

以案释法：

票据追索权

【案情】2019 年 3 月 7 日,甲公司与乙公司签订建材买卖合同书,乙公司因项目需要,向甲公司采购建材。双方约定,甲公司提供货物,每月月底双方进行对账,双方对账确认无误后于次月 10 日前结清本月所有货款。后甲公司于 2019 年 7 月 1 日开始向被告供货。乙公司向甲公司开具电子商业承兑汇票,出票人及承兑人为乙公司,收票人为甲公司,票据金额为 600,000 元,出票日期为 2020 年 7 月 28 日,汇票到期日为 2021 年 2 月 9 日,承兑日期为 2020 年 7 月 28 日,票据可再转让。出票人承诺:本汇票请予以承兑,到期无条件付款。承兑人承诺:本汇票已经承兑,到期无条件付款。招商银行电子商业汇票系统显示,上述汇票于 2021 年 1 月 26 日提示付款,于 2021 年 3 月 12 日提示付款撤销,2021 年 3 月 15 日再次提示付款,2021 年 3 月 19 日拒绝签收,拒付/追索代码为商业承兑汇票承兑人账户余额不足。

【问题】甲公司在被拒绝付款后,可否向乙公司主张追索权?

【解答】本案中,根据电子商业汇票系统显示,案涉票据在 2021 年 3 月 19 日回复标记为拒绝签收,拒付/追索代码为商业承兑汇票承兑人账户余额不足,承兑人的上述行为应推定为拒绝付款。据此,原告行使追索权的条件成就,可向乙公司主张追索权。

【评析】本案属于典型的票据被拒绝付款后的持票人追索权纠纷。乙公司出具的汇票已承诺到期后无条件付款。票据到期后,甲公司通过电子商业汇票系统在法定期限内提示付款,乙公司未按承诺付款,根据《票据法》的规定,持票人可以对背书人、出票人以及汇票的其他债务人行使追索权,乙公司作为出票人,应当履行相应的付款义务,甲公司可对其主张行使追索权。甲公司要求出票人即乙公司给付票据本金及利息的诉请合法有据。

第十一章　证券法律制度

【本章导读】

现代市场经济中，证券市场是金融主力市场之一。为了更好地保障证券市场健康有序发展，需要对证券市场主体及其交易行为进行法律规制和监督。对证券市场主体及其交易行为进行法律规制是证券经营法的任务，而对证券市场主体及其交易行为进行外部监督，则属于证券业监管的范畴。通过本章的学习，将会进一步了解证券经营的相关法律制度。

第一节　证券发行

一、证券发行概述

（一）证券发行的概念

证券发行是指符合发行条件的政府、金融机构、工商企业或公司等组织，以筹集资金为目的，依照法律规定的程序，向特定或不特定的社会投资者出售代表一定权利的资本证券的行为。由于新发行的证券是初次面市，所以有时也将证券发行市场称为"一级市场"；与此相对应，证券流通市场被称为"二级市场"。

（二）证券发行的分类

依据不同的分类方法，可对证券发行作如下分类：

1. 根据证券发行的对象，可分为公开发行和非公开发行。公开发行是指发行人面向社会公众即不特定的社会投资者进行的证券发行。非公开发行是指向少数特定投资者进行的证券发行。

2. 根据证券发行的目的，可分为设立发行和增资发行。设立发行是发行人为设立股份有限公司，而向社会投资者发行股票的行为。增资发行，是已成立的股份有限公司因生产经营需要，为追加资本而进行的股份发行。

3. 根据证券发行的方式，可分为直接发行和间接发行。直接发行是指证券发行人不通过证券承销机构，自行承担风险，办理发行事宜的行为。间接发行是指证券发行是指证券发行人委托证券承销机构发行证券，并由证券承销机构办理证券发行事宜，承担证券发行风险的行为。

4. 根据证券发行条件的确定方式，可分为议价发行和招标发行。议价发行是指由证券发行人与承销商通过协商发行条件,向公众投资者或股东发行证券的方式。招标发行是指证券发行人与承销商之间以公开招标方式确定发行价格、报酬率等条件的发行方式。

5. 根据证券发行价格与票面金额之间的关系,可分为平价发行、溢价发行与折价发行。平价发行是指证券发行时的发行价格与证券面值相同的发行方式。溢价发行是指证券发行时发行价格是按某一时期证券市场的市场价格,或依接近于当时证券市场上同类证券价格所确定的结果发行,其发行价格大于票面金额。折价发行是指证券发行时其发行价格可以按票面金额,也可以超过票面金额,但不得低于票面金额。

二、证券发行的规则

(一)证券发行的环节

符合发行条件的股票在向社会投资者发售的过程中,一般经过询价、网下配售和网上发行三个环节。其中,网下配售股票与网上发行同时进行,但网下配售的股票一般都持有期限的限制。

《证券发行与承销管理办法》第 4 条规定,首次公开发行股票,可以通过向网下投资者询价的方式确定股票发行价格,也可以通过发行人与主承销商自主协商直接定价等其他合法可行的方式确定发行价格。

(二)股票发行的条件和程序

1. 募集设立公开发行股票的条件和程序

根据《证券法》第 11 条第 1 款、第 2 款的规定,设立股份有限公司公开发行股票,应当符合《公司法》规定的条件和经国务院证券监督管理机构规定的其他条件,向国务院证券监督管理机构报送募股申请和下列文件:(1)公司章程;(2)发起人协议;(3)发起人姓名或名称、发起人认购的股份数、出资种类及验资证明;(4)招股说明书;(5)代收股款银行的名称及地址;(6)承销机构的名称及有关的协议。依照《证券法》规定聘请保荐人的,还应当报送保荐人出具的发行保荐书。

2. 首次公开发行股票(IPO)的条件和程序

在我国境内首次公开发行股票并上市,应当符合《证券法》《公司法》《首次公开发行股票并上市管理办法》等规定的发行条件和程序。对主板(含中小板)IPO 而言,发行人应当满足以下基本条件:

(1)主体合格。发行人应当是依法设立且合法存续的股份有限公司。发行人自股份有限公司成立后,持续经营时间应当在 3 年以上,但经国务院批准的除外。发行人的注册资本已足额缴纳,发起人或者股东作出资的资产的财产权转移手续已办理完毕,发行人主要资产不存在重大权属纠纷。发行人的生产经营业务符合法律、行政法规和公司章程的规定,符合国家产业政策。发行人最近 3 年内主营业务和董事、高级管理人员没有发生重大变化,实际控制人没有发生变更。发行人的股权清晰,控股股东和受控股股东、实际控制人支配的股东持有的发行人股份不存在重大权属纠纷。

(2)经营独立。发行人应当具有完整的业务体系和直接面向市场独立经营的能力。发行人的资产完整,人员、财务、机构、业务等均保持独立,且无其他影响独立性的严重缺陷。

(3)运行规范。发行人已经依法建立健全股东大会、董事会、监事会、独立董事、董事会秘书制度,相关机构和人员能够依法履行职责。发行人的董事、监事和高级管理人员符合法律、行政法规和规章规定的任职资格,并已经了解与股票发行上市有关的法律法规,知悉上市公司及其董事、监事和高级管理人员的法定义务和责任。

(4)财务与会计符合要求。发行人资产质量良好,资产负债结构合理,盈利能力较强,现金流量正常。发行人的内部控制在所有重大方面是有效的,并由注册会计师出具了无保留结论的内部控制鉴证报告。发行人会计基础工作规范,财务报表的编制符合企业会计准则和相关会计制度的规定,在所有重大方面公允地反映了发行人的财务状况、经营成果和现金流量,并由注册会计师出具了无保留意见的审计报告。发行人依法纳税,各项税收优惠符合法律法规规定。发行人不存在重大偿债风险,不存在影响持续经营的担保、诉讼以及仲裁等重大或有事项,不存在影响持续盈利能力的法定情形等。

(5)募集资金运用符合规定。募集资金应当有明确的使用方向,原则上应当用于主营业务。除金融类企业外,募集资金使用项目不得为持有交易性金融资产和可供出售的金融资产、借予他人、委托理财等财务性投资,不得直接或间接投资于以买卖有价证券为主要业务的公司。

(6)首次公开发行股票的程序:决议,发行人董事会应当依法就本次股票发行的具体方案、本次募集资金使用的可行性及其他必须明确的事项作出决议。并提请股东大会批准。保荐和申报,发行人应当按照中国证监会的有关规定制作申请文件,由保荐人保荐并向中国证监会申报。审核,中国证监会受理申请文件后,由相关职能部门对发行人的申请文件进行初审,并由发行审核委员会进行审核。披露,发行人按规定编制和披露招股说明书。承销和发售,承销商根据承销协议承销本次发行的股票,并按法定方式向投资者配售、发行。变更登记和公司公告,公司发行新股募足股款后,须就股本数量和股权结构等已注册事项的变化,向公司登记机关办理变更登记并公告。

3. 上市公司发行股票的条件和程序

《证券法》第 12 条第 1 款规定,公司公开发行新股,应当符合下列条件:(1)具备健全且运行良好的组织机构;(2)具有持续盈利能力,财务状况良好;(3)最近 3 年财务会计文件无虚假记载,无其他重大违法行为;(4)经国务院批准的国务院证券监督管理机构规定的其他条件。上市公司非公开发行新股,应当符合经国务院批准的国务院证券监督管理机构规定的条件,并报国务院证券监督管理机构核准。《上市公司证券发行管理办法》《上市公司非公开发行股票实施细则》等则对前述条件进行了细化规定,同时对募集资金投向、不得发行证券的法定情形等予以明确。上市公司发行股票的程序与IPO类似。

4. 优先股发行条件

公司公开发行优先股的,应当在公司章程中规定以下事项:(1)采取固定股息率;(2)在有可分配税后利润的情况下必须向优先股股东分配股息;(3)未向优先股股东足额派发股息的差额部分应当累积到下一会计年度;(4)优先股股东按照约定的股息率分配股息后,不再同普通股股东以一起参加剩余利润分配。商业银行发行优先股补充资本的,可就第(2)项和第(3)项事项另行规定。

(三)公司债券发行条件

1. 普通公司债券的发行条件

根据《证券法》规定,公司公开发行债券,应当符合下列条件:(1)股份有限公司的净资产不低于人民币3000万元,有限责任公司的净资产不低于人民币6000万元;(2)累计债券余额不超过公司净资产的40%;(3)最近3年平均可分配利润足以支付公司债券1年的利息;(4)筹集的资金投向符合国家产业政策;(5)债券的利率水平不得超过国务院限定的利率水平;(6)国务院规定的其他条件。公开发行公司债券筹集的资金,必须用于核准的用途,不得用作弥补亏损和非生产性支出。

2. 可转换公司债券的发行条件

根据《上市公司证券发行管理办法》第14条第1款的规定,上市公司公开发行可转换公司债券,除应当符合该办法关于公开发行证券条件的一般规定外,还应当符合下列规定:(1)最近3个会计年度加权平均净资产收益率平均不低于6%。扣除非经常性损益后的净利润与扣除前的净利润相比,以低者作为加权平均净资产收益率的计算依据;(2)本次发行后累计公司债券余额不超过最近一期末净资产额的40%;(3)最近3个会计年度实现的年均可分配利润不少于公司债券1年的利息。

3. 可交换公司债券的发行条件

根据《上市公司股东发行可交换公司债券试行规定》第2条的规定,申请发行可交换公司债券,应当符合下列规定:(1)申请人应当是符合《公司法》《证券法》规定的有限责任公司或者股份有限公司;(2)公司组织机构健全,运行良好,内部控制制度不存在重大缺陷;(3)公司最近一期末的净资产额不少于人民币3亿元;(4)公司最近3个会计年度实现的年均可分配利润不少于公司债券一年的利息;(5)本次发行后累计公司债券余额不超过最近一期末净资产额的40%;(6)本次发行债券的金额不超过预备用于交换的股票按募集说明书公告日前20个交易日均价计算的市值的70%,且应当将预备用于交换的股票设定为本次公开发行的公司债券的担保物;(7)经资信评级机构评级,债券信用级别良好;(8)不存在法定的不得发行发行公司债券的情形。

第二节　证 券 承 销

一、证券承销概述

(一)证券承销的概念

证券承销是指证券发行人委托具有证券承销资格的证券公司,通过协议方式,由证券公司向投资者销售、促成销售或者代为销售拟发行的一种法律行为和制度。间接发行从证券经营机构的角度看,即证券承销。

证券承销制度主要调整证券发行人与证券公司之间的横向关系,是二者基于证券承销协议和合同关系。公开发行证券的发行人有权依法自主选择承销的承销公司。

(二)证券承销的分类

1. 证券代销。证券代销是指证券公司代理证券发行人发售证券,在承销期结束时,将未出的证券全部退还给发行人的承销方式。作为代理行为,证券代销由发行人承担证券发行失败的风险,承销商承担尽力销售的义务。

2. 证券包销。证券包销是指证券公司发行人的证券按照双方协议全部购入或在承销期结束时,将剩余全部自行购入的承销方式。

(三)证券承销合同

证券承销合同是指证券发行人与证券承销商之间就证券发行承销事宜所签订的明确双方权利和义务的法律文件。证券承销合同具有下列特点:

第一,承销合同的主体是特定当事人。承销合同的一方当事人是经过批准发行股票、债券的公司和其他权利主体,另一方当事人则必须是具有证券监管机构特别许可和授予证券承销业务资格的证券公司。

第二,承销合同的客体具有特定性。作为承销合同的客体必须是作为金融商品的有价证券,并且必须是公开发行的股票、债券等。

第三,承销合同的签订具有某种强制性。一方面,证券承销合同是一种书面要式合同,必须采取书面形式;另一方面,承销合同经双方当事人签署后,须提交证券监管机构批准和备案,同时,证券合同也是证券发行送审文件的组成部分。

第四,承销合同的条款不得违反强行法规定。

二、证券承销的特殊义务

1. 禁止事先预留义务。证券公司在代销、包销期内,对所代销、包销的证券应当保证先行出售给认购人、证券公司不得为本公司预留所代销的证券和预先购入并留存所包销的证券。

2. 发行文件核查义务。证券公司承销证券,应当对公开发行募集文件的真实性、准确性、完整性进行核查;发现有虚假记载、误导性陈述或者重大遗漏的,不得进行销售活动;已经销售的,必须立即停止销售活动,并采取纠正措施。

3. 承销情况备案义务。公开发行股票,代销、包销期限届满,发行人应当在规定的期限内将股票发行情况报国务院证券监督管理机构备案。

第三节 证券上市

一、证券上市的概念和类型

(一) 证券上市的概念

证券上市是指某种证券获准成为证券交易所交易对象的过程。证券一旦获准在证券交易所上市交易,即为上市证券。广义上的证券上市还可指证券在场外市场取得交易资格的过程。证券上市时已发行证券进入证券交易所交易的前提。证券发行与上市属于不同的制度。建立证券上市制度,目的在于筛选出适合特定证券交易所上市条件的证券,并为其提供实现证券流通的场所。

(二) 证券上市的类型

1. 授权上市与认可上市。授权上市是指证券交易所根据证券发行人申请,依照规定程序核准的证券上市。授权上市申请人主要为股份公司,上市证券主要为公司证券。认可上市是指经证券交易所认可后,证券即可进入证券交易所的上市审查,直接成为证券交易所的交易对象,证券交易所甚至无权拒绝或终止该种证券的上市交易。

2. 普通上市与首次发行上市。普通上市是指证券发行人于股票或公司债券发行后,另择日期申请并获准上市。首次发行上市是指公司发行人在公开发行股票或者公司债券的同时,已确定近期上市计划,并于发行成功后的合理时间内申请股票或公司债券的上市交易。

3. 第一上市与第二上市。第一上市与第二上市是相对的概念,当发行人的证券同时在两个以上证券交易所上市时,最早的上市称为第一上市,后一上市称为第二上市。为了协调二者的关系,沪深交易所《股票上市规则》规定,在本所上市的公司同时有证券在其他证券交易所上市的,其他证券交易所要求披露的信息,上市公司应当同时向本所报告,经本所审核后同时公告。[1]

4. 股票上市与公司债券上市。股票上市还可分为股票境内上市和股票境外上市。公司债券上市在我国分为普通公司债券上市、可转换公司债券上市等多种形式。

---

〔1〕 参见叶林:《证券法》(第4版),中国人民大学出版社2013年版,第162页。

二、证券上市的条件

(一)股票上市的条件

为配合注册制改革,2019年《证券法》未对股票上市条件作具体规定,而是授权证券交易所通过上市规则予以具体规定。

根据《上海证券交易所股票上市规则》(2022年修订)与《深圳证券交易所股票上市规则》(2022年修订)规定,首次公开发行股票并在主板上市,应当符合下列条件:(1)股票已公开发行;(2)具备健全且运行良好的组织机构;(3)具有持续经营能力;(4)公司股本总额不少于人民币5000万元;(5)公开发行的股份达到公司股份总数的25%以上,公司股本总额超过人民币4亿元的,公开发行股份的比例达到10%以上;(6)公司及其控股股东、实际控制人最近3年不存在贪污、贿赂、侵占财产、挪用财产或者破坏社会主义市场经济秩序的刑事犯罪;(7)最近3个会计年度财务会计报告均被出具无保留意见审计报告;(8)证券交易所规定的其他上市条件。上市公司申请新股在主板上市时,应当符合股票的相关发行条件。

根据《深圳证券交易所创业板股票上市规则》(2020年12月修订)与《上海证券交易所科创板股票上市规则》(2020年12月修订)规定,首次公开发行股票并在创业板、科创板上市,应当符合下列条件:(1)符合证监会规定的相应发行条件;(2)发行后股本总额不低于3000万元;(3)公开发行的股份达到公司股份总数的25%以上,公司股本总额超过4亿元的,公开发行股份的比例为10%以上;(4)市值及财务指标符合相应上市规则规定的标准;(5)证券交易所规定的其他上市条件。上市公司申请股票在创业板上市时应当符合相应的发行条件。

根据《北京证券交易所股票上市规则(试行)》规定,发行人申请向不特定合格投资者公开发行股票并在北京证券交易所上市的,应当符合下列条件:(1)发行人为在全国股转系统连续挂牌满12个月的创新层挂牌公司;(2)符合证监会规定的发行条件;(3)最近一年期末净资产不低于5000万元;(4)向不特定合格投资者公开发行的股份不少于100万股,发行对象不少于100人;(5)公开发行后,公司股本总额不少于3000万元;(6)公开发行后,公司股东人数不少于200人,公众股东持股比例不低于公司股本总额的25%,公司股本总额超过4亿元的,公众股东持股比例不低于公司股本总额的10%;(7)市值及财务指标符合上市规则规定的标准;(8)证券交易所规定的其他上市条件。上市公司申请股票在北京证券交易所上市时应当符合相应的发行条件。

(二)公司债券上市的条件

我国2019年《证券法》未对公司债券上市条件作特别规定,所以应适用该法第47条关于证券上市条件的原则性规定,并适用证券交易所债券上市规则规定的上市条件。

《上海证券交易所公司债券上市规则》(2022年修订)与《深圳证券交易所公

司债券上市规则》(2022 年修订)均对公司债券上市条件作了大体相同的详细规定。依其规定,企业申请债券上市,应当符合下列条件:(1)符合《证券法》规定的上市条件;(2)经有权部门核准并依法完成发行;(3)债券持有人符合证券交易所投资者适当性管理规定;(4)证券交易所规定的其他条件。

根据《上海证券交易所股票上市规则》(2022 年修订)、《深圳证券交易所股票上市规则》(2022 年修订)与《深圳证券交易所创业板股票上市规则》(2020 年 12 月修订)规定,上市公司申请可转换公司债券上市时应当符合相应的发行条件。

三、证券上市的程序

(一)股票上市的程序

1. 向证券交易所提出申请。申请报送的文件:上市报告书、申请股票上市的股东大会决议、公司章程、公司营业执照、依法经会计师事务所审计的公司最近 3 年的财务会计报告、法律意见书和上市保荐书、最后一次的招股说明书、证券交易所上市规则规定的其他文件。

2. 证券交易所审核。经证券交易所上市审核委员会审核后,由证券交易所以自己的名义作出是否同意上市申请的决定。上市审核委员会在审核时通常需要考虑上市条件、产业政策等因素。

3. 签订上市协议。经证券交易所与上市公司协商,可签署特别条款。

4. 上市公告。股票上市交易申请经证券交易所审核同意后,签订上市协议的公司应当在规定的期限内公告股票上市的有关文件,并将该文件置备于指定场所供公众查阅。

(二)公司债券上市的程序

1. 向证券交易所提出申请。申请公司债券上市交易,应当向证券交易所报送下列文件:上市报告书、申请公司债券上市的董事会决议、公司章程、公司营业执照、公司债券募集办法、公司债券的实际发行数额、证券交易所上市规则规定的其他文件。申请可转换为股票的公司债券上市交易,还应当报送保荐人出具的上市保荐书。

2. 证券交易所审核。与股票上市交易审核基本相同。

3. 签订上市协议。公司债券上市协议一般还应明确债券的名称代码、信用评级、面额、期限、利率、发行价格、发行总量等基本情况。

4. 上市公告。公司债券上市交易申请经证券交易所审核同意后,签订上市协议的公司应当在规定的期限内公告公司债券上市文件及有关文件,并将其申请文件置备于指定场所供公众查询。

四、证券上市的暂停与终止

(一)股票上市的暂停与终止

上市公司有下列情形的,由证券交易所决定暂停其股票上市交易:(1)公司股本总额、股权分布发生变化不再具备上市条件;(2)公司不按照规定公开其财务状况,或者对财务会计报告作虚假记载,可能误导投资者;(3)公司有重大违法行为;(4)公司最近3年连续亏损;(5)证券交易所上市规则规定的其他情形。

上市公司有下列情形之一的,由证券交易所决定终止其股票上市交易:(1)公司股本总额、股权分布发生变化不再具备上市条件,在证券交易所规定的期限内仍不能达到上市条件;(2)公司不按照规定公开其财务状况,或者对财务会计报告作虚假记载,且拒绝纠正;(3)公司最近3年连续亏损,在其后一个年度内未能恢复盈利;(4)公司解散或者被宣告破产;(5)证券交易所上市规则规定的其他情形。

(二)债券上市的暂停与终止

公司债券上市交易后发生以下情形的,由证券交易所决定暂停其公司债券上市交易:(1)公司有重大违法行为;(2)公司情况发生重大变化不符合公司债券上市条件;(3)发行公司债券所募集的资金不按照核准的用途使用;(4)未按照公司债券募集办法履行义务;(5)公司最近两年连续亏损。

公司如存在上述第(1)项、第(4)项所列情形之一,经查实后果严重的,或者有上述第(2)项、第(3)项、第(5)项所列情形之一的,在限期内未能消除的,由证券交易所决定终止其债券上市交易。公司解散或被宣告破产的,由证券交易所终止其公司债券上市交易。

第四节　证券交易

一、证券交易的概述

(一)证券交易的概念

证券交易,是指证券持有人依照交易规则将证券转让给其他投资者的行为。广义上的证券转让还包括依照特定法律事实将全部或部分证券权利移转给其他人的行为或者设定证券质押的行为等。《证券法》规定的证券交易主要是指证券买卖的行为。

(二)证券交易的类型

1. 现货交易,是指在较短的期限内完成证券买卖成交后的交割手续的证券交易方式。现货交易是证券交易的最基本形式。

2. 期货交易,是一种集中交易标准化远期合约的交易形式,即交易双方在期货交易所买卖期货合约的交易行为。

3. 期权交易,是指在一定时期内提供证券或商品买卖权的交易。

4. 证券信用交易,是指符合条件的投资者按照法律规定程序,向具有融资融券业务资格的证券公司提供担保物,通过该证券公司借入资金买入证券或借入证券并卖出的交易行为。

二、证券交易市场

证券交易市场也称二级市场、次级市场,是已发行证券买卖、转让和流通的场所。按照组织形式不同,证券交易市场可分为场内交易市场和场外交易市场。场内交易市场是指由证券交易所组织的集中交易市场,有固定交易场所和交易活动时间。场外交易市场是在证券交易所以外由买卖双方当面议价成交的市场。场外交易的对象主要是非上市证券。

三、证券交易方式

证券在证券交易所上市交易,应当采用公开的集中交易方式或者国务院证券监督管理机构批准的其他方式。目前,集中交易和竞价制是集中证券交易场所最重要的定价方式。证券非集中交易的方式主要包括三种:一是协议转让,其主要针对股权分置改革前的非流通股;二是大宗交易,是指证券单笔买卖申报达到证券交易所规定的某一数额或规模时,该项证券买卖由证券交易所按照特殊交易方式成交;三是裁判转让,是指人民法院因行使司法裁判权引起的股权转让。[1]

四、证券集中交易的步骤

证券集中交易的步骤主要包括:(1)开立证券交易账户;(2)申报委托指令;(3)竞价与成交;(4)清算与交收;(5)登记过户。

第五节 证券交易行为的限制与禁止

一、限制的证券交易行为

(一)对证券交易客体的限制

根据《证券法》和《公司法》的规定,证券交易当事人依法买卖的证券,必须是依法发行并交付的证券。非依法发行的证券,不得买卖。依法发行的股票、公司债券及其他债券,法律对其转让期限有限制性规定的,在限定期内不得买卖。发起人持有本公司股份,自公司成立之日起1年内不得转让,公司公开发行股份前已发行的股份,自公司股票在证券交易所上市交易之日起1年内不得转让。

(二)对特定时期内证券交易主体的限制

根据《证券法》规定,证券交易所、证券公司和证券登记结算机构的从业人员、证券监督管理机构的工作人员以及法律、行政法规禁止参与股票交易的其他人员,在任期或者法定限期内,不得直接或者以化名,借他人名义持有、买卖股票,也不得收受他人赠送的股票。为股票发行出具审计报告、资产评估报告或者法律意见书等文件的证券服务机构和人员,在该股票承销期内和期满后6个月内,不得买卖该种股票,为上市公司出具审计报告、资产评估报告或者法律意见书等文件的证券服

---

〔1〕 参见徐孟洲、谭立:《金融法》(第4版),高等教育出版社2019年版,第139页。

务机构和人员,自接受上市公司委托之日起至上述文件公开后5日内,不得买卖该种股票。

(三)保密规定和收费限制

证券交易所、证券公司、证券登记结算机构必须依法为客户开立的账户保密证券交易的收费必须合理,并公开收费项目、收费标准和收费办法。证券交易的收费项目、收费标准和管理办法由国务院有关主管部门统一规定。

二、禁止的证券交易行为

(一)禁止内幕交易

根据《证券法》的规定,下列人员为知悉证券交易内幕信息的知情人员:(1)发行人的董事、监事、高级管理人员;(2)持有公司5%以上股份的股东及其董事、监事、高级管理人员,公司的实际控制人及其董事、监事、高级管理人员;(3)发行人控股的公司及其董事、监事、高级管理人员;(4)由于所任公司职务可以获取公司有关内幕信息的人员;(5)上市公司收购人或者重大资产交易方及其控股股东、实际控制人、董事监事和高级管理人员;(6)因职务、工作可以获取内幕信息的证券交易场所、证券公司、证券结算机构、证券服务机构的有关人员;(7)因职责、工作可以获取内幕信息的证券监督管理机构工作人员;(8)因法定职责对证券的发行、交易或者对上市公司及其收购、重大资产交易进行管理可以获取内幕信息的有关主管部门、监管机构的工作人员;(9)国务院证券监督管理机构规定的可以获取内幕信息的其他人员。

内幕信息主要包括:(1)《证券法》第80条第2款、第81条第2款所规定的重大事件;(2)证券交易活动中,涉及发行人的经营、财务或者对该发行人证券的市场价格有重大影响的尚未公开的信息。

(二)禁止操纵市场

根据《证券法》第55条第1款的规定,操纵证券市场主要包括以下列手段,影响或者意图影响证券交易价格或者证券交易:(1)单独或者通过合谋,集中资金优势、持股优势或者利用信息优势联合或者连续买卖;(2)与他人串通,以事先约定的时间、价格和方式相互进行证券交易;(3)在自己实际控制的账户之间进行证券交易;(4)不以成交为目的,频繁或者大量申报并撤销申报;(5)利用虚假或者不确定的重大信息,诱导投资者进行反向证券交易;(6)利用在其他相关市场的活动操纵市场;(7)以其他手段操纵证券市场。

(三)禁止虚假陈述

虚假陈述,是指信息披露义务人违反证券法律规定,在证券发行或交易过程中对重大事件作出违背事实真相的虚假记载、误导性陈述,或者在披露信息时发生重大遗漏、不正当披露信息的行为。这也是证券法所禁止的证券交易行为。

（四）禁止欺诈客户

《证券法》规定了禁止证券公司及其从业人员从事损害客户利益的欺诈行为，主要包括：（1）违背客户的委托为其买卖证券；（2）不在规定时间内向客户提供交易的书面确认文件；（3）挪用客户所委托买卖的证券或者客户账户上的资金；（4）未经客户的委托，擅自为客户买卖证券，或者假借客户的名义买卖证券；（5）为牟取佣金收入，诱使客户进行不必要的证券买卖；（6）利用传播媒介或者通过其他方式提供、传播虚假或误导投资者的信息；（7）其他违背客户真实意思表示，损害客户利益的行为。欺诈客户行为给客户造成损失的，行为人应当依法承担赔偿责任。

【复习与思考】

1. 论述证券法的基本原则。
2. 证券发行与证券上市的区别与联系是什么？
3. 证券发行的注册制与核准制有何区别？为什么我国要进行注册制改革？
4. 何为内幕交易人员以及内幕信息？

以案释法：

证券虚假陈述责任

【案情】李某于2015年11月23日买入甲公司股票行为是其“第一笔有效买入”，并一直持有至2016年4月28日。根据甲公司《第六届董事会第十二次会议会议记录》，甲公司于2015年10月27日召开董事会审议公司2015年第三季度报告及摘要，全票通过，参会董事包括任某、陈某，吴某未参会。同日，甲公司召开监事会，秦某在监事会决议上签字。2015年10月28日，甲公司发布《2015年第三季度报告》，其中重要提示部分载明：1. 公司董事会、监事会及董事、监事、高级管理人员应当保证季度报告内容的真实、准确、完整，不存在虚假记载、误导性陈述或者重大遗漏，并承担个别和连带的法律责任。2. 公司全体董事出席董事会审议季度报告。3. 公司负责人吴某先生、主管会计工作负责人林某先生及会计机构负责人（会计主管人员）秦某先生保证季度报告中财务报表的真实准确完整。该报告中《合并资产负债表》《合并利润表》等均由吴某作为法定代表人签字。根据甲公司的工商登记信息，2016年1月14日，甲公司法定代表人由吴某变更为刘某。

【问题】任某、林某、陈某、秦某以及吴某是否应当对李某的损失承担连带赔偿责任？

【解答】在证券虚假陈述纠纷中，存在过错的上市公司董事、监事、高级管理人员需要对投资者的损失承担连带赔偿责任。任某、林某直接策划或实施了案涉财务造假行为，属于“参与虚假陈述”情形，其过错明显，应当对投资者损失承担连带赔偿责任。陈某、秦某虽未参与虚假陈述，但作为甲公司时任董事和监事，负有保证上市公司所披露的信息真实、准确、完整的法定义务，若其不能证明其对虚假陈述无过错，则应承担连带赔偿责任。吴某作为甲公司董事长，在任期间仍应负有勤勉及谨慎注意义务，投资者基于其身份而产生合理信赖，吴某也应当对其损失承担连带责任。

【评析】本案争议焦点即上市公司的董事、监事、高级管理人员是否需要对投资者的损失承担连带赔偿责任。根据 2003 年最高人民法院《关于审理证券市场因虚假陈述引发的民事赔偿案件的若干规定》第 21 条的规定，上市公司对其虚假陈述给投资人造成的损失承担民事赔偿责任。上市公司负有责任的董事、监事和经理等高级管理人员对前款的损失承担连带赔偿责任，但有证据证明无过错的，应予免责。第 28 条规定，上市公司负有责任的董事、监事和经理等高级管理人员有下列情形之一的，应当认定为共同虚假陈述，分别与上市公司对投资人的损失承担连带责任：(1)参与虚假陈述的；(2)知道或者应当知道虚假陈述而未明确表示反对的；(3)其他应当负有责任的情形。

第十二章　保险法律制度

【本章导读】

保险是现代金融体系和社会保障体系的重要组成部分,对于防范经济社会风险和提高政府管理效能具有重要意义。保险合同是保险的基础,基于保险的独特属性,保险合同有其特殊的法律规定,如保险合同中制定了禁止反言规则等。本章通过对保险合同概述、人身保险、财产保险等相关知识的逐一梳理,力求助益读者形成对保险合同在法律制度层面的完整认知。

第一节　保险合同

一、保险合同概述

保险合同是投保人与保险人约定权利义务关系的协议。保险合同的主体具体包括保险人、投保人、被保险人、受益人四类。其中,保险人与投保人是保险合同中的当事人,被保险人与受益人属于保险合同中的关系人。

保险合同属于合同的类型之一,具有合同的一般属性。此外,保险合同还具有独特的属性:第一,保险合同是一种射幸合同。第二,保险合同是附合合同。该合同在订立时,一方提出合同的内容,而另一方只能作出同意或不同意的选择。第三,保险合同是格式合同,保险合同中保险人设立了免责条款,并且负有提示和说明义务,而且不公平的格式条款无效。第四,保险合同是双务有偿合同。第五,保险合同是非要式、诺成性合同。投保人提出保险要求,经保险人同意承保,保险合同成立。依法成立的保险合同,自合同成立时生效。[1]

二、保险合同的解除与限制解除

(一)保险合同的解除条件

除法律另有规定或者保险合同另有约定外,保险合同成立后,投保人可以解除保险合同,保险人不得解除保险合同。[2] 保险人解除保险合同的条件:

1. 投保人故意或者因重大过失未履行如实告知义务,足以影响保险人决定是

---

〔1〕 参见徐孟州:《金融法》,高等教育出版社2019年版,第199页。

〔2〕 参见徐昆:《保险理论与实务》,北京师范大学出版社2010年版,第28页。

否同意承保或者提高保险费率的,保险人有权解除合同,又可以分为两种情形:

(1)投保人故意不履行如实告知义务的,保险人对于合同解除前发生的保险事故,不承担赔偿或者给付保险金的责任,并不退还保险费。

(2)投保人因重大过失未履行如实告知义务,对保险事故的发生有严重影响的,保险人对于合同解除前发生的保险事故,不承担赔偿或者给付保险金的责任,但应当退还保险费。

2. 被保险人或者受益人在未发生保险事故的情况下,谎称发生了保险事故,向保险人提出赔偿或者给付保险金的请求的,保险人有权解除合同,并不退还保险费。

3. 投保人、被保险人故意制造保险事故的,保险人有权解除合同,且不承担赔偿或者给付保险金的责任,不退还保险费。

4. 投保人、被保险人未按照约定履行其对保险标的安全应尽责任的。

5. 在合同有效期内,保险标的危险程度增加,被保险人未及时通知保险人的。

保险人解除合同的,应当将已收取的保险费,按照合同约定扣除自保险责任开始之日起至合同解除之日止应收的部分后,退还投保人。被保险人未履行前述规定的通知义务的,因保险标的的危险程度显著增加而发生的保险事故,保险人不承担赔偿保险金的责任。

(二)保险合同的限制解除

1. 不可抗辩

投保人不履行如实告知义务的,保险人的解除权自知道有解除事由之日起,超过 30 日不行使而消灭。自合同成立之日起超过 2 年的,保险人不得解除合同;发生保险事故的,保险人应当承担赔偿或者给付保险金的责任。最高人民法院《关于适用〈中华人民共和国保险法〉若干问题的解释(三)》第 5 条第 2 款规定:"保险人知道被保险人的体检结果,仍以投保人未就相关情况履行如实告知义务为由要求解除合同的,人民法院不予支持。"

2. 禁止反言

禁止反言原则(equitable estoppel)是英美法中重要的理论,为了防止契约一方对自己说过的话或作出的承诺出尔反尔,以保护相对方的信赖利益。保险法上的禁止反言指保险人作出了某项承诺或放弃了某项权利,之后不得言而无信,不得再以拥有此项权利对投保人、被保险人或受益人提出抗辩。禁止反言在人身保险合同中可表现为,保险人明知被保险人的体检结果不正常,仍然向投保人承诺以身体健康人的标准与投保人缔结人身保险合同,发生保险事故进行理赔时,保险人不得以被保险人身体不符合标准,投保人未履行如实告知义务为由要求解除合同。[1]

---

〔1〕 参见徐孟州:《金融法》,高等教育出版社 2019 年版,第 207 页。

第二节 人身保险

一、人身保险的概念和特征

人身保险合同,是指以自然人的生命和身体健康为保险标的的保险合同。人身保险的保险人在被保险人投保后,根据约定在被保险人因保单载明的意外事故、灾难及年老等原因而发生死亡、疾病、伤残、丧失工作能力或退休等情形时,给付一定的保险金额或年金。人身保险具有以下的特征:一是采用人格化、定额支付;二是人寿险的保险费,保险人不得用诉讼方式要求投保人支付;三是不适用代位求偿权。需要注意的是,第三人侵权造成的人身保险事故可双份求偿,即发生人身保险事故的,保险人给付后,保险人不得向侵权人追偿。但是,被保险人或受益人仍有权向第三人请求赔偿。

二、人身保险的受益人制度

(一)受益人的范围

1. 为劳动者投保人身保险,应指定劳动者或劳动者的近亲属为受益人。其他情况受益人不作限制。

2. 人身保险的受益人由被保险人或投保人指定。

3. 受益人的指定。受益人约定为"法定"或"法定继承人",以《继承法》的法定继承人为受益人;受益人仅约定"身份"的:投保人与被保险人为同一主体,则事故发生时以被保险人的身份关系确定受益人;不同主体的,则合同成立时以被保险人的身份关系确定受益人;受益人包括"姓名 + 身份":保险事故发生时身份关系发生变化的,认定为未指定受益人。[1]

4. 受益人的变更。

被保险人可单独指定或变更受益人。投保人指定受益人时须经被保险人同意,否则无效;投保人变更受益人未经被保险人同意的,该行为无效。投保人或被保险人变更受益人未通知保险人,对保险人不发生效力。

(二)受益权及保险金继承

1. 有继承关系的受益人与被保险人在同一事件中死亡,且不能确定死亡先后顺序的,推定受益人死亡在先。

2. 部分受益人死亡等情况,其受益份额的处理:未约定受益顺序的,均为同一顺序;未约定受益份额的,由其他受益人平均分。

3. 受益人故意造成被保险人死、伤、病的:该受益人丧失受益权。

4. 保险金向"法定受益人"(被保险人继承人)给付的条件:被保险人死亡后,

---

[1] 参见张代军:《保险实务》,经济科学出版社 2007 年版,第 21 页。

遇有下列情形之一的，保险金作为被保险人的遗产，由保险人向被保险人的继承人履行给付保险金的义务：(1)没有指定受益人的；(2)受益人先于被保险人死亡，没有其他受益人的；(3)受益人依法丧失受益权或放弃受益权，没有其他受益人的。

三、法定除外责任

人身保险合同中除外责任的范围包括：一是投保人、受益人故意造成被保险人死亡、伤残或者疾病，但投保人已经交足2年以上保险费的，保险人应当按照合同约定向其他享有权利的人退还保险单的现金价值。二是被保险人自杀。以死亡为给付保险金条件的合同，被保险人自杀的，保险人不承担给付保险金的责任，但对投保人已支付的保险费，保险人应当按照保险单退还其现金价值。以死亡为给付保险金条件的合同，自成立之日起满2年后，如果被保险人自杀的，保险人可以按照保险合同给付保险金。三是被保险人故意犯罪导致其自身伤残或者死亡。但投保人已交足2年以上保险费的，保险人应当按照保险单退还其现金价值。

第三节　财产保险

一、财产保险的概念与特征

财产保险(property insurance)，是指投保人根据合同约定，向保险人交付保险费，保险人按保险合同的约定对所承保的财产及其有关利益因自然灾害或意外事故造成的损失承担赔偿责任的保险。财产保险，包括财产保险、农业保险、责任保险、保证保险、信用保险等以财产或利益为保险标的的各种保险。财产保险合同特征为：

1. 在保险事故发生时，对保险标的应具有保险利益。保险利益的范围：被保险人对保险标的享有物权；基于合同；依法应承担民事赔偿责任。

2. 财保理赔中的"两限定"：保险人的保险责任以保险合同约定的保险金额为限，约定的保险金额不得超过保险价值。

3. 超额退费：保险金额不得超过保险价值。超过保险价值的，超过部分无效，保险人应当退还相应的保险费。

4. 不足比例：保险金额低于保险价值的，除合同另有约定外，保险人按照保险金额与保险价值的比例承担赔偿保险金的责任。[1]

二、财产保险的一般规定与特殊规定

(一)一般规定

1. 标的的转让

保险标的转让的，保险标的的受让人承继被保险人的权利和义务。保险标的转让的，被保险人或者受让人应当及时通知保险人，但货物运输保险合同和另有约

〔1〕 参见徐昆：《保险理论与实务》，北京师范大学出版社2010年版，第26页。

定的合同除外。被保险人、受让人未履行通知义务的,因转让导致保险标的危险程度显著增加而发生的保险事故,保险人不承担赔偿保险金的责任。

2. 施救费用的承担

保险事故发生时,被保险人有责任尽力采取必要的措施,防止或者减少损失。

保险事故发生后,被保险人为防止或者减少保险标的的损失所支付的必要的、合理的费用,由保险人承担;保险人所承担的数额在保险标的损失赔偿金额以外另行计算,最高不超过保险金额的数额。

3. 受损保险标的权利转移

保险事故发生后,保险人已支付了全部保险金额,并且保险金额等于保险价值的,受损保险标的的全部权利归于保险人;保险金额低于保险价值的,保险人按照保险金额与保险价值的比例取得受损保险标的的部分权利。

(二)特殊规定

代位求偿权发生于第三人造成的财产保险事故的场合,此处的"代位"是指,被保险人将对第三人的求偿权让渡给保险人,即保险人取代被保险人成为权利主体,可以对侵权人享有求偿权。但是,保险人不得对被保险人的家庭成员或者其组成人员行使代位请求赔偿的权利,除非是被保险人的家庭成员或者其组成人员故意造成这种保险事故。

【复习与思考】

1. 何为保险合同?
2. 人身保险的法定除外责任是什么?
3. 保险代理的作用有哪些?

以案释法:

保险合同免责条款的效力

【案情】王某驾驶半挂车与王某波所驾沧州运祥汽车运输有限公司所有的半挂车发生碰撞,造成驾驶人王某以及王某波和乘员王某利与赵某东受伤、两车不同程度受损。经交通管理大队认定,王某负事故主要责任,王某波负事故次要责任,乘员赵某东、王某利无责任。另查明,半挂车车辆驾驶人王某在永安财险朔州支公司投保交强险、商业三者险及不计免赔险,事故发生在保险期间。后经司法鉴定中心鉴定确定了损害赔偿范围。永安财险朔州支公司认为,保险车辆驾驶人员王某持 B2 驾驶证驾驶与准驾车型不符的机动车,属于无证驾驶,违反了法律、行政法规的禁止性规定,属商业三者险永安财险朔州支公司免责事项。永安财险朔州支公司已在保单特别约定栏作出明确提示,对保险条款重要性作出明确告知,现有证据足以证明保险人投保前已履行提示义务。投保人赵某东称《投保单》及《投保人声明》均非赵某东本人签字，亦非同一人签字；其从未见过该《投保单》《投保人声明》《保险条款》；永安财险朔州支公司未就保险条款、免责条款或免责事项作出提示或者说明，永安财险朔州支公司应对赵某东未受赔偿部分的损失依法承担赔偿责任。

【问题】免责条款是否生效，永安财险朔州支公司是否免赔？

【解答】根据保险法的规定，对保险合同中免除保险人责任的条款，保险人在订立合同时应当在投保单、保险单或者其他保险凭证上作出足以引起投保人注意的提示，并对该条款的内容以书面或者口头形式向投保人作出明确说明；未作提示或者明确说明的，该条款不产生效力。可知，本案中虽然投保人交纳保险费的行为，仅表明保险合同的成立，对免责条款是否生效，仍需永安财险朔州支公司证明其尽到提示义务方可生效，永安财险朔州支公司无法对已经履行了提示说明义务进行举证，故永安财险朔州支公司不能免赔。

【评析】本案中涉及保险合同免责条款效力问题。首先，保险人应当对其履行了免责条款明确说明义务负举证责任。其次，投保人缴纳保费只能视为对保险合同的成立的追认。对于免责条款，保险公司证明其尽到提示义务方可生效，不能因投保人交纳保险费即认定投保人认可保险人已经向其履行了保险免责条款的提示和明确说明义务。

第十三章 期货法律制度

【本章导读】

期货是一种跨越时间的交易方式,买卖双方通过签订合约,同意按指定的时间、价格与其他交易条件,交收指定数量的现货。期货交易是指为转移市场价格波动风险,而对那些大批量均质商品所采取的,通过经纪人在商品交易所内,以公开竞争的形式进行期货合约的买卖形式。为了保障期货交易有一个“公开、公平、公正”的环境,保障期货市场平稳运行,对期货市场的高风险实施有效的控制,期货交易所制定了一系列的交易制度,所有交易者必须在承认并保证遵守这些“游戏规则”的前提下才能参与期货交易。期货交易制度是较为复杂和严格的,只有如此,才能保证期货市场高效运转,发挥期货市场应有的功能。本章通过对期货概述、期货交易规则以及期货交易违法行为等相关知识的梳理,力求助益读者形成对期货交易在法律制度层面的完整认知。

第一节 期货概述

一、期货交易的概念、种类和特征

期货交易,是指在期货交易所内买卖某种期货合约的交易活动。详言之,即交易双方在期货交易所通过买卖期货合约并根据合约条款的规定,约定在未来某一时间和地点,以某一特定价格买卖某一特定数量和质量标的物的交易活动。期货交易的最终目的不是转移标的物所有权,而是规避现货价格风险。

根据交易品种,期货交易可以分为两大类:商品期货交易和金融期货交易。商品期货交易指以实物商品为交易标的物的期货交易。商品期货历史悠久,种类繁多,主要包括农副产品、金属产品、能源产品等几大类。金融期货交易指以金融产品为交易标的物的期货交易。金融期货交易自 20 世纪 70 年代被推出后,发展迅猛,并在许多方面都已走在商品期货交易的前面,占整个期货市场交易量的 80%

以上。目前已开发出来的金融期货品种主要有利率期货[1]、货币期货[2]、股票指数期货[3]等。

与现货交易、现货远期合约交易等其他商品交易方式相比,期货交易具有如下特征:

第一,期货交易是在期货交易所内进行的,期货交易者必须遵循国家立法和期货交易所制定的严格的期货交易规则。各国一般禁止期货的场外交易,我国《期货交易管理条例》(以下简称《期货条例》)第4条明确规定:"期货交易应当在依照本条例第六条第一款规定设立的期货交易所、国务院批准的或者国务院期货监督管理机构批准的其他交易场所进行。禁止在前款规定的期货交易场所之外进行期货交易。"

第二,期货交易中实行期货合约标准化。期货交易是因标准化的期货合约出现而产生的。期货合约由期货交易所制定统一的标准化条款,合约中的各项条款,除价格条款外,其余的如商品数量、商品质量、保证金比率、交割地点、交割方式、交易方式等都是标准化的。

第三,期货交易大多是一种期货合约的买卖交易,实物交割的比例很低。由于期货合约可以在交割期到来之前平仓,即期货交易者通过买入或者卖出与其所持期货合约的品种、数量及交割月份相同但交易方向相反的期货合约,以避免履行到期进行实物交割的义务,因此,期货交易中实物交易量占交易量的比重很小。

第四,期货交易实行保证金制度。保证金是指期货交易者按照规定标准交纳的资金,用于结算和保证履约。期货交易者不需支付合约中的全额货款,只需支付一定比例(一般为3% ~15%)的保证金即可。

第五,期货交易所为交易双方提供结算交割服务和履约担保,实行严格的结算交割制度,违约的风险很小,保障了期货交易的正常进行。

二、期货市场的功能与期货监管法的概念

期货市场是市场经济发展到一定阶段的产物,其特有的发现价格和套期保值功能在商品交易和金融业务中发挥着越来越重要的作用,成为商品生产经营者和金融部门重要、有效的风险管理工具和投资工具之一。

---

〔1〕 利率期货,是指以债券类证券为标的物的期货交易品种,其目的旨在回避银行利率波动所引起的证券价格变动的风险。利率期货一般分为短期利率期货和长期利率期货两种。

〔2〕 货币期货又称外汇期货,是指以汇率为标的物的期货交易品种,其目的旨在回避汇率风险。目前国际上货币期货交易的币种主要有英镑、美元、德国马克、日元、瑞士法郎、加拿大元、法国法郎、澳大利亚元以及欧元等。

〔3〕 股票指数期货(简称股指期货),是指以股票价格指数为标的物的期货交易品种,其目的旨在规避股票市场风险。股指期货不进行股票本身的交割,其价格根据股票指数计算,以现金清算方式进行交割。

发现价格功能，是指在一个公开、公平、公正、高效、竞争的期货市场中，通过期货交易形成的商品的期货价格，具有真实性、预测性、连续性和权威性的特点，能够比较真实地反映出未来商品价格变动的趋势。期货市场的这一功能对生产经营者有较强的指导作用，商品的生产经营者可以利用在期货交易所发现的价格和所传播的市场信息，调整和制定各自的生产经营决策，在贸易洽谈中，大宗商品的成交价格往往也是依据其期货价格来确定的。

套期保值，是指以回避现货价格风险、实现保值为目的而进行的期货交易行为。期货交易之所以可以实现规避价格风险、达到保值的目的，是因为在期货市场上所形成的同种商品的期货价格走势与现货价格走势基本一致，而且随着期货合约到期日的临近，期货市场的套利交易使期货市场与现货市场价格逐渐接近，最终趋于相同。这样，经营者就可以利用这两个市场上的价格关系，分别在期货市场和现货市场作方向相反的买卖，使其在一个市场上出现亏损的同时，却在另一个市场上盈利，从而盈亏相抵，达到固定成本、回避价格风险的目的。以保值者在期货交易上的买卖方向来区分，套期保值有两种基本形式：买入保值[1]和卖出保值[2]。

期货监管，也称为期货市场监管，是指期货市场监督管理机构对期货市场主体及其行为进行监督和管理的总称。与传统的商品交易市场相比，期货交易市场因其高投机性和影响价格因素的巨大的不稳定性而具有更大的风险，因此，为保护投资者的利益，充分发挥期货市场的功能，控制期货市场风险，世界大多数国家和地区均强化对期货市场的监管，在强调政府监管重要性的同时，也重视行业自律管理的作用。

期货监管法是调整期货市场监督管理机构对期货市场主体及其行为进行监督管理过程中发生的经济关系的法律规范的总称。采用不同的期货监管体制的国家，对期货市场进行监督管理的主体即期货市场监督管理的机构也不同，在大多数国家，对期货市场进行监督和管理的机构不仅包括政府监管部门，还包括期货业协会等非政府的行业自律管理机构。期货监管法的主要以有关的法律、法规、规章等规范性文件作为其表现形式。

三、期权及其分类

期权，又称选择权，是指在未来某一确定的时间享有按照事先约定的价格买入或者卖出特定数量的标的物的权利。期权标的物可以是实物商品（如大豆、石油等），也可以是金融产品（如股票、债券等），从而有大豆期权、股票期权，甚至期货

---

〔1〕 买入保值，是指交易者先在期货市场买入期货，以避免将来在现货市场买进现货时因价格风险给自己带来经济损失的一种套期保值方式。

〔2〕 卖出保值，是指交易者先在期货市场上卖出期货，当现货价格下跌时以期货市场的盈利来弥补现货市场的损失，从而达到保值目的的一种套期保值方式。

期权等。期权是一种权利,权利人(期权合约持有人或购买人)仅享有权利,不承担履行期权的义务。权利人在约定的时间内可以行使,也可以放弃期权。期权的取得,一般要向期权提供者(出卖人)支付一定的权利金,称为期权费或期权价格。期权设立之后,无论该期权今后是否被执行,权利金都不能被要求退回。按照期权执行的时间不同,期权分为美式期权和欧式期权。权利人享有在将来某一时期内决定是否执行期权的权利的,称为美式期权;权利人享有在将来某一特定时点决定是否执行期权的权利的,称为欧式期权。对权利人来说,美式期权的自由度更大,也更具价值。

按照当事人对期权标的物价格走势判断的不同,期权分为看涨期权与看跌期权。看涨期权,又称买入期权,赋予权利人在将来某一时间以先前约定的价格买入某项标的物的权利;看跌期权,又称卖出期权,赋予权利人以先前约定价格在将来某一时间出售某项标的物的权利。期权合约中的约定价格称为协定价或执行价,美式期权可以在合约到期前某一时段内的任何一天执行,而欧式期权则只能在到期日当日行使或放弃。

第二节　期货交易规则

一、《期货条例》的规范对象

从内涵上看,期货交易是以期货合约为交易对象的买卖行为。由于期权交易应遵守的法律规则与期货交易基本相同,我国在制定期货交易规则时将期权交易包含在期货交易内。根据我国《期货条例》第 2 条第 2 款的规定,期货交易是指采用公开的集中交易方式或者国务院期货监督管理机构批准的其他方式进行的以期货合约或者期合约为交易标的的交易活动。任何单位和个人从事期货交易和期权交易(以下统称期货交易)及其相关活动,应当遵守《期货条例》等相关法律的规定。

根据《期货条例》第 2 条第 3 款、第 4 款的规定,期货合约是期货交易场所统一制定的、规定在将来某一特定的时间和地点交割一定数量标的物的标准化合约(包括商品期货合约、金融期货合约和其他期货合约);期权合约是指期货交易场所统一定的、规定买方有权在将来某一时间以特定价格买入或者卖出约定标的物(包括期货合约)的标准化合约。

二、期货交易的场所、主体与原则

(一)期货交易场所

在我国,期货交易应当在依照《期货条例》的规定设立的期货交易所、国务院批准的或者国务院期货监督管理机构批准的其他期货交易场所行。在法律许可的期货交易场所之外,不得进行期货交易。

(二)期货交易主体

在期货交易所进行期货交易的,应当是期货交易所会员。非会员(个人、单位等期货交易者,一般称为客户)应委托会员代理交易。符合规定条件的境外机构,可以在期货交易所从事特定品种的期货交易(具体办法由国务院期货监督管理机构制定)。国有以及国有控股企业进行境内外期货交易,应当遵守套期保值的原则,严格遵守国务院国有资产监督管理机构以及其他有关部门关于企业以国有资产进入期货市场的有关规定。法律规定不得从事期货交易的单位和个人不得进行期货交易,这些单位和个人包括:国家机关和事业单位,国务院期货监督管理机构、期货交易所、期货保证金安全存管监控机构和期货业协会的工作人员,证券、期货市场禁止进入者,未能提供开户证明材料的单位和个人,以及国务院期货监督管理机构规定不得从事期货交易的其他单位和个人。

期货公司作为交易所会员,可以从事期货经纪业务,客户可以委托期货公司进行期货交易,期货公司从事期货经纪业务,接受客户委托,应当以自己的名义为客户进行期货交易,交易结果由客户承担。应注意的是,按现行法律规定,期货公司不得从事期货自营业务,随着期货市场的发展和期货交易监管能力的加强,期货公司的自营业务将会适时开放。

(三)期货交易原则

期货交易应当遵循公开、公平、公正和诚实信用原则。禁止欺诈、内幕交易和操纵期货交易价格等违法行为。

三、期货交易的基本要求

(一)期货交易所的职责

为保障期货交易的正常秩序和健康发展,期货交易所应当履行《期货条例》规定的提供交易的场所、设施和服务,设计合约、安排合约上市,组织并监督交易、结算和交割,为期货交易提供集中履约担保,按照章程和交易规则对会员进行监督管理和国务院期货监督管理机构规定的其他职责外,还应当履行下列职责:(1)制定并实施期货交易所的交易规则及其实施细则;(2)发布市场信息;(3)监管会员及其客户、指定交割仓库、监督期货保证金存管银行及期货市场其他参与者的期货业务;(4)查处违规行为。

(二)交易指令

客户从事期货交易应当依法在期货公司开设期货账户,并通过向期货公司下达交易指令的方式进行期货交易。客户可以采用书面、电话、互联网或者国务院期货监督管理机构规定的其他方式下达交易指令。客户的交易指令应当明确、全面,内容包括交易商品名称、买卖方向、交易合约数量、到期月份、价格限制、有效时限、下单日期和客户签名等。

(三)期货公司的禁止性行为

期货公司为客户办理期货交易,不得有以下行为:(1)不得未经客户委托或者不按照客户委托内容,擅自进行期货交易。(2)不得给客户保证获利,不得与客户约定分享利益或者共担风险。(3)不得接受法律禁止从事期货交易的单位和个人的委托。(4)不得隐瞒重要事项或者使用其他不正当手段诱骗客户发出交易指令。

期货公司经营期货经纪业务又同时经营其他期货业务的,应当严格执行业务分离和资金分离制度,不得混合操作。期货交易实行客户交易编码制度,期货公司应当为每一个客户单独开立专门账户、设置交易编码,遵守一户一码原则,不得混码交易。

此外,任何单位或者个人不得违规使用信贷资金、财政资金进行期货交易。

四、期货交易的信息与风险管理制度

(一)信息制度

期货行情、结算、交割等期货信息是期货投资者进行期货交易的重要依据,也是权益维护的基本证据。《期货条例》对此作出了相关规定:(1)期货交易所应当及时公布上市品种合约的成交量、成交价、持仓量、最高价与最低价、开盘价与收盘价和其他应当公布的即时行情,并保证即时行情的真实准确。期货交易所不得发布价格预测信息。未经期货交易所许可,任何单位和个人不得发布期货交易即时行情。(2)任何单位或者个人不得编造传播有关期货交易的虚假信息,不得恶意串通,连手买卖或者以其他方式操纵期货交易价格。(3)期货交易所、期货公司和非期货公司结算会员应当保证期货交易、结算、交割资料的完整和安全,保管期限不低于20年。

(二)风险管理制度

1.期货交易所的风险管理

根据《期货条例》第11条的规定,期货交易所应当照国家有关规定建立、健全下列风险管理制度:(1)保证金制度;(2)当日无负债结算制度;(3)涨跌停板制度;(4)持仓限额和大户持仓报告制度;(5)风险准备金制度;(6)国务院期货监督管理机构规定的其他风险管理制度。实行会员分级结算制度的期货父易所,还应当建立、健全结算担保金制度。按照《期货交易所管理办法》第77条的规定,期货交易所应当按照手续费收入20%的比例提取风险准备金,风险准备金应当单独核算,专户存储。

2.期货公司的风险管理

根据《期货公司监督管理办法》第46条、第47条的规定,期货公司应当建立并有效执行风险管理、内部控制、期货保证金存管等业务制度和流程,有效隔离不同业务之间的风险,确保客户资产安全和交易安全。期货公司应当按照规定实行投资者适当性管理制度,建立执业规范和内部问责机制,了解客户的经济实力、专业知识、投资经历和风险偏好等情况,审慎评估客户的风险承受能力,提供与评估结果相适应的产品或者服务。期货公司应当向客户全面客观介绍相关法律法规、业务规则、产品或者服务的特征,充分揭示风险并按照合同的约定,如实向客户提供与交易相关的资料、信息,不得欺诈或者误导客户。

3. 风险提示与风险准备金

对期货公司、非期货结算会员来说,还有两个方面的要求:一是风险提示。《期货条例》第 24 条规定,期货公司接受客户委托为其进行期货交易,应当事先向客户出示风险说明书,经客户签字确认,与客户签订书面合同。二是建立风险准备金。《期货条例》第 31 条规定,期货公司、非期货公司结算会员应当按照国务院期货监督管理机构、财政部门的规定提取、管理和使用风险准备金,不得挪用。

第三节　期货交易违法行为的法律责任

一、期货交易所、非期货公司结算会员违法行为的法律责任

期货交易所、非期货公司结算会员有下列行为之一的,责令改正,给予警告,没收非法所得;违反规定接纳会员的;违反规定收取交易手续费的;违反规定使用、分配收益的;不按照规定公布即时行情,或者发布价格预测信息的;不按照规定向中国证监会履行报告义务的;不按照规定向国务院期货监督管理机构报送有关文件、资料的;不按照规定建立、健全结算担保金制度的;不按照规定提取、管理和使用风险准备金的;违反国务院期货监督管理机构有关保证金安全存管监控规定的;限制会员实物交割总量的;任用不具备资格的期货从业人员的;违反国务院期货监督管理机构规定的其他行为。

期货交易所、非期货公司结算会员有下列行为之一的,责令改正,给予警告,没收非法所得,并处罚款;情节严重的,责令停业整顿;未经批准,擅自制定或者修改章程、交易规则的;未经批准,擅自上市、中止、取消或者恢复交易品种的;未经批准,擅自上市、修改或者终止合约的;允许会员在保证金不足的情况下进行期货交易的;直接或间接参与期货交易,或者违反规定从事与其职务无关的业务的;违反规定收取保证金或者挪用保证金的;伪造、涂改或者不按规定保存期货交易、结算、交割资料的;未建立或者未执行当日无负债结算、涨跌停板、持仓限额和大户持仓报告制度的;拒绝或者妨碍国务院期货监督管理机构监督检查的;违反国务院期货监督管理机构规定的其他行为。

二、期货公司违法行为的法律责任

期货公司有下列行为之一的,责令改正,给予警告,没收非法所得,并处罚款;情节严重的,责令停业整顿或者吊销期货业务许可证:接受不符合规定条件的单位

或者个人委托的;允许客户在保证金不足的情况下进行期货交易的;未经批准,擅自办理《期货条例》第19条、第20条所列事项的;违反规定从事与期货业务无关的活动的;从事或者变相从事期货自营业务的;为其股东、实际控制人或者其他关联人提供融资,或者对外担保的;违反国务院期货监督管理机构有关保证金安全存管监控规定的;不按照规定向国务院期货监督管理机构履行报告义务或者报送有关文件、资料的;交易软件、结算软件不符合期货公司审慎经营和风险管理以及国务院期货监督管理机构有关保证金安全存管监控规定的要求的;不按照规定提取、管理和使用风险准备金的;伪造、涂改或者不按规定保存期货交易、结算、交割资料的;任用不具备资格的期货从业人员的;伪造、变造、出租、出借、买卖期货经纪业务许可证或者经营许可证的;进行混码交易的;拒绝或者妨碍国务院期货监督管理机构监督检查的;违反国务院期货监督管理机构规定的其他行为。期货公司的股东、实际控制人或者其他关联人未经批准擅自委托他人或者接受他人委托持有或者管理期货公司股权的,拒不配合国务院期货监督管理机构的检查,拒不按照规定履行报告义务、提供有关信息和资料,或者报送、提供的信息和资料有虚假记载、误导性陈述或者重大遗漏的,依照前述规定处罚。

期货公司有下列欺诈客户行为之一的,责令改正,给予警告,没收非法所得,并处罚款;情节严重的,责令停业整顿或者吊销期货业务许可证:向客户做获利保证或者不按照规定向客户出示风险说明书的;在经纪业务中与客户约定分享利益、共担风险的;不按照规定接受客户委托或者不按照客户委托内容擅自进行期货交易的;隐瞒重要事项或者使用其他不正当手段,诱骗客户发出交易指令的;向客户提供虚假成交回报的;未将客户交易指令下达到期货交易所的;挪用客户保证金的;不按照规定在期货保证金存管银行开立保证金账户,或者违规划转客户保证金的;国务院期货监督管理机构规定的其他欺诈客户的行为。

期货公司及其他期货经营机构、非期货公司结算会员、期货保证金存管银行提供虚假申请文件或者采取其他欺诈手段隐瞒重要事实骗取期货业务许可的,撤销其期货业务许可,没收违法所得。

三、内幕交易行为的法律责任

期货交易内幕信息的知情人员或者非法获取期货交易内幕信息的人员,在对期货交易价格有重大影响的信息未公开前,利用内幕信息从事期货交易,或者向他人泄露内幕信息,使他人利用内幕信息进行期货交易的,没收非法所得,并处罚款;单位从事内幕交易的,还应当对直接负责的主管人员和其他直接责任人员给予警告,并处罚款。

国务院期货监督管理机构、期货交易所和期货保证金安全存管监控机构的工作人员进行内幕交易的,从重处罚。

四、操纵市场行为的法律责任

任何单位和个人有下列行为之一，操纵期货交易价格的，责令改正。没收非法所得，并处罚款；单独或者合谋，集中资金优势、持仓优势或者利用信息优势联合或者持续买卖期货合约，操纵期货交易价格的；蓄意串通。按事先约定的时间、价格和方式相互进行期货交易，影响期货交易价格或者期货交易量的；以自己为交易对象，自买自卖，影响期货交易价格或者期货交易量的；为影响期货市场行情囤积现货的；国务院期货监督管理机构规定的其他操纵期货交易价格的行为。

单位有上述所列行为之一的，对直接负责的主管人员和其他直接责任人员给予警告，并处以罚款。

五、其他期货违法行为的法律责任

交割仓库有下列行为之一的，责令改正，给予警告，没收非法所得，并处罚款；情节严重的，责令期货交易所暂停或者取消其交割仓库资格；对直接负责的主管人员和其他直接责任人员给予警告，并处罚款：出具虚假仓单；违反期货交易所业务规则，限制交割商品的出库、入库；泄露与期货交易有关的商业秘密；违反国家有关规定参与期货交易；国务院期货监督管理机构规定的其他行为。国有企业以及国有控股企业违反《期货条例》和国务院国有资产监督管理机构以及其他有关部门关于企业以国有资产进入期货市场的有关规定进行期货交易，或者单位、个人违规使用信贷资金、财政资金进行期货交易的，给予警告，没收违法所得，并处罚款，对直接负责的主管人员和其他直接责任人员给予降级直至开除的纪律处分。

境内单位或者个人违反规定从事境外期货交易的，责令改正，给予警告，没收违法所得，并处罚款；情节严重的，暂停其境外期货交易，对直接负责的主管人员和其他直接责任人员给予警告，并处罚款。

任何单位或者个人非法设立或者变相设立期货交易所、期货公司及其他期货经营机构，或者擅自从事期货业务，或者组织变相期货交易活动的，予以取缔，没收违法所得，并处罚款，对直接负责的主管人员和其他直接责任人员给予警告，并处罚款。

期货公司的交易软件、结算软件供应商拒不配合国务院期货监督管理机构调查，或者未按照规定向国务院期货监督管理机构提供相关软件资料，或者提供的软件资料有虚假、重大遗漏的，责令改正，并处罚款，对直接负责的主管人员和其他直接责任人员给予警告，并处罚款。

会计师事务所、律师事务所、资产评估机构等中介服务机构未勤勉尽责，所出具的文件有虚假记载、误导性陈述或者重大遗漏的，责令改正，没收业务收入，暂停或者撤销相关业务许可，并处罚款，对直接负责的主管人员和其他直接责任人员给予警告，并处罚款。

任何单位或者个人违反《期货条例》规定，情节严重的，由国务院期货监督管理理机构宣布该个人、该单位或者该单位的直接责任人员为期货市场禁止进入者。

国务院期货监督管理机构、期货交易所、期货保证金安全存管监控机构和期货保证金存管银行等相关单位的工作人员，泄露知悉的国家秘密或者会员、客户商业秘密，或者徇私舞弊、玩忽职守、滥用职权、收受贿赂的，依法给予行政处分或者纪律处分。

违反《期货条例》规定，构成犯罪的，依法追究刑事责任。

对《期货条例》规定的违法行为的行政处罚，由国务院期货监督管理机构决定；涉及其他有关部门法定职权的，国务院期货监督管理机构应当会同其他有关部门处理；属于其他有关部门法定职权的，国务院期货监督管理机构应当移交其他有关部门处理。

【复习与思考】

1. 什么是期货合约、期货交易、期货市场？
2. 期货交易与证券交易有什么联系和区别？
3. 期货市场是怎么实现规避风险的功能的？
4. 我国期货市场经历了哪几个阶段，还存在哪些问题？

以案释法：

操控期货交易市场行为的认定

【案例简介】2014年10月至12月，为操纵期货市场甲醇1501合约价格，被告人姜某通过成都某化工材料有限公司大量囤积甲醇现货，以反作用于期货市场；利用资金及持仓优势，通过实际控制的42个期货账户，以连续交易、回转交易、分仓买入等方式，大量违规交易甲醇1501合约。截至2014年12月16日，被告人姜某实际控制的42个账户，累计动用资金4.1亿余元，持有甲醇1501合约买仓27,517手，占市场全部买仓的76.04%，致使甲醇1501合约价格出现明显异常波动。12月17日至19日，被告人姜某实际控制的账户因持仓量大，出现资金链断裂，被期货公司强制平仓，引发市场一度出现恐慌性抛盘，导致甲醇1501合约价格出现连续三个跌停板单边市，跌幅达19%。部分中小投资者难以及时平仓，造成大面积亏损，部分期货公司出现大范围穿仓。

【问题】被告人姜某的行为是否属于操控期货交易市场的行为？

【解答】被告人姜某集中资金优势、持仓优势，连续买卖甲醇1501合约，操纵期货交易价格，使该期货合约价格产生异常波动，市场供求关系不能得到真实反映，严重影响了期货市场价格发现、规避风险等功能的有效发挥，不仅损害了期货投资者的合法利益，还对期货市场正常交易秩序产生了严重影响，其行为已构成操纵期货市场罪。

【评析】在当前经济活动中，证券、期货交易市场由于其自身特点很容易受到商业投机行为的冲击，引发市场经济秩序混乱，因此国家法律法规对其市场交易行为进行了较为严格的规范，对于证券、期货交易中的违法违规行为规定了严厉的制裁处罚措施，对其中情节严重的予以定罪处罚。本案被告人姜某在 2014 年 10 月至 12 月近三个月时间里，利用资金及持仓优势，通过实际控制的 42 个期货账户，以连续交易、回转交易、分仓买入等方式大量违规交易甲醇 1501 合约，累计动用资金 4.1 亿余元，使该期货合约价格产生异常波动。操纵期货交易价格，引发期货交易秩序混乱，导致部分中小投资者大面积亏损，属于情节严重，其行为构成操纵期货市场罪，人民法院依法判处其有期徒刑并处罚金。

第十四章　知识产权法律制度

【本章导读】

随着深化改革、扩大开放和实施创新驱动发展战略，我国将逐步进入创新型社会。2013年，习近平总书记在欧美同学会成立100周年庆祝大会上指出，创新是一个民族进步的灵魂，是一个国家兴旺发达的不竭动力，也是中华民族最深沉的民族禀赋。创新，主要指科学技术创造与文学艺术创作。知识产权法是工业文明以来确立的保护和激励创新的财产法律制度。我国在坚持社会主义基本制度的基础上，建立了一套既符合全球化，又适合中国国情的知识产权法制度，有效促进了经济与社会发展。本章首先介绍了知识产权法的概念、特征以及知识产权保护的相关制度，其次分别对著作权法律制度、专利权法律制度和商标权法律制度进行了概述。

第一节　知识产权制度概述

一、知识产权的概念、特征

(一)知识产权的概念

知识产权是人们基于创造知识的劳动所产生的知识产品依法享有的专有权。知识产权属于一种民事权利，是权利人依法就下列客体享有的专有的权利：(1)作品；(2)发明、实用新型、外观设计；(3)商标；(4)地理标志；(5)商业秘密；(6)集成电路布图设计；(7)植物新品种；(8)法律规定的其他客体。[1]

(二)知识产权的特征

知识产权特征主要包括客体特征和本体特征。

1. 知识产权客体特征

知识产权之所以能够成为一项独立的民事权利，根本原因就在于其客体与其他民事权利不同，因此需要不同的制度体系来保护。因此，在阐述知识产权本身的性质之前，有必要认识知识产权概念赖以成立的前提，知识产权的客体即知识产权

〔1〕 参见《民法典》第123条。

的性质。知识产品作为知识产权保护的客体,具有无形性、创造性与共享性。

2. 知识产权本体特征

知识产权本体特征就是知识产权作为一项财产权利与其他财产权利相比,其本身所具有的特征。

(1)法定性

知识产权的法定性主要体现在以下几个方面:

①法定取得。知识产权的法定取得首先是指知识产权的产生一般须经法定的程序并满足法定的条件。

②法定内容。知识产权的内容不得创设,即不能创设与法律规定不同的知识产权内容。例如,不能在商标权上创设翻译权。

③法定限制。知识产权的法定限制主要有时间限制、法定许可、强制许可、合理使用、权利穷竭等方面。

(2)专有性

知识产权的专有性是指权利人对于自己的智力创造成果所享有的一种专属于自己的排他性的,甚至是垄断性的权利。值得注意的是,有形财产权是"因占有而专有"的,而知识产权的客体知识形态的非物质财产,无法通过占有而产生专有,也不能适用取得时效制度。从本质上看,有形财产权的专有是因自然属性而专有,知识产权的专有则是因法律属性而专有。

(3)地域性。知识产权的地域性是其法定性的延伸。知识产权地域性是指知识产权只能依据一定国家的法律产生,同样也只是在其产生的地域内有效,这是国际社会较为普遍地承认的一项原则。知识产权的严格属地性决定了根据一国法律取得的知识产权只能在该国有效,原则上不具有域外效力。

二、知识产权的保护

(一)侵犯知识产权的民事责任

侵犯知识产权行为是一种侵权行为,侵权人应依法承担相应的民事责任。侵害著作权、专利权、商标专用权、发现权等人身、财产权的,应当依法承担侵权责任。被侵权人可要求侵权人承担停止侵害、消除影响、赔礼道歉、赔偿损失等民事责任。[1]

(二)知识产权保护的诉讼时效

所谓诉讼时效,是指权利人在法定期间内不行使请求权即导致义务人有权行使拒绝履行的抗辩权的法律制度。请求保护知识产权的诉讼时效原则上是3年。[2]

---

〔1〕 参见《民法典》第1167条、第1179条。

〔2〕 参见《民法典》第188条第1款。

(三)知识产权诉讼特殊程序

为了给知识产权被侵权人提供快速而充分的救济并及时制止侵犯知识产权的行为,知识产权法上配套规定了一些民事诉讼特别程序规则。以下主要介绍知识产权诉讼临时措施与管辖制度。

1. 临时措施。知识产权人有证据证明他人正在实施或者即将实施侵犯其权利的行为,如不及时制止将会使其合法权益受到难以弥补的损害的,可以在起诉前向法院申请责令停止有关行为。[1] 同时,利害关系人在提起诉讼或申请仲裁前可以申请诉前保全措施,在起诉之后还可以申请诉中保全措施。[2]

2. 管辖制度。原则上,知识产权纠纷由中级以上法院管辖。[3] 但自 2014 年 11 月 3 日起,北京、上海、广州三地的某些知识产权案件已由知识产权法院专属管辖。[4] 自 2019 年起,最高人民法院设立知识产权法庭,主要审理专利等技术性较强的知识产权上诉案件。[5]

(四)国际知识产权保护的基本原则

以世界贸易组织(WTO)的《与贸易有关的知识产权协议》(TRIPs 协议)为主的国际知识产权法律框架在知识产权保护上确立了一些基本原则,要求各个公约国必须遵守,包括:(1)国民待遇原则;(2)最惠国待遇原则;(3)透明度原则;(4)独立保护原则;(5)自动保护原则;(6)优先权原则。

第二节　著作权法律制度

一、著作权的概念

著作权在我国立法上与版权的含义相同,是指作者或其他权利人对文学、艺术和科学作品所享有的各项权利的总称。著作权概念在英美法系与大陆法系有不同的提法。英美法系国家基于保护负载作品的物质实体不受擅自复制的考量,将该项权利称为版权,其目的主要在于保护权利人的经济利益。大陆法系国家基于作品是作者人格的外化与延伸的认识,将该项权利称为作者权,其宗旨在于强调作者在作品中的精神利益。英美法系的版权主体既可以是自然人,也可以是社会组织;

---

〔1〕 参见《著作权法》第 56 条,《专利法》第 72 条和《商标法》第 65 条。

〔2〕 参见《民事诉讼法》第 100 条。

〔3〕 参见最高人民法院《关于审理著作权民事纠纷案件适用法律若干问题的解释》(法释〔2020〕19 号)第 2 条与最高人民法院《关于审理商标案件有关管辖和法律适用范围问题的解释》(法释〔2020〕19 号)第 2 条第 3 款。

〔4〕 参见最高人民法院《关于北京、上海、广州知识产权法院案件管辖的规定》(法释〔2020〕19 号)第 1 条以下。

〔5〕 参见最高人民法院《关于专利等知识产权案件诉讼程序若干问题的决定》(法释〔2018〕22 号)。

大陆法系的作者权主体就只能是自然人,不能为社会组织。

二、著作权的客体

(一)作品的概念

著作权指民事主体对作品所享有的一系列专有权利。著作权法所称作品,是指文学、艺术和科学领域内具有独创性并能以某种有形形式复制的智力成果。[1] 据此,作品的构成要件为:(1)作品必须是人类的智力成果;(2)作品必须是人类思想或感情的客观外在表现形式,能以某种有形形式复制;(3)作品必须具有独创性。

(二)作品的种类

我国的作品种类主要有:(1)文字作品;(2)口述作品;(3)音乐、戏剧、曲艺、舞蹈、杂技艺术作品;(4)美术、建筑作品;(5)摄影作品;(6)视听作品;(7)工程设计图、产品设计图、地图、示意图等图形作品和模型作品;(8)计算机软件;(9)符合作品特征的其他智力成果。[2]

(三)著作权法不予保护的对象

不受著作权法保护的对象包括:(1)官方文件,即法律、法规、国家机关的决议、决定、命令和其他具有立法、行政、司法性质的文件,及其官方正式译文;(2)单纯事实消息;(3)历法、数表、通用表格和公式。[3]

三、著作权的主体

著作权主体,又称著作权人,是指依法对文学、艺术、科学等作品享有著作权的人。

(一)一般意义的著作权主体

1. 作者

创作作品的自然人是作者。由法人或者非法人组织主持,代表法人或者非法人组织意志创作,并由法人或者非法人组织承担责任的作品,法人或者非法人组织视为作者。[4] 在作品上署名的自然人、法人或者非法人组织为作者,且该作品上存在相应权利,但有相反证明的除外。[5]

2. 继受人

继受人,是指因发生继承、赠与、遗赠与受让等法律事实而取得著作财产权的人。继受著作权人只能成为著作财产权的继受主体,而不能成为著作人身权的继

---

〔1〕 参见《著作权法实施条例》第 2 条。

〔2〕 参见《著作权法》第 3 条。

〔3〕 参见《著作权法》第 5 条。

〔4〕 参见《著作权法》第 11 条第 2 款、第 3 款。

〔5〕 参见《著作权法》第 12 条第 1 款。

受主体。

3. 外国人和无国籍人

外国人、无国籍人的作品根据其作者所属国或者经常居住地国同中国签订的协议或者共同参加的国际条约享有的著作权,受《著作权法》保护。外国人、无国籍人的作品首先在中国境内出版的,依照《著作权法》享有著作权。未与中国签订协议或者共同参加国际条约的国家的作者以及无国籍人的作品首次在中国参加的国际条约的成员国出版的,或者在成员国和非成员国同时出版的,受《著作权法》保护。[1]

(二)演绎作品的著作权人

演绎作品,是指在已有作品的基础上,经过改编、翻译、注释、整理等创造性劳动而产生的作品。演绎行为是演绎者的创造性劳动,故演绎作品的著作权由演绎者享有。

(三)合作作品的著作权人

1. 合作作品的概念

合作作品,是指两人以上合作创作的作品。其构成要件是:(1)作者为两人以上;(2)作者之间有共同创作的主观合意;(3)有共同创作作品的行为。

2. 合作作品著作权的归属及行使

两人以上合作创作的作品,著作权由合作作者共同享有。没有参加创作的人,不能成为合作作者。合作作品可以分割使用的,作者对各自创作的部分可以单独享有著作权,但行使著作权时不得侵犯合作作品整体的著作权。[2]

(四)汇编作品的著作权人

汇编若干作品、作品的片段或者不构成作品的数据或者其他材料,对其内容的选择或者编排体现独创性的作品,为汇编作品,其著作权由汇编人享有,但行使著作权时,不得侵犯原作品的著作权。[3]

(五)视听作品的著作权人

视听作品中的电影作品、电视剧作品的著作权由制作者享有,但编剧、导演、摄影、作词、作曲等作者享有署名权,并有权按照与制作者签订的合同获得报酬。电影作品、电视剧作品以外的视听作品的著作权归属由当事人约定;没有约定或者约定不明确的,由制作者享有,但作者享有署名权和获得报酬的权利。视听作品中的剧本、音乐等可以单独使用的作品的作者有权单独行使其著作权。[4]

---

〔1〕 参见《著作权法》第2条第2~4款。

〔2〕 参见《著作权法》第14条第1款、第3款。

〔3〕 参见《著作权法》第15条。

〔4〕 参见《著作权法》第17条。

（六）职务作品的著作权人

1. 职务作品的概念

职务作品是指自然人为完成法人或者其他组织的工作任务所创作的作品。其特征是：(1)创作作品的自然人与所在法人或者其他组织之间存在劳动或聘用关系；(2)创作完成作品是自然人的工作任务。

2. 职务作品的种类及著作权归属

职务作品的著作权原则上由作者享有，但法人或者其他组织有权在其业务范围内优先使用。作品完成两年内，未经单位同意，作者不得许可第三人以与单位使用的相同方式使用该作品。有下列情形之一的职务作品，作者享有署名权，著作权的其他权利由法人或者其他组织享有，法人或者其他组织可以给予作者奖励：(1)主要是利用法人或者其他组织的物质技术条件创作，并由法人或者其他组织承担责任的工程设计图、产品设计图、地图、计算机软件等职务作品；(2)报社、期刊社、通讯社、广播电台、电视台的工作人员创作的职务作品；(3)法律、行政法规规定或者合同约定著作权由法人或者其他组织享有的职务作品。[1]

（七）委托作品的著作权人

委托作品，是指作者接受他人委托而创作的作品。委托创作的作品，著作权的归属由委托人和受托人通过合同约定。合同未作明确约定或者没有订立合同的，著作权属于受托人。[2]

（八）原件所有权转移的作品著作权归属

绘画、书法、雕塑等美术作品的原件所有权转移，不视为作品著作权的转移，但美术、摄影作品原件的展览权由原件所有人享有。[3] 除美术作品、摄影作品外，出卖具有知识产权的标的物的，除法律另有规定或者当事人另有约定外，该标的物的知识产权不属于买受人。[4]

（九）作者身份不明的作品著作权归属

作者身份不明的作品，由作品原件的所有人行使除署名权以外的著作权。作者身份确定后，由作者或者其继承人行使著作权。[5]

四、著作权的内容

（一）著作人身权

著作人身权，是指著作权人基于作品的创作依法享有的以人格利益为内容的

---

[1] 参见《著作权法》第18条。

[2] 参见《著作权法》第19条。

[3] 参见《著作权法》第20条第1款。

[4] 参见《民法典》第600条。

[5] 参见《著作权法实施条例》第18条。

权利。著作权人身权包括发表权、署名权、修改权与保护作品完整权。[1]

1. 发表权

发表权，是指决定作品是否公之于众的权利。“公之于众”是指著作权人自行或经著作权人许可将作品向不特定的人公开。发表权是一次性权利，作品一旦发表，发表权既归消灭。

2. 署名权

署名权，是指表明作者身份，在作品上署名的权利。作者享有是否以及以何种方式署名并禁止他人在自己作品上署名的权利。

3. 修改权

修改权，是指修改或授权他人修改作品的权利。报社、期刊社可以对作品作文字性修改、删节，但对内容的修改，应当经作者许可。[2]

4. 保护作品完整权

保护作品完整权，是指保护作品不受歪曲、篡改的权利。法律禁止任何人以任何方式歪曲、篡改作品内容。

（二）著作财产权

著作财产权是指著作权人依法享有的控制作品的使用并获得财产利益的权利。著作财产权包括使用权、许可使用权、转让权和获得报酬权。

1. 使用权

使用权，是指以复制、发行、出租、展览、表演、放映、广播、信息网络传播、摄制、改编、翻译、汇编等方式使用作品的权利。具体可细分为以下权利：(1)复制权，即以印刷、复印、拓印、录音、录像、翻录、翻拍、数字化等方式将作品制作一份或者多份的权利；(2)发行权，即以出售或者赠与方式向公众提供作品的原件或者复制件的权利；(3)出租权，即有偿许可他人临时使用视听作品、计算机软件的原件或者复制件的权利，计算机软件不是出租的主要标的的除外；(4)展览权，即公开陈列美术作品、摄影作品的原件或者复制件的权利；(5)表演权，即公开表演作品，以及用各种手段公开播送作品的表演的权利；(6)放映权，即通过放映机、幻灯机等技术设备公开再现美术、摄影、视听作品等的权利；(7)广播权，即以有线或者无线方式公开传播或者转播作品，以及通过扩音器或者其他传送符号、声音、图像的类似工具向公众传播广播的作品的权利，但不包括信息网络传播权；(8)信息网络传播权，即以有线或者无线方式向公众提供作品，使公众可以在其选定的时间和地点获得作品的权利；(9)摄制权，即以摄制视听作品的方法将作品固定在载体上的权利；(10)改编权，即改变作品，创作出具有独创性的新作品的权利；(11)翻译权，即

---

〔1〕 参见《著作权法》第10条第1款第1～4项。

〔2〕 参见《著作权法》第36条第2款。

将作品从一种语言文字转换成另一种语言文字的权利;(12)汇编权,即将作品或者作品的片段通过选择或者编排,汇集成新作品的权利;(13)应当由著作权人享有的其他权利。[1]

2. 许可使用权

许可使用权,是指著作权人依法享有的许可他人使用作品并获得报酬的权利。著作权人可以许可他人行使著作财产权中的各项使用权利。[2]

3. 转让权

转让权,是指著作权人依法享有的转让使用权中一项或多项权利并获得报酬的权利。著作权人可以全部或者部分转让著作财产权中的各项使用权利。[3]

4. 获得报酬权

获得报酬权,是指著作权人依法享有的因作品的使用或转让而获得报酬的权利。著作权人许可他人使用其作品或者转让其著作财产权的,有权依照约定或者《著作权法》有关规定获得报酬。

五、著作权的限制

(一)合理使用

1. 合理使用的概念

合理使用,是指根据法律的明文规定,不必征得著作权人同意而无偿使用他人已发表作品的行为。合理使用是对著作权的一种法定限制,须符合以下构成要件:(1)一般只针对已发表的作品;(2)必须基于法律的明文规定;(3)不必征得著作权人许可而无偿使用他人作品;(4)不得影响该作品的正常使用,也不得不合理地损害著作权人的合法权益。

2. 合理使用的情形

合理使用的具体情形包括:(1)为个人学习、研究或者欣赏,使用他人已经发表的作品;(2)为介绍、评论某一作品或者说明某一问题,在作品中适当引用他人已经发表的作品;(3)为报道时事新闻,在报纸、期刊、广播电台、电视台等媒体中不可避免地再现或者引用已经发表的作品;(4)报纸、期刊、广播电台、电视台等媒体刊登或者播放其他报纸、期刊、广播电台、电视台等媒体已经发表的关于政治、经济、宗教问题的时事性文章,但著作权人声明不许刊登、播放的除外;(5)报纸、期刊、广播电台、电视台等媒体刊登或者播放在公众集会上发表的讲话,但作者声明不许刊登、播放的除外;(6)为学校课堂教学或者科学研究,翻译、改编、汇编、播放或者少量复制已经发表的作品,供教学或者科研人员使用,但不得出版发行;

---

[1] 参见《著作权法》第10条第1款第5~17项。

[2] 参见《著作权法》第10条第2款。

[3] 参见《著作权法》第10条第3款。

(7)国家机关为执行公务在合理范围内使用已经发表的作品;(8)图书馆、档案馆、纪念馆、博物馆、美术馆等为陈列或者保存版本的需要,复制本馆收藏的作品;(9)免费表演已经发表的作品,该表演未向公众收取费用,也未向表演者支付报酬,且不以营利为目的;(10)对设置或者陈列在室外公共场所的艺术作品进行临摹、绘画、摄影、录像;(11)将中国公民、法人或者其他组织已经发表的以汉语言文字创作的作品翻译成少数民族语言文字作品在国内出版发行;(12)以阅读障碍者能够感知的无障碍方式向其提供已经发表的作品。[1]

(二)法定许可使用

法定许可使用,是指依照法律的明文规定,不经著作权人同意使用他人已经发表作品的行为,但应当支付相应的报酬。法定许可使用,主要包括以下情形:

1. 为实施义务教育和国家教育规划而编写出版教科书,可以不经著作权人许可,在教科书中汇编已经发表的作品片段或者短小的文字作品、音乐作品或者单幅的美术作品、摄影作品、图形作品。[2]

2. 为通过信息网络实施九年制义务教育或者国家教育规划,可以不经著作权人许可,使用其已经发表作品的片段或者短小的文字作品、音乐作品或者单幅的美术作品、摄影作品制作课件,由制作课件或者依法取得课件的远程教育机构通过信息网络向注册学生提供。[3]

3. 作品刊登后,除著作权人声明不得转载、摘编的外,其他报刊可以转载或者作为文摘、资料刊登。[4]

4. 录音制作者可使用他人已经合法录制为录音制品的音乐作品制作录音制品,但著作权人声明不许使用的不得使用。[5]

5. 将录音制品用于有线或者无线公开传播,或者通过传送声音的技术设备向公众公开播送的。[6]

6. 广播电台、电视台播放他人已发表的作品。[7]

(三)著作权的保护期限

1. 著作人身权的保护期限

著作人身权中的署名权、修改权和保护作品完整权的保护期不受限制,[8]但

---

〔1〕 参见《著作权法》第24条。
〔2〕 参见《著作权法》第25条第1款。
〔3〕 参见《信息网络传播权保护条例》第8条。
〔4〕 参见《著作权法》第35条第2款。
〔5〕 参见《著作权法》第42条第3款。
〔6〕 参见《著作权法》第45条。
〔7〕 参见《著作权法》第46条第2款。
〔8〕 参见《著作权法》第22条。

发表权的保护有时间限制。

2. 自然人作品的发表权和财产权的保护期

自然人的作品,其发表权和使用权的保护期为作者终生及其死亡后50年,截止于作者死亡后第50年的12月31日;如果是合作作品,截止于最后死亡的作者死亡后第50年的12月31日。[1] 作者生前未发表的作品,如果作者未明确表示不发表,作者死亡后50年内,其发表权可由继承人或者受遗赠人行使;没有继承人又无人受遗赠的,由作品原件的所有人行使。[2]

3. 法人或其他组织的作品的发表权和财产权的保护期

法人或者其他组织的作品、著作权(署名权除外)由法人或者其他组织享有的职务作品,其发表权和使用权的保护期为50年,截止于作品首次发表后第50年的12月31日,但作品自创作完成后50年内未发表的,《著作权法》不再保护。[3]

4. 作者身份不明作品的保护期

作者身份不明的作品,其使用权的保护期截止于作品首次发表后第50年的12月31日。作者身份确定后,适用《著作权法》第21条的规定。[4]

六、邻接权

(一)邻接权的概念

邻接权,又称与著作权有关的权利,是指作品传播者对在作品传播过程中产生的劳动成果依法享有的权利。邻接权包括出版者、表演者、录制者和播放者依法享有的受著作权法保护的权利。[5]

(二)出版者的权利

1. 出版者的权利内容

(1)专有出版权。图书出版者对著作权人交付出版的作品,按照合同约定享有的专有出版权受法律保护,他人不得出版该作品。[6] 图书出版合同中约定图书出版者享有专有出版权但没有明确其具体内容的,视为图书出版者享有在合同有效期限内和在合同约定的地域范围内以同种文字的原版、修订版出版图书的专有权利。[7]

(2)版式设计专有权。版式设计,是指出版者对其出版的图书、期刊的版面和外观装饰所作的设计。出版者有权许可或者禁止他人使用其出版的图书、期刊的

---

[1] 参见《著作权法》第23条第1款。

[2] 参见《著作权法实施条例》第17条。

[3] 参见《著作权法》第23条第2款。

[4] 参见《著作权法实施条例》第18条。

[5] 参见《著作权法实施条例》第26条。

[6] 参见《著作权法》第33条。

[7] 参见《著作权法实施条例》第28条。

版式设计。权利保护期为10年,截止于使用该版式设计的图书、期刊首次出版后第10年的12月31日。[1]

2.出版者的主要义务

出版者的主要义务有:(1)应当和著作权人订立出版合同,并支付报酬;[2](2)应当按照合同约定的出版质量、期限出版图书,否则应当承担相应的违约责任;(3)重印、再版作品的,应当通知著作权人,并支付报酬;(4)不得拒绝著作权人重印、再版的要求,否则著作权人有权终止合同;[3](5)使用改编、翻译、注释、整理、汇编已有作品而产生的作品进行出版的,应当取得该作品的著作权人和原作品的著作权人许可,并支付报酬。[4]

(三)表演者的权利

1.表演者权的主体和客体

表演者权的主体,是指演员、演出单位或者其他表演文学、艺术作品的人。[5]表演者权的客体,是指表演活动,即通过演员的声音、表情、动作公开再现的或演奏的作品。

2.表演者的权利内容

表演者对其表演享有下列权利:(1)表明表演者身份;(2)保护表演形象不受歪曲;(3)许可他人从现场直播和公开传送其现场表演,并获得报酬;(4)许可他人录音录像,并获得报酬;(5)许可他人复制、发行、出租录有其表演的录音录像制品,并获得报酬;(6)许可他人通过信息网络向公众传播其表演,并获得报酬。[6]

上述第(1)(2)项权利的保护期不受限制,第(3)~(6)项权利的保护期为50年,截止于该表演发生后第50年的12月31日。[7]

3.表演者的主要义务

使用他人作品演出,表演者应当取得著作权人许可,并支付报酬;演出组织者组织演出,由该组织者取得著作权人许可,并支付报酬。使用改编、翻译、注释、整理、汇编已有作品而产生的作品进行演出的,应当取得该作品的著作权人和原作品的著作权人许可,并支付报酬。[8]

---

[1] 参见《著作权法》第37条。
[2] 参见《著作权法》第32条。
[3] 参见《著作权法》第34条。
[4] 参见《著作权法》第16条。
[5] 参见《著作权法》第40条,《著作权法实施条例》第5条第6项。
[6] 参见《著作权法》第39条第1款。
[7] 参见《著作权法》第41条。
[8] 参见《著作权法》第16条。

（四）录制者的权利

1. 录制者权的主体和客体

录制者权的主体是录制者，包括录音制作者和录像制作者。录音制作者，是指录音制品的首次制作人；录像制作者，是指录像制品的首次制作人。录制者权的客体是录制品，包括录音制品和录像制品。录音制品，是指任何对表演的声音和其他声音的录制品；录像制品，是指电影作品和以类似摄制电影的方法创作的作品以外的任何有伴音或者无伴音的连续相关形象、图像的录制品。[1]

2. 录制者的权利和义务

录音录像制作者对其制作的录音录像制品，享有许可他人复制、发行、出租、通过信息网络向公众传播并获得报酬的权利；权利的保护期为 50 年，截止于该制品首次制作完成后第 50 年的 12 月 31 日。[2]

录音录像制作者使用他人作品制作录音录像制品，应当取得著作权人许可，并支付报酬；使用改编、翻译、注释、整理、汇编已有作品而产生的作品，应当取得该作品的著作权人和原作品著作权人许可，并支付报酬。[3] 录音录像制作者制作录音录像制品，应当同表演者订立合同，并支付报酬。[4]

（五）播放者的权利

1. 播放者权的主体和客体

播放者权的主体是广播电视组织，包括广播电台和电视台。播放者权的客体是播放的广播或电视，而非单个的广播、电视节目。广播、电视是指广播电台、电视台通过载有声音、图像的信号播放的集成品、制品或其他材料在一起的合成品。

2. 播放者的权利和义务

广播电台、电视台有权禁止未经其许可的下列行为：(1) 将其播放的广播、电视以有线或者无线方式转播；(2) 将其播放的广播、电视录制以及复制；(3) 将其播放的广播、电视通过信息网络向公众传播。上述权利的保护期为 50 年，截止于该广播、电视首次播放后第 50 年的 12 月 31 日。[5]

广播电台、电视台播放他人未发表的作品，应当取得著作权人许可，并支付报酬；播放他人已发表的作品或已经出版的录音制品，可以不经著作权人许可，但应当支付报酬。[6] 电视台播放他人的视听作品、录像制品，应当取得视听作品著作权人或者录像制作者许可，并支付报酬；播放他人的录像制品，还应当取得著作权

---

〔1〕参见《著作权法实施条例》第 5 条。

〔2〕参见《著作权法》第 44 条第 1 款。

〔3〕参见《著作权法》第 16 条。

〔4〕参见《著作权法》第 43 条。

〔5〕参见《著作权法》第 47 条第 1 款、第 3 款。

〔6〕参见《著作权法》第 46 条。

人许可,并支付报酬。[1]

七、著作权侵权行为

(一)著作权侵权行为的概念

著作权侵权行为,是指未经著作权人同意,又无法律上的依据,使用他人作品或行使著作权人专有权的行为。

(二)承担民事责任的著作权侵权行为

有下列侵权行为的,应当根据情况,承担停止侵害、消除影响、赔礼道歉、赔偿损失等民事责任:(1)未经著作权人许可,发表其作品的;(2)未经合作作者许可,将与他人合作创作的作品当作自己单独创作的作品发表的;(3)没有参加创作,为谋取个人名利,在他人作品上署名的;(4)歪曲、篡改他人作品的;(5)剽窃他人作品的;(6)未经著作权人许可,以展览、摄制视听作品的方法使用作品,或者以改编、翻译、注释等方式使用作品的,本法另有规定的除外;(7)使用他人作品,应当支付报酬而未支付的;(8)未经视听作品、计算机软件、录音录像制品的著作权人、表演者或者录音录像制作者许可,出租其作品或者录音录像制品的原件或者复制件的,本法另有规定的除外;(9)未经出版者许可,使用其出版的图书、期刊的版式设计的;(10)未经表演者许可,从现场直播或者公开传送其现场表演,或者录制其表演的;(11)其他侵犯著作权以及与著作权有关的权利的行为。[2]

(三)承担综合法律责任的著作权侵权行为

有下列侵权行为的,应当根据情况,承担《著作权法》第 52 条规定的民事责任;侵权行为同时损害公共利益的,由主管著作权的部门责令停止侵权行为,予以警告,没收违法所得,没收、无害化销毁处理侵权复制品以及主要用于制作侵权复制品的材料、工具、设备等,违法经营额 5 万元以上的,可以并处违法经营额 1 倍以上 5 倍以下的罚款;没有违法经营额、违法经营额难以计算或者不足 5 万元的,可以并处 25 万元以下的罚款;构成犯罪的,依法追究刑事责任:(1)未经著作权人许可,复制、发行、表演、放映、广播、汇编、通过信息网络向公众传播其作品的,《著作权法》另有规定的除外;(2)出版他人享有专有出版权的图书的;(3)未经表演者许可,复制、发行录有其表演的录音录像制品,或者通过信息网络向公众传播其表演的,《著作权法》另有规定的除外;(4)未经录音录像制作者许可,复制、发行、通过信息网络向公众传播其制作的录音录像制品的,《著作权法》另有规定的除外;(5)未经许可,播放、复制或者通过信息网络向公众传播广播、电视的,《著作权法》另有规定的除外;(6)未经著作权人或者与著作权有关的权利人许可,故意避开或者破坏技术措施的,故意制造、进口或者向他人提供主要用于避开、破坏技术措施

[1] 参见《著作权法》第 48 条。

[2] 参见《著作权法》第 52 条。

的装置或者部件的，或者故意为他人避开或者破坏技术措施提供技术服务的，法律、行政法规另有规定的除外；（7）未经著作权人或者与著作权有关的权利人许可，故意删除或者改变作品、版式设计、表演、录音录像制品或者广播、电视上的权利管理信息的，知道或者应当知道作品、版式设计、表演、录音录像制品或者广播、电视上的权利管理信息未经许可被删除或者改变，仍然向公众提供的，法律、行政法规另有规定的除外；（8）制作、出售假冒他人署名的作品的。[1]

八、计算机软件著作权

（一）软件著作权的客体和主体

1. 软件著作权的客体

软件著作权的客体，是指计算机软件，即计算机程序及其有关文档。[2] 计算机程序是指为了得到某种结果而可以由计算机等具有信息处理能力的装置执行的代码化指令序列，或者可以被自动转换成代码化指令序列的符号化指令序列或者符号化语句序列。同一计算机程序的源程序和目标程序为同一作品。文档，是指用来描述程序的内容、组成、设计、功能规格、开发情况、测试结果及使用方法的文字资料和图表等，如程序设计说明书、流程图、用户手册等。[3] 对软件著作权的保护不延及开发软件所用的思想、处理过程、操作方法或者数学概念等。[4]

2. 软件著作权人及其权利归属

软件著作权人，是指依法对软件享有著作权的自然人、法人或者其他组织。[5] 软件著作权自软件开发完成之日起产生。[6] 软件著作权属于软件开发者，法律另有规定的除外。软件开发者，是指实际组织开发、直接进行开发，并对开发完成的软件承担责任的法人或者其他组织；或者依靠自己具有的条件独立完成软件开发，并对软件承担责任的自然人。[7] 如无相反证明，在软件上署名的自然人、法人或者其他组织为开发者。[8]

自然人在法人或者其他组织中任职期间所开发的软件有下列情形之一的，该软件著作权由该法人或者其他组织享有，该法人或者其他组织可以对开发软件的自然人进行奖励：（1）针对本职工作中明确指定的开发目标所开发的软件；（2）开发的软件是从事本职工作活动所预见的结果或者自然的结果；（3）主要使用了法

---

[1] 参见《著作权法》第53条。
[2] 参见《计算机软件保护条例》第2条。
[3] 参见《计算机软件保护条例》第3条。
[4] 参见《计算机软件保护条例》第6条。
[5] 参见《计算机软件保护条例》第3条。
[6] 参见《计算机软件保护条例》第14条第1款。
[7] 参见《计算机软件保护条例》第3条。
[8] 参见《计算机软件保护条例》第9条第2款。

人或者其他组织的资金、专用设备、未公开的专门信息等物质技术条件所开发并由法人或者其他组织承担责任的软件。[1]

（二）软件著作权的内容

1. 软件著作人身权

软件著作权人享有下列各项著作人身权：（1）发表权，即决定软件是否公之于众的权利；（2）署名权，即表明开发者身份，在软件上署名的权利；（3）修改权，即对软件进行增补、删节，或者改变指令、语句顺序的权利。[2]

2. 软件著作财产权

（1）专有使用权，包括：①复制权，即将软件制作一份或者多份的权利；②发行权，即以出售或者赠与方式向公众提供软件的原件或者复制件的权利；③出租权，即有偿许可他人临时使用软件的权利，但是软件不是出租的主要标的的除外；④信息网络传播权，即以有线或者无线方式向公众提供软件，使公众可以在其个人选定的时间和地点获得软件的权利；⑤翻译权，即将原软件从一种自然语言文字转换成另一种自然语言文字的权利；⑥应当由软件著作权人享有的其他权利。[3]

（2）许可使用权，即软件著作权人可以许可他人行使其软件著作权，并有权获得报酬的权利。许可他人专有行使软件著作权的，当事人应当订立书面合同；没有订立书面合同或者合同中未明确约定为专有许可的，被许可行使的权利应当视为非专有权利。[4]

（3）转让权，即软件著作权人可以全部或者部分转让其软件著作权，并有权获得报酬的权利。转让软件著作权的，当事人应当订立书面合同。[5]

（三）软件著作权的期限和限制

1. 软件著作权的期限

自然人的软件著作权，保护期为自然人终生及其死亡后50年，截止于自然人死亡后第50年的12月31日；软件是合作开发的，截止于最后死亡的自然人死亡后第50年的12月31日。法人或者其他组织的软件著作权，保护期为50年，截止于软件首次发表后第50年的12月31日，但软件自开发完成之日起50年内未发表的，本条例不再保护。[6]

2. 软件著作权的限制

（1）合理使用。为了学习和研究软件内含的设计思想和原理，通过安装、显

---

〔1〕 参见《计算机软件保护条例》第13条第2款。

〔2〕 参见《计算机软件保护条例》第8条第1款第1～3项。

〔3〕 参见《计算机软件保护条例》第8条第1款第4～9项。

〔4〕 参见《计算机软件保护条例》第19条。

〔5〕 参见《计算机软件保护条例》第20条。

〔6〕 参见《计算机软件保护条例》第14条第2款。

示、传输或者存储软件等方式使用软件的，可以不经软件著作权人许可，不向其支付报酬。[1]

(2)用户的权利。软件的合法复制品所有人享有下列权利：①根据使用的需要把该软件装入计算机等具有信息处理能力的装置内。②为了防止复制品损坏而制作备份复制品。这些备份复制品不得通过任何方式提供给他人使用，并在所有人丧失该合法复制品的所有权时，负责将备份复制品销毁。③为了把该软件用于实际的计算机应用环境或者改进其功能、性能而进行必要的修改；但是，除合同另有约定外，未经该软件著作权人许可，不得向任何第三方提供修改后的软件。[2]

(3)相似的开发。软件开发者开发的软件，由于可供选用的表达方式有限而与已经存在的软件相似的，不构成对已经存在的软件的著作权的侵犯。[3]

(四)软件登记

软件著作权人可以向国务院著作权行政管理部门认定的软件登记机构办理登记。软件登记机构发放的登记证明文件是登记事项的初步证明。办理软件登记应当缴纳费用。软件登记的收费标准由国务院著作权行政管理部门会同国务院价格主管部门规定。[4] 订立许可他人专有行使软件著作权的许可合同，或者订立转让软件著作权合同，可以向国务院著作权行政管理部门认定的软件登记机构登记。[5]

(五)侵犯软件著作权行为及法律责任

著作权侵权行为是指未经作者或者其他著作权人的同意，又无法律上的根据，擅自对著作权作品进行利用或以其他非法手段行使著作权人专有权利的行为。

1. 承担民事责任的侵权行为

除《著作权法》或者《计算机软件保护条例》另有规定外，有下列侵权行为的，应当根据情况，承担停止侵害、消除影响、赔礼道歉、赔偿损失等民事责任：(1)未经软件著作权人许可，发表或者登记其软件的；(2)将他人软件作为自己的软件发表或者登记的；(3)未经合作者许可，将与他人合作开发的软件作为自己单独完成的软件发表或者登记的；(4)在他人软件上署名或者更改他人软件上的署名的；(5)未经软件著作权人许可，修改、翻译其软件的；(6)其他侵犯软件著作权的行为。[6]

2. 承担综合法律责任的侵权行为

除《著作权法》《计算机软件保护条例》或者其他法律、行政法规另有规定外，

---

〔1〕 参见《计算机软件保护条例》第17条。

〔2〕 参见《计算机软件保护条例》第16条。

〔3〕 参见《计算机软件保护条例》第29条。

〔4〕 参见《计算机软件保护条例》第7条。

〔5〕 参见《计算机软件保护条例》第21条。

〔6〕 参见《计算机软件保护条例》第23条。

未经软件著作权人许可，有下列侵权行为的，应当根据情况，承担停止侵害、消除影响、赔礼道歉、赔偿损失等民事责任；同时损害社会公共利益的，由著作权行政管理部门责令停止侵权行为，没收违法所得，没收、销毁侵权复制品，可以并处罚款；情节严重的，著作权行政管理部门并可以没收主要用于制作侵权复制品的材料、工具、设备等；触犯刑律的，依照刑法关于侵犯著作权罪、销售侵权复制品罪的规定，依法追究刑事责任：(1)复制或者部分复制著作权人的软件的；(2)向公众发行、出租、通过信息网络传播著作权人的软件的；(3)故意避开或者破坏著作权人为保护其软件著作权而采取的技术措施的；(4)故意删除或者改变软件权利管理电子信息的；(5)转让或者许可他人行使著作权人的软件著作权的。[1]

3. 软件复制品有关主体的法律责任

软件复制品的出版者、制作者不能证明其出版、制作有合法授权的，或者软件复制品的发行者、出租者不能证明其发行、出租的复制品有合法来源的，应当承担法律责任。[2]

软件的复制品持有人不知道也没有合理理由应当知道该软件是侵权复制品的，不承担赔偿责任；但是，应当停止使用、销毁该侵权复制品。如果停止使用并销毁该侵权复制品将给复制品使用人造成重大损失的，复制品使用人可以在向软件著作权人支付合理费用后继续使用。[3]

第三节　专利权法律制度

一、专利与专利权

现代"专利"有双重法律内涵：一是特定主体对发明创造所享有垄断权，即专有权；二是专有权所保护的技术须公开。在法律意义之外，"专利"还有两方面的含义：一是依法获得国家授权保护的发明创造，即专利技术；二是记载着专利技术的文献，即专利文献。

专利权是指权利人对其发明创造依法享有的专有权利。

二、专利权的主体

专利权的主体即专利权人，是指依法享有专利权并承担相应义务的人。专利权的主体包括以下几种：

(一)发明人或设计人

发明人或设计人，是指对发明创造的实质性特点作出了创造性贡献的人。在

---

〔1〕参见《计算机软件保护条例》第24条第1款。

〔2〕参见《计算机软件保护条例》第28条。

〔3〕参见《计算机软件保护条例》第30条。

完成发明创造过程中，只负责组织工作的人、为物质技术条件的利用提供方便的人或者从事其他辅助工作的人，不是发明人或者设计人。[1] 其中，发明人是指发明、实用新型的完成人；设计人是指外观设计的完成人。

非职务发明创造，申请专利的权利属于发明人或者设计人；申请被批准后，该发明人或者设计人为专利权人。[2] 对发明人或者设计人的非职务发明创造专利申请，任何单位或者个人不得压制。[3]

两个以上单位或者个人合作完成的发明创造、一个单位或者个人接受其他单位或者个人委托所完成的发明创造，除另有协议的以外，申请专利的权利属于完成或者共同完成的单位或者个人；申请被批准后，申请的单位或者个人为专利权人。[4]

（二）发明人或设计人的单位

执行本单位的任务或者主要是利用本单位的物质技术条件所完成的发明创造为职务发明创造。职务发明创造申请专利的权利属于该单位，申请被批准后，该单位为专利权人。[5] 执行本单位的任务所完成的职务发明创造是指：(1)在本职工作中作出的发明创造；(2)履行本单位交付的本职工作之外的任务所作出的发明创造；(3)退休、调离原单位后或者劳动、人事关系终止后1年内作出的，与其在原单位承担的本职工作或者原单位分配的任务有关的发明创造。“本单位”，包括临时工作单位；“本单位的物质技术条件”，是指本单位的资金、设备、零部件、原材料或者不对外公开的技术资料等。[6]

利用本单位的物质技术条件所完成的发明创造，单位与发明人或者设计人订有合同，对申请专利的权利和专利权的归属作出约定的，从其约定。[7]

（三）受让人

专利申请权和专利权可以转让。[8] 专利申请权转让之后，如果获得了专利，那么受让人就该专利权的主体；专利权转让后，受让人成为该专利权的新主体。

（四）外国人、外国企业或外国其他组织

在中国没有经常居所或者营业所的外国人、外国企业或者外国其他组织在中国申请专利的，依照其所属国同中国签订的协议或者共同参加的国际条约，或者依

---

〔1〕 参见《专利法实施细则》第13条。
〔2〕 参见《专利法》第6条第2款。
〔3〕 参见《专利法》第7条。
〔4〕 参见《专利法》第8条。
〔5〕 参见《专利法》第6条第1款。
〔6〕 参见《专利法实施细则》第12条。
〔7〕 参见《专利法》第6条第3款。
〔8〕 参见《专利法》第10条第1款。

照互惠原则，根据《专利法》办理。[1]

三、专利权的客体

专利权的客体，是指依法授予专利权的发明创造，包括发明、实用新型和外观设计三种。[2]

（一）发明

发明，是指对产品、方法或者其改进所提出的新的技术方案。[3] 单纯的对自然规律的发现不属于发明，文学、艺术和社会科学领域的成果也不属于发明。发明可分为产品发明、方法发明和改进发明三种类型。产品发明是关于新产品或新物质的发明；方法发明是指为解决某特定技术问题而采用的手段和步骤的发明；改进发明是对已有的产品发明或方法发明所作的实质性革新的技术方案。

（二）实用新型

实用新型，是指对产品的形状、构造或者其结合所提出的适于实用的新的技术方案。[4] 产品的形状是指产品所具有的、可以从外部观察到的确定的空间形状。产品的构造是指产品的各个组成部分的安排、组织和相互关系。

（三）外观设计

外观设计，是指对产品的整体或者局部的形状、图案或者其结合以及色彩与形状、图案的结合所作出的富有美感并适于工业应用的新设计。[5] 外观设计的载体必须是产品，即任何用工业方法生产出来的物品。形状是指对产品造型的设计，也就是指产品外部的点、线、面的移动、变化、组合而呈现的外表轮廓；图案是指由任何线条、文字、符号、色块的排列或组合而在产品的表面构成的图形。

（四）专利法不予保护的对象

以下对象不授权专利权：(1)违反法律、社会公德或者妨害公共利益的发明创造，以及违反法律、行政法规的规定获取或者利用遗传资源，并依赖该遗传资源完成的发明创造；[6] (2)科学发现；(3)智力活动的规则和方法；(4)疾病的诊断和治疗方法；(5)动物和植物品种；(6)原子核变换方法以及用原子核变换方法获得的物质；(7)对平面印刷品的图案、色彩或者二者的结合作出的主要起标识作用的设计。[7]

---

[1] 参见《专利法》第17条。
[2] 参见《专利法》第2条第1款。
[3] 参见《专利法》第2条第2款。
[4] 参见《专利法》第2条第3款。
[5] 参见《专利法》第2条第4款。
[6] 参见《专利法》第5条。
[7] 参见《专利法》第25条。

四、授予专利权的条件

(一)发明或者实用新型专利的授权条件

授予专利权的发明和实用新型,应当具备新颖性、创造性和实用性。[1]

1. 新颖性

新颖性,是指该发明或者实用新型不属于现有技术;也没有任何单位或者个人就同样的发明或者实用新型在申请日以前向国务院专利行政部门提出过申请,并记载在申请日以后公布的专利申请文件或者公告的专利文件中。[2]

现有技术是指申请日以前在国内外为公众所知的技术。[3] 技术公开的方式有三种:(1)出版物公开,即通过出版物在国内外公开披露技术信息;(2)使用公开,即在国内外通过使用或实施方式公开技术内容;(3)其他方式的公开。

申请专利的发明创造在申请日以前6个月内,有下列情形之一的,不丧失新颖性:(1)在国家出现紧急状态或者非常情况时,为公共利益目的首次公开的;(2)在中国政府主办或者承认的国际展览会上首次展出的;(3)在规定的学术会议或者技术会议上首次发表的;(4)他人未经申请人同意而泄露其内容的。[4]

2. 创造性

创造性,是指与现有技术相比,该发明具有突出的实质性特点和显著的进步,该实用新型具有实质性特点和进步。[5] 发明的创造性比实用新型的创造性要求更高。创造性的判断以所属领域普通技术人员的知识和判断能力为准。

3. 实用性

实用性,是指该发明或者实用新型能够制造或者使用,并且能够产生积极效果。[6] 它有两层含义:第一,该技术能够在产业中制造或者使用;第二,必须能够产生更多的经济或社会效益。

(二)外观设计专利的授权条件

1. 新颖性

授予专利权的外观设计,应当不属于现有设计;也没有任何单位或者个人就同样的外观设计在申请日以前向国务院专利行政部门提出过申请,并记载在申请日以后公告的专利文件中。授予专利权的外观设计与现有设计或者现有设计特征的组合相比,应当具有明显区别。现有设计,是指申请日以前在国内外为公众所知的

---

〔1〕 参见《专利法》第22条第1款。

〔2〕 参见《专利法》第22条第2款。

〔3〕 参见《专利法》第22条第5款。

〔4〕 参见《专利法》第24条。

〔5〕 参见《专利法》第22条第3款。

〔6〕 参见《专利法》第22条第4款。

设计。〔1〕

2. 实用性

依其定义，外观设计必须适于工业应用，即能以工业的方法重复再现、适于批量生产。

3. 富有美感

依其定义，外观设计必须富有美感，即在视觉感知上给人愉悦的感受。

4. 不得与他人在先取得的合法权利相冲突

授予专利权的外观设计不得与他人在申请日以前已经取得的合法权利相冲突。〔2〕这里的"在先权利"包括商标权、著作权、企业名称权、肖像权、知名商品特有包装装潢使用权等。

五、授予专利权的程序

(一)专利的申请

1. 申请专利权的主体

职务发明创造申请专利的权利属于该单位。非职务发明创造，申请专利的权利属于发明人或者设计人。利用本单位的物质技术条件所完成的发明创造，单位与发明人或者设计人订有合同，对申请专利的权利归属作出约定的，从其约定。〔3〕

两个以上单位或者个人合作完成的发明创造、一个单位或者个人接受其他单位或者个人委托所完成的发明创造，除另有协议的以外，申请专利的权利属于完成或者共同完成的单位或者个人。〔4〕

专利申请权可以转让。中国单位或者个人向外国人、外国企业或者外国其他组织转让专利申请权的，应当依照有关法律、行政法规的规定办理手续。转让专利申请权的，当事人应当订立书面合同，并向国务院专利行政部门登记，由国务院专利行政部门予以公告。专利申请权的转让自登记之日起生效。〔5〕

2. 专利申请的原则

(1)形式法定原则。以书面形式申请专利的，应当向国务院专利行政部门提交申请文件一式两份。以国务院专利行政部门规定的其他形式申请专利的，应当符合规定的要求。〔6〕

(2)单一性原则。一件发明或者实用新型专利申请应当限于一项发明或者实用新型。属于一个总的发明构思的两项以上的发明或者实用新型，可以作为一件

〔1〕参见《专利法》第23条第1款、第2款、第4款。

〔2〕参见《专利法》第23条第3款。

〔3〕参见《专利法》第6条。

〔4〕参见《专利法》第8条。

〔5〕参见《专利法》第10条。

〔6〕参见《专利法实施细则》第15条第1款、第2款。

申请提出。一件外观设计专利申请应当限于一项外观设计。同一产品两项以上的相似外观设计，或者用于同一类别并且成套出售或者使用的产品的两项以上外观设计，可以作为一件申请提出。[1]

(3)先申请原则。同样的发明创造只能授予一项专利权。但是，同一申请人同日对同样的发明创造既申请实用新型专利又申请发明专利，先获得的实用新型专利权尚未终止，且申请人声明放弃该实用新型专利权的，可以授予发明专利权。两个以上的申请人分别就同样的发明创造申请专利的，专利权授予最先申请的人。[2]

任何单位或者个人将在中国完成的发明或者实用新型向外国申请专利的，应当事先报经国务院专利行政部门进行保密审查。保密审查的程序、期限等按照国务院的规定执行。中国单位或者个人可以根据中华人民共和国参加的有关国际条约提出专利国际申请。申请人提出专利国际申请的，应当遵守前述保密审查规定。国务院专利行政部门依照中华人民共和国参加的有关国际条约、《专利法》和国务院有关规定处理专利国际申请。对违反前述保密审查规定向外国申请专利的发明或者实用新型，在中国申请专利的，不授予专利权。[3]

3. 专利申请文件

申请发明或者实用新型专利的，应当提交请求书、说明书及其摘要和权利要求书等文件。请求书应当写明发明或者实用新型的名称，发明人的姓名，申请人姓名或者名称、地址，以及其他事项。说明书应当对发明或者实用新型作出清楚、完整的说明，以所属技术领域的技术人员能够实现为准；必要的时候，应当有附图。摘要应当简要说明发明或者实用新型的技术要点。权利要求书应当以说明书为依据，清楚、简要地限定要求专利保护的范围。依赖遗传资源完成的发明创造，申请人应当在专利申请文件中说明该遗传资源的直接来源和原始来源；申请人无法说明原始来源的，应当陈述理由。[4]

申请外观设计专利的，应当提交请求书、该外观设计的图片或者照片以及对该外观设计的简要说明等文件。申请人提交的有关图片或者照片应当清楚地显示要求专利保护的产品的外观设计。[5]

4. 专利申请日

国务院专利行政部门收到专利申请文件之日为申请日。如果申请文件是邮寄

---

[1] 参见《专利法》第31条。
[2] 参见《专利法》第9条。
[3] 参见《专利法》第19条。
[4] 参见《专利法》第26条。
[5] 参见《专利法》第27条。

的,以寄出的邮戳日为申请日。[1]

申请人享有优先权的,优先权日视为申请日。申请人自发明或者实用新型在外国第一次提出专利申请之日起12个月内,或者自外观设计在外国第一次提出专利申请之日起6个月内,又在中国就相同主题提出专利申请的,依照该外国同中国签订的协议或者共同参加的国际条约,或者依照相互承认优先权的原则,可以享有优先权。申请人自发明或者实用新型在中国第一次提出专利申请之日起12个月内,或者自外观设计在中国第一次提出专利申请之日起6个月内,又向国务院专利行政部门就相同主题提出专利申请的,可以享有优先权。[2]

(二)专利申请的审批

1. 发明专利的审批

(1)初步审查并公布。国务院专利行政部门收到发明专利申请后,经初步审查认为符合《专利法》要求的,自申请日起满18个月,即行公布。国务院专利行政部门可以根据申请人的请求早日公布其申请。[3]

(2)实质审查。发明专利申请自申请日起3年内,国务院专利行政部门可以根据申请人随时提出的请求,对其申请进行实质审查;申请人无正当理由逾期不请求实质审查的,该申请即被视为撤回。国务院专利行政部门认为必要的时候,可以自行对发明专利申请进行实质审查。[4]

(3)授权登记公告。发明专利申请经实质审查没有发现驳回理由的,由国务院专利行政部门作出授予发明专利权的决定,发给发明专利证书,同时予以登记和公告。发明专利权自公告之日起生效。[5]

2. 实用新型和外观设计专利的审批

实用新型和外观设计专利申请经初步审查没有发现驳回理由的,由国务院专利行政部门作出授予实用新型专利权或者外观设计专利权的决定,发给相应的专利证书,同时予以登记和公告。实用新型专利权和外观设计专利权自公告之日起生效。[6]

(三)专利的复审和无效宣告

1. 专利复审

国务院专利行政部门(国家知识产权局)设立国务院专利行政部门。专利申请人对国务院专利行政部门驳回申请的决定不服的,可以自收到通知之日起3个

---

[1] 参见《专利法》第28条。
[2] 参见《专利法》第29条。
[3] 参见《专利法》第34条。
[4] 参见《专利法》第35条。
[5] 参见《专利法》第39条。
[6] 参见《专利法》第40条。

月内，向国务院专利行政部门请求复审。国务院专利行政部门复审后，作出决定，并通知专利申请人。专利申请人对国务院专利行政部门的复审决定不服的，可以自收到通知之日起3个月内向人民法院起诉。[1]

2. 专利的无效宣告

自国务院专利行政部门公告授予专利权之日起，任何单位或者个人认为该专利权的授予不符合《专利法》有关规定的，可以请求国务院专利行政部门宣告该专利权无效。[2]

国务院专利行政部门对宣告专利权无效的请求应当及时审查和作出决定，并通知请求人和专利权人。宣告专利权无效的决定，由国务院专利行政部门登记和公告。对国务院专利行政部门宣告专利权无效或者维持专利权的决定不服的，可以自收到通知之日起3个月内向人民法院起诉。人民法院应当通知无效宣告请求程序的对方当事人作为第三人参加诉讼。[3]

宣告无效的专利权视为自始即不存在。宣告专利权无效的决定，对在宣告专利权无效前人民法院作出并已执行的专利侵权的判决、调解书，已经履行或者强制执行的专利侵权纠纷处理决定，以及已经履行的专利实施许可合同和专利权转让合同，不具有追溯力。但是，因专利权人的恶意给他人造成的损失，应当给予赔偿。依照前述规定不返还专利侵权赔偿金、专利使用费、专利权转让费，明显违反公平原则的，应当全部或者部分返还。[4]

六、专利权的内容和限制

专利权人可以依自己的意志独立行使其专利权。专利申请权或者专利权的共有人对权利的行使有约定的，从其约定。没有约定的，共有人可以单独实施或者以普通许可方式许可他人实施该专利；许可他人实施该专利的，收取的使用费应当在共有人之间分配。除前述情形外，行使共有的专利申请权或者专利权应当取得全体共有人的同意。[5]

（一）专利权人的权利

1. 独占实施权

发明和实用新型专利权被授予后，除《专利法》另有规定外，任何单位或者个人未经专利权人许可，都不得实施其专利，即不得为生产经营目的制造、使用、许诺销售、销售、进口其专利产品，或者使用其专利方法以及使用、许诺销售、销售、进口

[1] 参见《专利法》第41条。
[2] 参见《专利法》第45条。
[3] 参见《专利法》第46条。
[4] 参见《专利法》第47条。
[5] 参见《专利法》第14条。

依照该专利方法直接获得的产品。外观设计专利权被授予后,任何单位或者个人未经专利权人许可,都不得实施其专利,即不得为生产经营目的制造、许诺销售、销售、进口其外观设计专利产品。[1]

2. 实施许可权

任何单位或者个人实施他人专利的,应当与专利权人订立实施许可合同,向专利权人支付专利使用费。被许可人无权允许合同规定以外的任何单位或者个人实施该专利。[2]

3. 转让权

专利权可以转让。中国单位或者个人向外国人、外国企业或者外国其他组织转让专利权的,应当依照有关法律、行政法规的规定办理手续。转让专利权的,当事人应当订立书面合同,并向国务院专利行政部门登记,由国务院专利行政部门予以公告。专利权的转让自登记之日起生效。[3]

4. 标示权

发明人或者设计人有权在专利文件中写明自己是发明人或者设计人。专利权人有权在其专利产品或者该产品的包装上标明专利标识。[4]

(二) 专利权人的义务

专利权人应当自被授予专利权的当年开始缴纳年费。[5] 未按规定缴纳年费的,可能导致专利权终止。[6] 被授予专利权的单位应当对职务发明创造的发明人或者设计人给予奖励;发明创造专利实施后,根据其推广应用的范围和取得的经济效益,对发明人或者设计人给予合理的报酬。[7]

(三) 专利权的期限

发明专利权的期限为20年,实用新型专利权的期限为10年,外观设计专利权的期限为15年,均自申请日起计算。[8]

(四) 专利权的限制

1. 强制许可

(1)滥用专利权的强制许可。有下列情形之一的,国务院专利行政部门根据具备实施条件的单位或者个人的申请,可以给予实施发明专利或者实用新型专利

---

[1] 参见《专利法》第11条。
[2] 参见《专利法》第12条。
[3] 参见《专利法》第10条。
[4] 参见《专利法》第16条。
[5] 参见《专利法》第43条。
[6] 参见《专利法》第44条第1款第1项。
[7] 参见《专利法》第15条第1款。
[8] 参见《专利法》第42条第1款。

的强制许可：①专利权人自专利权被授予之日起满3年，且自提出专利申请之日起满4年，无正当理由未实施或者未充分实施其专利的；②专利权人行使专利权的行为被依法认定为垄断行为，为消除或者减少该行为对竞争产生的不利影响的。[1]

(2)根据公共利益需要的强制许可。在国家出现紧急状态或者非常情况时，或者为了公共利益的目的，国务院专利行政部门可以给予实施发明专利或者实用新型专利的强制许可。[2] 为了公共健康目的，对取得专利权的药品，国务院专利行政部门可以给予制造并将其出口到符合中华人民共和国参加的有关国际条约规定的国家或者地区的强制许可。[3]

(3)从属专利的强制许可。一项取得专利权的发明或者实用新型比前已经取得专利权的发明或者实用新型具有显著经济意义的重大技术进步，其实施又有赖于前一发明或者实用新型的实施的，国务院专利行政部门根据后一专利权人的申请，可以给予实施前一发明或者实用新型的强制许可。在依照前述规定给予实施强制许可的情形下，国务院专利行政部门根据前一专利权人的申请，也可以给予实施后一发明或者实用新型的强制许可。[4]

2. 不视为侵犯专利权的行为

有下列情形之一的，不视为侵犯专利权：(1)专利产品或者依照专利方法直接获得的产品，由专利权人或者经其许可的单位、个人售出后，使用、许诺销售、销售、进口该产品的；(2)在专利申请日前已经制造相同产品、使用相同方法或者已经作好制造、使用的必要准备，并且仅在原有范围内继续制造、使用的；(3)临时通过中国领陆、领水、领空的外国运输工具，依照其所属国同中国签订的协议或者共同参加的国际条约，或者依照互惠原则，为运输工具自身需要而在其装置和设备中使用有关专利的；(4)专为科学研究和实验而使用有关专利的；(5)为提供行政审批所需要的信息，制造、使用、进口专利药品或者专利医疗器械的，以及专门为其制造、进口专利药品或者专利医疗器械的。[5]

七、专利侵权行为

(一)专利权的保护范围

发明或者实用新型专利权的保护范围以其权利要求的内容为准，说明书及附图可以用于解释权利要求的内容。外观设计专利权的保护范围以表示在图片或者照片中的该产品的外观设计为准，简要说明可以用于解释图片或者照片所表示的

---

[1] 参见《专利法》第53条。

[2] 参见《专利法》第54条。

[3] 参见《专利法》第55条。

[4] 参见《专利法》第56条。

[5] 参见《专利法》第75条。

该产品的外观设计。[1]

(二)专利侵权行为

1. 专利侵权行为的概念

专利侵权行为是指在专利权有效期限内,行为人未经专利权人许可又无法律依据,以营利为目的实施他人专利的行为。

2. 专利侵权行为的表现形式

(1)直接侵权行为。发明和实用新型专利权被授予后,除《专利法》另有规定外,任何单位或者个人未经专利权人许可而实施其专利的行为,包括为生产经营目的制造、使用、许诺销售、销售、进口其专利产品,或者使用其专利方法以及使用、许诺销售、销售、进口依照该专利方法直接获得的产品。外观设计专利权被授予后,任何单位或者个人未经专利权人许可而实施其专利的行为,包括为生产经营目的制造、许诺销售、销售、进口其外观设计专利产品。

(2)间接侵权行为。这是指行为人本身的行为并不直接构成对专利权的侵害,但实施了诱导、怂恿、教唆、帮助他人侵害专利权的行为。

第四节　商标权法律制度

一、商标与商标权

商标是生产经营者使用在其商品或服务上,便于消费者识别商品或服务来源的专用标志。商标是商品交换的产物,是商品经济发展到一定阶段的必然现象。现代商标已经从其最基本的识别功能的基础上,发展到具有来源标志、品质保证、广告宣传、商誉承载等诸多功能。

商标权是商标专用权的简称,是指商标所有人依法对其商标进行支配的权利。在我国商标权是指注册商标所有人对其注册商标所享有的权利,即依法支配其注册商标并禁止他人侵害的权利。

二、商标权的取得

(一)取得商标权的途径

商标权的取得可分为原始取得与继受取得。自然人、法人或者其他组织在生产经营活动中,对其商品或者服务需要取得商标专用权的,应当向商标局申请商标注册,[2]从而原始取得商标权。继受取得是指通过合同转让或者继承方式取得商标专用权。未注册的商标,虽然可以获得一定程序的法律保护,但是使用人不享有

---

〔1〕 参见《专利法》第64条。

〔2〕 参见《商标法》第4条第1款。

商标专用权。商标注册人享有商标专用权,受法律保护。[1]

(二)商标注册的原则

1. 申请在先原则

两个或者两个以上的商标注册申请人,在同一种商品或者类似商品上,以相同或者近似的商标申请注册的,初步审定并公告申请在先的商标;同一天申请的,初步审定并公告使用在先的商标,驳回其他人的申请,不予公告。[2] 两个或者两个以上的申请人,在同一种商品或者类似商品上,分别以相同或者近似的商标在同一天申请注册的,各申请人应当自收到商标局通知之日起30日内提交其申请注册前在先使用该商标的证据。同日使用或者均未使用的,各申请人可以自收到商标局通知之日起30日内自行协商,并将书面协议报送商标局;不愿协商或者协商不成的,商标局通知各申请人以抽签的方式确定一个申请人,驳回其他人的注册申请。商标局已经通知但申请人未参加抽签的,视为放弃申请,商标局应当书面通知未参加抽签的申请人。[3]

2. 自愿注册原则

自愿注册原则,是指商标使用人是否申请商标注册取决于自己的意愿。一经注册,商标注册人对其注册商标享有专用权。未经注册的商标,商标持有人不享有商标专有权,但享有使用权,并享有一定程度的法律保护。

在原则上实行自愿注册原则时,我国立法亦规定在特定情形下可实施商标强制注册制度。法律、行政法规规定必须使用注册商标的商品,必须申请商标注册,未经核准注册的,不得在市场销售。[4] 例如,卷烟、雪茄烟和有包装的烟丝必须申请商标注册,未经核准注册的,不得生产、销售。[5]

(三)商标注册的条件

1. 申请人的条件

自然人、法人或者其他组织在生产经营活动中,对其商品或者服务需要取得商标专用权的,应当向商标局申请商标注册。[6] 两个以上的自然人、法人或者其他组织可以共同向商标局申请注册同一商标,共同享有和行使该商标专用权。[7]

2. 商标的构成条件

(1)标志性。任何能够将自然人、法人或者其他组织的商品与他人的商品区

---

〔1〕 参见《商标法》第4条第1款。

〔2〕 参见《商标法》第31条。

〔3〕 参见《商标法实施条例》第19条。

〔4〕 参见《商标法》第6条。

〔5〕 参见《烟草专卖法》第19条第1款。

〔6〕 参见《商标法》第4条第1款前段。

〔7〕 参见《商标法》第5条。

别开的标志，包括文字、图形、字母、数字、三维标志、颜色组合和声音等，以及上述要素的组合，均可以作为商标申请注册。[1]

（2）显著性。申请注册的商标，应当有显著特征，便于识别，并不得与他人在先取得的合法权利相冲突。[2] 下列标志因缺乏显著性而不得作为商标注册：①仅有本商品的通用名称、图形、型号的；②仅直接表示商品的质量、主要原料、功能、用途、重量、数量及其他特点的；③其他缺乏显著特征的。前述标志经过使用取得显著特征，并便于识别的，可以作为商标注册。[3]

（3）不存在消极条件。消极条件包括以下三类：

①禁止使用的情形。下列标志不得作为商标使用：第一，同中华人民共和国的国家名称、国旗、国徽、国歌、军旗、军徽、军歌、勋章等相同或者近似的，以及同中央国家机关的名称、标志、所在地特定地点的名称或者标志性建筑物的名称、图形相同的；第二，同外国的国家名称、国旗、国徽、军旗等相同或者近似的，但经该国政府同意的除外；第三，同政府间国际组织的名称、旗帜、徽记等相同或者近似的，但经该组织同意或者不易误导公众的除外；第四，与表明实施控制、予以保证的官方标志、检验印记相同或者近似的，但经授权的除外；第五，同“红十字”“红新月”的名称、标志相同或者近似的；第六，带有民族歧视性的；第七，带有欺骗性，容易使公众对商品的质量等特点或者产地产生误认的；第八，有害于社会主义道德风尚或者有其他不良影响的。县级以上行政区划的地名或者公众知晓的外国地名，不得作为商标。但是，地名具有其他含义或者作为集体商标、证明商标组成部分的除外；已经注册的使用地名的商标继续有效。

②允许使用但禁止注册的情形。以三维标志申请注册商标的，仅由商品自身的性质产生的形状、为获得技术效果而需有的商品形状或者使商品具有实质性价值的形状，不得注册。[4]

③禁止注册、禁止使用的情形。就相同或者类似商品申请注册的商标是复制、摹仿或者翻译他人未在中国注册的驰名商标，容易导致混淆的，不予注册并禁止使用。就不相同或者不相类似商品申请注册的商标是复制、摹仿或者翻译他人已经在中国注册的驰名商标，误导公众，致使该驰名商标注册人的利益可能受到损害的，不予注册并禁止使用。[5] 未经授权，代理人或者代表人以自己的名义将被代理人或者被代表人的商标进行注册，被代理人或者被代表人提出异议的，不予注册

---

〔1〕 参见《商标法》第8条。
〔2〕 参见《商标法》第9条第1款。
〔3〕 参见《商标法》第11条第1款。
〔4〕 参见《商标法》第12条。
〔5〕 参见《商标法》第13条第2款、第3款。

并禁止使用。就同一种商品或者类似商品申请注册的商标与他人在先使用的未注册商标相同或者近似,申请人与该他人具有前述规定以外的合同、业务往来关系或者其他关系而明知该他人商标存在,该他人提出异议的,不予注册。[1] 商标中有商品的地理标志,而该商品并非源于该标志所标示的地区,误导公众的,不予注册并禁止使用;但是,已经善意取得注册的继续有效。[2]

(四)商标注册程序

1.申请的代理

申请商标注册或者办理其他商标事宜,可以自行办理,也可以委托依法设立的商标代理机构办理。外国人或者外国企业在中国申请商标注册和办理其他商标事宜的,应当委托依法设立的商标代理机构办理。[3]

当事人委托商标代理机构申请商标注册或者办理其他商标事宜,应当提交代理委托书。代理委托书应当载明代理内容及权限;外国人或者外国企业的代理委托书还应当载明委托人的国籍。[4]

商标代理机构应当遵循诚实信用原则,遵守法律、行政法规,按照被代理人的委托办理商标注册申请或者其他商标事宜;对在代理过程中知悉的被代理人的商业秘密,负有保密义务。委托人申请注册的商标可能存在《商标法》规定不得注册情形的,商标代理机构应当明确告知委托人。商标代理机构知道或者应当知道委托人申请注册的商标属于《商标法》第4条、第15条和第32条[5]规定情形的,不得接受其委托。商标代理机构除对其代理服务申请商标注册外,不得申请注册其他商标。[6]

2.注册申请

商标注册申请人应当按规定的商品分类表填报使用商标的商品类别和商品名称,提出注册申请。商标注册申请人可以通过一份申请就多个类别的商品申请注册同一商标。商标注册申请等有关文件,可以以书面方式或者数据电文方式提出。[7] 注册商标需要在核定使用范围之外的商品上取得商标专用权的,应当另行

[1] 参见《商标法》第15条。

[2] 参见《商标法》第16条第1款。

[3] 参见《商标法》第18条。

[4] 参见《商标法实施条例》第5条第1款。

[5] 参见《商标法》第32条规定:"申请商标注册不得损害他人现有的在先权利,也不得以不正当手段抢先注册他人已经使用并有一定影响的商标。"

[6] 参见《商标法》第19条。

[7] 参见《商标法》第22条。

提出注册申请。[1] 注册商标需要改变其标志的，应当重新提出注册申请。[2] 申请人变更其名义、地址、代理人、文件接收人或者删减指定的商品的，应当向商标局办理变更手续。[3]

商标注册的申请日期以商标局收到申请文件的日期为准。[4] 申请人享有优先权的，优先权日为申请日。商标注册申请人在两种情形下享有优先权：(1)商标注册申请人自其商标在外国第一次提出商标注册申请之日起6个月内，又在中国就相同商品以同一商标提出商标注册申请的，依照该外国同中国签订的协议或者共同参加的国际条约，或者按照相互承认优先权的原则，可以享有优先权；[5] (2)商标在中国政府主办的或者承认的国际展览会展出的商品上首次使用的，自该商品展出之日起6个月内，该商标的注册申请人可以享有优先权。[6]

3. 审查和核准

对申请注册的商标，商标局应当自收到商标注册申请文件之日起9个月内审查完毕，符合《商标法》有关规定的，予以初步审定公告。[7] 在审查过程中，商标局认为商标注册申请内容需要说明或者修正的，可以要求申请人作出说明或者修正。申请人未作出说明或者修正的，不影响商标局作出审查决定。[8]

申请注册的商标，凡不符合《商标法》有关规定或者同他人在同一种商品或者类似商品上已经注册的或者初步审定的商标相同或者近似的，由商标局驳回申请，不予公告。[9] 两个或者两个以上的商标注册申请人，在同一种商品或者类似商品上，以相同或者近似的商标申请注册的，初步审定并公告申请在先的商标；同一天申请的，初步审定并公告使用在先的商标，驳回其他人的申请，不予公告。[10] 申请商标注册不得损害他人现有的在先权利，也不得以不正当手段抢先注册他人已经使用并有一定影响的商标。[11]

对驳回申请、不予公告的商标，商标局应当书面通知商标注册申请人。商标注册申请人不服的，可以自收到通知之日起15日内向商标评审委员会申请复审。商标评审委员会应当自收到申请之日起9个月内作出决定，并书面通知申请人。有

---

[1] 参见《商标法》第23条。
[2] 参见《商标法》第24条。
[3] 参见《商标法实施条例》第17条。
[4] 参见《商标法实施条例》第18条第1款。
[5] 参见《商标法》第25条第1款。
[6] 参见《商标法》第26条第1款。
[7] 参见《商标法》第28条。
[8] 参见《商标法》第29条。
[9] 参见《商标法》第30条。
[10] 参见《商标法》第31条。
[11] 参见《商标法》第32条。

特殊情况需要延长的,经国务院工商行政管理部门批准,可以延长3个月。当事人对商标评审委员会的决定不服的,可以自收到通知之日起30日内向人民法院起诉。[1]

对初步审定公告的商标,自公告之日起3个月内,相关主体可以依法向商标局提出异议。[2] 对初步审定公告的商标提出异议的,商标局应当听取异议人和被异议人陈述事实和理由,经调查核实后,自公告期满之日起12个月内作出是否准予注册的决定,并书面通知异议人和被异议人。有特殊情况需要延长的,经国务院工商行政管理部门批准,可以延长6个月。商标局作出准予注册决定的,发给商标注册证,并予公告。异议人不服的,可以依照《商标法》第44条、第45条的规定向商标评审委员会请求宣告该注册商标无效。商标局作出不予注册决定,被异议人不服的,可以自收到通知之日起15日内向商标评审委员会申请复审。商标评审委员会应当自收到申请之日起12个月内作出复审决定,并书面通知异议人和被异议人。有特殊情况需要延长的,经国务院工商行政管理部门批准,可以延长6个月。被异议人对商标评审委员会的决定不服的,可以自收到通知之日起30日内向人民法院起诉。人民法院应当通知异议人作为第三人参加诉讼。商标评审委员会在进行复审的过程中,所涉及的在先权利的确定必须以人民法院正在审理或者行政机关正在处理的另一案件的结果为依据的,可以中止审查。中止原因消除后,应当恢复审查程序。[3] 公告期满无异议的,予以核准注册,发给商标注册证,并予公告。

三、商标权的内容

(一)专用权

专用权,是指商标权主体对其注册商标依法享有的在指定商品或服务项目上独占使用的权利。注册商标的专用权,以核准注册的商标和核定使用的商品为限。[4]

(二)许可权

许可权,是指商标权人可以通过签订商标使用许可合同许可他人使用其注册商标的权利。商标注册人可以通过签订商标使用许可合同,许可他人使用其注册商标。许可人应当监督被许可人使用其注册商标的商品质量。被许可人应当保证使用该注册商标的商品质量。经许可使用他人注册商标的,必须在使用该注册商标的商品上标明被许可人的名称和商品产地。许可他人使用其注册商标的,许可人应当将其商标使用许可报商标局备案,由商标局公告。商标使用许可未经备案

---

〔1〕 参见《商标法》第34条。

〔2〕 参见《商标法》第33条。

〔3〕 参见《商标法》第35条。

〔4〕 参见《商标法》第56条。

不得对抗善意第三人。[1]

（三）转让权

转让权，是指商标权人依法享有的将其注册商标依法定程序和条件，转让给他人的权利。转让注册商标的，转让人和受让人应当签订转让协议，并共同向商标局提出申请，[2]即提交转让注册商标申请书。商标局核准转让注册商标申请的，发给受让人相应证明，并予以公告。[3] 受让人应当保证使用该注册商标的商品质量。[4]

转让注册商标的，商标注册人对其在同一种商品上注册的近似的商标，或者在类似商品上注册的相同或者近似的商标，应当一并转让。[5] 未一并转让的，由商标局通知其限期改正；期满未改正的，视为放弃转让该注册商标的申请，商标局应当书面通知申请人。[6]

对容易导致混淆或者有其他不良影响的转让，商标局不予核准，书面通知申请人并说明理由。转让注册商标经核准后，予以公告。受让人自公告之日起享有商标专用权。[7]

（四）续展权

续展权，是指商标权人在其注册商标有效期届满前，依法享有申请续展注册，从而延长其注册商标保护期的权利。注册商标的有效期为10年，自核准注册之日起计算。[8] 注册商标有效期满，需要继续使用的，商标注册人应当在期满前12个月内按照规定办理续展手续；在此期间未能办理的，可以给予6个月的宽展期。每次续展注册的有效期为10年，自该商标上一届有效期满次日起计算。期满未办理续展手续的，注销其注册商标。商标局应当对续展注册的商标予以公告。[9]

（五）标示权

商标注册人有权标明“注册商标”或者注册标记。[10] 使用注册商标，可以在商品、商品包装、说明书或者其他附着物上标明“注册商标”或者注册标记。注册标记包括㊟和®。使用注册标记，应当标注在商标的右上角或者右下角。[11]

---

〔1〕 参见《商标法》第43条。
〔2〕 参见《商标法》第42条第1款。
〔3〕 参见《商标法实施条例》第31条第1款。
〔4〕 参见《商标法》第42条第1款。
〔5〕 参见《商标法》第42条第2款。
〔6〕 参见《商标法实施条例》第31条第2款。
〔7〕 参见《商标法》第42条第3款、第4款。
〔8〕 参见《商标法》第39条。
〔9〕 参见《商标法》第40条。
〔10〕 参见《商标法》第9条第2款。
〔11〕 参见《商标法实施条例》第63条。

(六)禁止权

禁止权,是指商标权人依法享有的禁止他人未经许可而使用其注册商标和与之相近似的商标的权利。

四、商标权的消灭

(一)注册商标的注销

出现以下情况,商标局可以注销注册商标:

1. 注册商标法定期限届满,未依法办理续展手续的,注销其注册商标。[1]

2. 商标注册人申请注销,经商标局核准注销的,自商标局收到其注销申请之日起终止。[2]

(二)注册商标的撤销

商标注册人在使用注册商标的过程中,自行改变注册商标、注册人名义、地址或者其他注册事项的,由地方工商行政管理部门责令限期改正;期满不改正的,由商标局撤销其注册商标。注册商标成为其核定使用的商品的通用名称或者没有正当理由连续3年不使用的,任何单位或者个人可以向商标局申请撤销该注册商标。商标局应当自收到申请之日起9个月内作出决定。有特殊情况需要延长的,经国务院工商行政管理部门批准,可以延长3个月。[3]

对商标局撤销或者不予撤销注册商标的决定,当事人不服的,可以自收到通知之日起15日内向商标评审委员会申请复审。商标评审委员会应当自收到申请之日起9个月内作出决定,并书面通知当事人。有特殊情况需要延长的,经国务院工商行政管理部门批准,可以延长3个月。当事人对商标评审委员会的决定不服的,可以自收到通知之日起30日内向人民法院起诉。[4]

(三)注册商标的无效宣告

1. 注册商标不涉及侵害他人民事权益情形下的无效宣告。已经注册的商标,违反《商标法》第4条、第10条、第11条、第12条、第19条第4款规定的,或者是以欺骗手段或者其他不正当手段取得注册的,由商标局宣告该注册商标无效;其他单位或者个人可以请求商标评审委员会宣告该注册商标无效。[5]

2. 注册商标侵害他人民事权益情形下的无效宣告。已经注册的商标,违反《商标法》第13条第2款和第3款、第15条、第16条第1款、第30条、第31条、第32条规定的,自商标注册之日起5年内,在先权利人或者利害关系人可以请求商

---

〔1〕 参见《商标法》第40条第1款。

〔2〕 参见《商标法实施条例》第31条第2款。

〔3〕 参见《商标法》第49条。

〔4〕 参见《商标法》第54条。

〔5〕 参见《商标法》第44条第1款。

标评审委员会宣告该注册商标无效。对恶意注册的，驰名商标所有人不受5年的时间限制。[1]

3. 司法审查。当事人对商标评审委员会关于商标效力的决定或裁定不服的，可以自收到通知之日起30日内向人民法院起诉。[2]

4. 注册商标宣告无效的法律后果。依照《商标法》第44条、第45条的规定宣告无效的注册商标，由商标局予以公告，该注册商标专用权视为自始即不存在。宣告注册商标无效的决定或者裁定，对宣告无效前人民法院作出并已执行的商标侵权案件的判决、裁定、调解书和工商行政管理部门做出并已执行的商标侵权案件的处理决定以及已经履行的商标转让或者使用许可合同不具有追溯力。但是，因商标注册人的恶意给他人造成的损失，应当给予赔偿。依照前述规定不返还商标侵权赔偿金、商标转让费、商标使用费，明显违反公平原则的，应当全部或者部分返还。[3]

五、商标侵权行为

（一）商标侵权行为的概念

商标侵权行为，是指违反商标法规定，假冒或仿冒他人注册商标，或者从事其他损害商标权人合法权益的行为。

（二）商标侵权行为的表现形式

有下列行为之一的，均属侵犯注册商标专用权：(1)未经商标注册人的许可，在同一种商品上使用与其注册商标相同的商标的；(2)未经商标注册人的许可，在同一种商品上使用与其注册商标近似的商标，或者在类似商品上使用与其注册商标相同或者近似的商标，容易导致混淆的；(3)销售侵犯注册商标专用权的商品的；(4)伪造、擅自制造他人注册商标标识或者销售伪造、擅自制造的注册商标标识的；(5)未经商标注册人同意，更换其注册商标并将该更换商标的商品又投入市场的；(6)故意为侵犯他人商标专用权行为提供便利条件，帮助他人实施侵犯商标专用权行为的；(7)给他人的注册商标专用权造成其他损害的。[4]

给他人的注册商标专用权造成其他损害的情形：(1)在同一种商品或者类似商品上将与他人注册商标相同或者近似的标志作为商品名称或者商品装潢使用，误导公众的；[5](2)复制、摹仿、翻译他人注册的驰名商标或其主要部分在不相同或者不相类似商品上作为商标使用，误导公众，致使该驰名商标注册人的利益可能

---

〔1〕 参见《商标法》第45条第1款。

〔2〕 参见《商标法》第44条第2款、第45条第2款。

〔3〕 参见《商标法》第47条。

〔4〕 参见《商标法》第57条。

〔5〕 参见《商标法实施条例》第76条。

受到损害的;(3)将与他人注册商标相同或者相近似的文字注册为域名,并且通过该域名进行相关商品交易的电子商务,容易使相关公众产生误认的。[1]

将他人注册商标、未注册的驰名商标作为企业名称中的字号使用,误导公众,构成不正当竞争行为的,依照《反不正当竞争法》处理。[2]

(三)商标权的限制

1. 商标的合理使用。注册商标中含有的本商品的通用名称、图形、型号,或者直接表示商品的质量、主要原料、功能、用途、重量、数量及其他特点,或者含有的地名,注册商标专用权人无权禁止他人正当使用。三维标志注册商标中含有的商品自身的性质产生的形状、为获得技术效果而需有的商品形状或者使商品具有实质性价值的形状,注册商标专用权人无权禁止他人正当使用。[3]

2. 商标先用权。商标注册人申请商标注册前,他人已经在同一种商品或者类似商品上先于商标注册人使用与注册商标相同或者近似并有一定影响的商标的,注册商标专用权人无权禁止该使用人在原使用范围内继续使用该商标,但可以要求其附加适当区别标识。[4]

六、驰名商标的保护

(一)驰名商标的概念

驰名商标,是指在一定地域范围内具有较高知名度并为相关公众知晓的商标。

(二)驰名商标的认定

在商标注册审查、工商行政管理部门查处商标违法案件过程中,当事人依照《商标法》第13条规定主张权利的,商标局根据审查、处理案件的需要,可以对商标驰名情况作出认定。在商标争议处理过程中,当事人依照《商标法》第13条规定主张权利的,商标评审委员会根据处理案件的需要,可以对商标驰名情况作出认定。在商标民事、行政案件审理过程中,当事人依照《商标法》第13条规定主张权利的,最高人民法院指定的人民法院根据审理案件的需要,可以对商标驰名情况作出认定。[5]

驰名商标应当根据当事人的请求,作为处理涉及商标案件需要认定的事实进行认定。认定驰名商标应当考虑下列因素:(1)相关公众对该商标的知晓程度;(2)该商标使用的持续时间;(3)该商标的任何宣传工作的持续时间、程度和地理范围;(4)该商标作为驰名商标受保护的记录;(5)该商标驰名的其他因素。[6]

---

〔1〕 参见最高人民法院《关于审理商标民事纠纷案件适用法律若干问题的解释》第1条。

〔2〕 参见《商标法》第58条。

〔3〕 参见《商标法》第59条第1款、第2款。

〔4〕 参见《商标法》第59条第3款。

〔5〕 参见《商标法》第14条第2~4款。

〔6〕 参见《商标法》第14条第1款。

(三)驰名商标的特殊保护措施

就相同或者类似商品申请注册的商标是复制、摹仿或者翻译他人未在中国注册的驰名商标,容易导致混淆的,不予注册并禁止使用。就不相同或者不相类似商品申请注册的商标是复制、摹仿或者翻译他人已经在中国注册的驰名商标,误导公众,致使该驰名商标注册人的利益可能受到损害的,不予注册并禁止使用。[1]

(四)驰名商标的宣传

生产、经营者不得将“驰名商标”字样用于商品、商品包装或者容器上,或者用于广告宣传、展览以及其他商业活动中。[2] 违反前述规定的,由地方工商行政管理部门责令改正,处10万元罚款。[3]

【复习与思考】

1. 何为知识产权?其特征如何?
2. 如何保护知识产权?
3. 著作权的主体、客体和内容有哪些?
4. 著作权的限制有哪些?
5. 侵犯著作权要承担哪些法律责任?
6. 专利权的主体、客体和内容有哪些?
7. 专利权的限制有哪些?
8. 侵犯专利权要承担哪些法律责任?
9. 商标权是如何取得和消灭的?其内容为何?
10. 侵犯商标权要承担哪些法律责任?
11. 如何认定驰名商标?如何保护驰名商标?

以案释法:

著　作　权

【案情】贾某曾帮李某(某历史人物——甲的遗孀)整理甲的日记、遗留文字以及李某的口述资料,后以署名“李某”“贾某整理”的方式将有关整理资料的文章发表。不久,李某与王某合作,将整理资料及贾某手笔资料交予王某,王某在此基础上完成A书。与此同时,贾某自费采访、查阅甲的相关资料,完成了B书。为此,李某和王某向法院起诉,认为贾某的B书抄袭A书,侵犯其著作权。贾某辩称:B

〔1〕 参见《商标法》第13条第2款、第3款。
〔2〕 参见《商标法》第14条第5款。
〔3〕 参见《商标法》第53条。

书是自己根据历史资料独立完成,不存在抄袭;相反,王某将其整理成果用于A书中,构成侵权。

【问题】B书的著作权应当属于谁?为什么?

【解答】应当属于被告贾某所有。因为贾某使用的材料属于历史资料,性质上为单纯历史事实,而作为历史资料的素材,原则上属于共有领域的财富,不应当受著作权保护,任何人都可以利用。

【评析】历史资料在性质上属于单纯历史事实。根据《著作权法》第5条第2项的规定,本法不适用于"单纯事实消息",故该案无法适用《著作权法》。且对于本案中的B书和A书,由于对象是同一个,所参考的历史资料很多是同样的,因此内容上不可避免有相同或相似之处,但不能就此认定一定存在抄袭。《著作权法》第3条规定,本法所称的作品,是指文学、艺术和科学领域内具有独创性并能以一定形式表现的智力成果。原告与被告各自独立地创作文字作品,因此,B书著作权归于贾某所有。

第四编

市场规制法

第十五章　市场规制法的一般原理

【本 章 导 读】

习近平总书记在党的十九大报告中提出了深化商事制度改革、完善市场监管体制的改革任务。党的十九届三中全会进一步提出，改革和理顺市场监管体制。党的十九届四中全会审议通过的中共中央《关于坚持和完善中国特色社会主义制度　推进国家治理体系和治理能力现代化若干重大问题的决定》，对“建设更高水平开放型经济新体制”进行了重要部署，强调“健全外商投资准入前国民待遇加负面清单管理制度，推动规则、规制、管理、标准等制度型开放”。据此，我们应当加强市场规制法的学习研究。

市场规制法是经济法体系的三大主要组成部分之一，是经济法“一体两翼”（经济法主体、市场规制法和宏观调控法）中的一翼。本章承接“经济法总论”，统摄“市场规制法”其他各章，是本单元的“小总论”，阐述了市场规制法的基础知识和基本制度。市场规制法的基础知识包括市场规制法的概念、市场规制法的调整对象及调整方法、市场规制法的基本原则、市场规制法的体系等；市场规制法的基本制度包括市场规制主体制度、市场规制权配置制度、市场规制责任制度等。

第一节　市场规制法的基础知识

一、市场规制与市场规制法

（一）市场规制的概念及目的

市场规制是指国家通过制定行为规范，引导、调节、控制、监督市场主体的经济行为和规范、约束市场监管主体的管理行为，从而保护消费主体利益的管理系统。[1]

市场自身固有的机制是调节社会经济结构和运行的基础性因素，但市场机制也存在缺陷。为了恢复市场机制对调节经济的正常作用，需要“国家之手”依据有关法律来规制竞争及其他不公平交易行为，以排除市场障碍。国家对市场进行规

〔1〕 参见徐孟洲主编：《经济法学原理与案例教程》（第3版），中国人民大学出版社2016年版，第47～61页。

制，目的就在于弥补市场不足而不是替代市场。所以，在强调规制的重要性的同时，必须强调规制的合理性、适度性和有效性，把握好规制的范围、方式和力度。[1]

(二) 市场规制法的概念、宗旨及特征

市场规制法是指国家(政府)对市场秩序进行适度干预而形成的各种社会关系的法律规范的总称。良好的市场竞争秩序，不仅是经济发展的客观要求，还是保护社会弱势群体合法权益的需要，是实现实质公平和社会整体利益的保障。

市场规制法的宗旨可分为初级宗旨和终极宗旨。[2] 初级宗旨主要是通过规制垄断行为和不正当竞争行为，调整市场规制关系，恢复和维护公平竞争机制，提高市场配置资源的效率，保护经营者和消费者的权利和利益；终极宗旨主要是通过初级宗旨的达成，不断解决个体营利性和社会公益性的矛盾，克服市场失灵，保障社会公益和基本人权，促进经济的稳定增长，实现经济和社会的良性互动和协调发展。

市场规制法的特征包括：

1. 调整对象的微观性。市场规制法是通过对市场竞争实行强制干预和管制，对微观主体参与市场竞争所实施的影响市场秩序、偏离市场经济要求的具体经济行为进行规制，以排除市场障碍，确保市场机制功能的发挥，从而实现维护和促进社会经济结构和运行的协调、稳定和发展。

2. 调整手段的规制性。市场规制法主要采取国家强制干预的方式来约束和规范市场主体的行为，以排除市场障碍，维护公平、自由的竞争秩序。为了维护和监管市场主体参与市场竞争行为，国家通过制定强行性法律规范，设立专门国家机关，设置严厉制裁措施，以杜绝和禁止违背市场规律的经济行为。

3. 调整方式的直接性。市场规制法主要是依靠政府对市场主体的具体经济行为直接进行管理来发挥调节功能的。政府作为社会公共利益的代表，通过对市场主体行为的直接规制，对偏离市场轨道的经济行为的纠正和惩治，对市场机制内在固有的缺陷的矫正和克服，以维护市场秩序，保证市场机制功能的正常发挥，从而实现调控经济运行的目标。

二、市场规制法的调整对象与调整方法

(一) 市场规制法的调整对象

市场规制法的调整对象范围主要包括三方面关系：

1. 生产经营规制关系

生产经营规制关系是指生产经营者在从事受到国家有关质量、价格、计量、标

---

[1] 参见徐孟洲主编：《经济法学原理与案例教程》(第3版)，中国人民大学出版社2016年版，第47～61页。

[2] 参见马工程教材编写组编：《经济法学》(第2版)，高等教育出版社2019年版，第222页。

准和特殊经营要求的生产经营活动中发生的规制关系,具体可分为三类:一是一般性的生产经营规制关系,主要是指必须接受国家在产品质量、安全、价格、计量、标准、广告、商标、合同等方面的管理所发生的生产经营规制关系。二是具体的生产经营规制关系,主要是指工业、农业、服务业三大产业生产经营活动中所发生的规制关系。三是特殊的生产经营规制关系,主要包括国有资产经营管理、烟草、军工产品等生产经营活动中发生的规制关系。

2. 市场竞争关系

市场竞争关系,即生产经营者之间的市场竞争关系。竞争机制是发挥市场配置资源的基础性作用的重要机制,也是将市场主体追求利润最大化的内在动力转化为面向市场竞争的外在压力,使企业和其他经济组织富有活力、积极进取的重要机制。但是,竞争是把"双刃剑",无限制的自由竞争所造成的各种"反竞争行为",构成了对市场机制本身的直接破坏,"一旦竞争受到排斥,市场经济便丧失了维持和保障自由的力量"。[1] 同时,各市场主体以自身的利益为出发点,追求多元的利益目标,在追求利润最大化的过程中,必然存在个人利益和他人利益、社会利益的矛盾。在利益的驱使下,个别主体为了获得不正当的竞争优势,获取更多的本位利益,会采取牺牲其他经营者和消费者利益的手段,进行不正当竞争行为,如假冒商标、诋毁商誉、商业贿赂、虚假宣传、传销等,这些都会破坏正常的市场秩序。但是,这种破坏又是内生于市场体制的,市场无法靠自己的力量消除这种破坏。另外,自由竞争所造成的市场主体对社会公共利益的忽视与损害构成了市场机制持续、有效、健康运行的潜在制约。为维护公平竞争的市场秩序,使市场经济能够和谐发展,国家必须加强反垄断、反不正当竞争方面的立法,依法加强对市场竞争活动的规制,规范经营者的市场竞争行为,查处限制竞争行为和不正当竞争行为。

3. 市场监管关系

市场监管关系是指政府在对金融、商贸、电信、电力、土地市场等进行监察、督促、引导和管理活动中产生的经济管理关系,主要包括银行业监管关系、证券业监管关系、保险业监管关系、商贸监管关系、土地监管关系及电信、电力监管关系等。

(二) 市场规制法的调整方法

市场规制法的调整方法主要是一般禁止式、积极义务式,辅之以有条件的一般允许式。[2]

1. 一般禁止式的调整方式

自由竞争的市场经济条件下,法律的调整方式以一般允许式为主、积极义务式为辅。当垄断、不正当竞争泛滥,市场机制名存实亡,需要国家"有形之手"介入,

[1] [德]路德维希·艾哈德:《社会市场经济之路》,丁安新译,武汉大学出版社1998年版,第232页。

[2] 参见马工程教材编写组编:《经济法学》(第2版),高等教育出版社2019年版,第224~225页。

其一般倾向当然是划定竞争的边界，禁止市场主体为某些行为。例如，《反垄断法》第13条、第14条规定的禁止垄断协议，第17条规定的禁止滥用市场支配地位以及《证券法》《广告法》等特别市场规制法律皆是如此。此外，法律条文中的限制性条款，在限制范围内实质上也是禁止。例如，《反不正当竞争法》第10条规定："经营者进行有奖销售不得存在下列情形：（一）所设奖的种类、兑奖条件、奖金金额或者奖品等有奖销售信息不明确，影响兑奖；（二）采用谎称有奖或者故意让内定人员中奖的欺骗方式进行有奖销售；（三）抽奖式的有奖销售，最高奖的金额超过五万元。"其中，第3项从另一个角度看是对最高奖超过5万元的有奖销售行为的禁止性规定。

2. 积极义务式的调整方式

我国市场规制法均有规制体制和程序的规定，这些规定均设定了有关部门及其工作人员为市场规制行为的义务。基于一般禁止，市场规制法还赋予市场主体为特定行为的义务。例如，经营者集中达到申报标准的，参与集中的经营者有申报的义务。在一般禁止协议的前提下，如果具备适用除外的条件，可以对市场主体的相应行为予以豁免，但该主体应当履行举证和证明的义务。

3. 有条件的一般允许式的调整方式

市场规制法是公法，通常不会有一般允许式。但在一般禁止的前提下，会对特定主体的特定行为予以允许。例如，《反垄断法》第55条、第56条对知识产权人、农产品相关经营者设定了有条件的允许。这在特别市场规制法律中也比较常见。

三、市场规制法的基本原则

市场规制法基本原则是市场规制法的制定和实施所应遵循的基本准则。市场规制法基本原则应当统帅市场规制法的各规则、各环节。市场规制法的基本原则包括规制法定原则、规制公平原则、规制绩效原则和规制适度原则。

（一）规制法定原则

市场规制是国家介入市场运行、规范市场主体竞争行为的行为。在法治国家，这类行为必须有法律的明确授权，同时还应当有法律明确的实体与程序的规定。

规制法定原则的基本要求包括三方面：[1]一是法无明文规定不制裁，即实施制裁必须有法定依据，没有法定依据不能实施制裁；二是市场管理机关必须在法定职权范围内实施制裁；三是市场管理机关实施制裁必须遵循法定程序，违反法定程序的，制裁行为无效。

（二）规制公平原则

既然市场规制法具有人类社会所需要的公平价值，那么在制定、实施市场规制

---

〔1〕 参见徐孟洲主编：《经济法学原理与案例教程》（第3版），中国人民大学出版社2016年版，第47～61页。

法规范时就应以实现公平、增进公平和彰显公平为基本准则，通过对合同法律制度中公平价值的矫正和恢复，均衡实现形式公平与实质公平、机会公平与结果公平。维护公平竞争需要国家为当事人创造一个公平的竞争环境和竞争条件，使当事人能够在相同的条件下和外部环境中参与竞争，促进竞争机制在市场中发挥积极作用。[1] 例如，在立法中，界定垄断及其垄断行为时，应突出其限制公平竞争的属性；在规定反垄断调查程序和认定垄断与否的法律标准时，着重于其对公平竞争的损害及其程度；在规定反垄断法适用除外的条件和范围时，应重点体现对公平竞争的保护。在实施中，应以恢复、实现、保护和促进公平竞争为基本准则。此外，在适用反垄断法律的规定、原则和精神进行权变考量时，公平性也是最重要的判断依据之一。

（三）规制绩效原则

不同的市场结构和市场行为产生不同的市场绩效，不同的规制行为所产生的市场绩效也不同。既然如此，规定规制主体、规制权力、规制行为方式和行为程序的市场规制法律规范，在制定前进行制度设计时、在制定后运行时都应当体现绩效最大化。

规制绩效原则追求并体现规制绩效的最大化，包括资源配置效率的最大化、技术进步速度和质量的最大化、社会福利提高的最大化等。绩效的最大化应当不仅仅考察单个市场或单个市场的局部，而应当全面考察各种有关因素。

（四）规制适度原则

依法适度监管要求国家对市场秩序的监管应从维护良好的市场秩序这个立足点出发，遵循市场运行的规律，把握适度、得当。国家对经济的监管必须在一定的“度”内，适度可以促进经济增长，而“过”和“不及”都会阻碍经济的发展。这个“度”是个弹性的标准，必须根据不同时期的经济发展情况和市场运行状况来判断。[2] 规制适度原则在反垄断法、反不正当竞争法中都有较充分的体现。

四、市场规制法的体系

（一）市场规制法体系的含义

市场规制法体系是指各类市场规制法律规范所构成的和谐统一的整体。由于市场规制法是由不同类型的法律规范所构成的系统，各种类型的市场规制法律规范便可分别构成市场规制法的子系统，即市场规制法的部门法。

（二）市场规制法体系的组成

一般来说，凡是那些规范市场竞争秩序、直接保护消费者利益的法律规范均可

---

〔1〕 参见徐孟洲主编：《经济法学原理与案例教程》（第3版），中国人民大学出版社2016年版，第47~61页。

〔2〕 参见徐孟洲主编：《经济法学原理与案例教程》（第3版），中国人民大学出版社2016年版，第47~61页。

归入市场规制法体系中。市场规制法体系包括一般市场规制法与特别市场规制法。

1. 一般市场规制法

一般市场规制法确立的是一般市场主体及其规制机关必须一体遵循的普遍性规则,具体包括《反不正当竞争法》《价格法》《消费者权益保护法》《产品质量法》《反垄断法》等,这些法律在适用范围和适用对象上具有普遍性(有时明确地将特殊市场或市场主体排除出适用范围),并不仅仅针对某一特定的市场或市场主体。例如,《反不正当竞争法》第 2 条规定,经营者在生产经营活动中,应当遵循自愿、平等、公平、诚实信用的原则,遵守法律和商业道德。《价格法》第 2 条第 1 款规定,在中华人民共和国境内发生的价格行为,适用该法;第 47 条规定,利率、汇率、保险费率、证券及期货价格,适用有关法律、行政法规的规定,不适用该法。《消费者权益保护法》第 2 条、第 3 条规定,消费者为生活消费需要购买、使用商品或者接受服务,其权益受该法保护;经营者为消费者提供其生产、销售的商品或者提供服务,应当遵守该法。《产品质量法》第 2 条第 1 款规定,在中华人民共和国境内从事产品生产、销售活动,必须遵守该法。

2. 特别市场规制法

特别市场规制法是指针对特殊市场、特殊市场主体及其规制主体所确立的行为规则。具体包括的法律、法规可以根据不同的规制对象作进一步的细分:(1)针对银行业及其监管者,有《银行业监督管理法》《商业银行法》《商业银行服务价格管理办法》等;(2)针对证券业、期货业及其监管者,有《证券法》《期货交易管理条例》《中国证券监督管理委员会调查处理证券期货违法违规案件基本准则》等;(3)针对劳动力市场及其监管者,有《劳动力市场管理规定》等;(4)针对公用事业及其监管者,有《电信条例》《电力法》《铁路法》《城市供水条例》《水利工程供水价格管理办法》等;(5)针对技术市场及其监管者,有《技术市场管理暂行办法》等;(6)针对房地产市场及其监管者,有原建设部办公厅《关于进一步做好整顿和规范房地产市场秩序有关问题的通知》(已失效)、国务院《关于促进房地产市场持续健康发展的通知》等。

第二节　市场规制法基本制度

市场规制法基本制度主要包括市场规制主体制度、市场规制权配置制度、市场规制责任制度等。

一、市场规制主体制度

市场规制主体是市场规制行为的施动者和受动者。进一步细分,还可以将市场规制行为的施动者称为市场规制主体,而将市场规制行为的受动者称为市场规制受体，并分别简称为规制主体和规制受体。

（一）规制主体

规制主体是指依据宪法及有关法律规定，享有一定经济职权，对市场主体的活动进行规制的社会实体，可分为行政性规制主体和非行政性规制主体。行政性规制主体主要有市场监督管理、质量技术监督、资格认证、物价、审计、卫生、检疫等部门；非行政性规制主体主要有行业协会、商会、质量监督协会、消费者协会等社团和会计师事务所、资产评估事务所、产品质量检验所、律师事务所等机构。

（二）规制受体

市场规制行为是直接针对市场竞争行为中垄断行为和不正当竞争行为的。市场竞争行为的主体，特别是从事垄断行为和不正当竞争行为的主体，是市场规制行为最主要的受动者。因此，规制受体主要有经营者及其利益的代表者。

经营者是向消费者提供其生产、销售的商品或者服务的公民、法人或者其他经济组织，是以营利为目的从事生产经营活动并与消费者相对应的另一方当事人。市场经济的核心是市场，市场的核心又是价格，市场配置资源的作用主要是通过反映市场供求状况和资源稀缺程度的价格信号引导实现的。为充分发挥价格在合理配置资源中的作用，就必须确认经营者自主制定属于市场调节价格的定价主体地位。经营者享有自主制定属于市场调节价格的权利，作为市场规制的主体受体，也不得垄断市场，不得以排挤竞争对手为目的，以低于成本的价格销售商品。经营者利益的代表者包括各类商会、协会等。

二、市场规制权配置制度

市场规制权是规制主体依法律的授权而享有的、规制市场竞争的权利。市场规制权具有法定性和一定的强制性，因而也是一种权力。市场规制权包括反垄断权、反不正当竞争权、消费者保护规制权和特别市场规制权。市场规制权的配置，包括市场规制权在不同的市场规制主体之间的横向配置和纵向配置。

市场规制权的横向配置包括不同规制权在不同规制主体之间的配置和同一规制权在不同规制主体之间的配置。反垄断权、反不正当竞争权、消费者保护规制权和特别市场规制权，由国家市场监督管理总局行使，国务院反垄断委员会行使协调、调研和部分立法权。反不正当竞争权中的欺骗性标示行为规制权、侵犯商业秘密行为规制权、诋毁商誉行为规制权、商业贿赂行为规制权、不当附奖促销行为规制权和互联网不正当竞争行为规制权，由国家市场监督管理总局综合行使，其他部委在本部门职责范围内行使。消费者保护规制权也是如此。

市场规制权的纵向配置仅由国家市场监督管理总局行使。但是，根据工作需要，可以授权省、自治区、直辖市人民政府相应的机构，依照反垄断法规定负责有关反垄断执法工作。这意味着，反垄断权在中央，地方政府没有反垄断权。这样配置体现了反垄断法维护统一开放、竞争有序的市场的宗旨。

不正当竞争行为规制权的配置适用地域管辖原则。在同一行政区域内的,由本级政府市场监督管理部门行使;跨行政区域的,由共同的上一级市场监督管理部门行使。实践中,国家市场监督管理总局的市场规制权更多体现在组织、指导、协调、监督上。

三、市场规制责任制度

市场规制责任是市场规制法主体违反市场规制法义务而应承担的不利后果,是保障市场规制法的执法、司法和守法的重要制度,不可或缺。

(一)归责基础

违反市场规制法义务的经营者,之所以应当承担法律责任,一方面,在于该类行为破坏市场机制,危害公平竞争,侵犯了其他经营者、消费者的合法权益,毒化社会风气,具备承担法律责任的法理基础;另一方面,垄断行为或不正当竞争行为已经不只是一种道德概念,而是法律概念。规制主体和规制受体违反了市场规制法的规定,违背了法定义务,应当承担法律所规定的不利的后果。只有这样,才能促使市场规制法规范发生潜在的威慑力和现实的惩罚力。

(二)责任形式

违反市场规制法的法律责任形式,可分为财产性责任和非财产性责任两类。

1. 财产性责任

违反市场规制法,根据情节可能承担赔偿、强制超额赔偿、罚款、罚金责任。

(1)赔偿。经营者通过实施垄断行为或不正当竞争行为,获得超额利润或者交易机会、竞争优势,而其他经营者、消费者的权利和利益则因此受到了损害。这种损害虽然不同于违约和民事侵权那样直接、具体,但垄断行为和不正当竞争行为与损害后果之间仍然存在因果关系,根据相应的法理,应当设定赔偿责任。实施各种不正当竞争行为、部分垄断行为的市场主体都可能承担赔偿责任。

(2)强制超额赔偿。对于违反《反垄断法》《反不正当竞争法》,在交易中存在欺诈的故意并导致侵权的,通过强制超额赔偿予以惩罚,确有必要。比如,采用欺骗性标示行为(包括仿冒、虚假陈述)侵害消费者权益的,一般会承担双倍、三倍或多倍的强制超额赔偿责任。

(3)罚款和罚金。各类垄断行为和不正当竞争行为都会使其他经营者、消费者受到损害,还会破坏公平竞争的市场秩序和社会管理秩序,对社会造成危害。如果仅仅采用赔偿、强制超额赔偿,不足以弥补损失,也不足以使违法成本超过违法收益。为此,有必要设定罚款或罚金。罚款或罚金连同强制超额赔偿,加大了行贿人、受贿人的违法成本,可能为其带来负效益,有助于从经济上遏阻各种违反市场规制法的行为。

2. 非财产性责任

(1)声誉罚。通过作为规制主体的市场规制机关立案、调查和与其他相关机关的处罚，并向社会公布有关情况，可以大大降低实施垄断行为或不正当竞行为的经营者的商誉，其商誉降低自然会减少甚至丧失此后的交易机会。我国市场监督管理机关常常定期、不定期地向社会公布“十大案件”，实质上是在对违法者实施行政处罚的同时并处声誉罚，而剥夺违法经营者的荣誉称号更是声誉罚的直观运用。

（2）自由罚。市场主体的市场竞争行为严重违反市场规制法的规定，并同时达到刑法规定的要件时，即可能招致“双罚”——对单位和个人的罚金和对个人的自由罚。我国《刑法》第三章“破坏社会主义市场经济秩序罪”中规定了28项罪名，绝大多数是严重违反市场规制法（含特别市场规制法）所致之罪，这些罪名都可能对直接行为的个人处以自由罚。

（3）资格罚。因为严重违反市场规制法，经营者可能会被市场监管部门处以吊销营业执照的处罚，这是最严重的资格罚。此外，还有其他的资格罚，例如，违反特别市场规制法规范达到一定程度，被主管机关降低从事特别市场经营的资质等级，或者暂停从事某类或某几类业务的资格。

（三）责任主体

市场规制法责任主体绝大多数情形下是经营者；有些情形是其利益代表者，如联合限制竞争行为、行政性垄断行为；个别情形是经营者的工作人员和其他相关人员，如商业贿赂中的受贿人。同时，规制主体违反实体和程序的规定进行市场规制，也会成为责任主体。

（四）责任竞合

违反市场规制法的行为，在外观上往往同时是市场交易行为。这样，同一行为，从其作为竞争行为的角度观之，违反了市场规制法，承担市场规制法责任；从民法、知识产权法角度观之，因其具有违约或侵权的特征，也可能同时构成违约责任和侵权责任，从而发生责任竞合。

责任竞合，不独存在于市场规制法责任与其他法责任之间，即使在同为民法、知识产权法相互之间，也很常见。但需要说明的是，由于市场规制法与其他法相比往往具有兜底性质，当市场规制法与其他法责任发生竞合时，适用市场规制法责任对于恢复、重建市场竞争秩序意义更为显著。

【拓展学习与思考】

如何理解市场规制法的作用？

市场规制法的作用主要体现在以下四个方面：

一是创造公平竞争的市场环境，协调经营者相互之间的利益关系。创造公平竞争的市场环境是指通过立法和执法使一切市场主体处于平等的法律地位，遵循同一法律制度，并坚决查处、制裁垄断和不正当竞争等不法行为，推动和保护正当竞争。

二是维护消费者的合法权益,协调经营者与消费者之间的利益关系。消费者的消费是经济发展的原动力,保护消费者的权益能鼓励消费者消费、扩大内需,从而刺激经济的发展。维护消费者的合法权益,必然要以经营者切实履行其应尽的合法诚实经营义务为基础,所以要通过立法明确经营者的义务。尤其在我国消费者自我保护意识不强的情况下,增强消费者自我保护的法律意识,大力查处经营者损害消费者合法权益的违法行为,方便消费者为维护自己的合法权益提出申诉、申请仲裁或提起诉讼显得尤为重要、尤为迫切。这会促使经营者为争夺市场中更多的消费者而加强和改善内部经营管理,切实转换经营机制,从而促进我国市场经济的健康发展。

三是为政府对市场进行管理提供法律依据,规范和约束政府管理市场的行为。在市场经济条件下,政府对市场的管理同样不是万能的,必然要以不妨碍市场机制的正常发挥为前提,以弥补市场缺陷为目的。市场经济是一种法治经济,政府干预应当有法可依、有法必依,政府干预必须守法。[1] 所以,必须通过立法明确政府对市场管理的职能机构、职能范围、方式、程序。既使其具有权威性、强制性,以维护市场的正常秩序,又避免主观性、随意性等滥用权力破坏市场机制的行为。

四是促进社会主义市场经济体制的建立和完善,推动社会主义市场经济的发展。市场机制是资源配置的主要手段,它能通过供求、价格、竞争之间的相互作用与影响,推动资源的合理流动与分配,提高资源的使用效率,从而促进社会经济的发展。市场机制的这种客观作用,通常被喻为"无形之手"或"看不见的手"。市场规制法在"无形之手"对资源配置的基础上,通过立法、执法,充分发挥"有形之手"排除"无形之手"在某些方面不能发挥作用的"功能性障碍",整顿和规范市场经济秩序,打破行业垄断和地区封锁,促进一个统一开放、竞争有序的现代市场体系的形成。[2]

以案释法:

声 誉 罚

【案情】2020年2月1日,某县市场监督管理局执法人员根据投诉举报线索对经营者吴某依法进行检查。经查实,吴某在未依法取得营业执照和药品经营许可

---

〔1〕 参见邱本:《自由竞争与秩序调控——经济法的基础建构与原理阐释》,中国政法大学出版社2001年版,第352~353页。

〔2〕 参见徐孟洲主编:《经济法学原理与案例教程》(第3版),中国人民大学出版社2016年版,第47~61页。

证的情况下，购进双黄连口服液、清热解毒口服液、抗病毒口服液等药品，当日在该店加价销售，销售的三种药品进销差率分别为53.85%、40%和50%。

【问题】该案如何处理？

【解答】吴某的行为违反了《药品管理法》《价格法》的有关规定，属于无证无照经营药品违法行为和哄抬价格的违法行为。根据相关法律法规，县市场监管局责令其改正违法行为，没收依法扣押的药品，共计罚款人民币51,821元。

【评析】本案入选浙江省市场监督管理局食品安全百日执法行动典型案例，向社会公布。吴某在疫情防控期间，恶意抬高药品销售价格，扰乱了正常的市场秩序，影响恶劣。县市场监管局依法从严、从快做出了行政处罚，形成了有力震慑，有效维护了疫情防控期间市场秩序。该案被列为典型案例在全网公布，实质上是在对违法者行政处罚的同时并处声誉罚。

第十六章　竞争法律制度

【本章导读】

2013年,党的十八届三中全会决定"全面深化改革",提出"市场决定资源配置"新论断,把对公平竞争的重视程度提高到历史新高度,表明我们党对中国特色社会主义规律的认识达到了新水平,为我国供给侧结构性改革和发展模式转型指明了政治方向。习近平总书记指出,面对新形势新任务新要求,全面深化改革,关键是要进一步形成公平竞争的发展环境,政府的职责和作用主要是保障公平竞争,加强市场监管,维护市场秩序。我国维护市场公平竞争环境的法律称为竞争法,主要包含反垄断法和反不正当竞争法两个法律制度。因此,本章的第一部分简洁地阐述了反垄断法的基本概念、立法目的和基本内容,介绍了我国反垄断法的实体制度以及相关程序制度。第二部分主要介绍了反不正当竞争法的基本原理、实体制度以及相关程序制度。

第一节　反垄断法

一、反垄断法的基本原理

(一)概述

《反垄断法》的颁布是我国实施经济体制改革以来显著成就的标志。随着1993年《反不正当竞争法》的颁布,1994年第八届全国人大常委会规划关于《反垄断法》的立法。直至2004年,商务部作为起草部门才将《反垄断法(草案)》提交给国务院法制办,经历多次审议,2007年第十届全国人大常委会第29届会议获得通过,根据该法第57条,于2008年8月1日开始实施。2020年1月2日,国家市场监督管理总局公布《反垄断法(修订草案)(公开征求意见稿)》,即日起至1月31日向社会公开征求意见。根据该征求意见稿的内容,现行《反垄断法》将由57条增加至64条。修订后的《反垄断法》中第六章节标题的"对涉嫌垄断行为的调查"将变更为"对涉嫌违法行为的调查"。另外,该意见稿中新增了对互联网领域经营者具有市场支配地位进行认定时,应考虑的相关要素。同时,对法律责任部分加大了对违法行为的处罚力度,即提出违反《反垄断法》,对于上一年度没有销售额的经营者或者尚未实施所达成的垄断协议,最高可处以5000万元以下的罚款;对于个人处罚上限提高至100万元。

反垄断法的经济学原理是，一个企业如果取得垄断地位或者市场支配地位，它必然会抬高产品价格、减少产品在市场的供给。因此，可以说，《反垄断法》的立法根本目的就是预防和制止垄断行为。

（二）垄断和反垄断法

垄断作为一种经济现象，有时指一种垄断结构状态，有时是指垄断行为。作为一种结构状态，垄断是指经济高度集中，是企业的资本、生产经营规模和市场占有份额的大规模化。结构性的垄断既包括单个企业具有垄断地位，即独占，也包括少数几家企业共同享有垄断地位，即寡占。作为垄断行为，主要是指形成垄断状态或谋求形成垄断状态的各种行为，以及凭借垄断结构状态（垄断地位）所实施的各种限制竞争的行为，还包括几家企业通过协议等方式联合限制竞争的行为。

事实上，垄断表现为一种市场状态，是市场竞争的结果。然而，反垄断法关注的不仅仅是结果，而是在市场上形成垄断化的过程。关于"垄断化"，法律不仅要求有垄断地位，还要求实施了反竞争性的"排挤性行为"。所以说，决定某企业违反《反垄断法》的，是某个造成垄断状态的行为。

只有在市场竞争的条件下，社会资源才能得到最优配置，企业才能发挥其创新的动力，消费者的利益才能得到最大的体现。因此，可以说市场竞争是市场经济体制不可或缺的机制。

我国经历了40多年的经济建设和经济体制改革，计划经济条件下的价格垄断制度已经彻底被打破，企业所有制结构已经实现多元化。国有企业也已成为市场的独立主体，拥有较为充分的经营自主权。在这种情况下，我国就有必要建立反对垄断和保护竞争的法律机制，为我国的市场竞争营造一个自由公平的环境。在社会主义市场经济体制下，市场机制和竞争机制对我国的资源配置起着重要的作用，是国民经济发展的根本手段，只有充分竞争的市场才是促进国家经济发展的动力。因此，《反垄断法》是我国的经济宪法，是经济法的核心。

（三）反垄断法的立法目的

《反垄断法》第1条明确规定了本法的立法目的："为了预防和制止垄断行为，保护市场公平竞争，提高经济运行效率，维护消费者利益和社会公共利益，促进社会主义市场经济健康发展，制定本法。"由此可见，我国反垄断法的立法目的并不是单一的，而是多元的，可将其分解为直接目的和最终目的。直接目的是预防和制止垄断行为，保护市场公平竞争。最终目的是提高经济运行效率，维护消费者利益和社会公共利益。也就是说，只有在公平的市场竞争基础上，才能实现高效的国家经济和高福利的社会。

（四）反垄断法的基本内容

《反垄断法》借鉴其他国家，特别是借鉴竞争政策和竞争法的制定和实施较为发达的国家和地区的经验,在实体法上规定了以下内容:禁止垄断协议;禁止滥用市场支配地位;控制经营者集中。同时,我国的立法机关结合考虑我国的国情,还规定了禁止行政性限制竞争行为。除此之外,还规定了执法机构、调查程序以及相关法律责任。

二、反垄断法的实体制度

(一)规制垄断协议的行为

《反垄断法》第 13 条规定,所谓"垄断协议"是指经营者为限制竞争而达成协议、决定或者其他协同一致的行为。所以,"垄断协议"也可称为"联合限制竞争的行为"。首先,垄断协议的主体必须是两个或两个以上的经营者,单个经营者无法形成协议或者实施联合一致的行为。其次,垄断协议的行为必须是采取协议明示或默契,也可称共谋,是指两个或两个以上的经营者关于限制其活动而进行的意思联络,并基于这种意思联络而形成的一致性行动。即各方基于共同的意思,实施了共同的行为。垄断协议的实施使得参加经营者之间原来的竞争受到限制,或使参加经营者以外的其他经营者的交易受到限制。这种垄断协议行为既可以发生在有直接竞争关系的经营者之间(也就是横向协议),也可以发生在有着买卖关系的经营者之间(纵向协议)。但是,都表现为各方共同对商品或服务的价格、数量、地区、对象进行限制,从而阻碍、扭曲了正常的市场竞争和市场交易。

根据行为对市场竞争影响的方式和程度,反垄断法中的垄断协议被分为横向协议和纵向协议两种类型。横向协议是指相关竞争者之间的协议,如不同品牌存在竞争关系的手机生产商制定联合涨价的协议。这种协议在反垄断法中通常被称为卡特尔(Cartel)。反垄断法中将排除价格竞争的卡特尔称为价格卡特尔。为了维护产品的高价,竞争者之间通过协议限制生产或销售数量的行为称为数量卡特尔。此外,生产同类产品的竞争者还可协议划分销售区域,该卡特尔被称为地域卡特尔。横向垄断协议相当于行业垄断,行业垄断的结果必然导致产量下降、价格上升、技术进步缓慢,最终是消费者的整体利益受损、社会资源配置效益低下。这种横向协议常常要受到比较严格的管制。纵向协议也称为垂直协议,即不同生产阶段的经营者直接达成的限制竞争协议,这种协议一般都是买方和卖方之间的协议。典型的类型有维持转售价格、搭售、独家经营、独占地区以及其他限制交易方营业自由的行为。横向协议与纵向协议相比较,横向协议损害竞争者的程度更为严重,对消费者利益的损害更为直接,可以说,纵向垄断协议对竞争的危害相对于横向来说较小,因而他受到管制的程度也比较小。

(二)规制滥用市场支配地位的行为

《反垄断法》第三章中对滥用市场支配地位进行了规定。《反垄断法》第 17 条第 2 款规定,本法所称市场支配地位,是指经营者在相关市场内具有能够控制商品价格、数量或者其他交易条件,或者能够阻碍、影响其他经营者进入相关市场能力的市场地位。由此可见,市场支配地位是经营者的一种状态,拥有这种地位意味着经营者在相关市场上,拥有决定产品质量、价格、销售等方面的控制能力。我国反垄断法中使用“市场支配地位”,其他国家使用不同的称谓,如垄断状态、独占、垄断力或占有经济优势等,但是所指的经济现象是基本相同。

滥用市场支配地位,是指具有市场支配地位的经营者在相关市场内控制商品价格、数量或其他交易条件,或阻碍、影响其他经营者进入相关市场。滥用市场支配地位在反垄断法中属于行为规制的范畴。反垄断法不反对经营者拥有市场支配地位,具有市场支配地位本身并不违法。经营者可通过各种合法的途径获得市场支配地位,如技术创新、申请专利权、合并、政府规制、对资源的控制等。只有在具有市场支配地位的经营者有滥用这种市场支配地位的行为、对其他竞争者进行不合理的限制和排除时,才被反垄断法禁止。因此,需要对具有市场支配地位的主体及其滥用行为进行确认。具有市场支配地位的经营者有滥用这种地位的可能性,相对于其他经营者更容易从事违法行为,因而反垄断法需要对其进行特别的监督和控制。关于拥有市场支配地位的经营者的滥用行为,《反垄断法》第 17 条第 1 款通过列举方式进行了规定:垄断高价或者低价行为、掠夺性定价行为、拒绝交易行为、独家交易行为、搭售行为、歧视行为和其他反垄断执法机构认定的行为。

当经营者占有一定的市场时,可以推定经营者在相关市场具有市场支配地位,这就是关于市场支配地位的推定制度。《反垄断法》第 19 条第 1 款规定了具有市场支配地位的经营者的可推定情况,该推定制度建立在经营者所拥有的市场份额基础上。例如,一个经营者在相关市场的市场份额达到 1/2,或者两个经营者在相关市场的市场份额达到 2/3,或者三个经营者在相关市场的市场份额达到 3/4,这一个或者几个经营者就可以被推定为具有市场支配地位。同时,第 19 条第 1 款第 2 项、第 3 项规定的情形,其中有的经营者市场份额不足 1/10 的,不应当推定该经营者具有市场支配地位。这是考虑到市场份额太小的经营者是难以确认其取得市场支配地位的。此外,被推定为具有市场支配地位的经营者,有证据证明不具有市场支配地位的,不应当认定其具有市场支配地位。根据该款规定,说明经营者对市场支配地位的推定可以进行反驳。同时,《反垄断法》还规定了认定经营者在相关市场是否拥有支配地位的因素:经营者在相关市场的市场份额,以及相关市场的竞争状况、经营者控制销售市场或者原材料采购市场的能力、经营者的财力和技术条件、其他经营者对该经营者在交易上的依赖程度、其他经营者进入相关市场的难易程度、与认定该经营者市场支配地位相关的其他因素。

(三)规制经营者集中的行为

经营者集中,是指两个或两个以上经营者相互合并,或者一个或多个经营者通过收购或其他方式对其他经营者进行控制,从而导致相互关系上的持久变迁的行为。控制经营者集中制度是对企图形成或加强潜在的市场支配力的事前预防、控制,目的在于维护合理的市场结构,防止市场力量的过度集中。

经营者集中规制是反垄断法律制度的核心内容之一。经营者集中虽然是平等经营者之间的意思自治行为,但由于有些经营者集中会给市场竞争带来巨大的负面影响,严重阻碍市场内的有效竞争、损害消费者的利益。

在我国反垄断法中对经营者集中的界定采取列举的方式,其内容也跟其他国家或地区的规定基本一致。根据《反垄断法》第20条的规定,经营者集中是指下列三种情形:(1)经营者合并;(2)经营者通过取得股权或者资产的方式取得对其他经营者的控制权;(3)经营者通过合同等方式取得对其他经营者的控制权或者能够对其他经营者施加决定性影响。

经营者集中以其影响市场的效果和程度为标准可分为横向集中、纵向集中和混合集中三种方式。

横向集中又称为水平合并,是指因生产或销售同类产品,或者提供同种服务而处于相互直接竞争中的经营者直接的合并。由于横向合并是直接竞争者之间的合并,通过合并行为,经营者可以迅速扩大经营者的规模,增加市场份额,带来的规模经济效益最明显。但同时,由于它直接减少了市场上独立经营者的数量,通常会直接影响市场结构,对竞争造成的危害也更直接,因此现在各国反垄断法对经营者合并的控制主要是集中在对横向合并的控制上。当然这主要是指具有市场支配地位的经营者之间的合并,若是中小经营者之间的合并,他们还能起到加强其市场竞争力,以更有效的参加到与其他具有市场支配地位的经营者的竞争中去的积极效果。

纵向集中又称为垂直合并,是指同一产业中处于不同阶段而实际上有买卖关系的经营者之间的合并,也就是某种产品的卖方和买方之间的合并或上游经营者与下游经营者之间的合并。这种合并行为可以使合并经营者在销售和供应上减少外部竞争的压力、节约交易成本、提高生产效率,并且一般不妨碍不同商品的同类产品间的竞争,因此,一般来说它对市场竞争的影响比横向合并要小,且是间接的。但是,当纵向合并涉及范围过广,也可能对竞争性的市场结构产生一定的影响,有可能加强甚至扩大合并一方原有的市场优势,促进某一市场的集中化,因此对纵向合并也应予以一定的控制。

混合集中一般指既不存在竞争关系也不存在买卖关系的企业之间的合并,即跨行业合并。混合合并可以使生产不同产品的经营者使用共同的销售渠道,共同研制和开发新产品,减少市场风险,从而使合并各方从中获得利益,同时也能适应现代企业多元化经营的需要。混合合并对市场结构的影响较小,从而对市场竞争的影响不大,因此对混合合并的控制相比较而言,是相对宽松的。

由此可见,上述三种合并类型有着各自的特点,对竞争的影响方式和程度也是不同的,因而受到反垄断法控制的程度也不同。

（四）规制行政性垄断的行为

行政性垄断行为是指行政机关和法律法规授权的具有管理公共事物职能的组织滥用行政权力，在经济活动中排除、限制正当市场竞争的行为。众所周知，政府的基本职能是保护竞争、促进竞争。除非为了社会公共利益的需要，政府不得限制市场竞争，这是政府与市场的关系的基本法则。行政垄断正属于执法之人违法的情况，因而，其所造成的社会危害将比经济垄断更深远、更严重。

反垄断法禁止的行政垄断行为，性质上是一种滥用行政权力行为。关于滥用行政权力，我们认为可以包括“无权而行使权力”“不恰当行使权力”两种类型。前者可以是绝对、始终的无权，也包括越权或权限终止后仍然使用权限；后者是指虽然有合法授权，但其行使权力是违背了授权的精神，即行使的目的与其相背离。

行政垄断的主体是行政垄断行为的实施者，即行政垄断行为的后果承担责任者。根据《反垄断法》第8条的规定，行政垄断的主体是指行政机关和法律法规授权的具有管理公共事物职能的组织。行政垄断的实施主体也就是政府和政府部门。政府是指各级人民政府，包括上至国务院下至乡镇人民政府。政府的所属部门包括国务院以及地方各级人民政府所属的职能部门、直属机构，还包括政府所属的具有行政管理职权的事业单位。

《反垄断法》将滥用行政权力排除限制竞争行为类型分为以下六种：

1.强制交易又叫指定交易。行政机关和法律、法规授权的具有管理公共事务职能的组织不得滥用行政权力，限定或者变相限定单位或者个人经营、购买、使用其指定的经营者提供的商品。强制交易一般包括以下三种类型：限定购买使用该行政主体自己提供的商品，限定购买使用其指定的经营者生产或经销的商品、以商品质量等为借口，阻碍其购买使用其他经营这提供的符合技术标准的其他商品。

2.地区封锁也称为地方保护主义。行政机关和法律、法规授权的具有管理公共事务职能的组织不得滥用行政权力，妨碍商品在地区之间的自由流通。地区封锁的表现形式包括：（1）对外地商品设定歧视性收费项目、实行歧视性收费标准，或者规定歧视性价格；（2）对外地商品规定与本地同类商品不同的技术要求、检验标准，或者对外地商品采取重复检验、重复认证等歧视性技术措施，限制外地商品进入本地市场；（3）采取专门针对外地商品的行政许可，限制外地商品进入本地市场；（4）设置关卡或者采取其他手段，阻碍外地商品进入或者本地商品运出；（5）妨碍商品在地区之间自由流通的其他行为。

3.限制跨地区招投标。行政机关和法律、法规授权的具有管理公共事务职能的组织不得滥用行政权力，以设定歧视性资质要求、评审标准或者不依法发布信息等方式，排斥或者限制外地经营者参加本地的招标投标活动。随着我国财政包干制度的改革以及地方官员经济业绩考核标准的推行，地方政府承担了很大的财政压力和经济增长压力，因此企业行为往往和政府行为联系在一起。为了实现自身和地方利益最大化,一些地方行政机关就会利用手中的权力干预企业的招投标活动,在招投标管理活动中搞地区垄断。

4. 限制跨地区投资。行政机关和法律、法规授权的具有管理公共事务职能的组织不得滥用行政权力,采取与本地经营者不平等待遇等方式,排斥或者限制外地经营者在本地投资或者设立分支机构。地方政府实施的歧视性投资措施主要包括:税收差别、当地股权要求、产品限制、本地销售要求、外地销售要求、当地采购要求、限制投资数量、限制投资总金额、限制产品数量、规定企业经营形态、限定股权比例等类型。

5. 强制从事垄断行为。行政机关和法律、法规授权的具有管理公共事务职能的组织不得滥用行政权力,强制经营者从事本法规定的垄断行为。如行政主体滥用行政权力干预企业合并的行为,强迫经济效益好的企业接受某些经济效益不好的企业。在这种情况下,合并企业不仅得不到任何好处,相反还得替被合并的企业偿还债务、安置富余人员,这就等于消减了自己的经济实力,恶化了自己的市场竞争条件。

6. 抽象行政垄断行为。行政机关不得滥用行政权力,制定含有排除、限制竞争内容的规定。上述强制交易,地区垄断等行政性限制竞争行为,不仅可以通过具体行政行为来实施,而且可以通过抽象行政行为来实施。抽象行政行为的特点是针对不特定对象反复适用,效力时间长等,与限制竞争的具体行政行为相对比,其危害性更大。

三、反垄断法的程序制度

(一)执法机关的构成和职能

2018 年 3 月,第十三届全国人民代表大会第一次会议批准的《深化党和国家机构改革方案》提出,将原国家工商行政管理总局的职责、原国家质量监督检验检疫总局的职责、原国家食品药品监督管理总局的职责、国家发展和改革委员会的价格监督检查与反垄断执法职责、商务部的经营者集中反垄断执法以及国务院反垄断委员会办公室等职责整合,组建国家市场监督管理总局,作为国务院直属机构。国家市场监督管理总局贯彻落实党中央关于市场监督管理工作的方针政策和决策部署,在履行职责过程中坚持和加强党对市场监督管理工作的集中统一领导。

国家市场监督管理总局的主要职责是负责反垄断的统一执法;统筹推进竞争政策实施,是指导实施公平竞争审查制度;依法对经营者集中行为进行反垄断审查,负责垄断协议、滥用市场支配地位和滥用行政权力排除、限制竞争等反垄断执法工作;指导企业在国外的反垄断应诉工作并承担国务院反垄断委员会日常工作。

反垄断局作为国家市场监督管理总局的内设机构,其主要职责是拟订反垄断制度措施和指南,组织实施反垄断执法工作,承担指导企业在国外的反垄断应诉工作;组织指导公平竞争审查工作;承担反垄断执法国际合作与交流工作并承办国务院反垄断委员会日常工作。

（二）相关执法程序

1. 执法程序的启动。首先，反垄断执法机构依法对涉嫌垄断行为进行调查。对涉嫌行为，任何单位和个人有权向反垄断执法机构举报。反垄断执法机构应当为举报人保密。由此可见，对举报主体规定为“任何单位和个人”，强调了举报权的主体的广泛性。其次，《反垄断法》第 38 条规定了对举报人的保密义务，这个在其他国家反垄断立法中比较少见。这个规定是为了保护举报人，消除举报人后顾之忧，加强反垄断法的实施力度。

2. 调查的中止和恢复。对涉嫌违法行为调查后的处理方式可分为正式和非正式两种。正式的处理方式是指由反垄断执法机构在完成对涉嫌垄断行为的调查后，对是否构成垄断行为和是否给予制裁以及给予何种制裁作出正式处理决定。非正式处理就是在作出正式处理之前，以被调查人承担一定义务为前提，反垄断法执法机构中止对涉嫌垄断行为的调查或者处理。与正式的处理方式相比，反垄断法中的非正式处理方式具有结案效率高、处理结果容易被执行等优点。目前各国的反垄断法都有类似规定，日本称为劝告制度，欧共体称为承诺制度。

3. 行政复议和行政诉讼。对反垄断执法机构根据《反垄断法》第 28 条关于反垄断执法机构禁止或不禁止经营者集中的决定、第 29 条关于对不予禁止的经营者集中附加限制性条件的决定不服的，可以先依法申请行政复议；对行政复议决定不服的，可以依法提起行政诉讼。对其他决定不服的，可以依法申请行政复议或者提起行政诉讼。

4. 相关民事责任。《反垄断法》第 50 条对民事责任的规定如下：经营者实施垄断行为，给他人造成损失的，依法承担民事责任。因为反垄断法主要涉及财产权利，而不涉及人身权利，因此反垄断法的民事责任主要是排除侵害和损害赔偿。

第二节 反不正当竞争法

一、反不正当竞争法的基本原理

（一）不正当竞争行为概述

反不正当竞争法是禁止以违反公认的商业道德的手段从事市场竞争行为，维护公平竞争秩序的一类法律规范的通称。不正当竞争通常指企业以仿冒、虚假、诋毁、窃取等不正当手段，利用他人的商誉，摄取他人的竞争优势的情形。反不正当竞争的目的是维护公平的市场竞争秩序，从而保护合法的经营者和消费者的利益。所以反不正当竞争法也可以称为公平竞争法，它所追求的是公平竞争，侧重于保护竞争者，从而保护竞争市场。相比较，反垄断法是通过规制垄断，使市场保持一种竞争的状态，保证市场上有足够的竞争者，从而保证消费者有选择商品的权利。反垄断法追求的是自由竞争,目的是保障企业在市场上自由参与竞争的权利,提高经济效益,扩大整个社会的福利,规范整个市场的竞争。因此,反垄断法也可以称为反限制竞争法,它所着重保护的是竞争市场而不是单个竞争者,是从保护市场的角度出发保护竞争者,而不是绝对不保护竞争者。

《反不正当竞争法》第 2 条第 2 款的规定并不能算是不正当竞争的完整定义,要将它和该法的其他条文,特别是第 1 条、第 2 条第 1 款的规定联系起来看,不正当竞争的含义才更清楚。因此,根据《反不正当竞争法》第 2 条第 2 款,不正当竞争行为可定义为:"经营者在生产经营活动中,违反本法规定,扰乱市场竞争秩序、损害其他经营者或者消费者的合法权益的行为。"

(二)不正当竞争行为的构成要件

《反不正当竞争法》对于不正当竞争行为的构成要件没有作出明确规定,但从司法实践中可以将不正当竞争行为的构成要件概括为:

1. 不正当竞争行为的主体是各类市场交易活动的参加者。我国《反不正当竞争法》规定的不正当竞争行为的主体是"经营者",即"从事商品经营或经营性服务的法人、其他经济组织和个人"。

2. 不正当竞争行为的客观方面表现为行为人实施了与诚实信用原则或其他公认的商业道德相悖的行为。不正当竞争行为的具体表现虽然存在很多差异,但无论是市场混淆、虚假宣传和商业诋毁还是侵犯商业秘密、商业贿赂等,其共同的实质都是不劳而获,与市场经济中诚实信用原则和其他公认的商业道德的要求相背离。可见,不正当竞争行为违法性或者不正当性的实质正在于它直接违反了体现法律精神的诚实信用原则或其他公认的商业道德。

3. 不正当竞争的行为人主观上具有过错。不正当竞争行为既然是不正当的行为,即经营者从事的与诚实信用原则或其他公认商业道德相悖的行为,因而在认定不正当竞争行为时通常应以主体具有主观过错为要件。行为人的主观过错一般可以从是否具有损害他人利益以及是否违反合同或商业习惯等方面来判断。

4. 不正当竞争行为所侵害的客体是经营者利益、消费者利益和社会公共利益。不正当竞争行为所侵犯的客体往往不是单一的,而是多重的。基于不正当竞争的性质,经营者实施不正当竞争行为一般都侵害了竞争对手的利益,而且侵害了交易相对人尤其是消费者的利益。不正当竞争行为有时是在损害经营者利益的同时间接损害消费者的利益,有时则是直接损害了消费者的利益,特别是在市场混淆和虚假宣传行为中,消费者是直接的受害者,或者说是通过消费者利益受损进而影响竞争者的利益。

(三)反不正当竞争法的特征

反不正当竞争法有以下四个重要特征:

1. 反不正当竞争法是政府对经营者竞争行为的干预。在市场经济条件下,企业具有自主经营、自由竞争的权利。但是,由于企业的竞争行为关系市场秩序的稳定和有序,因而政府必须对经营者的竞争行为进行适当的限制,这种限制体现了现代经济法的本质,即为了维护市场经济的有序和可持续发展,政府必须对市场主体的经营自由进行适度干预。

2. 反不正当竞争法对不正当竞争行为的规制范围具有不确定性。反不正当竞争法的规制对象是违反商业道德的行为,这就表明不正当竞争行为的外延具有不确定性。随着经济社会的发展,人们生活习惯的变化,商业道德的含义和形式也会变化。列举式的规定不足以囊括所有不正当竞争行为,以概括式界定来弥补立法上的缺陷,才会更全面更有效地规制不正当竞争行为。

3. 反不正当竞争法具有与其他法律的竞合性。在对不正当竞争行为进行规制的时候,常常会发生同一法律事实由多个法律或行政法规加以规制的现象。如反不正当竞争法在对假冒他人注册商标行为进行规制时,就会和知识产权法发生竞合。这种法律竞合可以从不同的角度保护竞争机制和经营者、消费者的合法权益。

4. 反不正当竞争法保护的法益具有社会性。反不正当竞争法不仅保护合法诚实经营的经营者,还保护受到侵害的、不直接参与交易和竞争的其他经营者和消费者。不正当竞争行为的侵权性质比民事侵权要复杂得多,反不正当竞争法要解决的是个体利益和社会利益之间的矛盾,保护的是众多经营者和消费者的利益,而并不仅仅是某一个特定的受损害的消费者或经营者的利益。

二、反不正当竞争法的实体制度

(一)禁止欺骗性混淆行为

市场混淆行为的本质特征是擅自使用他人的商业标识,盗用他人商业标识上所凝结的商业信誉或商品声誉,从而导致市场上相关商品或服务的混淆以及消费者的误认误购,不仅损害了其他经营者的利益,还损害了消费者的利益,扰乱了市场竞争秩序。

(二)禁止商业贿赂

经营者通过商业贿赂的方式不当谋取交易机会或者竞争优势,排挤了其他竞争者的交易机会,扭曲了公平竞争的市场机制,扰乱了市场竞争秩序。《反不正当竞争法》第2条第3款所称“经营者”,包括从事商品生产、经营或者提供服务的自然人、法人和非法人组织。如果经营者本人直接进行的商业贿赂行为当然适用本条的规定,但是经营者通过其工作人员进行的商业贿赂行为,也应当认定为经营者的行为。进行商业贿赂的目的是谋取交易机会或者竞争优势,获取“交易机会”是指经营者通过商业贿赂,取得或者增加与交易相对方达成交易的可能性,这种可能性既包括完成交易事项的可能性,也包括达成交易意向的可能性。获取“竞争优势”是指经营者通过商业贿赂,取得相对于其他竞争者的优势地位。“竞争优势”的表现形式既可以是促成行贿人的特定交易,也可以是阻碍其他竞争者的特定交易,还可以是在特定领域形成行贿人的排他权、优先权、市场优势地位等。商业贿赂的手段既包括财物,也包括其他手段,所谓“其他手段”,即指只要对受贿人有价值,都可能被用于进行商业贿赂。商业贿赂的对象可分为:交易相对方的工作人员,一般是因其在交易相对方中担任的职务,或者因其受交易相对方指派办理相关事务,而能够帮助行贿人谋取交易机会或者竞争优势的人员;或者是受交易相对方委托办理相关事务的单位或者个人,或者是利用职权或者影响力影响交易的单位或者个人。

(三)禁止虚假宣传

虚假宣传是指经营者对其商品作虚假或者引人误解的商业宣传,欺骗、误导了消费者,不当抢夺了其他经营者的交易机会,违反了诚实信用原则,扰乱了市场竞争秩序,属于典型的不正当竞争行为,应当予以禁止。虚假宣传的对象是经营者的商品或者服务的相关信息,既可以包括关于商品或者服务的自然属性的信息(如商品的性能、功能、产地、用途、质量、成分、有效期限等;服务的标准、质量、时间、地点等),也可以包括商品的生产者、经营者、服务提供者的信息(如资质、资产规模、曾获荣誉,与知名企业、知名人士的关系等),还可以包括商品的市场信息(如价格、销售状况、用户评价等)。宣传的内容虚假,即内容不真实,与实际情况不符。内容引人误解,一般是指内容中使用含混不清,或者有多重语义的表述,或者表述容易让人引发错误联想。在效果上,虚假宣传造成了欺骗、误导消费者的客观后果,或者可能产生欺骗、误导消费者的后果。因此,此处的“消费者”,既包括购买了广告商品或者服务的实际消费者,又包括可能购买广告商品或者服务的潜在消费者。

(四)禁止侵犯商业秘密

构成侵犯商业秘密主要有四种情形:第一,经营者以不正当手段获取权利人的商业秘密,方式包括盗窃、贿赂、欺诈、胁迫或者其他手段。第二,经营者非法获取商业秘密后,非法使用该商业秘密,方式包括披露、自己使用或者允许他人使用。“披露”,是指将权利人的商业秘密公开,以破坏权利人的竞争优势。自己使用或者允许他人使用该商业秘密,通常是利用权利人的商业秘密为自己牟取竞争优势或者经济利益。第三,经营者违反约定或者违反权利人有关保守商业秘密的要求,披露、使用或者允许他人使用其所掌握的商业秘密。该情形中经营者获取权利人的商业秘密本身是合法的,其后违反约定、要求披露、使用或者允许他人使用其所掌握的商业秘密,就构成侵犯商业秘密。第四,第三人(其他经营者)明知或者应知商业秘密权利人的员工、前员工或者其他单位、个人实施前述违法行为,仍获取、披露、使用或者允许他人使用该商业秘密。其中,“明知”是指明明知道,即第三人的主观状态就是知道,其行为存在故意。“应知”是指应当知道,即第三人主观状态虽然不知道,但是从客观情况上判断,只要尽到必要、合理注意义务的人都应当知道,其行为存在过失。如果第三人使用该信息时,不知道且不应当知道该信息是他人的商业秘密,并且不知道且不应当知道上述人员给予第三人该信息违反了法律规定或者与权利人关于保守商业秘密的约定,则不构成侵犯商业秘密。此外,第三人如果知道商业秘密来源违法后即停止使用,也不构成侵犯商业秘密。

(五)禁止违法有奖销售

禁止经营者进行有奖销售时存在下列情形:第一,有奖销售信息不明确,影响兑奖。如经营者故意对所设奖的种类、兑奖条件、奖金金额或者奖品等信息不作明确清晰的表述,在消费者兑奖时制造困难,使消费者无法实际获得可以合理期待的奖励。第二,采用谎称有奖或者故意让内定人员中奖的欺骗方式进行有奖销售。所谓"谎称有奖",既包括宣称有奖而实际无奖,也包括宣称有大奖而实际只有小奖。"让内定人员中奖",即通过人为干预抽奖结果,使特定人员中奖或者中大奖。其中的"内定人员"不一定是经营者的内部人员,如经营者的员工,也可能是经营者选定的外部人员,如关系户等。第三,抽奖式巨奖销售。最高奖的金额超过5万元定为巨奖,本项限制最高奖金额5万元的只是抽奖式的有奖销售。奖励所有购买者且奖品价值基本相当的附赠式有奖销售以及获奖人不是仅凭运气通过抽奖获得奖励,而是因其智力、体力、技能参加活动而赢得奖励的例外。

(六)禁止商业诋毁

在生产经营活动中,经营者应当通过自己的努力,建立、维护自己的商业信誉、商品声誉,以取得交易伙伴、消费者的信任,赢得更多交易机会和竞争优势。商业诋毁不但损害了其他经营者的合法权益,而且向消费者提供了错误信息,干扰了消费者的正常交易选择,扰乱了市场竞争秩序,是一种典型的不正当竞争行为。

商业诋毁的行为主体是经营者。"经营者",包括从事商品生产、经营或者提供服务的自然人、法人和非法人组织。商业诋毁的对象是竞争对手,一般情况下仅将生产、销售相同或相似商品或服务的经营者认定为竞争对手,随着社会经济的发展,应对竞争对手作更加广义的理解:第一,经营者生产、销售的商品或者服务虽然不相同、不相似,但具备相似功能、可以相互替代的,也可能构成竞争对手。第二,经营者之间存在争夺消费者注意力、购买力等商业利益冲突的,也可能成为竞争对手。

商业诋毁的行为表现是编造、传播虚假信息或者误导性信息。"虚假信息",即内容不真实,与实际情况不符的信息。编造虚假信息。虚假信息或者误导性信息要对竞争产生影响,还必须经过"传播"。经营者既编造又传播虚假信息或者误导性信息的,可能构成商业诋毁;经营者传播别人编造的虚假信息的,也可能构成商业诋毁;但经营者仅编造虚假信息未传播的,一般不会对市场竞争造成影响,不构成商业诋毁。

商业诋毁的后果是损害竞争对手的商业信誉、商品声誉。商业信誉、商品声誉反映的是人们对经营者本身以及其提供的商品或者服务的社会评价。商业信誉包含商品声誉，还包含与商业活动有关的其他因素，如社会关系、公益形象、企业文化等。

（七）关于网络领域不正当竞争行为规制

近年来，随着互联网技术的急速发展，在网络领域中涉及不正当竞争的纠纷不断增加。《反不正当竞争法》根据网络领域反不正当竞争的客观需要，专门增加了针对网络领域不正当竞争行为的规定。网络领域不正当竞争行为可分为以下两种情形：(1)传统不正当竞争行为在网络领域的延伸。利用网络实施虚假宣传、商业诋毁等不正当竞争行为。这类网络不正当竞争行为与一般的不正当竞争行为并不存在实质区别，仅仅由于网络领域的特点而呈现出不同的表现形式。(2)属于网络领域特有的、利用技术手段实施的不正当竞争行为。经营者利用网络领域的专业技术手段，妨碍其他经营者合法提供的网络产品或者服务正常、平稳顺利地运行，或者进行破坏，使其不能运行，均违反了诚信原则和商业道德，属于不正当竞争行为。"妨碍、破坏其他经营者合法提供的网络产品或者服务正常运行"的具体情形主要有：第一，未经其他经营者同意，在其合法提供的网络产品或者服务中，插入链接、强制进行目标跳转；第二，误导、欺骗、强迫用户修改、关闭、卸载其他经营者合法提供的网络产品或者服务；第三，恶意对其他经营者合法提供的网络产品或者服务实施不兼容；第四，其他妨碍、破坏其他经营者合法提供的网络产品或者服务正常运行的行为。

三、反不正当竞争法的程序制度

（一）执法机关和职责

根据《反不正当竞争法》的相关规定，县级以上人民政府履行市场监督管理职责的部门对不正当竞争行为进行查处；法律、行政法规规定由其他部门查处的，依照其规定。由此可见，县级以上人民政府履行市场监督管理职责的部门是不正当竞争行为的执法部门。主要职责是，对涉嫌不正当竞争行为行使调查权、认定权，对经认定成立的不正当竞争行为行使行政处罚权。

（二）执法程序

1. 立案。不正当竞争行为的监督检查部门可以依据监督检查职权，或者通过投诉、申诉、举报、其他机关移送、上级机关交办等途径，发现涉嫌不正当竞争行为并在相关法律规定的期间内决定立案。

2. 调查取证。对于决定立案的涉嫌不正当竞争行为，不正当竞争行为的监督检查部门应当及时进行调查，收集、调取证据。在调查取证中，不正当竞争行为的监督检查部门可以采取以下措施：(1)进入涉嫌不正当竞争行为的经营场所进行检查。(2)询问被调查的经营者、利害关系人及其有关单位、个人，要求其说明有关情况或者提供与被调查行为有关的其他资料。(3)查询、复制与涉嫌不正当竞争行为有关的协议、账簿、单据、文件、记录、业务函电和其他资料。(4)查封、扣押与涉嫌不正当竞争行为有关的财物。(5)查询涉嫌不正当竞争行为的经营者的银行账户。同时,为了避免监督检查部门滥用职权,尽量减少调查取证对经营者活动的影响,《反不正当竞争法》对调查取证的程序规则作了如下规定:(1)监督检查部门采取调查取证措施,应当向监督检查部门主要负责人书面报告,并经批准;查封、扣押与涉嫌不正当竞争行为有关的财物,查询涉嫌不正当竞争行为的经营者的银行账户,应当向设区的市级以上人民政府监督检查部门主要负责人书面报告,并经批准。(2)监督检查部门涉嫌不正当竞争行为,应当遵守《行政强制法》和其他法律、行政法规的规定,并应当将查处结果及时向社会公开。

3. 审查认定。在调查取证结束后,不正当竞争行为的监督检查部门应当对当事人的行为是否构成不正当竞争行为进行审查认定。在审查认定中,应当充分听取当事人的陈述、申辩意见。不正当竞争行为的监督检查部门在作出责令停产停业、吊销许可证或者执照、较大数额罚款等行政处罚决定之前,应当告知当事人有要求举行听证的权利;当事人要求听证的,不正当竞争行为的监督检查应当组织听证。

4. 作出决定。根据调查取证、审查认定的不同情况,不正当竞争行为的监督检查部门分别作出如下决定:(1)确有应受行政处罚的不正当竞争行为的,根据情节轻重及具体情况,作出行政处罚决定;经营者从事不正当竞争,有主动消除或者减轻违法行为危害后果等法定情形的,依法从轻或减轻行政处罚。(2)不正当竞争行为情节轻微并及时纠正,没有造成危害后果的,不予行政处罚。(3)不正当竞争事实不能成立的,不得给予行政处罚。(4)不正当竞争行为涉嫌犯罪的,移送司法机关。

【复习与思考】

1. 垄断协议的概念和主要种类是什么?
2. 市场支配地位的认定标准以及应当考虑的因素有哪些?
3.《反不正当竞争法》中规定了哪些不正当竞争行为?
4. 侵犯商业秘密的行为有哪几种情形?

以案释法:

经营者集中,域外管辖制度

【案情】2013 年 9 月 18 日,我国商务部收到丹麦甲集团、乙航运公司、法国丙海运集团公司设立网络中心的经营者集中反垄断申报。经审查,商务部认为此项经营者集中形成了交易方紧密联营,在亚洲—欧洲航线集装箱轮运运输服务市场具有可能排除、限制竞争效果。参与集中的经营者不能证明该集中对竞争产生有利影响明显大于不利影响或者符合社会公共利益。因此，商务部决定禁止此项经营者集中。

【问题】商务部对此项集中行为实施审查的依据是什么？

【解答】本案涉及的是反垄断法的域外管辖制度。《反垄断法》第2条明确规定了我国反垄断法的域外效力，由此认定此项域外的集中行为可能产生排除、限制竞争效果，对本国的经济造成危害，商务部有权对此项集中行为作出禁止的决定。

【评析】本案中涉及的3家航运公司都是欧洲的企业，本来按照一般的法律管辖原则，既不是中国企业也不在中国境内实施的行为，中国法律无管辖权。但是，这恰好涉及我国的域外管辖制度。目前主张反垄断法的域外适用已经成为各国反垄断法中的普遍做法。面对国外的垄断行为尤其是跨国企业的垄断行为对我国市场的影响，只有在《反垄断法》中规定域外效力，才能更好地维护我国的主权和经济利益。

第十七章　消费者权益保护法律制度

【本章导读】

2019年习近平总书记在“不忘初心、牢记使命”主题教育工作会议上指出，党的一切工作都是为了实现好、维护好、发展好最广大人民根本利益。民生是最大的政治，坚持以人民为中心的发展思想是做好民生工作的根本遵循，也是维护每一位消费者合法权益的根本遵循。在消费者与经营者的商品交易中，从力量对比上看，消费者一般处于弱者地位。为了维护社会正义，矫正这种不平等的地位，必须站在消费者的立场上，坚持以人民为中心的价值追求，对消费者利益给予特殊的法律保护。制定和完善消费者权益保护法律制度对于保护消费者的合法权益、维护社会经济秩序、促进社会主义市场经济健康发展而言意义重大。本章首先介绍了消费者权益保护的概念、适用对象，其次分别对消费者的权利与经营者的义务、消费者权益的保护机制以及违反消费者权益保护的法律责任进行了概述。

第一节　消费者权益保护法概述

一、消费者权益保护法的概念

消费的主体是消费者，一切社会成员都是消费者。消费者这一概念是人类社会发展到一定阶段，在商品经济出现后才有的，是具有特定的经济和法律含义的概念。依照《消费者权益保护法》的规定，消费者是指为生活需要而购买、使用商品或接受服务的人。

消费者权益保护法是调整在保护自然人消费权益过程中所产生的社会关系的法律规范的总称。通常情况我们所说的消费者权益保护法，是指1993年10月31日第八届全国人民代表大会常务委员会第四次会议通过的《消费者权益保护法》，目前已经过2009年、2013年两次修订。该法的立法宗旨是：保护消费者的合法权益，维护社会经济秩序，促进社会主义市场经济健康发展。[1]

《消费者权益保护法》从消费者的利益出发，在充分考虑消费者弱者地位的基

---

〔1〕 参见《消费者权益保护法》第1条。

础上给予消费者特殊的法律保护，体现了国家对消费者利益的倾斜式保护，是国家对社会经济生活的一种干预，是国家运用公权力来纠正市场信息不对称的缺陷。因此，消费者保护法在本质上是经济法，尽管其中不乏大量的私法规范。在经济法体系中，消费者权益保护法是市场规制法的重要部门法。

二、消费者权益保护法的适用对象

《消费者权益保护法》的适用对象包括：(1)消费者为生活消费需要购买、使用商品或者接受服务，其权益受该法保护；[1] (2)经营者为消费者提供其生产、销售的商品或者提供服务，应当遵守该法；[2] (3)农民购买、使用直接用于农业生产的生产资料，参照该法执行。[3]

《消费者权益保护法》是保护消费者权益的主要法律，但不是唯一法律。如果《消费者权益保护法》未作规定的，应当适用其他有关法律、法规。[4]

第二节　消费者的权利与经营者的义务

一、消费者的权利

《消费者权益保护法》规定了如下消费者权利：

1. 安全保障权。消费者在购买、使用商品和接受服务时享有人身、财产安全不受损害的权利。消费者有权要求经营者提供的商品和服务，符合保障人身、财产安全的要求。[5]

2. 知悉真情权。消费者享有知悉其购买、使用的商品或者接受的服务的真实情况的权利。消费者有权根据商品或者服务的不同情况，要求经营者提供商品的价格、产地、生产者、用途、性能、规格、等级、主要成分、生产日期、有效期限、检验合格证明、使用方法说明书、售后服务，或者服务的内容、规格、费用等有关情况。[6]

3. 自主选择权。消费者享有自主选择商品或者服务的权利。消费者有权自主选择提供商品或者服务的经营者，自主选择商品品种或者服务方式，自主决定购买或者不购买任何一种商品、接受或者不接受任何一项服务。消费者在自主选择商品或者服务时，有权进行比较、鉴别和挑选。[7]

4. 公平交易权。消费者享有公平交易的权利。消费者在购买商品或者接受服

---

[1] 参见《消费者权益保护法》第 2 条。
[2] 参见《消费者权益保护法》第 3 条。
[3] 参见《消费者权益保护法》第 62 条。
[4] 参见《消费者权益保护法》第 2 条、第 3 条。
[5] 参见《消费者权益保护法》第 7 条。
[6] 参见《消费者权益保护法》第 8 条。
[7] 参见《消费者权益保护法》第 9 条。

务时,有权获得质量保障、价格合理、计量正确等公平交易条件,有权拒绝经营者的强制交易行为。[1]

5. 获得赔偿权。消费者因购买、使用商品或者接受服务受到人身、财产损害的,享有依法获得赔偿的权利。[2]

6. 结社权。消费者享有依法成立维护自身合法权益的社会组织的权利。[3]目前,保护消费者权益的社会组织主要是中国消费者协会及地方各级消费者协会。

7. 获得相关知识权。消费者享有获得有关消费和消费者权益保护方面的知识的权利。[4]

8. 受尊重权。消费者在购买、使用商品和接受服务时,享有人格尊严、民族风俗习惯得到尊重的权利。[5]

9. 监督批评权。消费者享有对商品和服务以及保护消费者权益工作进行监督的权利。消费者有权检举、控告侵害消费者权益的行为和国家机关及其工作人员在保护消费者权益工作中的违法失职行为,有权对保护消费者权益工作提出批评、建议。[6]

10. 个人信息权。消费者在购买、使用商品和接受服务时,享有个人信息依法得到保护的权利。[7]

二、经营者的义务

《消费者权益保护法》规定了如下经营者义务:

1. 依法经营和诚信经营义务。经营者向消费者提供商品或者服务,应当依照本法和其他有关法律、法规的规定履行义务。经营者和消费者有约定的,应当按照约定履行义务,但双方的约定不得违背法律、法规的规定。经营者向消费者提供商品或者服务,应当恪守社会公德,诚信经营,保障消费者的合法权益;不得设定不公平、不合理的交易条件,不得强制交易。[8]

2. 接受监督的义务。经营者应当听取消费者对其提供的商品或者服务的意见,接受消费者的监督。[9]

3. 安全保障义务。经营者应当保证其提供的商品或者服务符合保障人身、财

---

〔1〕 参见《消费者权益保护法》第10条。
〔2〕 参见《消费者权益保护法》第11条。
〔3〕 参见《消费者权益保护法》第12条。
〔4〕 参见《消费者权益保护法》第13条第1款。
〔5〕 参见《消费者权益保护法》第14条前段。
〔6〕 参见《消费者权益保护法》第15条。
〔7〕 参见《消费者权益保护法》第14条后段。
〔8〕 参见《消费者权益保护法》第16条。
〔9〕 参见《消费者权益保护法》第17条。

产安全的要求。对可能危及人身、财产安全的商品和服务,应当向消费者作出真实的说明和明确的警示,并说明和标明正确使用商品或者接受服务的方法以及防止危害发生的方法。宾馆、商场、餐馆、银行、机场、车站、港口、影剧院等经营场所的经营者,应当对消费者尽到安全保障义务。[1] 经营者发现其提供的商品或者服务存在缺陷,有危及人身、财产安全危险的,应当立即向有关行政部门报告和告知消费者,并采取停止销售、警示、召回、无害化处理、销毁、停止生产或者服务等措施。采取召回措施的,经营者应当承担消费者因商品被召回支出的必要费用。[2]

4. 提供真实信息的义务。经营者向消费者提供有关商品或者服务的质量、性能、用途、有效期限等信息,应当真实、全面,不得作虚假或者引人误解的宣传。经营者对消费者就其提供的商品或者服务的质量和使用方法等问题提出的询问,应当作出真实、明确的答复。经营者提供商品或者服务应当明码标价。[3] 采用网络、电视、电话、邮购等方式提供商品或者服务的经营者,以及提供证券、保险、银行等金融服务的经营者,应当向消费者提供经营地址、联系方式、商品或者服务的数量和质量、价款或者费用、履行期限和方式、安全注意事项和风险警示、售后服务、民事责任等信息。[4]

5. 标明真实名称和标记的义务。经营者应当标明其真实名称和标记。租赁他人柜台或者场地的经营者,应当标明其真实名称和标记。[5]

6. 出具凭证或单据的义务。经营者提供商品或者服务,应当按照国家有关规定或者商业惯例向消费者出具发票等购货凭证或者服务单据;消费者索要发票等购货凭证或者服务单据的,经营者必须出具。[6]

7. 保证质量的义务。经营者应当保证在正常使用商品或者接受服务的情况下其提供的商品或者服务应当具有的质量、性能、用途和有效期限;但消费者在购买该商品或者接受该服务前已经知道其存在瑕疵,且存在该瑕疵不违反法律强制性规定的除外。经营者以广告、产品说明、实物样品或者其他方式表明商品或者服务的质量状况的,应当保证其提供的商品或者服务的实际质量与表明的质量状况相符。经营者提供的机动车、计算机、电视机、电冰箱、空调器、洗衣机等耐用商品或者装饰装修等服务,消费者自接受商品或者服务之日起6个月内发现瑕疵,发生争议的,由经营者承担有关瑕疵的举证责任。[7]

---

[1] 参见《消费者权益保护法》第18条。

[2] 参见《消费者权益保护法》第19条。

[3] 参见《消费者权益保护法》第20条。

[4] 参见《消费者权益保护法》第28条。

[5] 参见《消费者权益保护法》第21条。

[6] 参见《消费者权益保护法》第22条。

[7] 参见《消费者权益保护法》第23条。

8. 履行退货、更换、修理的义务。分为两种情形:(1)经营者提供的商品或者服务不符合质量要求的,消费者可以依照国家规定、当事人约定退货,或者要求经营者履行更换、修理等义务。没有国家规定和当事人约定的,消费者可以自收到商品之日起 7 日内退货;7 日后符合法定解除合同条件的,消费者可以及时退货,不符合法定解除合同条件的,可以要求经营者履行更换、修理等义务。依照前述规定进行退货、更换、修理的,经营者应当承担运输等必要费用。[1] (2)经营者采用网络、电视、电话、邮购等方式销售商品,消费者有权自收到商品之日起 7 日内退货,且无须说明理由,但下列商品除外:①消费者定作的;②鲜活易腐的;③在线下载或者消费者拆封的音像制品、计算机软件等数字化商品;④交付的报纸、期刊。除前述所列商品外,其他根据商品性质并经消费者在购买时确认不宜退货的商品,不适用无理由退货。消费者退货的商品应当完好。经营者应当自收到退回商品之日起 7 日内返还消费者支付的商品价款。退回商品的运费由消费者承担;经营者和消费者另有约定的,按照约定。[2]

9. 正确使用格式条款的义务。经营者在经营活动中使用格式条款的,应当以显著方式提请消费者注意商品或者服务的数量和质量、价款或者费用、履行期限和方式、安全注意事项和风险警示、售后服务、民事责任等与消费者有重大利害关系的内容,并按照消费者的要求予以说明。经营者不得以格式条款、通知、声明、店堂告示等方式,作出排除或者限制消费者权利、减轻或者免除经营者责任、加重消费者责任等对消费者不公平、不合理的规定,不得利用格式条款并借助技术手段强制交易。格式条款、通知、声明、店堂告示等含有前款所列内容的,其内容无效。[3]

10. 不得侵犯消费者人格权的义务。经营者不得对消费者进行侮辱、诽谤,不得搜查消费者的身体及其携带的物品,不得侵犯消费者的人身自由。[4]

11. 尊重消费者信息自由的义务。经营者收集、使用消费者个人信息,应当遵循合法、正当、必要的原则,明示收集、使用信息的目的、方式和范围,并经消费者同意。经营者收集、使用消费者个人信息,应当公开其收集、使用规则,不得违反法律、法规的规定和双方的约定收集、使用信息。经营者及其工作人员对收集的消费者个人信息必须严格保密,不得泄露、出售或者非法向他人提供。经营者应当采取技术措施和其他必要措施,确保信息安全,防止消费者个人信息泄露、丢失。在发生或者可能发生信息泄露、丢失的情况时,应当立即采取补救措施。经营者未经消

---

〔1〕 参见《消费者权益保护法》第 24 条。
〔2〕 参见《消费者权益保护法》第 25 条。
〔3〕 参见《消费者权益保护法》第 26 条。
〔4〕 参见《消费者权益保护法》第 27 条。

费者同意或者请求,或者消费者明确表示拒绝的,不得向其发送商业性信息。[1]

第三节 消费者权益保护体系

对消费者权益的保护,不仅经营者承担有直接的义务,还是国家和社会的共同责任。只有靠国家和全社会各方面力量形成一个完整的保护体系,通过立法确定各自的职责,明确法律责任,才能使消费者的合法权益真正得到保护。

一、国家对消费者合法权益的保护

由于消费者处于弱势地位,需要国家公共管理权力对经营者与消费者之间的利益关系进行干预,从而达到二者利益上的平衡。为此,《消费者权益保护法》特别规定了国家对消费者权益保护的立法、行政、司法手段。

(一)立法保护

国家立法机关通过制定有关消费者权益的法律、法规来保护消费者利益。国家制定了《消费者权益保护法》作为保护消费者权益的基本法,还制定了《反不正当竞争法》《产品质量法》《食品安全法》《广告法》《农产品质量安全法》《流通领域食品安全管理办法》《药品广告审查办法》《侵害消费者权益行为处罚办法》《产品质量申诉处理办法》《部分商品修理更换退货责任规定》等法律、法规,从不同角度、不同领域来保护消费者权益。

(二)行政与司法保护

1. 政府职责。各级人民政府应当加强领导,组织、协调、督促有关行政部门做好保护消费者合法权益的工作,落实保护消费者合法权益的职责。各级人民政府应当加强监督,预防危害消费者人身、财产安全行为的发生,及时制止危害消费者人身、财产安全的行为。[2]

2. 部门职责。(1)基本职责。各级人民政府工商行政管理部门和其他有关行政部门应当依照法律、法规的规定,在各自的职责范围内,采取措施,保护消费者的合法权益。有关行政部门应当听取消费者和消费者协会等组织对经营者交易行为、商品和服务质量问题的意见,及时调查处理。[3] (2)检查监督职责。有关行政部门在各自的职责范围内,应当定期或者不定期对经营者提供的商品和服务进行抽查检验,并及时向社会公布抽查检验结果。有关行政部门发现并认定经营者提供的商品或者服务存在缺陷,有危及人身、财产安全危险的,应当立即责令经营

---

[1] 参见《消费者权益保护法》第29条。
[2] 参见《消费者权益保护法》第31条。
[3] 参见《消费者权益保护法》第32条。

者采取停止销售、警示、召回、无害化处理、销毁、停止生产或者服务等措施。[1] (3)处罚职责。有关国家机关(行政机关、司法机关)应当依照法律、法规的规定,惩处经营者在提供商品和服务中侵害消费者合法权益的违法犯罪行为。[2] 人民法院应当采取措施,方便消费者提起诉讼。对符合《民事诉讼法》起诉条件的消费者权益争议,必须受理,及时审理。[3]

3. 司法保护。对于经营者侵害消费者合法权益的违法犯罪行为应当严厉惩处,切实保护消费者的合法权益。人民法院应当采取必要措施,方便消费者诉讼。对于符合《民事诉讼法》起诉条件的消费者权益争议,必须受理并及时审判,以使消费者权益争议尽快得到解决。目前较为有力的举措是建立了小额诉讼程序和公益诉讼制度,这将极大地增强国家对消费者权益的司法保护。

二、消费者组织

消费者的合法权益是全社会的共同责任,国家鼓励、支持一切组织和个人对损害消费者合法权益的行为进行社会监督。而社会对消费者权益的保护,最主要是通过各种消费者组织来实现。

(一)消费者组织的性质

消费者协会和其他消费者组织是依法成立的对商品和服务进行社会监督的保护消费者合法权益的社会组织。[4] 消费者组织不得从事商品经营和营利性服务,不得以收取费用或者其他牟取利益的方式向消费者推荐商品和服务。[5]

(二)消费者组织的职责

消费者协会履行下列公益性职责:(1)向消费者提供消费信息和咨询服务,提高消费者维护自身合法权益的能力,引导文明、健康、节约资源和保护环境的消费方式;(2)参与制定有关消费者权益的法律、法规、规章和强制性标准;(3)参与有关行政部门对商品和服务的监督、检查;(4)就有关消费者合法权益的问题,向有关部门反映、查询,提出建议;(5)受理消费者的投诉,并对投诉事项进行调查、调解;(6)投诉事项涉及商品和服务质量问题的,可以委托具备资格的鉴定人鉴定,鉴定人应当告知鉴定意见;(7)就损害消费者合法权益的行为,支持受损害的消费者提起诉讼或者依照《消费者权益保护法》提起诉讼;(8)对损害消费者合法权益的行为,通过大众传播媒介予以揭露、批评。各级人民政府对消费者协会履行职责应当予以必要的经费等支持。消费者协会应当认真履行保护消费者合法权益的职

---

[1] 参见《消费者权益保护法》第 33 条。

[2] 参见《消费者权益保护法》第 34 条。

[3] 参见《消费者权益保护法》第 35 条。

[4] 参见《消费者权益保护法》第 36 条。

[5] 参见《消费者权益保护法》第 38 条。

责,听取消费者的意见和建议,接受社会监督。依法成立的其他消费者组织依照法律、法规及其章程的规定,开展保护消费者合法权益的活动。[1]

三、争议解决的途径

消费者和经营者发生消费者权益争议的,可以通过下列途径解决:(1)与经营者协商和解;(2)请求消费者协会或者依法成立的其他调解组织调解;(3)向有关行政部门投诉;(4)根据与经营者达成的仲裁协议提请仲裁机构仲裁;(5)向人民法院提起诉讼。[2]

消费者向有关行政部门投诉的,该部门应当自收到投诉之日起7个工作日内,予以处理并告知消费者。[3]

对侵害众多消费者合法权益的行为,中国消费者协会以及在省、自治区、直辖市设立的消费者协会,可以向人民法院提起诉讼。[4]

四、舆论监督

对消费者权益的社会保护除了通过消费者协会和其他消费者组织来实现,舆论监督也是重要的社会手段。《消费者权益保护法》也规定:大众传播媒介应当做好维护消费者合法权益的宣传,对损害消费者合法权益的行为进行舆论监督。

第四节 违反消费者权益保护法的法律责任

一、民事责任

民事责任是消费者权益保护法中的主要责任形式,既包括违约责任,也包括侵权责任。

(一)违反消费者合同的责任

经营者提供商品或者服务有下列情形之一的,除《消费者权益保护法》另有规定外,应当依照其他法律、法规的规定,承担民事责任:(1)商品或服务存在缺陷的;(2)不具备商品应当具备的使用性能而出售时未作说明的;(3)不符合在商品或者其包装上注明采用的商品标准的;(4)不符合商品说明、实物样品等方式表明的质量状况的;(5)生产国家明令淘汰的商品或者销售失效、变质的商品的;(6)销售的商品数量不足的;(7)服务的内容和费用违反约定的;(8)对消费者提出的修理、重作、更换、退货、补足商品数量、退还货款和服务费用或者赔偿损失的要求,故

---

〔1〕 参见《消费者权益保护法》第37条。
〔2〕 参见《消费者权益保护法》第39条。
〔3〕 参见《消费者权益保护法》第46条。
〔4〕 参见《消费者权益保护法》第47条。

意拖延或者无理拒绝的；(9)法律、法规规定的其他损害消费者损害的。[1] 依法经有关行政部门认定为不合格的商品，消费者要求退货的，经营者应当负责退货。[2]

经营者提供商品或者服务，造成消费者财产损害的，应当依照法律规定或者当事人约定承担修理、重作、更换、退货、补足商品数量、退还货款和服务费用或者赔偿损失等民事责任。[3]

经营者以预收款方式提供商品或者服务的，应当按照约定提供。未按照约定提供的，应当按照消费者的要求履行约定或者退回预付款，并应当承担预付款的利息、消费者必须支付的合理费用。[4]

消费者在购买、使用商品时，其合法权益受到损害的，可以向销售者要求赔偿。销售者赔偿后，属于生产者的责任或者属于向销售者提供商品的其他销售者的责任的，销售者有权向生产者或者其他销售者追偿。[5]

(二)侵害消费者权益的侵权责任

1. 产品(服务)责任。消费者或者其他受害人因商品缺陷造成人身、财产损害的，可以向销售者要求赔偿，也可以向生产者要求赔偿。属于生产者责任的，销售者赔偿后，有权向生产者追偿。属于销售者责任的，生产者赔偿后，有权向销售者追偿。消费者在接受服务时，其合法权益受到损害的，可以向服务者要求赔偿。[6] 经营者提供商品或者服务，造成消费者或者其他受害人人身伤害的，应当赔偿医疗费、护理费、交通费等为治疗和康复支出的合理费用，以及因误工减少的收入。造成残疾的，还应当赔偿残疾生活辅助具费和残疾赔偿金。造成死亡的，还应当赔偿丧葬费和死亡赔偿金。[7]

2. 违反安全保障义务的责任。经营者对消费者未尽到安全保障义务，造成消费者损害的，应当承担侵权责任。[8] 人身伤害的赔偿计算方法同上。

3. 侵犯人格尊严、人身自由的责任。经营者侵害消费者的人格尊严、侵犯消费者人身自由或者侵害消费者个人信息依法得到保护的权利的，应当停止侵害、恢复名誉、消除影响、赔礼道歉，并赔偿损失。[9] 经营者有侮辱诽谤、搜查身体、侵犯人身自由等侵害消费者或者其他受害人人身权益的行为，造成严重精神损害的，受害

---

[1] 参见《消费者权益保护法》第48条第1款。

[2] 参见《消费者权益保护法》第54条。

[3] 参见《消费者权益保护法》第52条。

[4] 参见《消费者权益保护法》第53条。

[5] 参见《消费者权益保护法》第40条第1款。

[6] 参见《消费者权益保护法》第40条第2款、第3款。

[7] 参见《消费者权益保护法》第49条。

[8] 参见《消费者权益保护法》第48条第2款。

[9] 参见《消费者权益保护法》第50条。

人可以要求精神损害赔偿。[1]

4. 消费欺诈惩罚性赔偿责任。经营者提供商品或者服务有欺诈行为的，应当按照消费者的要求增加赔偿其受到的损失，增加赔偿的金额为消费者购买商品的价款或者接受服务的费用的3倍；增加赔偿的金额不足500元的，为500元。法律另有规定的，依照其规定。经营者明知商品或者服务存在缺陷，仍然向消费者提供，造成消费者或者其他受害人死亡或者健康严重损害的，受害人有权要求经营者依照《消费者权益保护法》第49条、第51条等法律规定赔偿损失，并有权要求所受损失2倍以下的惩罚性赔偿。[2]

(三)关于责任主体的特别规定

消费者在购买、使用商品或者接受服务时，其合法权益受到损害，因原企业分立、合并的，可以向变更后承受其权利义务的企业要求赔偿。[3]

使用他人营业执照的违法经营者提供商品或者服务，损害消费者合法权益的，消费者可以向其要求赔偿，也可以向营业执照的持有人要求赔偿。[4]

消费者在展销会、租赁柜台购买商品或者接受服务，其合法权益受到损害的，可以向销售者或者服务者要求赔偿。展销会结束或者柜台租赁期满后，也可以向展销会的举办者、柜台的出租者要求赔偿。展销会的举办者、柜台的出租者赔偿后，有权向销售者或者服务者追偿。[5]

消费者通过网络交易平台购买商品或者接受服务，其合法权益受到损害的，可以向销售者或者服务者要求赔偿。网络交易平台提供者不能提供销售者或者服务者的真实名称、地址和有效联系方式的，消费者也可以向网络交易平台提供者要求赔偿；网络交易平台提供者作出更有利于消费者的承诺的，应当履行承诺。网络交易平台提供者赔偿后，有权向销售者或者服务者追偿。网络交易平台提供者明知或者应知销售者或者服务者利用其平台侵害消费者合法权益，未采取必要措施的，依法与该销售者或者服务者承担连带责任。[6]

消费者因经营者利用虚假广告或者其他虚假宣传方式提供商品或者服务，其合法权益受到损害的，可以向经营者要求赔偿。广告经营者、发布者发布虚假广告的，消费者可以请求行政主管部门予以惩处。广告经营者、发布者不能提供经营者的真实名称、地址和有效联系方式的，应当承担赔偿责任。广告经营者、发布者设计、制作、发布关系消费者生命健康商品或者服务的虚假广告，造成消费者损害的，应当与

---

[1] 参见《消费者权益保护法》第51条。
[2] 参见《消费者权益保护法》第55条第2款。
[3] 参见《消费者权益保护法》第41条。
[4] 参见《消费者权益保护法》第42条。
[5] 参见《消费者权益保护法》第43条。
[6] 参见《消费者权益保护法》第44条。

提供该商品或者服务的经营者承担连带责任。社会团体或者其他组织、个人在关系消费者生命健康商品或者服务的虚假广告或者其他虚假宣传中向消费者推荐商品或者服务,造成消费者损害的,应当与提供该商品或者服务的经营者承担连带责任。[1]

二、行政责任

经营者有下列情形之一,除承担相应的民事责任外,其他有关法律、法规对处罚机关和处罚方式有规定的,依照法律、法规的规定执行;法律、法规未作规定的,由工商行政管理部门或者其他有关行政部门责令改正,可以根据情节单处或者并处警告、没收违法所得、处以违法所得 1 倍以上 10 倍以下的罚款,没有违法所得的,处以 50 万元以下的罚款;情节严重的,责令停业整顿、吊销营业执照:(1)提供的商品或者服务不符合保障人身、财产安全要求的;(2)在商品中掺杂、掺假,以假充真,以次充好,或者以不合格商品冒充合格商品的;(3)生产国家明令淘汰的商品或者销售失效、变质的商品的;(4)伪造商品的产地,伪造或者冒用他人的厂名、厂址,篡改生产日期,伪造或者冒用认证标志等质量标志的;(5)销售的商品应当检验、检疫而未检验、检疫或者伪造检验、检疫结果的;(6)对商品或者服务作虚假或者引人误解的宣传的;(7)拒绝或者拖延有关行政部门责令对缺陷商品或者服务采取停止销售、警示、召回、无害化处理、销毁、停止生产或者服务等措施的;(8)对消费者提出的修理、重作、更换、退货、补足商品数量、退还货款和服务费用或者赔偿损失的要求,故意拖延或者无理拒绝的;(9)侵害消费者人格尊严、侵犯消费者人身自由或者侵害消费者个人信息依法得到保护的权利的;(10)法律、法规规定的对损害消费者权益应当予以处罚的其他情形。经营者有前述规定情形的,除依照法律、法规规定予以处罚外,处罚机关应当记入信用档案,向社会公布。[2]

三、刑事责任

经营者违反《消费者权益保护法》规定提供商品或者服务,侵害消费者合法权益,构成犯罪的,依法追究刑事责任。[3] 消费者权益保护中,涉及刑事责任的情形主要有:

1. 经营者提供商品或者服务,造成消费者或者其他受害人人身伤害,构成犯罪的,应依法追究刑事责任;

2. 经营者提供商品或者服务,造成消费者或者其他受害人死亡,构成犯罪的,应依法追究刑事责任;

3. 以暴力、威胁等方法阻碍有关行政部门工作人员依法执行职务的,应依法追究刑事责任;

---

〔1〕 参见《消费者权益保护法》第 45 条。

〔2〕 参见《消费者权益保护法》第 56 条。

〔3〕 参见《消费者权益保护法》第 57 条。

4. 国家机关工作人员有玩忽职守或者包庇经营者侵害消费者合法权益的行为,构成犯罪的,应依法追究刑事责任。

四、民事赔偿责任的优先权保障

《消费者权益保护法》第58条规定:“经营者违反本法规定,应当承担民事赔偿责任和缴纳罚款、罚金,其财产不足以同时支付的,先承担民事赔偿责任。”根据该条规定,消费者民事赔偿责任请求权优先于行政责任的罚款以及刑事责任的罚金,但适用条件是经营者的财产不足以同时支付。

【复习与思考】

1. 什么是消费者?
2. 消费者有哪些权利?
3. 经营者有哪些义务?
4. 国家如何保护消费者权益?
5. 解决消费者纠纷的途径有哪些?
6. 违反消费者权益保护法的责任有哪些?

以案释法:

产品缺陷致害

【案情】A公司从百货公司购果汁机一台奖励给王某。王某收到后,将该果汁机送给其表妹刘某。不久,刘某按照所附说明书使用时,榨汁容器突然炸裂,造成其头部多处受伤。经鉴定,造成事故的直接原因是榨汁容器使用材料不符合国家规定的强制性标准。出院后,刘某就其所受损害的赔偿问题多次与百货公司交涉,但百货公司认为,该榨汁机不是由其生产且并非由其出售给刘某,因此,拒绝对刘某承担赔偿责任。

【问题】百货公司拒绝向刘某承担赔偿责任的理由是否能够成立?为什么?

【解答】百货公司拒绝向刘某承担赔偿责任的理由不能成立。在此案中,虽刘某并非直接购买者且百货公司也非生产者,但根据《消费者权益保护法》的有关规定,刘某仍有权向百货公司要求赔偿。

【评析】本案涉及产品责任,缺陷产品致害的对象不以有买卖合同关系为限,消费者买受人、使用人皆可成为缺陷产品受害人。《消费者权益保护法》第40条第2款中规定,消费者或者其他受害人因商品缺陷造成人身、财产损害的,可以向销售者要求赔偿,也可以向生产者要求赔偿。因此,本案中当产品因缺陷造成受害人损害时,受害人既可向销售者(百货公司)也可向生产者请求赔偿。百货公司拒绝向刘某承担责任的理由不能成立。

第十八章　产品质量法律制度

【本 章 导 读】

提高产品质量是党和国家经济战略的指导思想，也是国家经济管理机关、经济组织活动的出发点。2014年，在中铁装备视察时习近平总书记把握大势、高瞻远瞩，指出要“推动中国制造向中国创造转变、中国速度向中国质量转变、中国产品向中国品牌转变”，指明了我国质量发展的方向、目标、任务和路径，意义重大而深远。制定和完善产品质量法律制度对于加强对产品质量的监督管理、提高产品质量水平、明确产品质量责任、保护消费者的合法权益、维护社会经济秩序而言意义重大。本章首先介绍了产品质量法的调整对象和基本概念，其次分别对产品质量监管、产品质量义务、违反产品质量法的法律责任进行了概述。

第一节　产品质量法概述

一、产品质量法的调整对象

产品质量法是调整产品质量监督管理关系和产品质量责任关系的法律规范的总称。通常所说的产品质量法就是指1993年施行的《产品质量法》，目前已经2000年、2009年、2018年三次修订。在中华人民共和国境内从事产品生产、销售活动，必须遵守《产品质量法》。[1]

二、基本概念

（一）产品

产品，是产品质量法的核心范畴，可以从自然属性和法律属性两方面界定。就自然属性而言，产品是指自然物之外的人类劳动产生的一切物质资料，它是人类生存和发展的物质条件，用于满足人类的生产和生活需要。就法律属性而言，产品是指经过加工、制作，用于销售的物品，但并不包括所有物品。《产品质量法》所称产品是指经过加工、制作，用于销售的产品。[2] 建设工程不属于产品，但是，建设工

---

〔1〕 参见《产品质量法》第2条第1款。

〔2〕 参见《产品质量法》第2条第2款。

程使用的建筑材料、建筑构配件和设备，属于产品范围的，适用《产品质量法》规定。[1]

(二)产品标准

产品标准是为保证产品的适用性，对产品必须达到的某些或全部要求所制定的标准。《产品质量法》第12条规定："产品质量应当检验合格，不得以不合格产品冒充合格产品。"所谓合格，是指产品的质量状况符合标准中规定的具体指标。标准包括国家标准、行业标准、地方标准和团体标准、企业标准。国家标准分为强制性标准、推荐性标准，行业标准、地方标准是推荐性标准。强制性标准必须执行。国家鼓励采用推荐性标准。[2]

(三)产品质量

产品质量，是指产品性能在正常使用条件下，满足人们合理需要所必须具备的各种物质、技术、心理和社会特性的总合。产品质量最主要的特性包括适用性、安全性、可靠性、经济性和可维修性。其中，适用性和安全性是产品质量最主要的两项指标。由于产品瑕疵形成的不适用或不安全，也是产品质量存在的最主要的两大问题。

根据国际标准化组织制订的国际标准——《质量管理和质量保证——术语》(ISO 8402—1994)，产品质量是指产品"反映实体满足明确和隐含需要的能力和特性的总和"。根据产品标准进行检验，符合标准的即是合格产品，即可认为达到了质量要求。

第二节　产品质量监管

一、政府对产品质量的宏观管理

(一)加强统筹规划和组织领导

各级人民政府应当把提高产品质量纳入国民经济和社会发展规划，加强对产品质量工作的统筹规划和组织领导，引导、督促生产者、销售者加强产品质量管理，提高产品质量，组织各有关部门依法采取措施，制止产品生产、销售中违反《产品质量法》规定的行为，保障《产品质量法》的施行。[3]

(二)鼓励与奖励

国家鼓励推行科学的质量管理方法，采用先进的科学技术，鼓励企业产品质量达到并且超过行业标准、国家标准和国际标准。对产品质量管理先进和产品质量

---

〔1〕 参见《产品质量法》第2条第3款。

〔2〕 参见《标准化法》第2条。

〔3〕 参见《产品质量法》第7条。

达到国际先进水平、成绩显著的单位和个人,给予奖励。[1]

(三)监管者违法责任

各级人民政府工作人员和其他国家机关工作人员不得滥用职权、玩忽职守或者徇私舞弊,包庇、放纵本地区、本系统发生的产品生产、销售中违反《产品质量法》规定的行为,或者阻挠、干预依法对产品生产、销售中违反《产品质量法》规定的行为进行查处。各级地方人民政府和其他国家机关有包庇、放纵产品生产、销售中违反《产品质量法》规定的行为的,依法追究其主要负责人的法律责任。

二、产品质量的行政监管

(一)产品质量行政监管部门

国务院产品质量监督部门主管全国产品质量监督工作。国务院有关部门在各自的职责范围内负责产品质量监督工作。县级以上地方产品质量监督部门主管本行政区域内的产品质量监督工作。县级以上地方人民政府有关部门在各自的职责范围内负责产品质量监督工作。法律对产品质量的监督部门另有规定的,依照有关法律的规定执行。[2]

县级以上产品质量监督部门根据已经取得的违法嫌疑证据或者举报,对涉嫌违反《产品质量法》规定的行为进行查处时,可以行使下列职权:(1)对当事人涉嫌从事违反《产品质量法》的生产、销售活动的场所实施现场检查;(2)向当事人的法定代表人、主要负责人和其他有关人员调查、了解与涉嫌从事违反《产品质量法》的生产、销售活动有关的情况;(3)查阅、复制当事人有关的合同、发票、账簿以及其他有关资料;(4)对有根据认为不符合保障人体健康和人身、财产安全的国家标准、行业标准的产品或者有其他严重质量问题的产品,以及直接用于生产、销售该项产品的原辅材料、包装物、生产工具,予以查封或者扣押。县级以上工商行政管理部门按照国务院规定的职责范围,对涉嫌违反《产品质量法》规定的行为进行查处时,可以行使前款规定的职权。[3]

(二)产品质量行政监管制度的主要内容

1. 产品质量抽查制度

国家对产品质量实行以抽查为主要方式的监督检查制度,对可能危及人体健康和人身、财产安全的产品,影响国计民生的重要工业产品以及消费者、有关组织反映有质量问题的产品进行抽查。抽查的样品应当在市场上或者企业成品仓库内的待销产品中随机抽取。监督抽查工作由国务院产品质量监督部门规划和组织。县级以上地方产品质量监督部门在本行政区域内也可以组织监督抽查。法律对产

[1] 参见《产品质量法》第6条。

[2] 参见《产品质量法》第8条。

[3] 参见《产品质量法》第18条。

品质量的监督检查另有规定的,依照有关法律的规定执行。国家监督抽查的产品,地方不得另行重复抽查;上级监督抽查的产品,下级不得另行重复抽查。根据监督抽查的需要,可以对产品进行检验。检验抽取样品的数量不得超过检验的合理需要,并不得向被检查人收取检验费用。监督抽查所需检验费用按照国务院规定列支。生产者、销售者对抽查检验的结果有异议的,可以自收到检验结果之日起15日内向实施监督抽查的产品质量监督部门或者其上级产品质量监督部门申请复检,由受理复检的产品质量监督部门作出复检结论。[1]

2. 质量状况信息发布制度

国务院和省、自治区、直辖市人民政府的产品质量监督部门应当定期发布其监督抽查的产品的质量状况公告。[2]

3. 企业质量体系认证制度及产品质量认证制度

国家根据国际通用的质量管理标准,推行企业质量体系认证制度。企业根据自愿原则可以向国务院产品质量监督部门认可的或者国务院产品质量监督部门授权的部门认可的认证机构申请企业质量体系认证。经认证合格的,由认证机构颁发企业质量体系认证证书。国家参照国际先进的产品标准和技术要求,推行产品质量认证制度。企业根据自愿原则可以向国务院产品质量监督部门认可的或者国务院产品质量监督部门授权的部门认可的认证机构申请产品质量认证。经认证合格的,由认证机构颁发产品质量认证证书,准许企业在产品或者其包装上使用产品质量认证标志。[3]

三、产品质量的社会监督

消费者有权就产品质量问题,向产品的生产者、销售者查询;向产品质量监督部门、工商行政管理部门及有关部门申诉,接受申诉的部门应当负责处理。[4]

保护消费者权益的社会组织可以就消费者反映的产品质量问题建议有关部门负责处理,支持消费者对因产品质量造成的损害向人民法院起诉。[5]

任何单位和个人有权对违反《产品质量法》规定的行为,向产品质量监督部门或者其他有关部门检举。产品质量监督部门和有关部门应当为检举人保密,并按照省、自治区、直辖市人民政府的规定给予奖励。[6]

---

〔1〕 参见《产品质量法》第15条。
〔2〕 参见《产品质量法》第24条。
〔3〕 参见《产品质量法》第14条。
〔4〕 参见《产品质量法》第22条。
〔5〕 参见《产品质量法》第23条。
〔6〕 参见《产品质量法》第10条。

第三节　产品质量义务

一、生产者的产品质量义务

(一)作为的义务

1. 产品质量一般义务

生产者应当对其生产的产品质量负责。产品质量应当符合下列要求:(1)不存在危及人身、财产安全的不合理的危险,有保障人体健康和人身、财产安全的国家标准、行业标准的,应当符合该标准;(2)具备产品应当具备的使用性能,但是,对产品存在使用性能的瑕疵作出说明的除外;(3)符合在产品或者其包装上注明采用的产品标准,符合以产品说明、实物样品等方式表明的质量状况。[1]

2. 包装及产品标识义务

产品标识,是指用于识别产品或其特征、特性所做的各种表示的统称。产品标识通常以文字、符号、标记、数字、图案等方式表示。它可以标注在产品上,也可以标注在产品包装上。产品标识提供了产品的使用、保养、质量等信息,可指导消费者正确消费。

产品或者其包装上的标识必须真实,并符合下列要求:(1)有产品质量检验合格证明;(2)有中文标明的产品名称、生产厂厂名和厂址;(3)根据产品的特点和使用要求,需要标明产品规格、等级、所含主要成分的名称和含量的,用中文相应予以标明;需要事先让消费者知晓的,应当在外包装上标明,或者预先向消费者提供有关资料;(4)限期使用的产品,应当在显著位置清晰地标明生产日期和安全使用期或者失效日期;(5)使用不当,容易造成产品本身损坏或者可能危及人身、财产安全的产品,应当有警示标志或者中文警示说明。裸装的食品和其他根据产品的特点难以附加标识的裸装产品,可以不附加产品标识。[2]

3. 特殊产品包装义务

易碎、易燃、易爆、有毒、有腐蚀性、有放射性等危险物品以及储运中不能倒置和其他有特殊要求的产品,其包装质量必须符合相应要求,依照国家有关规定作出警示标志或者中文警示说明,标明储运注意事项。[3]

(二)不作为的义务

《产品质量法》对生产者不得从事的行为作了如下规定,主要包括:(1)生产者

---

〔1〕 参见《产品质量法》第26条。

〔2〕 参见《产品质量法》第27条。

〔3〕 参见《产品质量法》第28条。

不得生产国家明令淘汰的产品;[1](2)生产者不得伪造产地,不得伪造或者冒用他人的厂名、厂址;[2](3)生产者不得伪造或者冒用认证标志等质量标志;[3](4)生产者生产产品,不得掺杂、掺假,不得以假充真、以次充好,不得以不合格产品冒充合格产品。[4]

二、销售者的产品质量义务

1.进货验收义务。销售者应当建立并执行进货检查验收制度,验明产品合格证明和其他标识。[5]

2.保持产品质量的义务。销售者应当采取措施,保持销售产品的质量。[6]

3.产品标识义务。销售者销售的产品的标识应当符合《产品质量法》第27条的规定。[7]

4.禁止性规范。销售者不得有下列行为:(1)销售者不得销售国家明令淘汰并停止销售的产品和失效、变质的产品;[8](2)销售者不得伪造产地,不得伪造或者冒用他人的厂名、厂址;[9](3)销售者不得伪造或者冒用认证标志等质量标志;[10](4)销售者销售产品,不得掺杂、掺假,不得以假充真、以次充好,不得以不合格产品冒充合格产品。[11]

第四节　违反产品质量法的责任

产品质量责任是一个经济法范畴,不同于作为民法范畴的产品责任。产品责任包括产品的生产者、销售者因生产、销售有缺陷产品致他人人身伤害、财产损失所应承担的民事赔偿责任。产品质量责任是指生产者、销售者以及其他对产品质量负有义务者违反产品质量法规定的义务应受到的法律制裁,包括产品质量的民事制裁、行政制裁和刑事制裁。

---

〔1〕参见《产品质量法》第29条。
〔2〕参见《产品质量法》第30条。
〔3〕参见《产品质量法》第31条。
〔4〕参见《产品质量法》第32条。
〔5〕参见《产品质量法》第33条。
〔6〕参见《产品质量法》第34条。
〔7〕参见《产品质量法》第36条。
〔8〕参见《产品质量法》第35条。
〔9〕参见《产品质量法》第37条。
〔10〕参见《产品质量法》第38条。
〔11〕参见《产品质量法》第39条。

一、民事责任

（一）违反质量义务的违约责任

售出的产品有下列情形之一的，销售者应当负责修理、更换、退货；给购买产品的消费者造成损失的，销售者应当赔偿损失：(1)不具备产品应当具备的使用性能而事先未作说明的；(2)不符合在产品或者其包装上注明采用的产品标准的；(3)不符合以产品说明、实物样品等方式表明的质量状况的。销售者依照前述规定负责修理、更换、退货、赔偿损失后，属于生产者的责任或者属于向销售者提供产品的其他销售者（以下简称供货者）的责任的，销售者有权向生产者、供货者追偿。销售者未按照前述规定给予修理、更换、退货或者赔偿损失的，由产品质量监督部门或者工商行政管理部门责令改正。生产者之间，销售者之间，生产者与销售者之间订立的买卖合同、承揽合同有不同约定的，合同当事人按照合同约定执行。[1]

（二）产品责任

1. 产品责任的归责原则

产品责任是一种侵权责任。一般侵权责任原则以过错为归责原则，行为人因过错侵害他人民事权益造成损害的，应当承担侵权责任。[2] 但是，产品责任不是一般侵权责任，而是一种特殊侵权责任，其归责原则是无过错责任，即行为人造成他人民事权益损害，不论行为人有无过错，法律规定应当承担侵权责任的，依照其规定。[3] 因产品存在缺陷造成他人损害的，生产者应当承担侵权责任。[4] 所称缺陷，是指产品存在危及人身、他人财产安全的不合理的危险；产品有保障人体健康和人身、财产安全的国家标准、行业标准的，是指不符合该标准。[5]

因产品存在缺陷造成他人损害的，被侵权人可以向产品的生产者请求赔偿，也可以向产品的销售者请求赔偿。产品缺陷由生产者造成的，销售者赔偿后，有权向生产者追偿。因销售者的过错使产品存在缺陷的，生产者赔偿后，有权向销售者追偿。[6] 换言之，对受害人而言，无论是生产者还是销售者，都承担无过错责任，性质上是一种不真正连带责任。在生产者与销售者之间，由生产者承担无过错责任，销售者承担过错责任。只要销售者对缺陷的形成无过错，就不承担终局责任。

因运输者、仓储者等第三人的过错使产品存在缺陷，造成他人损害的，产品的生产者、销售者赔偿后，有权向第三人追偿。[7]

---

〔1〕 参见《产品质量法》第40条。

〔2〕 参见《民法典》第1165条第1款。

〔3〕 参见《民法典》第1166条。

〔4〕 参见《民法典》第1202条。

〔5〕 参见《产品质量法》第46条。

〔6〕 参见《民法典》第1203条。

〔7〕 参见《民法典》第1204条。

2. 预防性侵权责任

因产品缺陷危及他人人身、财产安全的，被侵权人有权请求生产者、销售者承担停止侵害、排除妨碍、消除危险等侵权责任。[1] 产品投入流通后发现存在缺陷的，生产者、销售者应当及时采取停止销售、警示、召回等补救措施；未及时采取补救措施或者补救措施不力造成损害扩大的，对扩大的损害也应当承担侵权责任。依据前述规定采取召回措施的，生产者、销售者应当负担被侵权人因此支出的必要费用。[2]

3. 赔偿性侵权责任

因产品存在缺陷造成受害人人身伤害的，侵害人应当赔偿医疗费、治疗期间的护理费、因误工减少的收入等费用；造成残疾的，还应当支付残疾者生活自助具费、生活补助费、残疾赔偿金以及由其扶养的人所必需的生活费等费用；造成受害人死亡的，并应当支付丧葬费、死亡赔偿金以及由死者生前扶养的人所必需的生活费等费用。因产品存在缺陷造成受害人财产损失的，侵害人应当恢复原状或者折价赔偿。受害人因此遭受其他重大损失的，侵害人应当赔偿损失。[3]

明知产品存在缺陷仍然生产、销售，或者没有依据前述规定采取有效补救措施，造成他人死亡或者健康严重损害的，被侵权人有权请求相应的惩罚性赔偿。[4]

4. 诉讼时效

《民法典》第 188 条第 1 款规定："向人民法院请求保护民事权利的诉讼时效期间为三年。法律另有规定的，依照其规定。"但《产品质量法》第 45 条规定："因产品存在缺陷造成损害要求赔偿的诉讼时效期间为二年，自当事人知道或者应当知道其权益受到损害时起计算。因产品存在缺陷造成损害要求赔偿的请求权，在造成损害的缺陷产品交付最初消费者满十年丧失；但是，尚未超过明示的安全使用期的除外。"因此，依特别法优于一般法的法理，产品责任赔偿请求权的诉讼时效为 2 年。

另外，《民法典》第 196 条规定："下列请求权不适用诉讼时效的规定：(一)请求停止侵害、排除妨碍、消除危险……(四)依法不适用诉讼时效的其他请求权。"因此，因产品缺陷而主张的停止侵害、排除妨碍、消除危险请求权不适用诉讼时效。

二、公法责任

1. 违反质量标准。生产、销售不符合保障人体健康和人身、财产安全的国家标准、行业标准的产品的，责令停止生产、销售，没收违法生产、销售的产品，并处违法

---

[1] 参见《民法典》第 1205 条。

[2] 参见《民法典》第 1206 条。

[3] 参见《产品质量法》第 44 条。

[4] 参见《民法典》第 1207 条。

生产、销售产品（包括已售出和未售出的产品，下同）货值金额等值以上3倍以下的罚款；有违法所得的，并处没收违法所得；情节严重的，吊销营业执照；构成犯罪的，依法追究刑事责任。[1]

2. 质量造假行为。在产品中掺杂、掺假，以假充真，以次充好，或者以不合格产品冒充合格产品的，责令停止生产、销售，没收违法生产、销售的产品，并处违法生产、销售产品货值金额50%以上3倍以下的罚款；有违法所得的，并处没收违法所得；情节严重的，吊销营业执照；构成犯罪的，依法追究刑事责任。[2]

3. 生产、销售淘汰产品。生产国家明令淘汰的产品的，销售国家明令淘汰并停止销售的产品的，责令停止生产、销售，没收违法生产、销售的产品，并处违法生产、销售产品货值金额等值以下的罚款；有违法所得的，并处没收违法所得；情节严重的，吊销营业执照。[3]

4. 销售失效、变质产品。销售失效、变质的产品的，责令停止销售，没收违法销售的产品，并处违法销售产品货值金额2倍以下的罚款；有违法所得的，并处没收违法所得；情节严重的，吊销营业执照；构成犯罪的，依法追究刑事责任。[4]

5. 伪造产地、标志。伪造产品产地的，伪造或者冒用他人厂名、厂址的，伪造或者冒用认证标志等质量标志的，责令改正，没收违法生产、销售的产品，并处违法生产、销售产品货值金额等值以下的罚款；有违法所得的，并处没收违法所得；情节严重的，吊销营业执照。[5]

6. 产品标识不合格。产品标识不符合《产品质量法》第27条规定的，责令改正；有包装的产品标识不符合《产品质量法》第27条第4项、第5项规定，情节严重的，责令停止生产、销售，并处违法生产、销售产品货值金额30%以下的罚款；有违法所得的，并处没收违法所得。[6]

7. 拒绝检查。拒绝接受依法进行的产品质量监督检查的，给予警告，责令改正；拒不改正的，责令停业整顿；情节特别严重的，吊销营业执照。[7]

【复习与思考】

1. 什么是《产品质量法》上所称的“产品”？

2. 产品标准有哪些？

---

〔1〕 参见《产品质量法》第49条。

〔2〕 参见《产品质量法》第50条。

〔3〕 参见《产品质量法》第51条。

〔4〕 参见《产品质量法》第52条。

〔5〕 参见《产品质量法》第53条。

〔6〕 参见《产品质量法》第54条。

〔7〕 参见《产品质量法》第56条。

3. 政府如何监管产品质量?
4. 经营者的产品质量义务有哪些?
5. 经营者违反产品质量法需要承担哪些责任?
6. 产品责任的归责原则是什么?

以案释法:

产品致害

【案情】2011年3月,原告赵某(甲方)在被告某公司(乙方)购买了一台丙公司(丙方)生产的淋浴器。3月10日,甲方又购买了一台丁公司(丁方)生产的漏电保护器。3月中旬,甲方在家中安装了两件电器。4月,在使用淋浴器过程中出现事故致使甲方受损。经调查,丙方生产的淋浴器存在工艺缺陷,乙方无过错。事后,甲方先与乙方交涉,索赔未果,遂向法院起诉,要求三方负连带责任,赔偿损失。

【问题】(1)乙方作为销售者是否应予赔偿,承担责任,为什么?

(2)丙方作为生产者应承担什么责任,为什么?

【解答】(1)乙方应当给予赔偿。根据《产品质量法》的相关规定,乙方作为销售者,虽无过错,但也应先行对受害者进行赔偿。因该产品的缺陷属于产品生产者的责任,乙方赔偿后,有权向作为生产者的丙方进行追偿。

(2)丙方应当承担产品责任。根据《产品质量法》的相关规定,丙方生产的产品存在危及人身安全的不合理危险,并且已造成了使用者的人身损害,故应当承担相应的产品责任。

【评析】(1)《产品质量法》第43条规定,因为产品存在缺陷造成人身、他人财产损害的,受害人可以向产品生产者赔偿,也可以向产品的销售者要求赔偿。属于产品的生产者的责任,产品的销售者赔偿的,产品的销售者有权向产品的生产者追偿。本案中,经查证,销售方(乙方)对产品质量瑕疵并不存在过错,因此,在承担赔偿责任后,可向生产者(丙方)追偿。

(2)《产品质量法》第41条第1款规定,因产品存在缺陷造成人身、缺陷产品以外的其他财产损害的,生产者应当承担赔偿责任。第43条规定,属于产品的销售者的责任,产品的生产者赔偿的,产品的生产者有权向产品的销售者追偿。本案中,产品瑕疵归责于生产者(丙方),故在承担赔偿责任后,无权向销售者(乙方)追偿。

第十九章　食品安全法律制度

【本章导读】

2016年，在中央财经领导小组第十四次会议上习近平总书记强调，加强食品安全监管，关系全国13亿多人“舌尖上的安全”，关系广大人民群众身体健康和生命安全。要严字当头，严谨标准、严格监管、严厉处罚、严肃问责。要坚持源头严防、过程严管、风险严控，完善食品药品安全监管体制，加强统一性、权威性。要从满足普遍需求出发，促进餐饮业提高安全质量。制定和完善食品安全法律制度对于确保食品安全、维护人民群众健康而言意义重大。本章首先介绍了食品安全法立法背景、立法目的和适用范围；其次分别对食品安全风险监测和评估、食品安全标准、食品安全控制、食品安全事故处理、政府监管机构及其职责以及违反食品安全法的法律责任进行了概述。

第一节　食品安全法概述

一、食品安全法立法背景及立法目的

食品，是指各种供人食用或者饮用的成品和原料以及按照传统既是食品又是中药材的物品，但是不包括以治疗为目的的物品。食品安全，是指食品无毒、无害，符合应当有的营养要求，对人体健康不造成任何急性、亚急性或者慢性危害。食品安全法，是指调整与食品安全有关的活动的一系列法律规范的总称。食品安全事关人民群众的身体健康和生命安全，是重大的民生问题。由于近年来我国发生了多起食品安全事故（如“三聚氰胺毒奶粉”事件、“苏丹红”事件等），我国立法机关于2009年2月28日颁布了《食品安全法》，目前已经2015年、2018年、2021年三次修订。

《食品安全法》第1条直接指出了该法的立法目的：“为了保证食品安全，保障公众身体健康和生命安全，制定本法。”食品安全法规定的“食品安全”是一个狭义概念，是指食品无毒、无害，符合应当有的营养要求，对人体健康不造成任何急性、亚急性或者慢性危害。我国当前食品安全的总体状况已经得到了很大改善，但是问题仍然存在，食品安全事件时有发生，食品安全违法行为仍屡禁不止，这些问题的存在影响了消费者的食品安全信心，也影响了食品行业的健康发展。因此，需要

通过立法为保证食品安全,保障公众身体健康和生命安全提供法律制度保障。

二、食品安全法的适用范围

在中华人民共和国境内从事下列活动,应当遵守《食品安全法》:(1)食品生产和加工,食品销售和餐饮服务;(2)食品添加剂的生产经营;(3)用于食品的包装材料、容器、洗涤剂、消毒剂和用于食品生产经营的工具、设备(以下称食品相关产品)的生产经营;(4)食品生产经营者使用食品添加剂、食品相关产品;(5)食品的贮存和运输;(6)对食品、食品添加剂、食品相关产品的安全管理。[1]

供食用的源于农业的初级产品(以下称食用农产品)的质量安全管理,遵守《农产品质量安全法》的规定。但是,食用农产品的市场销售、有关质量安全标准的制定、有关安全信息的公布和《食品安全法》对农业投入品作出规定的,应当遵守《食品安全法》的规定。[2]

第二节 食品安全风险监测和评估

一、食品安全风险监测

(一)食品安全风险监测对象

国家建立食品安全风险监测制度,对食源性疾病、食品污染以及食品中的有害因素进行监测。国务院卫生行政部门会同国务院食品安全监督管理等部门,制定、实施国家食品安全风险监测计划。

(二)食品安全风险监测计划与监测方案

国务院食品安全监督管理部门和其他有关部门获知有关食品安全风险信息后,应当立即核实并向国务院卫生行政部门通报。对有关部门通报的食品安全风险信息以及医疗机构报告的食源性疾病等有关疾病信息,国务院卫生行政部门应当会同国务院有关部门分析研究,认为必要的,及时调整国家食品安全风险监测计划。

省、自治区、直辖市人民政府卫生行政部门会同同级食品安全监督管理等部门,根据国家食品安全风险监测计划,结合本行政区域的具体情况,制定、调整本行政区域的食品安全风险监测方案,报国务院卫生行政部门备案并实施。[3]

(三)食品安全风险监测程序

承担食品安全风险监测工作的技术机构应当根据食品安全风险监测计划和监测方案开展监测工作,保证监测数据真实、准确,并按照食品安全风险监测计划和

---

〔1〕 参见《食品安全法》第2条第1款。

〔2〕 参见《食品安全法》第2条第2款。

〔3〕 参见《食品安全法》第14条。

监测方案的要求报送监测数据和分析结果。食品安全风险监测工作人员有权进入相关食用农产品种植养殖、食品生产经营场所采集样品、收集相关数据。采集样品应当按照市场价格支付费用。[1]

食品安全风险监测结果表明可能存在食品安全隐患的,县级以上人民政府卫生行政部门应当及时将相关信息通报同级食品安全监督管理等部门,并报告本级人民政府和上级人民政府卫生行政部门。食品安全监督管理等部门应当组织开展进一步调查。[2]

二、食品安全风险评估

(一)食品安全风险评估对象

国家建立食品安全风险评估制度,运用科学方法,根据食品安全风险监测信息、科学数据以及有关信息,对食品、食品添加剂、食品相关产品中生物性、化学性和物理性危害因素进行风险评估。国务院卫生行政部门负责组织食品安全风险评估工作,成立由医学、农业、食品、营养、生物、环境等方面的专家组成的食品安全风险评估专家委员会进行食品安全风险评估。食品安全风险评估结果由国务院卫生行政部门公布。对农药、肥料、兽药、饲料和饲料添加剂等的安全性评估,应当有食品安全风险评估专家委员会的专家参加。食品安全风险评估不得向生产经营者收取费用,采集样品应当按照市场价格支付费用。[3]

(二)应当进行食品安全风险评估的条件

有下列情形之一的,应当进行食品安全风险评估:(1)通过食品安全风险监测或者接到举报发现食品、食品添加剂、食品相关产品可能存在安全隐患的;(2)为制定或者修订食品安全国家标准提供科学依据需要进行风险评估的;(3)为确定监督管理的重点领域、重点品种需要进行风险评估的;(4)发现新的可能危害食品安全因素的;(5)需要判断某一因素是否构成食品安全隐患的;(6)国务院卫生行政部门认为需要进行风险评估的其他情形。[4]

(三)食品安全风险评估的程序

国务院食品安全监督管理、农业行政等部门在监督管理工作中发现需要进行食品安全风险评估的,应当向国务院卫生行政部门提出食品安全风险评估的建议,并提供风险来源、相关检验数据和结论等信息、资料。属于《食品安全法》第 18 条规定情形的,国务院卫生行政部门应当及时进行食品安全风险评估,并向国务院有

---

〔1〕 参见《食品安全法》第 15 条。

〔2〕 参见《食品安全法》第 16 条。

〔3〕 参见《食品安全法》第 17 条。

〔4〕 参见《食品安全法》第 18 条。

关部门通报评估结果。[1]

省级以上人民政府卫生行政、农业行政部门应当及时相互通报食品、食用农产品安全风险监测信息。国务院卫生行政、农业行政部门应当及时相互通报食品、食用农产品安全风险评估结果等信息。[2]

(四)食品安全风险评估的作用

食品安全风险评估结果是制定、修订食品安全标准和实施食品安全监督管理的科学依据。经食品安全风险评估,得出食品、食品添加剂、食品相关产品不安全结论的,国务院食品安全监督管理等部门应当依据各自职责立即向社会公告,告知消费者停止食用或者使用,并采取相应措施,确保该食品、食品添加剂、食品相关产品停止生产经营;需要制定、修订相关食品安全国家标准的,国务院卫生行政部门应当会同国务院食品安全监督管理部门立即制定、修订。[3]

国务院食品安全监督管理部门应当会同国务院有关部门,根据食品安全风险评估结果、食品安全监督管理信息,对食品安全状况进行综合分析。对经综合分析表明可能具有较高程度安全风险的食品,国务院食品安全监督管理部门应当及时提出食品安全风险警示,并向社会公布。[4]

县级以上人民政府食品安全监督管理部门和其他有关部门、食品安全风险评估专家委员会及其技术机构,应当按照科学、客观、及时、公开的原则,组织食品生产经营者、食品检验机构、认证机构、食品行业协会、消费者协会以及新闻媒体等,就食品安全风险评估信息和食品安全监督管理信息进行交流沟通。[5]

第三节 食品安全标准

一、食品安全标准的效力及内容

制定食品安全标准,应当以保障公众身体健康为宗旨,做到科学合理、安全可靠。[6] 食品安全标准是强制执行的标准。除食品安全标准外,不得制定其他食品强制性标准。[7]

食品安全标准应当包括下列内容:(1)食品、食品添加剂、食品相关产品中的致病性微生物,农药残留、兽药残留、生物毒素、重金属等污染物质以及其他危害人

---

[1] 参见《食品安全法》第19条。
[2] 参见《食品安全法》第20条。
[3] 参见《食品安全法》第21条。
[4] 参见《食品安全法》第22条。
[5] 参见《食品安全法》第23条。
[6] 参见《食品安全法》第24条。
[7] 参见《食品安全法》第25条。

体健康物质的限量规定;(2)食品添加剂的品种、使用范围、用量;(3)专供婴幼儿和其他特定人群的主辅食品的营养成分要求;(4)对与卫生、营养等食品安全要求有关的标签、标志、说明书的要求;(5)食品生产经营过程的卫生要求;(6)与食品安全有关的质量要求;(7)与食品安全有关的食品检验方法与规程;(8)其他需要制定为食品安全标准的内容。[1]

二、食品安全的国家标准

食品安全国家标准由国务院卫生行政部门会同国务院食品安全监督管理部门制定、公布,国务院标准化行政部门提供国家标准编号。食品中农药残留、兽药残留的限量规定及其检验方法与规程由国务院卫生行政部门、国务院农业行政部门会同国务院食品安全监督管理部门制定。屠宰畜、禽的检验规程由国务院农业行政部门会同国务院卫生行政部门制定。[2]

制定食品安全国家标准,应当依据食品安全风险评估结果并充分考虑食用农产品安全风险评估结果,参照相关的国际标准和国际食品安全风险评估结果,并将食品安全国家标准草案向社会公布,广泛听取食品生产经营者、消费者、有关部门等方面的意见。食品安全国家标准应当经国务院卫生行政部门组织的食品安全国家标准审评委员会审查通过。食品安全国家标准审评委员会由医学、农业、食品、营养、生物、环境等方面的专家以及国务院有关部门、食品行业协会、消费者协会的代表组成,对食品安全国家标准草案的科学性和实用性等进行审查。[3]

三、食品安全的地方标准和企业标准

对地方特色食品,没有食品安全国家标准的,省、自治区、直辖市人民政府卫生行政部门可以制定并公布食品安全地方标准,报国务院卫生行政部门备案。食品安全国家标准制定后,该地方标准即行废止。[4]

国家鼓励食品生产企业制定严于食品安全国家标准或者地方标准的企业标准,在本企业适用,并报省、自治区、直辖市人民政府卫生行政部门备案。[5]

四、食品安全标准的公布和跟踪评价

省级以上人民政府卫生行政部门应当在其网站上公布制定和备案的食品安全国家标准、地方标准和企业标准,供公众免费查阅、下载。对食品安全标准执行过程中的问题,县级以上人民政府卫生行政部门应当会同有关部门及时给予指导、解答。[6]

---

[1] 参见《食品安全法》第26条。
[2] 参见《食品安全法》第27条。
[3] 参见《食品安全法》第28条。
[4] 参见《食品安全法》第29条。
[5] 参见《食品安全法》第30条。
[6] 参见《食品安全法》第31条。

省级以上人民政府卫生行政部门应当会同同级食品安全监督管理、农业行政等部门,分别对食品安全国家标准和地方标准的执行情况进行跟踪评价,并根据评价结果及时修订食品安全标准。省级以上人民政府食品安全监督管理、农业行政等部门应当对食品安全标准执行中存在的问题进行收集、汇总,并及时向同级卫生行政部门通报。食品生产经营者、食品行业协会发现食品安全标准在执行中存在问题的,应当立即向卫生行政部门报告。[1]

第四节 食品安全控制

一、食品生产经营中的安全控制制度

(一)食品生产经营安全基准及负面清单制度

1. 食品生产经营安全基准制度。食品生产经营应当符合食品安全标准,并符合下列要求:(1)具有与生产经营的食品品种、数量相适应的食品原料处理和食品加工、包装、贮存等场所,保持该场所环境整洁,并与有毒、有害场所以及其他污染源保持规定的距离;(2)具有与生产经营的食品品种、数量相适应的生产经营设备或者设施,有相应的消毒、更衣、盥洗、采光、照明、通风、防腐、防尘、防蝇、防鼠、防虫、洗涤以及处理废水、存放垃圾和废弃物的设备或者设施;(3)有专职或者兼职的食品安全专业技术人员、食品安全管理人员和保证食品安全的规章制度;(4)具有合理的设备布局和工艺流程,防止待加工食品与直接入口食品、原料与成品交叉污染,避免食品接触有毒物、不洁物;(5)餐具、饮具和盛放直接入口食品的容器,使用前应当洗净、消毒,炊具、用具用后应当洗净,保持清洁;(6)贮存、运输和装卸食品的容器、工具和设备应当安全、无害,保持清洁,防止食品污染,并符合保证食品安全所需的温度、湿度等特殊要求,不得将食品与有毒、有害物品一同贮存、运输;(7)直接入口的食品应当使用无毒、清洁的包装材料、餐具、饮具和容器;(8)食品生产经营人员应当保持个人卫生,生产经营食品时,应当将手洗净,穿戴清洁的工作衣、帽等;销售无包装的直接入口食品时,应当使用无毒、清洁的容器、售货工具和设备;(9)用水应当符合国家规定的生活饮用水卫生标准;(10)使用的洗涤剂、消毒剂应当对人体安全、无害;(11)法律、法规规定的其他要求。[2]

2. 负面清单制度。禁止生产经营下列食品、食品添加剂、食品相关产品:(1)用非食品原料生产的食品或者添加食品添加剂以外的化学物质和其他可能危害人体健康物质的食品,或者用回收食品作为原料生产的食品;(2)致病性微生物,农药残留、兽药残留、生物毒素、重金属等污染物质以及其他危害人体健康的物

---

〔1〕 参见《食品安全法》第32条。

〔2〕 参见《食品安全法》第33条第1款。

质含量超过食品安全标准限量的食品、食品添加剂、食品相关产品;(3)用超过保质期的食品原料、食品添加剂生产的食品、食品添加剂;(4)超范围、超限量使用食品添加剂的食品;(5)营养成分不符合食品安全标准的专供婴幼儿和其他特定人群的主辅食品;(6)腐败变质、油脂酸败、霉变生虫、污秽不洁、混有异物、掺假掺杂或者感官性状异常的食品、食品添加剂;(7)病死、毒死或者死因不明的禽、畜、兽、水产动物肉类及其制品;(8)未按规定进行检疫或者检疫不合格的肉类,或者未经检验或者检验不合格的肉类制品;(9)被包装材料、容器、运输工具等污染的食品、食品添加剂;(10)标注虚假生产日期、保质期或者超过保质期的食品、食品添加剂;(11)无标签的预包装食品、食品添加剂;(12)国家为防病等特殊需要明令禁止生产经营的食品;(13)其他不符合法律、法规或者食品安全标准的食品、食品添加剂、食品相关产品。[1]

(二)食品行业许可制度

1. 食品生产经营许可制度。国家对食品生产经营实行许可制度。从事食品生产、食品销售、餐饮服务,应当依法取得许可。但是,销售食用农产品,不需要取得许可。县级以上地方人民政府食品安全监督管理部门应当依照《行政许可法》的规定,审核申请人提交的《食品安全法》第 33 条第 1 款第 1 项至第 4 项规定要求的相关资料,必要时对申请人的生产经营场所进行现场核查;对符合规定条件的,准予许可;对不符合规定条件的,不予许可并书面说明理由。[2]

2. 食品添加剂生产许可制度。国家对食品添加剂生产实行许可制度。从事食品添加剂生产,应当具有与所生产食品添加剂品种相适应的场所、生产设备或者设施、专业技术人员和管理制度,并依照《食品安全法》第 35 条第 2 款规定的程序,取得食品添加剂生产许可。生产食品添加剂应当符合法律、法规和食品安全国家标准。[3] 食品添加剂应当在技术上确有必要且经过风险评估证明安全可靠,方可列入允许使用的范围;有关食品安全国家标准应当根据技术必要性和食品安全风险评估结果及时修订。食品生产经营者应当按照食品安全国家标准使用食品添加剂。[4]

3. 食品相关产品的生产许可制度。生产食品相关产品应当符合法律、法规和食品安全国家标准。对直接接触食品的包装材料等具有较高风险的食品相关产品,按照国家有关工业产品生产许可证管理的规定实施生产许可。食品安全监督

---

〔1〕 参见《食品安全法》第 34 条。

〔2〕 参见《食品安全法》第 35 条。

〔3〕 参见《食品安全法》第 39 条。

〔4〕 参见《食品安全法》第 40 条。

管理部门应当加强对食品相关产品生产活动的监督管理。[1]

(三)食品安全全程追溯制度

国家建立食品安全全程追溯制度。食品生产经营者应当依照《食品安全法》的规定,建立食品安全追溯体系,保证食品可追溯。国家鼓励食品生产经营者采用信息化手段采集、留存生产经营信息,建立食品安全追溯体系。国务院食品安全监督管理部门会同国务院农业行政等有关部门建立食品安全全程追溯协作机制。[2]

(四)生产经营企业食品安全管理制度

1. 自我监管的总要求。食品生产经营企业应当建立健全食品安全管理制度,对职工进行食品安全知识培训,加强食品检验工作,依法从事生产经营活动。食品生产经营企业的主要负责人应当落实企业食品安全管理制度,对本企业的食品安全工作全面负责。食品生产经营企业应当配备食品安全管理人员,加强对其培训和考核。经考核不具备食品安全管理能力的,不得上岗。食品安全监督管理部门应当对企业食品安全管理人员随机进行监督抽查考核并公布考核情况。监督抽查考核不得收取费用。[3]

2. 从业人员健康管理。食品生产经营者应当建立并执行从业人员健康管理制度。患有国务院卫生行政部门规定的有碍食品安全疾病的人员,不得从事接触直接入口食品的工作。从事接触直接入口食品工作的食品生产经营人员应当每年进行健康检查,取得健康证明后方可上岗工作。[4]

3. 食品生产流程控制制度。食品生产企业应当就下列事项制定并实施控制要求,保证所生产的食品符合食品安全标准:(1)原料采购、原料验收、投料等原料控制;(2)生产工序、设备、贮存、包装等生产关键环节控制;(3)原料检验、半成品检验、成品出厂检验等检验控制;(4)运输和交付控制。[5]

4. 食品安全自查制度。食品生产经营者应当建立食品安全自查制度,定期对食品安全状况进行检查评价。生产经营条件发生变化,不再符合食品安全要求的,食品生产经营者应当立即采取整改措施;有发生食品安全事故潜在风险的,应当立即停止食品生产经营活动,并向所在地县级人民政府食品安全监督管理部门报告。[6]

5. 食品企业良好生活认证制度。国家鼓励食品生产经营企业符合良好生产规范要求,实施危害分析与关键控制点体系,提高食品安全管理水平。对通过良好生

---

[1] 参见《食品安全法》第41条。

[2] 参见《食品安全法》第42条。

[3] 参见《食品安全法》第44条。

[4] 参见《食品安全法》第45条。

[5] 参见《食品安全法》第46条。

[6] 参见《食品安全法》第47条。

产规范、危害分析与关键控制点体系认证的食品生产经营企业，认证机构应当依法实施跟踪调查；对不再符合认证要求的企业，应当依法撤销认证，及时向县级以上人民政府食品安全监督管理部门通报，并向社会公布。认证机构实施跟踪调查不得收取费用。[1]

（五）食用农产品的安全保障

食用农产品生产者应当按照食品安全标准和国家有关规定使用农药、肥料、兽药、饲料和饲料添加剂等农业投入品，严格执行农业投入品使用安全间隔期或者休药期的规定，不得使用国家明令禁止的农业投入品。禁止将剧毒、高毒农药用于蔬菜、瓜果、茶叶和中草药材等国家规定的农作物。食用农产品的生产企业和农民专业合作经济组织应当建立农业投入品使用记录制度。县级以上人民政府农业行政部门应当加强对农业投入品使用的监督管理和指导，建立健全农业投入品安全使用制度。[2]

（六）食品交易、消费场所安全管理

餐饮服务提供者应当定期维护食品加工、贮存、陈列等设施、设备；定期清洗、校验保温设施及冷藏、冷冻设施。餐饮服务提供者应当按照要求对餐具、饮具进行清洗消毒，不得使用未经清洗消毒的餐具、饮具；餐饮服务提供者委托清洗消毒餐具、饮具的，应当委托符合《食品安全法》规定条件的餐具、饮具集中消毒服务单位。[3]

（七）标签、说明书、广告安全管理

1. 标签、说明书须载明的内容。预包装食品的包装上应当有标签。标签应当标明下列事项：(1)名称、规格、净含量、生产日期；(2)成分或者配料表；(3)生产者的名称、地址、联系方式；(4)保质期；(5)产品标准代号；(6)贮存条件；(7)所使用的食品添加剂在国家标准中的通用名称；(8)生产许可证编号；(9)法律、法规或者食品安全标准规定应当标明的其他事项。[4] 食品经营者销售散装食品，应当在散装食品的容器、外包装上标明食品的名称、生产日期或者生产批号、保质期以及生产经营者名称、地址、联系方式等内容。[5] 食品添加剂应当有标签、说明书和包装。标签、说明书应当载明《食品安全法》第67条第1款第1项至第6项、第8项、第9项规定的事项，以及食品添加剂的使用范围、用量、使用方法，并在标签上载明"食品添加剂"字样。[6]

---

[1] 参见《食品安全法》第48条。
[2] 参见《食品安全法》第49条。
[3] 参见《食品安全法》第56条。
[4] 参见《食品安全法》第67条。
[5] 参见《食品安全法》第68条。
[6] 参见《食品安全法》第70条。

2. 对标签、说明书内容的规制。食品和食品添加剂的标签、说明书,不得含有虚假内容,不得涉及疾病预防、治疗功能。生产经营者对其提供的标签、说明书的内容负责。食品和食品添加剂的标签、说明书应当清楚、明显,生产日期、保质期等事项应当显著标注,容易辨识。食品和食品添加剂与其标签、说明书的内容不符的,不得上市销售。[1] 食品经营者应当按照食品标签标示的警示标志、警示说明或者注意事项的要求销售食品。[2]

3. 食品广告规制。食品广告的内容应当真实合法,不得含有虚假内容,不得涉及疾病预防、治疗功能。食品生产经营者对食品广告内容的真实性、合法性负责。县级以上人民政府食品安全监督管理部门和其他有关部门以及食品检验机构、食品行业协会不得以广告或者其他形式向消费者推荐食品。消费者组织不得以收取费用或者其他牟取利益的方式向消费者推荐食品。[3]

(八)特殊食品安全管理规定

《食品安全法》第74条至第83条对保健食品、特殊医学用途配方食品、婴幼儿配方食品等特殊食品的安全管理作出了特别的规定,实行严格监督管理。

二、食品召回制度

《食品安全法》第63条规定了食品召回制度。

(一)食品召回的适用条件

1. 主动召回。食品生产者发现其生产的食品不符合食品安全标准或者有证据证明可能危害人体健康的,应当立即停止生产,召回已经上市销售的食品,通知相关生产经营者和消费者,并记录召回和通知情况。食品经营者发现其经营的食品有前款规定情形的,应当立即停止经营,通知相关生产经营者和消费者,并记录停止经营和通知情况。食品生产者认为应当召回的,应当立即召回。由于食品经营者的原因造成其经营的食品有前款规定情形的,食品经营者应当召回。

2. 责令召回。食品生产经营者未依照上述规定召回或者停止经营的,县级以上人民政府食品安全监督管理部门可以责令其召回或者停止经营。

(二)对食品召回的处理

1. 处理方式。食品生产经营者应当对召回的食品采取无害化处理、销毁等措施,防止其再次流入市场。但是,对因标签、标志或者说明书不符合食品安全标准而被召回的食品,食品生产者在采取补救措施且能保证食品安全的情况下可以继续销售;销售时应当向消费者明示补救措施。

2. 报告与监督。食品生产经营者应当将食品召回和处理情况向所在地县级人

---

[1] 参见《食品安全法》第71条。
[2] 参见《食品安全法》第72条。
[3] 参见《食品安全法》第73条。

民政府食品安全监督管理部门报告;需要对召回的食品进行无害化处理、销毁的,应当提前报告时间、地点。食品安全监督管理部门认为必要的,可以实施现场监督。

三、食品检验制度

(一)食品检验机构及其地位

食品检验机构按照国家有关认证认可的规定取得资质认定后,方可从事食品检验活动。但是,法律另有规定的除外。食品检验机构的资质认定条件和检验规范,由国务院食品安全监督管理部门规定。符合《食品安全法》规定的食品检验机构出具的检验报告具有同等效力。县级以上人民政府应当整合食品检验资源,实现资源共享。[1]

(二)食品检验机构与检验人负责制

食品检验由食品检验机构指定的检验人独立进行。检验人应当依照有关法律、法规的规定,并按照食品安全标准和检验规范对食品进行检验,尊重科学,恪守职业道德,保证出具的检验数据和结论客观、公正,不得出具虚假检验报告。[2] 食品检验实行食品检验机构与检验人负责制。食品检验报告应当加盖食品检验机构公章,并有检验人的签名或者盖章。食品检验机构和检验人对出具的食品检验报告负责。[3]

(三)食品检验活动的开展

县级以上人民政府食品安全监督管理部门应当对食品进行定期或者不定期的抽样检验,并依据有关规定公布检验结果,不得免检。进行抽样检验,应当购买抽取的样品,委托符合《食品安全法》规定的食品检验机构进行检验,并支付相关费用;不得向食品生产经营者收取检验费和其他费用。[4] 食品生产企业可以自行对所生产的食品进行检验,也可以委托符合《食品安全法》规定的食品检验机构进行检验。食品行业协会和消费者协会等组织、消费者需要委托食品检验机构对食品进行检验的,应当委托符合《食品安全法》规定的食品检验机构进行。[5]

(四)检验异议制度

对依照《食品安全法》规定实施的检验结论有异议的,食品生产经营者可以自收到检验结论之日起 7 个工作日内向实施抽样检验的食品安全监督管理部门或者其上一级食品安全监督管理部门提出复检申请,由受理复检申请的食品安全监督

---

[1] 参见《食品安全法》第 84 条。
[2] 参见《食品安全法》第 85 条。
[3] 参见《食品安全法》第 86 条。
[4] 参见《食品安全法》第 87 条。
[5] 参见《食品安全法》第 89 条。

管理部门在公布的复检机构名录中随机确定复检机构进行复检。复检机构出具的复检结论为最终检验结论。复检机构与初检机构不得为同一机构。复检机构名录由国务院认证认可监督管理、食品安全监督管理、卫生行政、农业行政等部门共同公布。采用国家规定的快速检测方法对食用农产品进行抽查检测,被抽查人对检测结果有异议的,可以自收到检测结果时起4小时内申请复检。复检不得采用快速检测方法。[1]

四、食品进出口管理制度

(一)进出口管理机构

国家出入境检验检疫部门对进出口食品安全实施监督管理。[2] 目前该部门为海关总署下设的进出口食品安全局。该局的工作职责包括:拟订进出口食品、化妆品安全和检验检疫的工作制度,依法承担进口食品企业备案注册和进口食品、化妆品的检验检疫、监督管理工作,按分工组织实施风险分析和紧急预防措施工作,依据多双边协议承担出口食品相关工作。[3]

(二)食品进口管理制度

1. 安全标准。进口的食品、食品添加剂、食品相关产品应当符合我国食品安全国家标准。进口的食品、食品添加剂应当经出入境检验检疫机构依照进出口商品检验相关法律、行政法规的规定检验合格。进口的食品、食品添加剂应当按照国家出入境检验检疫部门的要求随附合格证明材料。[4] 进口尚无食品安全国家标准的食品,由境外出口商、境外生产企业或者其委托的进口商向国务院卫生行政部门提交所执行的相关国家(地区)标准或者国际标准。国务院卫生行政部门对相关标准进行审查,认为符合食品安全要求的,决定暂予适用,并及时制定相应的食品安全国家标准。进口利用新的食品原料生产的食品或者进口食品添加剂新品种、食品相关产品新品种,依照《食品安全法》第37条的规定办理。出入境检验检疫机构按照国务院卫生行政部门的要求,对前款规定的食品、食品添加剂、食品相关产品进行检验。检验结果应当公开。[5]

2. 境外企业的保证责任及进口商的审核义务。境外出口商、境外生产企业应当保证向我国出口的食品、食品添加剂、食品相关产品符合《食品安全法》以及我国其他有关法律、行政法规的规定和食品安全国家标准的要求,并对标签、说明书的内容负责。进口商应当建立境外出口商、境外生产企业审核制度,重点审核前述

---

〔1〕 参见《食品安全法》第88条。

〔2〕 参见《食品安全法》第91条。

〔3〕 海关总署:《司局介绍》,载海关总署官网,http://jckspj.customs.gov.cn/,2020年7月23日访问。

〔4〕 参见《食品安全法》第92条。

〔5〕 参见《食品安全法》第93条。

规定的内容;审核不合格的,不得进口。发现进口食品不符合我国食品安全国家标准或者有证据证明可能危害人体健康的,进口商应当立即停止进口,并依照《食品安全法》第63条的规定召回。[1]

3. 进出口企业备案和注册制度。向我国境内出口食品的境外出口商或者代理商、进口食品的进口商应当向国家出入境检验检疫部门备案。向我国境内出口食品的境外食品生产企业应当经国家出入境检验检疫部门注册。已经注册的境外食品生产企业提供虚假材料,或者因其自身的原因致使进口食品发生重大食品安全事故的,国家出入境检验检疫部门应当撤销注册并公告。国家出入境检验检疫部门应当定期公布已经备案的境外出口商、代理商、进口商和已经注册的境外食品生产企业名单。[2]

4. 预包装食品管理规定。进口的预包装食品、食品添加剂应当有中文标签;依法应当有说明书的,还应当有中文说明书。标签、说明书应当符合《食品安全法》以及我国其他有关法律、行政法规的规定和食品安全国家标准的要求,并载明食品的原产地以及境内代理商的名称、地址、联系方式。预包装食品没有中文标签、中文说明书或者标签、说明书不符合本条规定的,不得进口。[3]

5. 进口商的信息保存义务。进口商应当建立食品、食品添加剂进口和销售记录制度,如实记录食品、食品添加剂的名称、规格、数量、生产日期、生产或者进口批号、保质期、境外出口商和购货者名称、地址及联系方式、交货日期等内容,并保存相关凭证。记录和凭证保存期限应当符合《食品安全法》第50条第2款的规定。[4]

6. 食品安全风险的预警和控制。境外发生的食品安全事件可能对我国境内造成影响,或者在进口食品、食品添加剂、食品相关产品中发现严重食品安全问题的,国家出入境检验检疫部门应当及时采取风险预警或者控制措施,并向国务院食品安全监督管理、卫生行政、农业行政部门通报。接到通报的部门应当及时采取相应措施。县级以上人民政府食品安全监督管理部门对国内市场上销售的进口食品、食品添加剂实施监督管理。发现存在严重食品安全问题的,国务院食品安全监督管理部门应当及时向国家出入境检验检疫部门通报。国家出入境检验检疫部门应当及时采取相应措施。[5]

(三)食品出口管理制度

出口食品生产企业应当保证其出口食品符合进口国(地区)的标准或者合同

---

[1] 参见《食品安全法》第94条。

[2] 参见《食品安全法》第96条。

[3] 参见《食品安全法》第97条。

[4] 参见《食品安全法》第98条。

[5] 参见《食品安全法》第95条。

要求。出口食品生产企业和出口食品原料种植、养殖场应当向国家出入境检验检疫部门备案。[1]

(四)进出口食品安全信息管理制度

国家出入境检验检疫部门应当收集、汇总下列进出口食品安全信息,并及时通报相关部门、机构和企业:(1)出入境检验检疫机构对进出口食品实施检验检疫发现的食品安全信息;(2)食品行业协会和消费者协会等组织、消费者反映的进口食品安全信息;(3)国际组织、境外政府机构发布的风险预警信息及其他食品安全信息,以及境外食品行业协会等组织、消费者反映的食品安全信息;(4)其他食品安全信息。[2]

(五)进出口企业信用管理制度

国家出入境检验检疫部门应当对进出口食品的进口商、出口商和出口食品生产企业实施信用管理,建立信用记录,并依法向社会公布。对有不良记录的进口商、出口商和出口食品生产企业,应当加强对其进出口食品的检验检疫。[3]

第五节 食品安全事故处置

食品安全事故,是指食源性疾病、食品污染等源于食品,对人体健康有危害或者可能有危害的事故。[4]《食品安全法》第7章规定了食品安全事故的各种处置对策。

一、食品安全事故应急预案制度

国务院组织制定国家食品安全事故应急预案。县级以上地方人民政府应当根据有关法律、法规的规定和上级人民政府的食品安全事故应急预案以及本行政区域的实际情况,制定本行政区域的食品安全事故应急预案,并报上一级人民政府备案。食品安全事故应急预案应当对食品安全事故分级、事故处置组织指挥体系与职责、预防预警机制、处置程序、应急保障措施等作出规定。食品生产经营企业应当制定食品安全事故处置方案,定期检查本企业各项食品安全防范措施的落实情况,及时消除事故隐患。[5]

二、食品安全事故报告和通报制度

发生食品安全事故的单位应当立即采取措施,防止事故扩大。事故单位和接

[1] 参见《食品安全法》第99条。
[2] 参见《食品安全法》第100条第1款。
[3] 参见《食品安全法》第100条第2款。
[4] 参见《食品安全法》第150条。
[5] 参见《食品安全法》第102条。

收病人进行治疗的单位应当及时向事故发生地县级人民政府食品安全监督管理、卫生行政部门报告。县级以上人民政府农业行政等部门在日常监督管理中发现食品安全事故或者接到事故举报,应当立即向同级食品安全监督管理部门通报。发生食品安全事故,接到报告的县级人民政府食品安全监督管理部门应当按照应急预案的规定向本级人民政府和上级人民政府食品安全监督管理部门报告。县级人民政府和上级人民政府食品安全监督管理部门应当按照应急预案的规定上报。任何单位和个人不得对食品安全事故隐瞒、谎报、缓报,不得隐匿、伪造、毁灭有关证据。[1]

医疗机构发现其接收的病人属于食源性疾病病人或者疑似病人的,应当按照规定及时将相关信息向所在地县级人民政府卫生行政部门报告。县级人民政府卫生行政部门认为与食品安全有关的,应当及时通报同级食品安全监督管理部门。县级以上人民政府卫生行政部门在调查处理传染病或者其他突发公共卫生事件中发现与食品安全相关的信息,应当及时通报同级食品安全监督管理部门。[2]

三、调查处理措施

县级以上人民政府食品安全监督管理部门接到食品安全事故的报告后,应当立即会同同级卫生行政、农业行政等部门进行调查处理,并采取下列措施,防止或者减轻社会危害:(1)开展应急救援工作,组织救治因食品安全事故导致人身伤害的人员;(2)封存可能导致食品安全事故的食品及其原料,并立即进行检验;对确认属于被污染的食品及其原料,责令食品生产经营者依照《食品安全法》第63条的规定召回或者停止经营;(3)封存被污染的食品相关产品,并责令进行清洗消毒;(4)做好信息发布工作,依法对食品安全事故及其处理情况进行发布,并对可能产生的危害加以解释、说明。发生食品安全事故需要启动应急预案的,县级以上人民政府应当立即成立事故处置指挥机构,启动应急预案,依照前述和应急预案的规定进行处置。[3]

四、调查的范围和内容

(一)事故责任调查

1. 调查主体。发生食品安全事故,设区的市级以上人民政府食品安全监督管理部门应当立即会同有关部门进行事故责任调查,督促有关部门履行职责,向本级人民政府和上一级人民政府食品安全监督管理部门提出事故责任调查处理报告。涉及两个以上省、自治区、直辖市的重大食品安全事故,由国务院食品安全监督管

---

[1] 参见《食品安全法》第103条。

[2] 参见《食品安全法》第104条。

[3] 参见《食品安全法》第105条第1款。

理部门依照前款规定组织事故责任调查。[1]

2. 调查原则。调查食品安全事故,应当坚持实事求是、尊重科学的原则,及时、准确查清事故性质和原因,认定事故责任,提出整改措施。调查食品安全事故,除了查明事故单位的责任,还应当查明有关监督管理部门、食品检验机构、认证机构及其工作人员的责任。[2]

3. 调查职权。食品安全事故调查部门有权向有关单位和个人了解与事故有关的情况,并要求提供相关资料和样品。有关单位和个人应当予以配合,按照要求提供相关资料和样品,不得拒绝。任何单位和个人不得阻挠、干涉食品安全事故的调查处理。[3]

(二)流行病学调查

发生食品安全事故,县级以上疾病预防控制机构应当对事故现场进行卫生处理,并对与事故有关的因素开展流行病学调查,有关部门应当予以协助。县级以上疾病预防控制机构应当向同级食品安全监督管理、卫生行政部门提交流行病学调查报告。[4]

第六节 政府监管机构及其职权

一、监管主体及重点

县级以上人民政府食品安全监督管理部门根据食品安全风险监测、风险评估结果和食品安全状况等,确定监督管理的重点、方式和频次,实施风险分级管理。县级以上地方人民政府组织本级食品安全监督管理、农业行政等部门制定本行政区域的食品安全年度监督管理计划,向社会公布并组织实施。

食品安全年度监督管理计划应当将下列事项作为监督管理的重点:(1)专供婴幼儿和其他特定人群的主辅食品;(2)保健食品生产过程中的添加行为和按照注册或者备案的技术要求组织生产的情况,保健食品标签、说明书以及宣传材料中有关功能宣传的情况;(3)发生食品安全事故风险较高的食品生产经营者;(4)食品安全风险监测结果表明可能存在食品安全隐患的事项。[5]

二、监管措施

县级以上人民政府食品安全监督管理部门履行食品安全监督管理职责,有权

[1] 参见《食品安全法》第 106 条。
[2] 参见《食品安全法》第 107 条。
[3] 参见《食品安全法》第 108 条。
[4] 参见《食品安全法》第 105 条第 3 款。
[5] 参见《食品安全法》第 109 条。

采取下列措施，对生产经营者遵守《食品安全法》的情况进行监督检查：(1)进入生产经营场所实施现场检查；(2)对生产经营的食品、食品添加剂、食品相关产品进行抽样检验；(3)查阅、复制有关合同、票据、账簿以及其他有关资料；(4)查封、扣押有证据证明不符合食品安全标准或者有证据证明存在安全隐患以及用于违法生产经营的食品、食品添加剂、食品相关产品；(5)查封违法从事生产经营活动的场所。[1]

三、信用档案制度

县级以上人民政府食品安全监督管理部门应当建立食品生产经营者食品安全信用档案，记录许可颁发、日常监督检查结果、违法行为查处等情况，依法向社会公布并实时更新；对有不良信用记录的食品生产经营者增加监督检查频次，对违法行为情节严重的食品生产经营者，可以通报投资主管部门、证券监督管理机构和有关的金融机构。[2]

四、约谈制度

食品生产经营过程中存在食品安全隐患，未及时采取措施消除的，县级以上人民政府食品安全监督管理部门可以对食品生产经营者的法定代表人或者主要负责人进行责任约谈。食品生产经营者应当立即采取措施，进行整改，消除隐患。责任约谈情况和整改情况应当纳入食品生产经营者食品安全信用档案。[3]

五、社会监督

县级以上人民政府食品安全监督管理等部门应当公布本部门的电子邮件地址或者电话，接受咨询、投诉、举报。接到咨询、投诉、举报，对属于本部门职责的，应当受理并在法定期限内及时答复、核实、处理；对不属于本部门职责的，应当移交有权处理的部门并书面通知咨询、投诉、举报人。有权处理的部门应当在法定期限内及时处理，不得推诿。对查证属实的举报，给予举报人奖励。有关部门应当对举报人的信息予以保密，保护举报人的合法权益。举报人举报所在企业的，该企业不得以解除、变更劳动合同或者其他方式对举报人进行打击报复。[4]

六、食品安全信息平台

国家建立统一的食品安全信息平台，实行食品安全信息统一公布制度。国家食品安全总体情况、食品安全风险警示信息、重大食品安全事故及其调查处理信息和国务院确定需要统一公布的其他信息由国务院食品安全监督管理部门统一公布。食品安全风险警示信息和重大食品安全事故及其调查处理信息的影响限于特

---

〔1〕 参见《食品安全法》第110条。

〔2〕 参见《食品安全法》第113条。

〔3〕 参见《食品安全法》第114条。

〔4〕 参见《食品安全法》第115条。

定区域的,也可以由有关省、自治区、直辖市人民政府食品安全监督管理部门公布。未经授权不得发布上述信息。县级以上人民政府食品安全监督管理、农业行政部门依据各自职责公布食品安全日常监督管理信息。公布食品安全信息,应当做到准确、及时,并进行必要的解释说明,避免误导消费者和社会舆论。[1]

第七节 违反食品安全法的责任

一、民事责任

(一)网络食品交易损害赔偿责任[2]

1.平台违反审核、报告等义务时与经营者的连带责任。违反《食品安全法》规定,网络食品交易第三方平台提供者未对入网食品经营者进行实名登记、审查许可证,或者未履行报告、停止提供网络交易平台服务等义务,并使消费者的合法权益受到损害的,应当与食品经营者承担连带责任。

2.入网生产者、经营者的不真正连带责任。消费者通过网络食品交易第三方平台购买食品,其合法权益受到损害的,可以向入网食品经营者或者食品生产者要求赔偿。

3.平台不能提供经营者信息的独立责任。网络食品交易第三方平台提供者不能提供入网食品经营者的真实名称、地址和有效联系方式的,由网络食品交易第三方平台提供者赔偿。网络食品交易第三方平台提供者赔偿后,有权向入网食品经营者或者食品生产者追偿。

(二)民事责任优先承担原则

违反《食品安全法》规定,造成人身、财产或者其他损害的,依法承担赔偿责任。生产经营者财产不足以同时承担民事赔偿责任和缴纳罚款、罚金时,先承担民事赔偿责任。[3]

(三)生产者、经营者违反食品安全标准的责任

1.生产者、经营者的不真正连带责任。消费者因不符合食品安全标准的食品受到损害的,可以向经营者要求赔偿损失,也可以向生产者要求赔偿损失。接到消费者赔偿要求的生产经营者,应当实行首负责任制,先行赔付,不得推诿;属于生产者责任的,经营者赔偿后有权向生产者追偿;属于经营者责任的,生产者赔偿后有权向经营者追偿。[4]

---

[1] 参见《食品安全法》第118条。
[2] 参见《食品安全法》第131条。
[3] 参见《食品安全法》第147条。
[4] 参见《食品安全法》第148条第1款。

2. 惩罚性赔偿。生产不符合食品安全标准的食品或者经营明知是不符合食品安全标准的食品，消费者除要求赔偿损失外，还可以向生产者或者经营者要求支付价款10倍或者损失3倍的赔偿金；增加赔偿的金额不足1000元的，为1000元。但是，食品的标签、说明书存在不影响食品安全且不会对消费者造成误导的瑕疵的除外。[1]

二、公法责任

《食品安全法》第9章（第122条至第149条）详细规定了针对食品生产经营者、进出口商、网络交易平台提供者、仓储、运输服务者、风险监测、评估机构、食品检验机构、认证机构、广告宣传者、妨碍执法者、虚假信息发布者的行政处罚责任。以上违法行为触犯《刑法》规范的，违法者也会受到相应的刑事处罚。

例如，《食品安全法》第122条规定："违反本法规定，未取得食品生产经营许可从事食品生产经营活动，或者未取得食品添加剂生产许可从事食品添加剂生产活动的，由县级以上人民政府食品安全监督管理部门没收违法所得和违法生产经营的食品、食品添加剂以及用于违法生产经营的工具、设备、原料等物品；违法生产经营的食品、食品添加剂货值金额不足一万元的，并处五万元以上十万元以下罚款；货值金额一万元以上的，并处货值金额十倍以上二十倍以下罚款。明知从事前款规定的违法行为，仍为其提供生产经营场所或者其他条件的，由县级以上人民政府食品安全监督管理部门责令停止违法行为，没收违法所得，并处五万元以上十万元以下罚款；使消费者的合法权益受到损害的，应当与食品、食品添加剂生产经营者承担连带责任。"

受本书篇幅所限，其他行政处罚的规定就不再一一列举，请读者自行查阅法条。

【复习与思考】

1. 食品安全法的适用范围是什么？
2. 何为食品安全风险监测？何为食品安全风险评估？
3. 食品安全标准的类型、效力与内容如何？
4. 我国有哪些食品安全控制制度？
5. 发生食品安全事故时应当如何处置？
6. 政府在监管食品安全时有哪些措施与职权？
7. 违反食品安全法要承担哪些法律责任？

---

〔1〕 参见《食品安全法》第148条第2款。

以案释法：

“三无”产品

【案情】2021 年 2 月，原告叶某某在网络上购买了被告生产的滋补养生礼盒。到货后发现该礼盒系“三无”产品，故向法院提起诉讼，要求被告承担价款的 10 倍赔偿责任。

【问题】原告是否可向被告主张 10 倍赔偿的责任？

【解答】本案中，案涉产品没有按照相关法律规定标明产品的相关信息，且被告作为商品的经营者，亦未尽到进货查验的注意义务。故叶某某要求被告支付价款 10 倍赔偿的主张，有事实和法律依据，应予支持。

【评析】食品安全标准应当包括对与卫生、营养等食品安全要求有关的标签、标志、说明书的要求；预包装食品的包装上应当有标签，标签应当标明产品的名称、规格、净含量、生产日期、保质期等内容；同时，食品安全法也规定了食品经营者采购食品的进货查验义务，生产经营未标明生产者名称、地址、成分或者配料表，或者未清晰标明生产日期、保质期的预包装食品，消费者主张生产者或者经营者依据《食品安全法》第 148 条第 2 款规定承担惩罚性赔偿责任的，法院应予支持。

第二十章　广告监管法律制度

【本 章 导 读】

2017年政府工作报告明确指出,要整顿和规范市场秩序,严肃查处虚假广告等行为,加强消费者权益保护。制定和完善广告监管法律制度对于保护消费者的合法权益、促进广告业的健康发展、维护社会经济秩序而言意义重大。本章首先介绍了广告监管法的定义、适用范围、基本概念、功能及主体,其次分别对广告行为监管、违反广告法的法律责任进行了概述。

第一节　广告监管法概述

一、广告监管法的定义

广告监管法,是指为了保证、促使广告活动遵守广告准则、广告行为规范和其他相关规定,而由政府监管、社会监督广告活动的法律规范的总称。通常而言,广告监管法主要指《广告法》。第八届全国人大常委会第十次会议于1994年10月27日通过了《广告法》,自1995年2月1日起施行。该法施行二十多年以来,对规范广告活动,促进广告业的健康发展,保护消费者的合法权益,维护社会经济秩序,促进社会主义市场经济的健康发展,发挥了重要作用。2015年4月24日,第十二届全国人大常委会第十四次会议通过了修订后的《广告法》,自2015年9月1日起施行。2018年10月26日,第十三届全国人民代表大会常务委员会第六次会议对《广告法》进行第一次修正。2021年4月29日,第十一届全国人民代表大会常务委员会第二十八次会议对《广告法》第二次修正。

二、广告监管法的适用范围及基本概念

在中华人民共和国境内,商品经营者或者服务提供者通过一定媒介和形式直接或者间接地介绍自己所推销的商品或者服务的商业广告活动,适用《广告法》。广告主,是指为推销商品或者服务,自行或者委托他人设计、制作、发布广告的自然人、法人或者其他组织。广告经营者,是指接受委托提供广告设计、制作、代理服务的自然人、法人或者其他组织。广告发布者,是指为广告主或者广告主委托的广告经营者发布广告的自然人、法人或者其他组织。广告代言人,是指广告主以外的,在广告中以自己的名义或者形象对商品、服务作推荐、证明的自然人、法人或者其

他组织。[1]

三、广告监管法的功能

《广告法》第1条规定："为了规范广告活动，保护消费者的合法权益，促进广告业的健康发展，维护社会经济秩序，制定本法。"据此，广告监管法的功能有：

1. 规范广告活动。社会经济活动中，广告是商品生产者或者服务提供者推销其商品或者服务的重要手段。作为商业营销活动的一种方式，广告活动在实践中容易出现一些不规范的现象，主要涉及发布虚假广告欺骗、误导消费者和不正当竞争等行为，因此法律必须对广告活动进行规范。

2. 保护消费者的合法权益。广告是商品经营者、服务提供者与消费者之间的桥梁，通过广告，商品经营者、服务提供者对消费者的购买决定产生影响，通过规范广告活动，可以使消费者不受虚假广告的欺骗和误导，消费者的合法权益得以保护。

3. 促进广告业的健康发展。广告业是现代服务业的重要组成部分，在服务生产、引导消费、推动经济增长和社会文化发展方面，具有积极作用。本法通过规范广告活动，明确广告活动各方的权利和义务，明确有关部门的权限和职责等，对广告活动涉及的方方面面予以规范，将起到促进广告业健康发展的积极作用。

4. 维护社会经济秩序。广告是商品经营者、服务提供者进行市场竞争的重要手段，通过规范广告活动，制止不正当竞争行为，如要求广告不得贬低其他生产经营者的商品或者服务，要求广告主、广告经营者、广告发布者之间不得在广告活动中进行任何形式的不正当竞争等的规范，并规定相应的法律责任，起到了维护社会经济秩序的作用。

四、广告监管主体

（一）政府监管

国务院工商行政管理部门主管全国的广告监督管理工作，国务院有关部门在各自的职责范围内负责广告管理相关工作。县级以上地方工商行政管理部门主管本行政区域的广告监督管理工作，县级以上地方人民政府有关部门在各自的职责范围内负责广告管理相关工作。[2]

目前，我国广告行业的政府监管部门主要为国家市场监督管理总局。国家市场监督管理总局下设广告监督管理司，是广告行业的全国最高行政管理机关，负责拟订广告业发展规划、政策并组织实施，拟订实施广告监督管理的制度措施，组织指导药品、保健食品、医疗器械、特殊医学用途配方食品广告审查工作，组织监测各类媒介广告发布情况，组织查处虚假广告等违法行为，指导广告审查机构和广告行

---

〔1〕 参见《广告法》第2条。

〔2〕 参见《广告法》第6条。

业组织的工作。各省、自治区、直辖市的市场监督管理局下设广告监督管理处，各市、县市场监督管理部门也下设相应的广告监督管理机构，具体负责各地行政区域内的广告行业监督管理工作。

（二）行业自律

广告行业组织依照法律、法规和章程的规定，制定行业规范，加强行业自律，促进行业发展，引导会员依法从事广告活动，推动广告行业诚信建设。[1]

目前，我国广告行业自律组织主要为中国广告协会及中国商务广告协会。中国广告协会成立于1983年，主管单位是国家市场监督管理总局，其主办的《现代广告》是广告行业的权威期刊。作为联系政府管理部门及广告行业参与者的桥梁，中国广告协会的主要职责是在国家市场监督管理总局的指导下，按照国家有关方针、政策和法规，对广告行业进行指导、协调、服务、监督，促进广告行业的自我约束、自我完善，维护广告市场秩序，树立良好的行业风气。中国商务广告协会成立于1981年，是我国第一个全国性广告行业社团组织，主要职责包括制定行业规范，加强行业自律，提高行业的整体文化修养和专业服务水平，树立广告行业良好的社会形象，促进并提高广告行业在国家发展战略中的地位和影响力，传承文化经典，缔造品牌价值，推动消费繁荣，传播善行公益等。

第二节　对广告行为的监管

一、基本原则

（一）健康原则

广告应当真实、合法，以健康的表现形式表达广告内容，符合社会主义精神文明建设和弘扬中华民族优秀传统文化的要求。[2] 广告通过语言、文字、画面等形式，利用一定的艺术手段，作用于人们的感官和思想。实践中广告的表现形式和内容可以是多种多样的，但都应该是给受众带来正面影响，不能低俗，更不能恶俗。

（二）真实原则

广告不得含有虚假或者引人误解的内容，不得欺骗、误导消费者。广告主应当对广告内容的真实性负责。[3] 虚假广告，既损害消费者的合法权益，也往往构成不正当竞争，侵害其他商品生产经营者或者服务提供者的利益。禁止虚假广告，是各国有关广告管理的规定的核心内容。广告活动的最终目的在于推销商品经营者或服务提供者即广告主的商品和服务，广告主是一切广告活动的最初发起者，应由

---

〔1〕 参见《广告法》第7条。

〔2〕 参见《广告法》第3条。

〔3〕 参见《广告法》第4条。

其保证广告内容的真实性。

(三)合法诚信原则

广告主、广告经营者、广告发布者从事广告活动,应当遵守法律、法规,诚实信用,公平竞争。[1] 广告活动与其他一般市场行为一样,应当遵守一般民商事活动的基本原则。在长期的商品生产和市场竞争活动的实践中,逐渐形成了诚实信用、公平竞争的原则。

二、广告内容准则

(一)广告内容的积极规范

1. 一般要求。广告中对商品的性能、功能、产地、用途、质量、成分、价格、生产者、有效期限、允诺等或者对服务的内容、提供者、形式、质量、价格、允诺等有表示的,应当准确、清楚、明白。广告中表明推销的商品或者服务附带赠送的,应当明示所附带赠送商品或者服务的品种、规格、数量、期限和方式。法律、行政法规规定广告中应当明示的内容,应当显著、清晰表示。[2]

2. 涉行政许可。广告内容涉及的事项需要取得行政许可的,应当与许可的内容相符合。广告使用数据、统计资料、调查结果、文摘、引用语等引证内容的,应当真实、准确,并表明出处。引证内容有适用范围和有效期限的,应当明确表示。[3]

3. 涉专利。广告中涉及专利产品或者专利方法的,应当标明专利号和专利种类。[4]

4. 通过传媒发广告。广告应当具有可识别性,能够使消费者辨明其为广告。通过大众传播媒介发布的广告应当显著标明"广告",与其他非广告信息相区别,不得使消费者产生误解。广播电台、电视台发布广告,应当遵守国务院有关部门关于时长、方式的规定,并应当对广告时长作出明显提示。[5]

5. 非特殊药品。一般的处方药,只能在国务院卫生行政部门和国务院药品监督管理部门共同指定的医学、药学专业刊物上作广告。[6]

(二)广告内容的禁止性规范

1. 一般禁止性规范。广告不得有下列情形:(1)使用或者变相使用中华人民共和国的国旗、国歌、国徽,军旗、军歌、军徽;(2)使用或者变相使用国家机关、国家机关工作人员的名义或者形象;(3)使用"国家级""最高级""最佳"等用语;(4)损害国家的尊严或者利益,泄露国家秘密;(5)妨碍社会安定,损害社会公共利

[1] 参见《广告法》第5条。
[2] 参见《广告法》第8条。
[3] 参见《广告法》第11条。
[4] 参见《广告法》第12条第1款。
[5] 参见《广告法》第14条。
[6] 参见《广告法》第15条第2款。

益;(6)危害人身、财产安全,泄露个人隐私;(7)妨碍社会公共秩序或者违背社会良好风尚;(8)含有淫秽、色情、赌博、迷信、恐怖、暴力的内容;(9)含有民族、种族、宗教、性别歧视的内容;(10)妨碍环境、自然资源或者文化遗产保护;(11)法律、行政法规规定禁止的其他情形。[1]

2. 特殊人群保护。广告不得损害未成年人和残疾人的身心健康。[2]

3. 涉专利。未取得专利权的,不得在广告中谎称取得专利权。禁止使用未授予专利权的专利申请和已经终止、撤销、无效的专利作广告。[3]

4. 涉其他竞争者。广告不得贬低其他生产经营者的商品或者服务。[4]

5. 特殊药品等。麻醉药品、精神药品、医疗用毒性药品、放射性药品等特殊药品,药品类易制毒化学品,以及戒毒治疗的药品、医疗器械和治疗方法,不得作广告。[5]

6. 医疗产品广告。医疗、药品、医疗器械广告不得含有下列内容:(1)表示功效、安全性的断言或者保证;(2)说明治愈率或者有效率;(3)与其他药品、医疗器械的功效和安全性或者其他医疗机构比较;(4)利用广告代言人作推荐、证明;(5)法律、行政法规规定禁止的其他内容。[6] 除医疗、药品、医疗器械广告外,禁止其他任何广告涉及疾病治疗功能,并不得使用医疗用语或者易使推销的商品与药品、医疗器械相混淆的用语。[7]

7. 保健食品广告内容的禁止性规定。保健食品广告不得含有下列内容:(1)表示功效、安全性的断言或者保证;(2)涉及疾病预防、治疗功能;(3)声称或者暗示广告商品为保障健康所必需;(4)与药品、其他保健食品进行比较;(5)利用广告代言人作推荐、证明;(6)法律、行政法规规定禁止的其他内容。[8]

8. 对传媒的规制。广播电台、电视台、报刊音像出版单位、互联网信息服务提供者不得以介绍健康、养生知识等形式变相发布医疗、药品、医疗器械、保健食品广告。[9] 禁止在大众传播媒介或者公共场所发布声称全部或者部分替代母乳的婴儿乳制品、饮料和其他食品广告。[10]

---

[1] 参见《广告法》第9条。

[2] 参见《广告法》第10条。

[3] 参见《广告法》第12条第2款、第3款。

[4] 参见《广告法》第13条。

[5] 参见《广告法》第15条第1款。

[6] 参见《广告法》第16条第1款。

[7] 参见《广告法》第17条。

[8] 参见《广告法》第18条。

[9] 参见《广告法》第19条。

[10] 参见《广告法》第20条。

9. 农药、兽药等。农药、兽药、饲料和饲料添加剂广告不得含有下列内容：(1)表示功效、安全性的断言或者保证；(2)利用科研单位、学术机构、技术推广机构、行业协会或者专业人士、用户的名义或者形象作推荐、证明；(3)说明有效率；(4)违反安全使用规程的文字、语言或者画面；(5)法律、行政法规规定禁止的其他内容。[1]

10. 烟草广告。禁止在大众传播媒介或者公共场所、公共交通工具、户外发布烟草广告。禁止向未成年人发送任何形式的烟草广告。禁止利用其他商品或者服务的广告、公益广告，宣传烟草制品名称、商标、包装、装潢以及类似内容。烟草制品生产者或者销售者发布的迁址、更名、招聘等启事中，不得含有烟草制品名称、商标、包装、装潢以及类似内容。[2]

11. 酒类广告。酒类广告不得含有下列内容：(1)诱导、怂恿饮酒或者宣传无节制饮酒；(2)出现饮酒的动作；(3)表现驾驶车、船、飞机等活动；(4)明示或者暗示饮酒有消除紧张和焦虑、增加体力等功效。[3]

12. 教育、培训广告。教育、培训广告不得含有下列内容：(1)对升学、通过考试、获得学位学历或者合格证书，或者对教育、培训的效果作出明示或者暗示的保证性承诺；(2)明示或者暗示有相关考试机构或者其工作人员、考试命题人员参与教育、培训；(3)利用科研单位、学术机构、教育机构、行业协会、专业人士、受益者的名义或者形象作推荐、证明。[4]

13. 招商广告。招商等有投资回报预期的商品或者服务广告，应当对可能存在的风险以及风险责任承担有合理提示或者警示，并不得含有下列内容：(1)对未来效果、收益或者与其相关的情况作出保证性承诺，明示或者暗示保本、无风险或者保收益等，国家另有规定的除外；(2)利用学术机构、行业协会、专业人士、受益者的名义或者形象作推荐、证明。[5]

14. 房地产广告。房地产广告，房源信息应当真实，面积应当表明为建筑面积或者套内建筑面积，并不得含有下列内容：(1)升值或者投资回报的承诺；(2)以项目到达某一具体参照物的所需时间表示项目位置；(3)违反国家有关价格管理的规定；(4)对规划或者建设中的交通、商业、文化教育设施以及其他市政条件作误导宣传。[6]

15. 动植物广告。农作物种子、林木种子、草种子、种畜禽、水产苗种和种养殖

---

〔1〕 参见《广告法》第21条。
〔2〕 参见《广告法》第22条。
〔3〕 参见《广告法》第23条。
〔4〕 参见《广告法》第24条。
〔5〕 参见《广告法》第25条。
〔6〕 参见《广告法》第26条。

广告关于品种名称、生产性能、生长量或者产量、品质、抗性、特殊使用价值、经济价值、适宜种植或者养殖的范围和条件等方面的表述应当真实、清楚、明白,并不得含有下列内容:(1)作科学上无法验证的断言;(2)表示功效的断言或者保证;(3)对经济效益进行分析、预测或者作保证性承诺;(4)利用科研单位、学术机构、技术推广机构、行业协会或者专业人士、用户的名义或者形象作推荐、证明。[1]

16. 虚假广告。广告以虚假或者引人误解的内容欺骗、误导消费者的,构成虚假广告。广告有下列情形之一的,为虚假广告:(1)商品或者服务不存在的;(2)商品的性能、功能、产地、用途、质量、规格、成分、价格、生产者、有效期限、销售状况、曾获荣誉等信息,或者服务的内容、提供者、形式、质量、价格、销售状况、曾获荣誉等信息,以及与商品或者服务有关的允诺等信息与实际情况不符,对购买行为有实质性影响的;(3)使用虚构、伪造或者无法验证的科研成果、统计资料、调查结果、文摘、引用语等信息作证明材料的;(4)虚构使用商品或者接受服务的效果的;(5)以虚假或者引人误解的内容欺骗、误导消费者的其他情形。[2]

三、广告行为规范

(一)资质要求

1. 广告发布者资质。广播电台、电视台、报刊出版单位从事广告发布业务的,应当设有专门从事广告业务的机构,配备必要的人员,具有与发布广告相适应的场所、设备,并向县级以上地方工商行政管理部门办理广告发布登记。[3]

2. 广告主的资质审核义务。广告主委托设计、制作、发布广告,应当委托具有合法经营资格的广告经营者、广告发布者。[4]

(二)积极义务

1. 对合同形式的规范。广告主、广告经营者、广告发布者之间在广告活动中应当依法订立书面合同。[5]

2. 建立、健全管理制度。广告经营者、广告发布者应当按照国家有关规定,建立、健全广告业务的承接登记、审核、档案管理制度。广告经营者、广告发布者依据法律、行政法规查验有关证明文件,核对广告内容。对内容不符或者证明文件不全的广告,广告经营者不得提供设计、制作、代理服务,广告发布者不得发布。[6]

3. 信息披露义务。广告经营者、广告发布者应当公布其收费标准和收费办法。[7]

---

[1] 参见《广告法》第 27 条。
[2] 参见《广告法》第 28 条。
[3] 参见《广告法》第 29 条。
[4] 参见《广告法》第 32 条。
[5] 参见《广告法》第 30 条。
[6] 参见《广告法》第 34 条。
[7] 参见《广告法》第 35 条。

广告发布者向广告主、广告经营者提供的覆盖率、收视率、点击率、发行量等资料应当真实。[1]

4. 广告代言人。广告代言人在广告中对商品、服务作推荐、证明,应当依据事实,符合《广告法》和有关法律、行政法规规定,并不得为其未使用过的商品或者未接受过的服务作推荐、证明。[2]

5. 网络广告。利用互联网从事广告活动,适用《广告法》的各项规定。利用互联网发布、发送广告,不得影响用户正常使用网络。在互联网页面以弹出等形式发布的广告,应当显著标明关闭标志,确保一键关闭。[3]

6. 管理者、服务提供者的监督义务。公共场所的管理者或者电信业务经营者、互联网信息服务提供者对其明知或者应知的利用其场所或者信息传输、发布平台发送、发布违法广告的,应当予以制止。[4]

(三)消极义务

1. 禁止不正当竞争。广告主、广告经营者、广告发布者不得在广告活动中进行任何形式的不正当竞争。[5]

2. 禁止侵犯他人人格权。广告主或者广告经营者在广告中使用他人名义或者形象的,应当事先取得其书面同意;使用无民事行为能力人、限制民事行为能力人的名义或者形象的,应当事先取得其监护人的书面同意。[6]

3. 禁止违法广告。法律、行政法规规定禁止生产、销售的产品或者提供的服务,以及禁止发布广告的商品或者服务,任何单位或者个人不得设计、制作、代理、发布广告。[7]

4. 禁止虚假或违法广告代言。广告代言人不得为其未使用过的商品或者未接受过的服务作推荐、证明。不得利用不满 10 周岁的未成年人作为广告代言人。对在虚假广告中作推荐、证明受到行政处罚未满 3 年的自然人、法人或者其他组织,不得利用其作为广告代言人。[8]

5. 禁止未成年人教育广告。不得在中小学校、幼儿园内开展广告活动,不得利用中小学生和幼儿的教材、教辅材料、练习册、文具、教具、校服、校车等发布或者变

---

〔1〕 参见《广告法》第 36 条。
〔2〕 参见《广告法》第 38 条第 1 款。
〔3〕 参见《广告法》第 44 条。
〔4〕 参见《广告法》第 45 条。
〔5〕 参见《广告法》第 31 条。
〔6〕 参见《广告法》第 33 条。
〔7〕 参见《广告法》第 37 条。
〔8〕 参见《广告法》第 38 条。

相发布广告,但公益广告除外。[1]

6. 禁止未成年人医疗、健康、网游产品广告。在针对未成年人的大众传播媒介上不得发布医疗、药品、保健食品、医疗器械、化妆品、酒类、美容广告,以及不利于未成年人身心健康的网络游戏广告。针对不满14周岁的未成年人的商品或者服务的广告不得含有下列内容:(1)劝诱其要求家长购买广告商品或者服务;(2)可能引发其模仿不安全行为。[2]

7. 禁止违法设置户外广告。有下列情形之一的,不得设置户外广告:(1)利用交通安全设施、交通标志的;(2)影响市政公共设施、交通安全设施、交通标志、消防设施、消防安全标志使用的;(3)妨碍生产或者人民生活,损害市容市貌的;(4)在国家机关、文物保护单位、风景名胜区等的建筑控制地带,或者县级以上地方人民政府禁止设置户外广告的区域设置的。[3]

8. 未经允许禁止推送广告。任何单位或者个人未经当事人同意或者请求,不得向其住宅、交通工具等发送广告,也不得以电子信息方式向其发送广告。以电子信息方式发送广告的,应当明示发送者的真实身份和联系方式,并向接收者提供拒绝继续接收的方式。[4]

四、监督管理

(一)广告审查

1. 审查范围。发布医疗、药品、医疗器械、农药、兽药和保健食品广告,以及法律、行政法规规定应当进行审查的其他广告,应当在发布前由有关部门(以下简称广告审查机关)对广告内容进行审查;未经审查,不得发布。[5]

2. 审查程序。广告主申请广告审查,应当依照法律、行政法规向广告审查机关提交有关证明文件。广告审查机关应当依照法律、行政法规规定作出审查决定,并应当将审查批准文件抄送同级工商行政管理部门。广告审查机关应当及时向社会公布批准的广告。[6]

3. 禁止性规范。任何单位或者个人不得伪造、变造或者转让广告审查批准文件。[7]

(二)政府监管部门的职权

1. 基本职权。工商行政管理部门履行广告监督管理职责,可以行使下列职权:

---

[1] 参见《广告法》第39条。
[2] 参见《广告法》第40条。
[3] 参见《广告法》第42条。
[4] 参见《广告法》第43条。
[5] 参见《广告法》第46条。
[6] 参见《广告法》第47条。
[7] 参见《广告法》第48条。

(1)对涉嫌从事违法广告活动的场所实施现场检查;(2)询问涉嫌违法当事人或者其法定代表人、主要负责人和其他有关人员,对有关单位或者个人进行调查;(3)要求涉嫌违法当事人限期提供有关证明文件;(4)查阅、复制与涉嫌违法广告有关的合同、票据、账簿、广告作品和其他有关资料;(5)查封、扣押与涉嫌违法广告直接相关的广告物品、经营工具、设备等财物;(6)责令暂停发布可能造成严重后果的涉嫌违法广告;(7)法律、行政法规规定的其他职权。[1] 工商行政管理部门依照《广告法》规定行使职权,当事人应当协助、配合,不得拒绝、阻挠。[2]

2. 监测制度。工商行政管理部门应当建立健全广告监测制度,完善监测措施,及时发现和依法查处违法广告行为。[3]

3. 规范制定。国务院工商行政管理部门会同国务院有关部门,制定大众传播媒介广告发布行为规范。[4]

(三)社会监督

1. 投诉与举报。任何单位或者个人有权向工商行政管理部门和有关部门投诉、举报违反本法的行为。工商行政管理部门和有关部门应当向社会公开受理投诉、举报的电话、信箱或者电子邮件地址,接到投诉、举报的部门应当自收到投诉之日起7个工作日内,予以处理并告知投诉、举报人。工商行政管理部门和有关部门不依法履行职责的,任何单位或者个人有权向其上级机关或者监察机关举报。接到举报的机关应当依法作出处理,并将处理结果及时告知举报人。有关部门应当为投诉、举报人保密。[5]

2. 其他组织的监督。消费者协会和其他消费者组织对违反《广告法》规定,发布虚假广告侵害消费者合法权益,以及其他损害社会公共利益的行为,依法进行社会监督。[6]

第三节 违反广告法的责任

一、民事责任

(一)虚假广告侵权责任

1. 广告主的责任。违反《广告法》规定,发布虚假广告,欺骗、误导消费者,使购买商品或者接受服务的消费者的合法权益受到损害的,由广告主依法承担民事

---

〔1〕 参见《广告法》第49条第1款。
〔2〕 参见《广告法》第51条。
〔3〕 参见《广告法》第49条第2款。
〔4〕 参见《广告法》第50条。
〔5〕 参见《广告法》第53条。
〔6〕 参见《广告法》第54条。

责任。[1]

2. 广告经营者、发布者的先行赔偿责任。广告经营者、广告发布者不能提供广告主的真实名称、地址和有效联系方式的,消费者可以要求广告经营者、广告发布者先行赔偿。善意的广告经营者、广告发布者在赔偿后,可以向广告主进行追偿。[2]

3. 特殊产品广告经营者、发布者、代言人与广告主的连带责任。关系消费者生命健康的商品或者服务的虚假广告,造成消费者损害的,其广告经营者、广告发布者、广告代言人,无论是否具有过错,都应当与广告主承担连带责任。[3]

4. 一般产品广告经营者、发布者、代言人因过错而与广告主的连带责任。与消费者生命健康无关的商品或者服务的虚假广告,造成消费者损害的,其广告经营者、广告发布者、广告代言人,明知或者应知广告虚假仍设计、制作、代理、发布或者作推荐、证明的,应当与广告主承担连带责任。[4]

(二)其他广告侵权责任

广告主、广告经营者、广告发布者违反《广告法》规定,有下列侵权行为之一的,依法承担民事责任:(1)在广告中损害未成年人或者残疾人的身心健康的;(2)假冒他人专利的;(3)贬低其他生产经营者的商品、服务的;(4)在广告中未经同意使用他人名义或者形象的;(5)其他侵犯他人合法民事权益的。[5]

二、公法责任

《广告法》第5章对违法广告主、广告经营者、广告发布者、广告代言人等的行政处罚责任进行了详细规定。受限于本教材的篇幅,在此不作一一列举,仅举一例加以说明。其他的行政处罚责任请读者自行查阅《广告法》相关条文。

《广告法》第55条规定:"违反本法规定,发布虚假广告的,由工商行政管理部门责令停止发布广告,责令广告主在相应范围内消除影响,处广告费用三倍以上五倍以下的罚款,广告费用无法计算或者明显偏低的,处二十万元以上一百万元以下的罚款;两年内有三次以上违法行为或者有其他严重情节的,处广告费用五倍以上十倍以下的罚款,广告费用无法计算或者明显偏低的,处一百万元以上二百万元以下的罚款,可以吊销营业执照,并由广告审查机关撤销广告审查批准文件、一年内不受理其广告审查申请。医疗机构有前款规定违法行为,情节严重的,除由工商行政管理部门依照本法处罚外,卫生行政部门可以吊销诊疗科目或者吊销医疗机构

---

[1] 参见《广告法》第56条第1款前段。

[2] 参见《广告法》第56条第1款后段。

[3] 参见《广告法》第56条第2款。

[4] 参见《广告法》第56条第3款。

[5] 参见《广告法》第69条。

执业许可证。广告经营者、广告发布者明知或者应知广告虚假仍设计、制作、代理、发布的，由工商行政管理部门没收广告费用，并处广告费用三倍以上五倍以下的罚款，广告费用无法计算或者明显偏低的，处二十万元以上一百万元以下的罚款；两年内有三次以上违法行为或者有其他严重情节的，处广告费用五倍以上十倍以下的罚款，广告费用无法计算或者明显偏低的，处一百万元以上二百万元以下的罚款，并可以由有关部门暂停广告发布业务、吊销营业执照、吊销广告发布登记证件。广告主、广告经营者、广告发布者有本条第一款、第三款规定行为，构成犯罪的，依法追究刑事责任。”

【复习与思考】

1. 何为广告监管法？
2. 广告行为监管的基本原则有哪些？
3. 广告内容准则有哪些？
4. 广告行为规范有哪些？
5. 广告行为监督管理的措施有哪些？
6. 违反广告法的责任有哪些？

以案释法：

有偿新闻

【案情】甲报业与乙公司双方签订《甲报认刊书》，随后报业在甲报中刊登宣传乙公司的文章。有关部门认为该稿件符合新闻通讯的特点，且整体版面并未标注广告标识，但文章内容实则是乙公司为了宣传自己的产品和服务，甲报业此举违反相关法律规定，双方签订的《甲报认刊书》无效。甲报业则认为该文章属于广告而非新闻通讯，主张认刊书有效。

【问题】双方签订的《甲报认刊书》效力如何？

【解答】刊发的乙公司文章从发布稿件的内容来看，该稿件并无广告标志，不具备广告形式，符合新闻通讯的要素及特点，应属新闻通讯，但实质是企业为了宣传自己的产品或服务。鉴于甲报业发布的关于乙公司的稿件表面上属于新闻通讯，与国家明令禁止的有偿新闻规定相悖，故双方签订的《甲报认刊书》因违反强行法而无效。

【评析】根据《广告法》第 14 条第 1 款、第 2 款的规定，广告应当具有可识别性，能够使消费者辨明其为广告。大众传播媒介不得以新闻报道形式变相发布广告。通过大众传播媒介发布的广告应当显著标明“广告”，与其他非广告信息相区别，不得使消费者产生误解。此外，《报纸出版管理规定》第 39 条规定：“报纸出版单位不得在报纸上刊登任何形式的有偿新闻。报纸出版单位及其工作人员不得利用新闻报道牟取不正当利益,不得索取、接受采访报道对象及其利害关系人的财物或者其他利益。”因此,本案中双方签订的《甲报认刊书》无效。

第二十一章　价格监管法律制度

【本章导读】

中国特色社会主义进入新时代,我国社会主要矛盾已经转化为人民日益增长的美好生活需要和不平衡不充分的发展之间的矛盾,经济已由高速增长阶段转向高质量发展阶段。新时代对价格机制改革提出了新要求,必须牢牢抓住价格这一市场经济条件下资源配置效率的"牛鼻子",加快价格市场化改革,健全价格监管体系,使价格灵活反映市场供求、价格机制真正引导资源配置、价格行为规范有序,推动实现更高质量、更有效率、更加公平、更可持续的发展。制定和完善价格监管法律制度对于规范价格行为、发挥价格合理配置资源的作用、稳定市场价格总水平、保护消费者和经营者的合法权益、促进社会主义市场经济健康发展而言意义重大。本章首先介绍了价格监管法的定义、制度功能、基本概念及监管主体,其次分别对价格监管的具体措施、违反价格法的法律责任进行了概述。

第一节　价格监管法概述

一、价格监管法的概念

我国实行中国特色社会主义市场经济体制,人们在市场就自己所拥有或所需要的商品或者服务,从事各种交易行为。市场上的供给与需求,主要受到价格机制的引导。当价格机制失衡时,可能会引发各种市场失灵现象,危害社会经济秩序,损害广大消费者的利益。因此,政府应当对价格实施必要的监督。价格监管法,是指为了维护正常的价格秩序,而对商品和服务经营者的价格行为实施监督和管理的法律规范的总称。1997年12月29日第八届全国人民代表大会常务委员会第二十九次会议通过了《价格法》。凡是在中华人民共和国境内发生的价格行为,原则上都适用《价格法》;但是,利率、汇率、保险费率、证券及期货价格,适用其他有关法律、行政法规的规定,不适用《价格法》。[1]

二、价格监管法的制度功能

价格法是社会主义市场经济法律体系中的重要法律,它的出台对于更好地利

〔1〕 参见《价格法》第47条第2款。

用法律手段调节经济运行，保证国民经济持续、快速、健康发展具有积极意义。

《价格法》第1条规定："为了规范价格行为，发挥价格合理配置资源的作用，稳定市场价格总水平，保护消费者和经营者的合法权益，促进社会主义市场经济健康发展，制定本法。"第4条规定："国家支持和促进公平、公开、合法的市场竞争，维护正常的价格秩序，对价格活动实行管理、监督和必要的调控。"

据此，通常认为价格监管法主要有如下功能：(1)营造价格配置资源作用得以发挥的良好环境。价格机制正常发挥调节作用，将积极影响资源配置，使之趋于优化、合理。价格法的制定，就是要肯定价格的这种作用，保障它的正常发挥，这是价格法立法的积极目的。(2)保护消费者和经营者的合法权益。价格法保护了消费者、经营者的合法权益，就是保护了社会主义市场经济中以价格形式形成的经济关系，维护了正常的价格秩序，也只有这样，价格机制才能发挥应有的调节作用，将不同领域的经济活动连结起来，保持有效的持续不断的商品交换。(3)促进价格总水平调控目标的实现。市场价格总水平就是指市场上各种商品和服务价格的总和所形成的水平与所反映的趋势，这种状况反映了国民经济运行的总状况。为了保证国民经济能够持续、快速、健康地发展，就必须保持市场价格总水平的稳定。

三、基本原则与基本概念

国家实行并逐步完善宏观经济调控下主要由市场形成价格的机制。价格的制定应当符合价值规律，大多数商品和服务价格实行市场调节价，极少数商品和服务价格实行政府指导价或者政府定价。市场调节价，是指由经营者自主制定，通过市场竞争形成的价格。经营者是指从事生产、经营商品或者提供有偿服务的法人、其他组织和个人。政府指导价，是指依法由政府价格主管部门或者其他有关部门，按照定价权限和范围规定基准价及其浮动幅度，指导经营者制定的价格。政府定价，是指依法由政府价格主管部门或者其他有关部门，按照定价权限和范围制定的价格。[1]

四、监管主体

国务院价格主管部门统一负责全国的价格工作。国务院其他有关部门在各自的职责范围内，负责有关的价格工作。县级以上地方各级人民政府价格主管部门负责本行政区域内的价格工作。县级以上地方各级人民政府其他有关部门在各自的职责范围内，负责有关的价格工作。[2] 目前，国务院价格主管部门主要为改革与发展委员会下设的价格司。

---

〔1〕参见《价格法》第3条。

〔2〕参见《价格法》第4条。

第二节 价格监管的具体措施

一、对经营者价格行为的监管

（一）经营者定价的基本原则

1. 自主定价原则。商品价格和服务价格，除依照《价格法》第 18 条规定适用政府指导价或者政府定价外，实行市场调节价，由经营者依照本法自主制定。[1]

2. 公平、合法、诚信原则。经营者定价，应当遵循公平、合法和诚实信用的原则。[2] 在社会主义市场价格机制中，经营者享有广泛的制定价格的权利，但也应遵循一定的行为准则。价格约束机制要求市场价格的确立，不但要接受市场竞争法则和效率法则的约束，而且要受到法制原则和道德规范的约束，从而有利于发挥价格在市场经济中的积极作用，抑制和减少市场调节价格的消极影响。

（二）经营者定价的基本依据

经营者定价的基本依据是生产经营成本和市场供求状况。[3] 按照马克思的劳动价值理论，价格是价值的货币表现，是商品交换的产物，而价值则是生产商品所花费的社会必要劳动量，所以价格归根结底是由商品包含的社会必要劳动量决定的。在现实生活中，价格高低除了取决于商品的价值外，还受到市场供求的较大影响，需求大于供给，价格就趋于上升；反之，需求小于供给，价格则趋于下降。因此，我们说经营者定价的基本依据是生产经营成本和市场供求状况。经营者应当努力改进生产经营管理，降低生产经营成本，为消费者提供价格合理的商品和服务，并在市场竞争中获取合法利润。[4]

（三）经营者的自我监管责任

经营者应当根据其经营条件建立、健全内部价格管理制度，准确记录与核定商品和服务的生产经营成本，不得弄虚作假。[5] 经营者应当根据其经营条件建立、健全内部价格管理制度，这是规范经营者价格行为的一个重要方面。市场经济条件下的经营者内部价格管理制度一般包括定价管理制度、变价管理制度、价格管理的报告和检查制度、价格资料制度以及价格管理的机构与人员设置等内容。

（四）经营者的权利

经营者进行价格活动，享有下列权利：(1) 自主制定属于市场调节的价格；

---

[1] 参见《价格法》第 6 条。
[2] 参见《价格法》第 7 条。
[3] 参见《价格法》第 8 条。
[4] 参见《价格法》第 9 条。
[5] 参见《价格法》第 10 条。

(2)在政府指导价规定的幅度内制定价格;(3)制定属于政府指导价、政府定价产品范围内的新产品的试销价格,特定产品除外;(4)检举、控告侵犯其依法自主定价权利的行为。[1]

(五)经营者的义务

1.基本义务。经营者进行价格活动,应当遵守法律、法规,执行依法制定的政府指导价、政府定价和法定的价格干预措施、紧急措施。[2] 经营者销售、收购商品和提供服务,应当按照政府价格主管部门的规定明码标价,注明商品的品名、产地、规格、等级、计价单位、价格或者服务的项目、收费标准等有关情况。经营者不得在标价之外加价出售商品,不得收取任何未予标明的费用。[3]

2.禁止不正当价格行为的义务。经营者不得有下列不正当价格行为:(1)相互串通,操纵市场价格,损害其他经营者或者消费者的合法权益;(2)在依法降价处理鲜活商品、季节性商品、积压商品等商品外,为了排挤竞争对手或者独占市场,以低于成本的价格倾销,扰乱正常的生产经营秩序,损害国家利益或者其他经营者的合法权益;(3)捏造、散布涨价信息,哄抬价格,推动商品价格过高上涨的;(4)利用虚假的或者使人误解的价格手段,诱骗消费者或者其他经营者与其进行交易;(5)提供相同商品或者服务,对具有同等交易条件的其他经营者实行价格歧视;(6)采取抬高等级或者压低等级等手段收购、销售商品或者提供服务,变相提高或者压低价格;(7)违反法律、法规的规定牟取暴利;(8)法律、行政法规禁止的其他不正当价格行为。[4]

二、政府定价

市场经济条件下价格主要由市场形成,只有极少数商品和服务根据国家法律规定和经济政策需要实行政府定价管理。一个国家实行政府定价管理的范围,在一定程度上表明了它的市场化程度,也影响着政府通过价格手段调控经济运行的能力。因此,根据市场发育程度和宏观调控政策的需要,明确政府定价的范围,该由政府管的商品和服务价格让政府管理,该由市场调节的完全由经营者自主定价,非常必要。

(一)政府定价的适用范围

根据《价格法》的规定,下列商品和服务价格,政府在必要时可以实行政府指导价或者政府定价:(1)与国民经济发展和人民生活关系重大的极少数商品价格;(2)资源稀缺的少数商品价格;(3)自然垄断经营的商品价格;(4)重要的公用事业

---

〔1〕 参见《价格法》第11条。

〔2〕 参见《价格法》第12条。

〔3〕 参见《价格法》第13条。

〔4〕 参见《价格法》第14条。

价格;(5)重要的公益性服务价格。[1] 政府指导价、政府定价的定价权限和具体适用范围,以中央的和地方的定价目录为依据。[2]

(二)政府定价的制定程序

中央定价目录由国务院价格主管部门制定、修订,报国务院批准后公布。地方定价目录由省、自治区、直辖市人民政府价格主管部门按照中央定价目录规定的定价权限和具体适用范围制定,经本级人民政府审核同意,报国务院价格主管部门审定后公布。省、自治区、直辖市人民政府以下各级地方人民政府不得制定定价目录。[3]

国务院价格主管部门和其他有关部门,按照中央定价目录规定的定价权限和具体适用范围制定政府指导价、政府定价;其中重要的商品和服务价格的政府指导价、政府定价,应当按照规定经国务院批准。省、自治区、直辖市人民政府价格主管部门和其他有关部门,应当按照地方定价目录规定的定价权限和具体适用范围制定在本地区执行的政府指导价、政府定价。市、县人民政府可以根据省、自治区、直辖市人民政府的授权,按照地方定价目录规定的定价权限和具体适用范围制定在本地区执行的政府指导价、政府定价。[4]

(三)政府定价的制定依据

价格的制定一般根据成本和供求两方面因素确定,这是市场经济的一般规律,也是经典经济学家们的共识。政府制定价格也应当遵循这一基本规律。但政府定价与经营者自主定价或者纯粹的市场定价不同,其本质是为了保护广大人民群众,即消费者的利益,是为了控制和稳定市场价格总水平。制定政府指导价、政府定价,应当依据有关商品或者服务的社会平均成本和市场供求状况、国民经济与社会发展要求以及社会承受能力,实行合理的购销差价、批零差价、地区差价和季节差价。[5]

政府价格主管部门和其他有关部门制定政府指导价、政府定价,应当开展价格、成本调查,听取消费者、经营者和有关方面的意见。政府价格主管部门开展对政府指导价、政府定价的价格、成本调查时,有关单位应当如实反映情况,提供必需的账簿、文件以及其他资料。[6]

制定关系群众切身利益的公用事业价格、公益性服务价格、自然垄断经营的商品价格等政府指导价、政府定价,应当建立听证会制度,由政府价格主管部门主持,

---

〔1〕 参见《价格法》第 18 条。

〔2〕 参见《价格法》第 19 条第 1 款。

〔3〕 参见《价格法》第 19 条第 2 款至第 4 款。

〔4〕 参见《价格法》第 20 条。

〔5〕 参见《价格法》第 21 条。

〔6〕 参见《价格法》第 22 条。

征求消费者、经营者和有关方面的意见，论证其必要性、可行性。[1]

(四)政府定价的公布

政府指导价、政府定价制定后，由制定价格的部门向消费者、经营者公布。[2] 政府指导价、政府定价制定以后，应当向社会公布，使广大的消费者、经营者都了解已制定的政府指导价、政府定价。对于经营者来说，执行依法制定的政府指导价、政府定价是法定的义务，政府公布依法制定的政府指导价、政府定价，可以使经营者明确自己的具体义务，便于履行义务。对消费者来说，了解不同商品和服务价格的政府指导价、政府定价，可以监督经营者依法履行义务，有利于消费者保护自身的合法权益。

三、价格总水平调控

稳定市场价格总水平是国家重要的宏观经济政策目标。国家根据国民经济发展的需要和社会承受能力，确定市场价格总水平调控目标，列入国民经济和社会发展计划，并综合运用货币、财政、投资、进出口等方面的政策和措施，予以实现。[3]

政府对价格总水平的具体调控措施有：(1)政府可以建立重要商品储备制度，设立价格调节基金，调控价格，稳定市场；[4] (2)为适应价格调控和管理的需要，政府价格主管部门应当建立价格监测制度，对重要商品、服务价格的变动进行监测；[5] (3)政府在粮食等重要农产品的市场购买价格过低时，可以在收购中实行保护价格，并采取相应的经济措施保证其实现；[6] (4)当重要商品和服务价格显著上涨或者有可能显著上涨，国务院和省、自治区、直辖市人民政府可以对部分价格采取限定差价率或者利润率、规定限价、实行提价申报制度和调价备案制度等干预措施；[7] (5)当市场价格总水平出现剧烈波动等异常状态时，国务院可以在全国范围内或者部分区域内采取临时集中定价权限、部分或者全面冻结价格的紧急措施。[8]

四、价格监督检查

价格监督检查是指价格主管部门依法对价格管理相对人遵守价格法律、法规、规章的情况进行检查督导，对违法行为人依法予以相应处罚，以保证价格法的具体规定得以实现的活动。

---

[1] 参见《价格法》第23条。
[2] 参见《价格法》第24条。
[3] 参见《价格法》第26条。
[4] 参见《价格法》第27条。
[5] 参见《价格法》第28条。
[6] 参见《价格法》第29条。
[7] 参见《价格法》第30条。
[8] 参见《价格法》第31条。

(一)政府监督检查主体

县级以上各级人民政府价格主管部门,依法对价格活动进行监督检查,并依照《价格法》的规定对价格违法行为实施行政处罚。[1]

(二)政府监督检查主体的职权

政府价格主管部门进行价格监督检查时,可以行使下列职权:(1)询问当事人或者有关人员,并要求其提供证明材料和与价格违法行为有关的其他资料;(2)查询、复制与价格违法行为有关的账簿、单据、凭证、文件及其他资料,核对与价格违法行为有关的银行资料;(3)检查与价格违法行为有关的财物,必要时可以责令当事人暂停相关营业;(4)在证据可能灭失或者以后难以取得的情况下,可以依法先行登记保存,当事人或者有关人员不得转移、隐匿或者销毁。[2]

(三)社会监督

价格的社会监督是指各种社会力量监督主体对价格行为进行的监督。

1. 监督主体。消费者组织、职工价格监督组织、居民委员会、村民委员会等组织以及消费者,有权对价格行为进行社会监督。政府价格主管部门应当充分发挥群众的价格监督作用。新闻单位有权进行价格舆论监督。[3]

2. 举报与奖励。政府价格主管部门应当建立对价格违法行为的举报制度。任何单位和个人均有权对价格违法行为进行举报。政府价格主管部门应当对举报者给予鼓励,并负责为举报者保密。[4]

第三节 违反价格法的责任

价格法主要规范了经营者的价格行为、政府的定价行为等内容,因此,价格违法行为的法律责任也主要包括经营者的法律责任和政府定价过程中违法行为的法律责任,其中后者又可分为政府及其部门的法律责任和政府工作人员的法律责任。从责任形式上来看,主要包含民事责任和公法责任。

一、民事责任

经营者因价格违法行为致使消费者或者其他经营者多付价款的,应当退还多付部分;造成损害的,应当依法承担赔偿责任。[5] 经营者的违法行为,都可能直接或者间接地使消费者多支付价款,使其他经营者遭受损失,当然,消费者在除了多

---

〔1〕 参见《价格法》第33条。
〔2〕 参见《价格法》第34条。
〔3〕 参见《价格法》第37条。
〔4〕 参见《价格法》第38条。
〔5〕 参见《价格法》第41条。

付价款之外,也会受到其他的损失。《价格法》对此作出了明确具体的规定,属于是多付价款的,应当退还多付的部分,也就是正常价格与非正常价格之间的差额。当然这里有一个前提,就是该交易仍然存在的情况下,才能采取退还多付部分的做法,如果由于经营者的违法价格行为,原先的交易关系不复存在,则不限于是退还多付价款的处置方法。在经营者的违法价格行为中给消费者或者其他经营者造成损害的,价格法所确定的问题包括两个层面:一是要承担赔偿责任,这是应当遵循的法律原则;二是如何赔偿,则依据《民法典》侵权责任编的规定来进行。

二、公法责任

1. 违反命令的责任。经营者不执行政府指导价、政府定价以及法定的价格干预措施、紧急措施的,责令改正,没收违法所得,可以并处违法所得5倍以下的罚款;没有违法所得的,可以处以罚款;情节严重的,责令停业整顿。[1]

2. 不正当价格行为的责任。经营者有《价格法》第14条所列行为之一的,责令改正,没收违法所得,可以并处违法所得5倍以下的罚款;没有违法所得的,予以警告,可以并处罚款;情节严重的,责令停业整顿,或者由工商行政管理机关吊销营业执照。有关法律对《价格法》第14条所列行为的处罚及处罚机关另有规定的,可以依照有关法律的规定执行。[2]

3. 不明码标价的责任。经营者违反明码标价规定的,责令改正,没收违法所得,可以并处5000元以下的罚款。[3]

【复习与思考】

1. 价格监管法的制度功能有哪些?
2. 价格监管的主体是谁?
3. 对经营者价格行为的监管措施有哪些?
4. 政府定价是如何作出的?
5. 违反价格法要承担哪些法律责任?

以案释法:

信访工作

【案情】包某某向国家发改委举报某铁路局经营的部分列车未按国家的停站标准设站,却按快车标准收费,违反价格法。国家发改委受理发现该举报属铁道部

---

〔1〕 参见《价格法》第39条。
〔2〕 参见《价格法》第40条。
〔3〕 参见《价格法》第42条。

的职责范围，于是转交铁道部办理。包某某认为国家发改委作为国家价格主管部门，将举报事项转交给不具有价格监督管理职能的铁道部处理是行政不作为。故请求法院依法判令国家发改委履行法律规定的保护财产权的法定职责并赔偿相应损失。

【问题】包某某的诉讼请求是否应当受到支持？

【解答】法院不予支持。本案中，因快车收费标准是依照法定程序确定的，故包某某所反映的实质问题是设站是否符合国家标准的问题。因此，国家发改委信访工作机构依法将其举报转送对举报事项具有法定处理职责的铁道部处理并无不当。

【辨析】信访工作是党和人民政府密切联系人民群众的一种重要方式，是保障宪法赋予公民的申诉、控告、提出批评及建议基本权利实现的有效途径。对于信访人依法提出的建议、意见和投诉请求，各级人民政府及县级以上人民政府工作部门的信访工作机构受理后，应当向有关具有法定职责的行政机关交办、转送。办理信访行为不属于行政诉讼的受案范围。当事人向行政机关举报其管辖权范围内的违法行为，则不属于信访行为。故该案中包某某对该行为不服，提起行政诉讼，不符合《行政诉讼法》第 44 条规定的起诉条件。

第二十二章　金融监管法律制度

【本章导读】

金融发展通过不断探索创新为全球经济注入活力，金融监管在金融活动产生不久便相伴而生。在金融系统运转良好时，每当金融发展先“迈出一步”，金融监管定会“紧跟一步”，二者良性互动，促进资源优化配置。但如果创新和发展出现“野蛮生长”，监管不能及时跟上，就会积累金融风险，带来猝不及防的问题，进而羁绊进一步发展。为了维护市场秩序，防范金融风险的发生，2017 年习近平总书记在中共中央政治局第四十次集体学习时指出，确保风险防控耳聪目明，形成金融发展和监管强大合力，补齐监管短板，避免监管空白。防范金融风险，形成综合、系统、穿透、统筹的监管大格局。制定和完善金融监管制度，对于防范金融风险、保护金融消费者与投资者的合法权益、促进金融市场的协调发展、迈向金融强国具有战略意义。本章首先分别对银行业、保险业、证券业、信托业、期货业进行概念剖析，其次对监管机构的主体、监管目标以及监管职责进行了相应描述，最后对监管措施以及相应的法律责任进行了概述。

第一节　银行业监管法律制度

银行业监管，是指金融监管主体或银行业专门监管机构对银行业金融机构的业务活动进行的监督和管理。监督是对银行业金融机构合法运营情况和风险状况的监测、评估和控制。管理，是指金融监管机关制定相关的监管法规，核准银行业金融机构的市场准入和退出，并规制银行业金融机构及其行为。

中国银行保险监督管理法是调整我国银行业监督管理关系的法律规范的总称，包括《银行业监督管理法》《反洗钱法》《中国人民银行法》《商业银行法》《全国人民代表大会常务委员会关于中国银行保险监督管理委员会履行原由中国人民银行履行的监督管理职责的决定》等法律规范中的相关条款。

一、银行业监管法概述

(一)银行业监管的概念

银行业监管法，即银行业监督管理法，是调整银行业监督管理关系的法律规范系统，属于金融监管法的重要组成部分。银行业监管是指对银行金融机构等的设立、市场准入与退出以及经营活动所进行的监督、管理行为,有广义、狭义之分。广义的银行业监管包括银行业金融机构的自我监督、管理和有关政府机关对其进行的外部监督、管理。狭义的银行业监管是指外部监管,即国家有关机关对银行业金融机构的组织及其经营活动所进行的监督和管理,如银保监会的监管、审计机关的监管、财政机关的监管等。

(二)银行业监管的原则

银行业监管的原则是银行业监督管理行为应当遵循的基本准则。因此,银行业监督管理机构对银行业实施监督管理,应当遵循依法、公开、公正和效率的原则。[1]

1. 依法监管原则。依法监管原则是指银行业监管机构的监管职权来源于法律,并应严格依据法律行使其监管职权,履行监管职能。依法监管是各国银行监管都遵循的原则,也是最基础的原则。银行业金融机构必须接受银行监管部门的监督和管理,监管机构必须依法行政,依法履行自己的监管职责,依法对各种违规违章行为进行处罚,不得超越法律法规,任意干涉银行内部的自主经营和管理。

2. 公开、公正原则。公开原则是指对银行业的监督管理行为除依法应当保守秘密的除外,都应当向社会公开。这一原则主要包括两方面内容:一是信息的公开披露,这些信息包括监管立法、政策、标准、程序等方面的信息,银行业金融机构依法应当向社会公开披露的信息,必须公开的金融风险信息和监管结果的信息等;二是政府监管行为的公开,即国家监管机关的监管行为、行政执法行为都应当按照法定程序,公开进行。公正原则是指所有依法成立的银行业金融机构具有平等的法律地位,银保监会应对不同的金融机构的相似业务作出相同的监管规定和要求,使所有银行在平等基础上进行自由竞争,依靠优化服务来提高效率,从而促成银行业公平竞争并创造平等交易的环境。

3. 效率原则。效率原则是指建立完备的、以保证资源优化配置为主要目标的银行运行体系,提高金融运行的效率;监管者在实践中必须注重成本、效益的比较,最大限度地提高金融监管的运行效率和监管的社会效益。

二、监管机构

(一)银行业监管机构

国务院银行业监督管理机构负责对全国银行业金融机构及其业务活动监督管理的工作。《银行业监督管理法》所称银行业金融机构,是指在中华人民共和国境内设立的商业银行、城市信用合作社、农村信用合作社等吸收公众存款的金融机构以及政策性银行。对在中华人民共和国境内设立的金融资产管理公司、信托投资公司、财务公司、金融租赁公司以及经国务院银行业监督管理机构批准设立的其他金融

[1] 参见《银行业监督管理法》第4条。

机构的监督管理,适用《银行业监督管理法》对银行业金融机构监督管理的规定。

国务院银行业监督管理机构依照《银行业监督管理法》有关规定,对经其批准在境外设立的金融机构以及前述金融机构在境外的业务活动实施监督管理。[1] 2018 年 3 月,第十三届全国人民代表大会第一次会议表决通过了《深化党和国家机构改革方案》,设立中国银行保险监督管理委员会,统一监管银行、金融资产管理公司、信托投资公司等银行业金融机构。国务院银行业监督管理机构根据履行职责的需要设立派出机构。国务院银行业监督管理机构对派出机构实行统一领导和管理。国务院银行业监督管理机构的派出机构在国务院银行业监督管理机构的授权范围内,履行监督管理职责。[2] 银行业监督管理机构从事监督管理工作的人员,应当具备与其任职相适应的专业知识和业务工作经验。[3] 银行业监督管理机构工作人员,应当忠于职守,依法办事,公正廉洁,不得利用职务便利牟取不正当的利益,不得在金融机构等企业中兼任职务。[4] 银行业监督管理机构工作人员,应当依法保守国家秘密,并有责任为其监督管理的银行业金融机构及当事人保守秘密。国务院银行业监督管理机构同其他国家或者地区的银行业监督管理机构交流监督管理信息,应当就信息保密作出安排。[5] 国务院银行业监督管理机构应当公开监督管理程序,建立监督管理责任制度和内部监督制度。[6] 银行业监督管理机构在处置银行业金融机构风险、查处有关金融违法行为等监督管理活动中,地方政府、各级有关部门应当予以配合和协助。[7] 国务院审计、监察等机关,应当依照法律规定对国务院银行业监督管理机构的活动进行监督。[8]

(二)银行业监管目标

监管目标是监管者追求的最终效果或最终状态。银行业监督管理的目标是促进银行业的合法、稳健运行,维护公众对银行业的信心。银行业监督管理应当保护银行业公平竞争,提高银行业竞争能力。[9] 加强对银行业的监督管理,规范监督管理行为,防范和化解银行业风险,保护存款人和其他客户的合法权益,促进银行业健康发展。[10] 在此基础上,银监会结合国内外银行业监管经验,提出四个具体

[1] 参见《银行业监督管理法》第 2 条第 4 款。
[2] 参见《银行业监督管理法》第 8 条。
[3] 参见《银行业监督管理法》第 9 条。
[4] 参见《银行业监督管理法》第 10 条。
[5] 参见《银行业监督管理法》第 11 条。
[6] 参见《银行业监督管理法》第 12 条。
[7] 参见《银行业监督管理法》第 13 条。
[8] 参见《银行业监督管理法》第 14 条。
[9] 参见《银行业监督管理法》第 3 条。
[10] 参见《银行业监督管理法》第 1 条。

监管目标:通过审慎有效的监管,保护广大存款人和消费者的利益;通过审慎有效的监管,增进市场信心;通过宣传教育工作和相关信息披露,增进公众对现代金融的了解;努力减少金融犯罪。

(三)银行业监管机构的监督管理职责

国务院银行业监督管理机构依照法律、行政法规制定并发布对银行业金融机构及其业务活动监督管理的规章、规则。[1] 国务院银行业监督管理机构依照法律、行政法规规定的条件和程序,审查批准银行业金融机构的设立、变更、终止以及业务范围。[2] 申请设立银行业金融机构,或者银行业金融机构变更持有资本总额或者股份总额达到规定比例以上的股东的,国务院银行业监督管理机构应当对股东的资金来源、财务状况、资本补充能力和诚信状况进行审查。[3] 银行业金融机构业务范围内的业务品种,应当按照规定经国务院银行业监督管理机构审查批准或者备案。需要审查批准或者备案的业务品种,由国务院银行业监督管理机构依照法律、行政法规作出规定并公布。[4] 未经国务院银行业监督管理机构批准,任何单位或者个人不得设立银行业金融机构或者从事银行业金融机构的业务活动。[5] 银行业监督管理机构应当对银行业金融机构的业务活动及其风险状况进行非现场监管,建立银行业金融机构监督管理信息系统,分析、评价银行业金融机构的风险状况。[6] 银行业监督管理机构应当对银行业金融机构的业务活动及其风险状况进行现场检查。国务院银行业监督管理机构应当制定现场检查程序,规范现场检查行为。[7] 国务院银行业监督管理机构应当建立银行业金融机构监督管理评级体系和风险预警机制,根据银行业金融机构的评级情况和风险状况,确定对其现场检查的频率、范围和需要采取的其他措施。[8] 国务院银行业监督管理机构应当建立银行业突发事件的发现、报告岗位责任制度。银行业监督管理机构发现可能引发系统性银行业风险、严重影响社会稳定的突发事件的,应当立即向国务院银行业监督管理机构负责人报告;国务院银行业监督管理机构负责人认为需要向国务院报告的,应当立即向国务院报告,并告知中国人民银行、国务院财政部门等有关部门。[9]

---

[1] 参见《银行业监督管理法》第15条。
[2] 参见《银行业监督管理法》第16条。
[3] 参见《银行业监督管理法》第17条。
[4] 参见《银行业监督管理法》第18条。
[5] 参见《银行业监督管理法》第19条。
[6] 参见《银行业监督管理法》第23条。
[7] 参见《银行业监督管理法》第24条。
[8] 参见《银行业监督管理法》第27条。
[9] 参见《银行业监督管理法》第28条。

三、监管措施

1. 要求银行业金融机构报送报表、资料。银行业监督管理机构根据履行职责的需要，有权要求银行业金融机构按照规定报送资产负债表、利润表和其他财务会计、统计报表、经营管理资料以及注册会计师出具的审计报告。[1]

2. 银行业监督管理机构根据审慎监管的要求，可以采取下列措施进行现场检查：(1)进入银行业金融机构进行检查；(2)询问银行业金融机构的工作人员，要求其对有关检查事项作出说明；(3)查阅、复制银行业金融机构与检查事项有关的文件、资料，对可能被转移、隐匿或者毁损的文件、资料予以封存；(4)检查银行业金融机构运用电子计算机管理业务数据的系统。

进行现场检查，应当经银行业监督管理机构负责人批准。现场检查时，检查人员不得少于2人，并应当出示合法证件和检查通知书；检查人员少于2人或者未出示合法证件和检查通知书的，银行业金融机构有权拒绝检查。[2]

3. 银行业监督管理机构根据履行职责的需要，可以与银行业金融机构董事、高级管理人员进行监督管理谈话，要求银行业金融机构董事、高级管理人员就银行业金融机构的业务活动和风险管理的重大事项作出说明。[3]

4. 银行业监督管理机构应当责令银行业金融机构按照规定，如实向社会公众披露财务会计报告、风险管理状况、董事和高级管理人员变更以及其他重大事项等信息。[4]

5. 银行业金融机构违反审慎经营规则的，国务院银行业监督管理机构或者其省一级派出机构应当责令限期改正；逾期未改正的，或者其行为严重危及该银行业金融机构的稳健运行、损害存款人和其他客户合法权益的，经国务院银行业监督管理机构或者其省一级派出机构负责人批准，可以区别情形，采取下列措施：(1)责令暂停部分业务、停止批准开办新业务；(2)限制分配红利和其他收入；(3)限制资产转让；(4)责令控股股东转让股权或者限制有关股东的权利；(5)责令调整董事、高级管理人员或者限制其权利；(6)停止批准增设分支机构。

银行业金融机构整改后，应当向国务院银行业监督管理机构或者其省一级派出机构提交报告。国务院银行业监督管理机构或者其省一级派出机构经验收，符合有关审慎经营规则的，应当自验收完毕之日起3日内解除对其采取的前述规定的有关措施。[5]

6. 银行业金融机构已经或者可能发生信用危机，严重影响存款人和其他客户

---

[1] 参见《银行业监督管理法》第33条。

[2] 参见《银行业监督管理法》第34条。

[3] 参见《银行业监督管理法》第35条。

[4] 参见《银行业监督管理法》第36条。

[5] 参见《银行业监督管理法》第37条。

合法权益的，国务院银行业监督管理机构可以依法对该银行业金融机构实行接管或者促成机构重组，接管和机构重组依照有关法律和国务院的规定执行。[1]

7. 银行业金融机构有违法经营、经营管理不善等情形，不予撤销将严重危害金融秩序、损害公众利益的，国务院银行业监督管理机构有权予以撤销。[2]

8. 银行业金融机构被接管、重组或者被撤销的，国务院银行业监督管理机构有权要求该银行业金融机构的董事、高级管理人员和其他工作人员，按照国务院银行业监督管理机构的要求履行职责。在接管、机构重组或者撤销清算期间，经国务院银行业监督管理机构负责人批准，对直接负责的董事、高级管理人员和其他直接责任人员，可以采取下列措施：(1)直接负责的董事、高级管理人员和其他直接责任人员出境将对国家利益造成重大损失的，通知出境管理机关依法阻止其出境；(2)申请司法机关禁止其转移、转让财产或者对其财产设定其他权利。[3]

9. 经国务院银行业监督管理机构或者其省一级派出机构负责人批准，银行业监督管理机构有权查询涉嫌金融违法的银行业金融机构及其工作人员以及关联行为人的账户；对涉嫌转移或者隐匿违法资金的，经银行业监督管理机构负责人批准，可以申请司法机关予以冻结。[4]

第二节 证券监管法律制度

一、证券监管概述

(一)证券监管的概念和目标

证券监管是指针对证券经营活动环节主体和行为，运用行政、经济、法律等手段进行监督和管理。国际证券会组织(IOSCO)发布的《证券监管的目标和原则》中规定了证券监管的目标有三项：保护投资者；确保市场公平、有效、透明；减少系统风险。我国《证券法》的颁布是为了规范证券发行和交易行为，保护投资者的合法权益，维护社会经济秩序和社会公共利益，促进社会主义市场经济的发展。[5]

(二)证券监管的主体及其职责

国务院证券监督管理机构依法对证券市场实行监督管理，维护证券市场公开、公平、公正，防范系统性风险，维护投资者合法权益，促进证券市场健康发展。[6]按照《证券法》《期货交易管理条例》等法律法规的规定，我国依法对证券业实施监

---

〔1〕 参见《银行业监督管理法》第38条。

〔2〕 参见《银行业监督管理法》第39条。

〔3〕 参见《银行业监督管理法》第40条。

〔4〕 参见《银行业监督管理法》第41条。

〔5〕 参见《证券法》第1条。

〔6〕 参见《证券法》第168条。

督管理的政府机关是中国证券监督管理委员会。

国务院证券监督管理机构在对证券市场实施监督管理中履行下列职责：(1)依法制定有关证券市场监督管理的规章、规则，并依法进行审批、核准、注册，办理备案；(2)依法对证券的发行、上市、交易、登记、存管、结算等行为，进行监督管理；(3)依法对证券发行人、证券公司、证券服务机构、证券交易场所、证券登记结算机构的证券业务活动，进行监督管理；(4)依法制定从事证券业务人员的行为准则，并监督实施；(5)依法监督检查证券发行、上市、交易的信息披露；(6)依法对证券业协会的自律管理活动进行指导和监督；(7)依法监测并防范、处置证券市场风险；(8)依法开展投资者教育；(9)依法对证券违法行为进行查处；(10)法律、行政法规规定的其他职责。[1]

国务院证券监督管理机构依法履行下列职责：(1)制定有关证券投资基金活动监督管理的规章、规则，并行使审批、核准或者注册权；(2)办理基金备案；(3)对基金管理人、基金托管人及其他机构从事证券投资基金活动进行监督管理，对违法行为进行查处，并予以公告；(4)制定基金从业人员的资格标准和行为准则，并监督实施；(5)监督检查基金信息的披露情况；(6)指导和监督基金行业协会的活动；(7)法律、行政法规规定的其他职责。[2]

(三)证券监管的对象和体制

证券监管的对象包括证券发行人、证券投资人(机构投资者、个人投资者)、证券市场中介和服务主体(证券公司、投资咨询公司、信息服务公司、证券登记结算公司、会计师事务所、律师事务所等)、基金管理人、基金服务机构等。

证券监管体制主要有两种：政府监管和自律监管。在大多数国家，这两种监管体制并存，但侧重点不同，我国以政府监管为主。国务院证券监督管理机构依法对证券市场实行监督管理，维护证券市场公开、公平、公正，防范系统性风险，维护投资者合法权益，促进证券市场健康发展。[3] 证券业协会是证券业的自律性组织，是社会团体法人。[4] 证券交易所、国务院批准的其他全国性证券交易场所为证券集中交易提供场所和设施，组织和监督证券交易，实行自律管理，依法登记，取得法人资格。[5] 国务院证券监督管理机构依法对证券投资基金活动实施监督管理；其派出机构依照授权履行职责。[6] 基金行业协会是证券投资基金行业的自律性组织，是社会团体法人。基金管理人、基金托管人应当加入基金行业协会，基金服务

---

[1] 参见《证券法》第169条。

[2] 参见《证券投资基金法》第112条。

[3] 参见《证券法》第168条。

[4] 参见《证券法》第164条第1款。

[5] 参见《证券法》第96条第1款。

[6] 参见《证券投资基金法》第11条。

机构可以加入基金行业协会。[1]

二、证监会监管

（一）中国证监会的执法措施

国务院证券监督管理机构依法履行职责，有权采取下列措施：（1）对证券发行人、证券公司、证券服务机构、证券交易场所、证券登记结算机构进行现场检查；（2）进入涉嫌违法行为发生场所调查取证；（3）询问当事人和与被调查事件有关的单位和个人，要求其对与被调查事件有关的事项作出说明；或者要求其按照指定的方式报送与被调查事件有关的文件和资料；（4）查阅、复制与被调查事件有关的财产权登记、通信记录等文件和资料；（5）查阅、复制当事人和与被调查事件有关的单位和个人的证券交易记录、登记过户记录、财务会计资料及其他相关文件和资料；对可能被转移、隐匿或者毁损的文件和资料，可以予以封存、扣押；（6）查询当事人和与被调查事件有关的单位和个人的资金账户、证券账户、银行账户以及其他具有支付、托管、结算等功能的账户信息，可以对有关文件和资料进行复制；对有证据证明已经或者可能转移或者隐匿违法资金、证券等涉案财产或者隐匿、伪造、毁损重要证据的，经国务院证券监督管理机构主要负责人或者其授权的其他负责人批准，可以冻结或者查封，期限为6个月；因特殊原因需要延长的，每次延长期限不得超过3个月，冻结、查封期限最长不得超过2年；（7）在调查操纵证券市场、内幕交易等重大证券违法行为时，经国务院证券监督管理机构主要负责人或者其授权的其他负责人批准，可以限制被调查的当事人的证券买卖，但限制的期限不得超过3个月；案情复杂的，可以延长3个月；（8）通知出境入境管理机关依法阻止涉嫌违法人员、涉嫌违法单位的主管人员和其他直接责任人员出境。[2]

为防范证券市场风险，维护市场秩序，国务院证券监督管理机构可以采取责令改正、监管谈话、出具警示函等措施。

（二）中国证监会监督管理内容

中国证监会监督管理的内容包括：（1）市场准入监管，如机构设立、变更、资本市场准入等，对证券、期货进行严格的准入监管；（2）业务运营监管，即对证券、期货交易的全过程，包括发行、交易、登记、结算等进行严格监管；（3）市场退出监管；（4）依法查处或者协助查处证券期货违法行为和犯罪行为，其中，对上市公司、证券期货公司、证券交易的监管和投资者保护，是业务监管的重心所在。

（三）权利保障与制约

1. 权利保障

（1）被检查、调查的单位和个人的协助义务。国务院证券监督管理机构依法

---

[1] 参见《证券投资基金法》第108条。

[2] 参见《证券投资基金法》第113条。

履行职责，被检查、调查的单位和个人应当配合，如实提供有关文件和资料，不得拒绝、阻碍和隐瞒。[1]

(2)信息共享机制。国务院证券监督管理机构应当与国务院其他金融监督管理机构建立监督管理信息共享机制。[2]

(3)监督管理合作机制。国务院证券监督管理机构依法履行职责，进行监督检查或者调查时，有关部门应当予以配合。[3] 国务院证券监督管理机构可以和其他国家或者地区的证券监督管理机构建立监督管理合作机制，实施跨境监督管理。[4]

2. 权力制约

(1)监管规则和处罚公开。国务院证券监督管理机构制定的规章、规则和监督管理工作制度应当依法公开。国务院证券监督管理机构依据调查结果，对证券违法行为作出的处罚决定，应当公开。[5]

(2)调查程序合法。国务院证券监督管理机构依法履行职责，进行监督检查或者调查，其监督检查、调查的人员不得少于2人，并应当出示合法证件和监督检查、调查通知书或者其他执法文书。监督检查、调查的人员少于2人或者未出示合法证件和监督检查、调查通知书或者其他执法文书的，被检查、调查的单位和个人有权拒绝。[6]

(3)工作人员忠于职守。国务院证券监督管理机构工作人员必须忠于职守、依法办事、公正廉洁，不得利用职务便利牟取不正当利益，不得泄露所知悉的有关单位和个人的商业秘密。[7]

(4)工作人员任职的特别限制。国务院证券监督管理机构工作人员在任职期间，或者离职后在《公务员法》规定的期限内，不得到与原工作业务直接相关的企业或者其他营利性组织任职，不得从事与原工作业务直接相关的营利性活动。[8]

(5)涉嫌犯罪之移送。国务院证券监督管理机构依法履行职责，发现证券违法行为涉嫌犯罪的，应当依法将案件移送司法机关处理；发现公职人员涉嫌职务违法或者职务犯罪的，应当依法移送监察机关处理。[9]

---

[1] 参见《证券法》第173条。
[2] 参见《证券法》第175条第1款。
[3] 参见《证券法》第175条第2款。
[4] 参见《证券法》第177条第1款。
[5] 参见《证券法》第174条。
[6] 参见《证券法》第172条。
[7] 参见《证券法》第179条第1款。
[8] 参见《证券法》第179条第2款。
[9] 参见《证券法》第178条。

三、其他主体监管

在我国,对证券业的监管除了中国证监会的集中统一监管之外,尚有以下监管方式:

1. 证券业协会自律监管

证券业自律监管,是指证券业自律组织和会员制的交易所通过其行业自律规范对证券机构和会员进行的监管。我国证券业自律组织包括证券交易所及其证券登记结算公司、期货交易所和证券业协会、期货业协会。

证券业协会是证券业的自律性组织,是社会团体法人。[1] 证券业协会履行下列职责:(1)教育和组织会员及其从业人员遵守证券法律、行政法规,组织开展证券行业诚信建设,督促证券行业履行社会责任;(2)依法维护会员的合法权益,向证券监督管理机构反映会员的建议和要求;(3)督促会员开展投资者教育和保护活动,维护投资者合法权益;(4)制定和实施证券行业自律规则,监督、检查会员及其从业人员行为,对违反法律、行政法规、自律规则或者协会章程的,按照规定给予纪律处分或者实施其他自律管理措施;(5)制定证券行业业务规范,组织从业人员的业务培训;(6)组织会员就证券行业的发展、运作及有关内容进行研究,收集整理、发布证券相关信息,提供会员服务,组织行业交流,引导行业创新发展;(7)对会员之间、会员与客户之间发生的证券业务纠纷进行调解;(8)证券业协会章程规定的其他职责。

2. 证券投资基金协会自律管理

基金行业协会是证券投资基金行业的自律性组织,是社会团体法人。[2] 基金行业协会履行下列职责:(1)教育和组织会员遵守有关证券投资的法律、行政法规,维护投资人合法权益;(2)依法维护会员的合法权益,反映会员的建议和要求;(3)制定和实施行业自律规则,监督、检查会员及其从业人员的执业行为,对违反自律规则和协会章程的,按照规定给予纪律处分;(4)制定行业执业标准和业务规范,组织基金从业人员的从业考试、资质管理和业务培训;(5)提供会员服务,组织行业交流,推动行业创新,开展行业宣传和投资人教育活动;(6)对会员之间、会员与客户之间发生的基金业务纠纷进行调解;(7)依法办理非公开募集基金的登记、备案;(8)协会章程规定的其他职责。[3]

3. 证券交易所自律监管

证券交易所、国务院批准的其他全国性证券交易场所为证券集中交易提供场

---

[1] 参见《证券法》第164条第1款。
[2] 参见《证券投资基金法》第108条第1款。
[3] 参见《证券投资基金法》第111条。

所和设施,组织和监督证券交易,实行自律管理,依法登记,取得法人资格。[1] 证券交易所履行自律管理职能,应当遵守社会公共利益优先原则,维护市场的公平、有序、透明。[2] 证券交易所依照法律、行政法规和国务院证券监督管理机构的规定,制定上市规则、交易规则、会员管理规则和其他有关业务规则,并报国务院证券监督管理机构批准。在证券交易所从事证券交易,应当遵守证券交易所依法制定的业务规则。违反业务规则的,由证券交易所给予纪律处分或者采取其他自律管理措施。[3]

第三节　保险监管法律制度

一、保险监管法概述

(一)保险监管的概念

保险监管是指国家监管机构对保险机构和保险活动的监督和管理,有狭义、广义之分。狭义的保险监管仅指国家专门的保险监管机构根据保险法及其授权,按一定的规则和程序,对保险机构和保险活动的监督和管理,检查处理违反保险法的行为,并对违法行为人追究法律责任的管理措施。广义的保险监管还包括立法监管、司法监管和行业自律组织、社会有关机构对保险机构及其有关活动进行的监督和管理。

由于市场失灵的存在,加上保险经营具有负债性、风险性和保障性等特点,且关系到经济的健康发展、社会的稳定和被保险人的利益等,因此,建立健全保险监督机制,强化政府对保险行业的监督管理十分必要。从总体上看,保险监管主要包括三个层次:一是政府对保险业的监管;二是保险业的行业监管;三是保险企业的内部控制。

(二)保险监管法的概念和表现形式

保险监管法是指调整保险监管关系的法律规范系统,它是保险法的重要组成部分,其表现形式主要是由三大部分组成:一是国家制定的保险法律;二是国务院依据法律制定的保险业行政法规;三是国家专司保险监管职能的机构依据法律、行政法规制定的保险业政府规章和地方性法规。

二、监管机构

保险监督管理机构依照《保险法》和国务院规定的职责,遵循依法、公开、公正的原则,对保险业实施监督管理,维护保险市场秩序,保护投保人、被保险人和受益

---

〔1〕 参见《证券法》第96条第1款。

〔2〕 参见《证券法》第99条第1款。

〔3〕 参见《证券法》第115条。

人的合法权益。[1] 2018年3月,第十三届全国人民代表大会第一次会议表决通过了《深化党和国家机构改革方案》,设立中国银行保险监督管理委员会。中国银行保险监督管理委员会依照法律法规统一监督管理银行业和保险业,维护银行业和保险业合法、稳健运行,防范和化解金融风险,保护金融消费者合法权益,维护金融稳定。

三、监管职责

1. 国务院保险监督管理机构依照法律、行政法规制定并发布有关保险业监督管理的规章。[2]

2. 关系社会公众利益的保险险种、依法实行强制保险的险种和新开发的人寿保险险种等的保险条款和保险费率,应当报国务院保险监督管理机构批准。国务院保险监督管理机构审批时,应当遵循保护社会公众利益和防止不正当竞争的原则。其他保险险种的保险条款和保险费率,应当报保险监督管理机构备案。保险条款和保险费率审批、备案的具体办法,由国务院保险监督管理机构依照前述规定制定。[3]

3. 保险公司使用的保险条款和保险费率违反法律、行政法规或者国务院保险监督管理机构的有关规定的,由保险监督管理机构责令停止使用,限期修改;情节严重的,可以在一定期限内禁止申报新的保险条款和保险费率。[4]

4. 国务院保险监督管理机构应当建立健全保险公司偿付能力监管体系,对保险公司的偿付能力实施监控。[5]

5. 对偿付能力不足的保险公司,国务院保险监督管理机构应当将其列为重点监管对象,并可以根据具体情况采取下列措施:(1)责令增加资本金、办理再保险;(2)限制业务范围;(3)限制向股东分红;(4)限制固定资产购置或者经营费用规模;(5)限制资金运用的形式、比例;(6)限制增设分支机构;(7)责令拍卖不良资产、转让保险业务;(8)限制董事、监事、高级管理人员的薪酬水平;(9)限制商业性广告;(10)责令停止接受新业务。[6]

6. 保险公司未依照《保险法》规定提取或者结转各项责任准备金,或者未依照《保险法》规定办理再保险,或者严重违反《保险法》关于资金运用的规定的,由保险监督管理机构责令限期改正,并可以责令调整负责人及有关管理人员。[7]

---

[1] 参见《保险法》第133条。
[2] 参见《保险法》第134条。
[3] 参见《保险法》第135条。
[4] 参见《保险法》第136条。
[5] 参见《保险法》第137条。
[6] 参见《保险法》第138条。
[7] 参见《保险法》第139条。

7. 保险公司有下列情形之一的,国务院保险监督管理机构可以对其实行接管:(1)公司的偿付能力严重不足的;(2)违反《保险法》规定,损害社会公共利益,可能严重危及或者已经严重危及公司的偿付能力的。[1]

8. 保险公司因违法经营被依法吊销经营保险业务许可证的,或者偿付能力低于国务院保险监督管理机构规定标准,不予撤销将严重危害保险市场秩序、损害公共利益的,由国务院保险监督管理机构予以撤销并公告,依法及时组织清算组进行清算。[2]

9. 国务院保险监督管理机构有权要求保险公司股东、实际控制人在指定的期限内提供有关信息和资料。[3]

四、执法措施

保险监督管理机构依法履行职责,可以采取下列措施:(1)对保险公司、保险代理人、保险经纪人、保险资产管理公司、外国保险机构的代表机构进行现场检查;(2)进入涉嫌违法行为发生场所调查取证;(3)询问当事人及与被调查事件有关的单位和个人,要求其对与被调查事件有关的事项作出说明;(4)查阅、复制与被调查事件有关的财产权登记等资料;(5)查阅、复制保险公司、保险代理人、保险经纪人、保险资产管理公司、外国保险机构的代表机构以及与被调查事件有关的单位和个人的财务会计资料及其他相关文件和资料;对可能被转移、隐匿或者毁损的文件和资料予以封存;(6)查询涉嫌违法经营的保险公司、保险代理人、保险经纪人、保险资产管理公司、外国保险机构的代表机构以及与涉嫌违法事项有关的单位和个人的银行账户;(7)对有证据证明已经或者可能转移、隐匿违法资金等涉案财产或者隐匿、伪造、毁损重要证据的,经保险监督管理机构主要负责人批准,申请人民法院予以冻结或者查封。

保险监督管理机构采取前款第(1)项、第(2)项、第(5)项措施的,应当经保险监督管理机构负责人批准;采取第(6)项措施的,应当经国务院保险监督管理机构负责人批准。

保险监督管理机构依法进行监督检查或者调查,其监督检查、调查的人员不得少于2人,并应当出示合法证件和监督检查、调查通知书;监督检查、调查的人员少于2人或者未出示合法证件和监督检查、调查通知书的,被检查、调查的单位和个人有权拒绝。[4]

---

〔1〕 参见《保险法》第144条第1款。

〔2〕 参见《保险法》第149条。

〔3〕 参见《保险法》第150条。

〔4〕 参见《保险法》第154条。

第四节 信托业监管法律制度

一、信托业监管法概述

信托业监管法是指调整信托业监管关系的法律规范系统。它主要规范政府监管机构对信托机构的设立、变更和终止、市场准入和信托机构经营活动进行监督管理的行为，有广义和狭义之分。狭义的信托业监管法，仅指政府对信托机构的设立、组织机构、经营规则、业务监管以及信托机构的权利和义务等方面的法律规范系统；广义的信托业监管法，还包括行业和自律性监管等内容。

信托业监管法与信托法一样，都是有关信托的重要立法。许多国家为了加强对信托公司的监管、保证信托业务的健康发展，都制定了专门的《信托业法》。我国还没有专门的《信托业法》，目前我国信托业监管的主要依据是《信托公司管理办法》。

二、信托业的监督管理主体

中国银行保险监督管理委员会对信托公司及其业务活动实施监督管理。[1] 2018 年 3 月，第十三届全国人民代表大会第一次会议表决通过了《深化党和国家机构改革方案》，设立中国银行保险监督管理委员会。因此，目前我国信托业的监督管理主体主要是银保监会。这是信托业监管的第一个层次。

信托业监管的第二个层次是自律机构的监管，自律机构主要是指行业协会。具体来说，目前我国信托业协会的职能主要包括：(1)制定全国信托行业规章，执行行业自律，客观上起到稳定金融竞争秩序、协助金融监管的作用；(2)制定信托行业标准和职业操守规则；(3)开展从业资质培训与考核，逐步建立起一支符合行业专业要求和素质要求的从业队伍；(4)为信托业提供多种服务，如信息资料的收集与共享，统一对外宣传等；(5)代表信托业利益，同政府进行沟通，并就业内某些行为向外界解释；(6)代表信托业积极从事社会公益活动，改变信托业的社会形象。

信托业监管的第三个层次是市场监管。信托行业的健康发展还有赖于信托公司自身完善其内部风险控制，提高业务经营能力，强化公司的财务会计管理、营销管理、优化公司治理结构。另外，社会中介组织，如会计师事务所、审计师事务所、律师事务所、信用评级机构以及社会舆论等，也发挥着监督作用。

三、信托业的监督管理内容

从内容上看，信托业监管法主要包括四个方面：市场准入与退出制度、经营范围界定、业务经营规则和监督管理规则。

---

〔1〕 参见《信托公司管理办法》第 5 条。

（一）信托业市场准入和退出制度

1. 设立信托公司，应当经中国银行保险监督管理委员会批准，并领取金融许可证。未经中国银行保险监督管理委员会批准，任何单位和个人不得经营信托业务，任何经营单位不得在其名称中使用“信托公司”字样。法律、法规另有规定的除外。[1]

2. 中国银行保险监督管理委员会依照法律法规和审慎监管原则对信托公司的设立申请进行审查，作出批准或者不予批准的决定；不予批准的，应说明理由。[2]

3. 未经中国银行保险监督管理委员会批准，信托公司不得设立或变相设立分支机构。[3]

4. 信托公司有下列情形之一的，应当经中国银行保险监督管理委员会批准：（1）变更名称；（2）变更注册资本；（3）变更公司住所；（4）改变组织形式；（5）调整业务范围；（6）更换董事或高级管理人员；（7）变更股东或者调整股权结构，但持有上市公司流通股份未达到公司总股份5%的除外；（8）修改公司章程；（9）合并或者分立；（10）中国银行保险监督管理委员会规定的其他情形。[4]

5. 信托公司出现分立、合并或者公司章程规定的解散事由，申请解散的，经中国银行保险监督管理委员会批准后解散，并依法组织清算组进行清算。[5]

6. 信托公司不能清偿到期债务，且资产不足以清偿债务或明显缺乏清偿能力的，经中国银行保险监督管理委员会同意，可向人民法院提出破产申请。中国银行保险监督管理委员会可以向人民法院直接提出对该信托公司进行重整或破产清算的申请。[6]

（二）信托公司经营范围界定

1. 信托公司可以申请经营下列部分或者全部本外币业务：（1）资金信托；（2）动产信托；（3）不动产信托；（4）有价证券信托；（5）其他财产或财产权信托；（6）作为投资基金或者基金管理公司的发起人从事投资基金业务；（7）经营企业资产的重组、购并及项目融资、公司理财、财务顾问等业务；（8）受托经营国务院有关部门批准的证券承销业务；（9）办理居间、咨询、资信调查等业务；（10）代保管及保管箱业务；（11）法律、法规规定或中国银行保险监督管理委员会批准的其他业务。[7]

---

〔1〕 参见《信托公司管理办法》第7条。
〔2〕 参见《信托公司管理办法》第9条。
〔3〕 参见《信托公司管理办法》第11条。
〔4〕 参见《信托公司管理办法》第12条
〔5〕 参见《信托公司管理办法》第13条。
〔6〕 参见《信托公司管理办法》第14条。
〔7〕 参见《信托公司管理办法》第16条。

2. 信托公司可以根据《信托法》等法律、法规的有关规定开展公益信托活动。[1]

3. 信托公司可以根据市场需要，按照信托目的、信托财产的种类或者对信托财产管理方式的不同设置信托业务品种。[2]

4. 信托公司管理运用或处分信托财产时，可以依照信托文件的约定，采取投资、出售、存放同业、买入返售、租赁、贷款等方式进行。中国银行保险监督管理委员会另有规定的，从其规定。信托公司不得以卖出回购方式管理运用信托财产。[3]

5. 信托公司固有业务项下可以开展存放同业、拆放同业、贷款、租赁、投资等业务。投资业务限定为金融类公司股权投资、金融产品投资和自用固定资产投资。信托公司不得以固有财产进行实业投资，但中国银行保险监督管理委员会另有规定的除外。[4]

6. 信托公司不得开展除同业拆入业务以外的其他负债业务，且同业拆入余额不得超过其净资产的 20% 。中国银行保险监督管理委员会另有规定的除外。[5]

7. 信托公司可以开展对外担保业务，但对外担保余额不得超过其净资产的 50% 。[6]

8. 信托公司经营外汇信托业务，应当遵守国家外汇管理的有关规定，并接受外汇主管部门的检查、监督。[7]

（三）信托业务经营规则

1. 信托公司管理运用或者处分信托财产，必须恪尽职守，履行诚实、信用、谨慎、有效管理的义务，维护受益人的最大利益。[8]

2. 信托公司在处理信托事务时应当避免利益冲突，在无法避免时，应向委托人、受益人予以充分的信息披露，或拒绝从事该项业务。[9]

3. 信托公司应当亲自处理信托事务。信托文件另有约定或有不得已事由时，可委托他人代为处理，但信托公司应尽足够的监督义务，并对他人处理信托事务的行为承担责任。[10]

---

〔1〕 参见《信托公司管理办法》第 17 条。
〔2〕 参见《信托公司管理办法》第 18 条。
〔3〕 参见《信托公司管理办法》第 19 条。
〔4〕 参见《信托公司管理办法》第 20 条。
〔5〕 参见《信托公司管理办法》第 21 条。
〔6〕 参见《信托公司管理办法》第 22 条。
〔7〕 参见《信托公司管理办法》第 23 条。
〔8〕 参见《信托公司管理办法》第 24 条。
〔9〕 参见《信托公司管理办法》第 25 条。
〔10〕 参见《信托公司管理办法》第 26 条。

4. 信托公司对委托人、受益人以及所处理信托事务的情况和资料负有依法保密的义务，但法律、法规另有规定或者信托文件另有约定的除外。[1]

5. 信托公司应当妥善保存处理信托事务的完整记录，定期向委托人、受益人报告信托财产及其管理运用、处分及收支的情况。委托人、受益人有权向信托公司了解对其信托财产的管理运用、处分及收支情况，并要求信托公司作出说明。[2]

6. 信托公司应当将信托财产与其固有财产分别管理、分别记账，并将不同委托人的信托财产分别管理、分别记账。[3]

7. 信托公司应当依法建账，对信托业务与非信托业务分别核算，并对每项信托业务单独核算。[4]

8. 信托公司的信托业务部门应当独立于公司的其他部门，其人员不得与公司其他部门的人员相互兼职，业务信息不得与公司的其他部门共享。[5]

9. 信托公司开展固有业务，不得有下列行为：(1) 向关联方融出资金或转移财产；(2) 为关联方提供担保；(3) 以股东持有的本公司股权作为质押进行融资。[6]

10. 信托公司开展信托业务，不得有下列行为：(1) 利用受托人地位谋取不当利益；(2) 将信托财产挪用于非信托目的的用途；(3) 承诺信托财产不受损失或者保证最低收益；(4) 以信托财产提供担保；(5) 法律、法规和中国银行保险监督管理委员会禁止的其他行为。[7]

11. 信托公司开展关联交易，应以公平的市场价格进行，逐笔向中国银行保险监督管理委员会事前报告，并按照有关规定进行信息披露。[8]

12. 信托公司经营信托业务，有下列情形之一的，信托终止：(1) 信托文件约定的终止事由发生；(2) 信托的存续违反信托目的；(3) 信托目的已经实现或者不能实现；(4) 信托当事人协商同意；(5) 信托期限届满；(6) 信托被解除；(7) 信托被撤销；(8) 全体受益人放弃信托受益权。[9]

（四）信托监督管理规则

1. 信托公司应当按照职责分离的原则设立相应的工作岗位，保证公司对风险能够进行事前防范、事中控制、事后监督和纠正，形成健全的内部约束机制和监督

---

[1] 参见《信托公司管理办法》第 27 条。
[2] 参见《信托公司管理办法》第 28 条。
[3] 参见《信托公司管理办法》第 29 条。
[4] 参见《信托公司管理办法》第 30 条。
[5] 参见《信托公司管理办法》第 31 条。
[6] 参见《信托公司管理办法》第 33 条第 1 款。
[7] 参见《信托公司管理办法》第 34 条。
[8] 参见《信托公司管理办法》第 35 条。
[9] 参见《信托公司管理办法》第 41 条。

机制。[1]

2. 信托公司应当按规定制定本公司的信托业务及其他业务规则，建立、健全本公司的各项业务管理制度和内部控制制度，并报中国银行保险监督管理委员会备案。[2]

3. 信托公司应当按照国家有关规定建立、健全本公司的财务会计制度，真实记录并全面反映其业务活动和财务状况。公司年度财务会计报表应当经具有良好资质的中介机构审计。[3]

4. 中国银行保险监督管理委员会可以定期或者不定期对信托公司的经营活动进行检查；必要时，可以要求信托公司提供由具有良好资质的中介机构出具的相关审计报告。信托公司应当按照中国银行保险监督管理委员会的要求提供有关业务、财务等报表和资料，并如实介绍有关业务情况。[4]

5. 信托公司违反审慎经营规则的，中国银行保险监督管理委员会责令限期改正；逾期未改正的，或者其行为严重危及信托公司的稳健运行、损害受益人合法权益的，中国银行保险监督管理委员会可以区别情形，依据《银行业监督管理法》等法律法规的规定，采取暂停业务、限制股东权利等监管措施。[5]

6. 信托公司可以加入中国信托业协会，实行行业自律。中国信托业协会开展活动，应当接受中国银行保险监督管理委员会的指导和监督。[6]

第五节　期货监管法律制度

一、期货监管法概述

（一）期货监管的概念和目标

期货监管是指针对期货活动环节主体和行为，运用行政、经济、法律等手段进行监督和管理。期货交易是指采用公开的集中交易方式或者国务院期货监督管理机构批准的其他方式进行的以期货合约或者期权合约为交易标的的交易活动。期货监管是为了规范期货交易行为，加强对期货交易的监督管理，维护期货市场秩序，防范风险，保护期货交易各方的合法权益和社会公共利益，促进期货市场积极稳妥发展。[7]

---

[1] 参见《信托公司管理办法》第 44 条。
[2] 参见《信托公司管理办法》第 45 条。
[3] 参见《信托公司管理办法》第 46 条。
[4] 参见《信托公司管理办法》第 47 条。
[5] 参见《信托公司管理办法》第 54 条。
[6] 参见《信托公司管理办法》第 57 条。
[7] 参见《期货交易管理条例》第 1 条。

（二）期货监管法的表现形式

我国的期货监管法律体系以《期货交易管理条例》为核心，由行政法规、部门规章、规范性文件及自律规则共同组成，为期货投资活动的正常运行保驾护航。监管法的表现形式主要有《期货交易管理条例》《期货交易所管理办法》《期货公司监督管理办法》《期货从业人员管理办法》《证券期货投资者适当性管理办法》《期货经营机构投资者适当性管理实施指引（试行）》等。

二、政府监管机构

（一）监管职责

国务院期货监督管理机构对期货市场实行集中统一的监督管理。国务院期货监督管理机构派出机构依照《期货交易管理条例》的有关规定和国务院期货监督管理机构的授权，履行监督管理职责。[1] 国务院期货监督管理机构对期货市场实施监督管理，依法履行下列职责：（1）制定有关期货市场监督管理的规章、规则，并依法行使审批权；（2）对品种的上市、交易、结算、交割等期货交易及其相关活动，进行监督管理；（3）对期货交易所、期货公司及其他期货经营机构、非期货公司结算会员、期货保证金安全存管监控机构、期货保证金存管银行、交割仓库等市场相关参与者的期货业务活动，进行监督管理；（4）制定期货从业人员的资格标准和管理办法，并监督实施；（5）监督检查期货交易的信息公开情况；（6）对期货业协会的活动进行指导和监督；（7）对违反期货市场监督管理法律、行政法规的行为进行查处；（8）开展与期货市场监督管理有关的国际交流、合作活动；（9）法律、行政法规规定的其他职责。[2]

（二）执法措施

国务院期货监督管理机构依法履行职责，可以采取下列措施：（1）对期货交易所、期货公司及其他期货经营机构、非期货公司结算会员、期货保证金安全存管监控机构和交割仓库进行现场检查；（2）进入涉嫌违法行为发生场所调查取证；（3）询问当事人和与被调查事件有关的单位和个人，要求其对与被调查事件有关的事项作出说明；（4）查阅、复制与被调查事件有关的财产权登记等资料；（5）查阅、复制当事人和与被调查事件有关的单位和个人的期货交易记录、财务会计资料以及其他相关文件和资料；（6）对可能被转移、隐匿或者毁损的文件和资料，可以予以封存；（7）查询与被调查事件有关的单位的保证金账户和银行账户；（8）在调查操纵期货交易价格、内幕交易等重大期货违法行为时，经国务院期货监督管理机构主要负责人批准，可以限制被调查事件当事人的期货交易，但限制的时间不得超过15个交易日；案情复杂的，可以延长至30个交易日；（9）法律、行政法规规定的

---

〔1〕 参见《期货交易管理条例》第5条。

〔2〕 参见《期货交易管理条例》第46条。

其他措施。

三、自律监管

期货交易所不以营利为目的,按照其章程的规定实行自律管理。期货交易所以其全部财产承担民事责任。期货交易所的负责人由国务院期货监督管理机构任免。期货交易所的管理办法由国务院期货监督管理机构制定。[1] 设立期货交易所,由国务院期货监督管理机构审批。未经国务院批准或者国务院期货监督管理机构批准,任何单位或者个人不得设立期货交易场所或者以任何形式组织期货交易及其相关活动。[2]

1. 期货交易所的职责

期货交易所应当依照《期货交易管理条例》和国务院期货监督管理机构的规定,建立、健全各项规章制度,加强对交易活动的风险控制和对会员以及交易所工作人员的监督管理。期货交易所履行下列职责:(1)提供交易的场所、设施和服务;(2)设计合约,安排合约上市;(3)组织并监督交易、结算和交割;(4)为期货交易提供集中履约担保;(5)按照章程和交易规则对会员进行监督管理;(6)国务院期货监督管理机构规定的其他职责。

期货交易所不得直接或者间接参与期货交易。未经国务院期货监督管理机构审核并报国务院批准,期货交易所不得从事信托投资、股票投资、非自用不动产投资等与其职责无关的业务。[3]

2. 期货交易所的内控制度

期货交易所应当按照国家有关规定建立、健全下列风险管理制度:(1)保证金制度;(2)当日无负债结算制度;(3)涨跌停板制度;(4)持仓限额和大户持仓报告制度;(5)风险准备金制度;(6)国务院期货监督管理机构规定的其他风险管理制度。实行会员分级结算制度的期货交易所,还应当建立、健全结算担保金制度。[4]

3. 期货交易所的市场异常情况处理和报告制度

当期货市场出现异常情况时,期货交易所可以按照其章程规定的权限和程序,决定采取下列紧急措施,并应当立即报告国务院期货监督管理机构:(1)提高保证金;(2)调整涨跌停板幅度;(3)限制会员或者客户的最大持仓量;(4)暂时停止交易;(5)采取其他紧急措施。前述所称异常情况,是指在交易中发生操纵期货交易价格的行为或者发生不可抗拒的突发事件以及国务院期货监督管理机构规定的其

---

[1] 参见《期货交易管理条例》第7条。
[2] 参见《期货交易管理条例》第6条。
[3] 参见《期货交易管理条例》第10条。
[4] 参见《期货交易管理条例》第11条。

他情形。异常情况消失后,期货交易所应当及时取消紧急措施。[1]

4. 期货交易所的相关事先审批制度

期货交易所办理下列事项,应当经国务院期货监督管理机构批准:(1)制定或者修改章程、交易规则;(2)上市、中止、取消或者恢复交易品种;(3)国务院期货监督管理机构规定的其他事项。国务院期货监督管理机构批准期货交易所上市新的交易品种,应当征求国务院有关部门的意见。[2]

【复习与思考】

1. 银行业监督管理机构有哪些监管措施?
2. 中国证监会有哪些监管措施?
3. 保险业有哪些监管措施?
4. 信托业有哪些监管措施?
5. 期货业有哪些监管措施?

以案释法:

保险公司代持协议效力认定

【案情】甲公司与乙公司于2011年签订《信托持股协议》,约定甲公司通过信托的方式委托乙公司持有其拥有的2亿股君康人寿股份。2012年,君康人寿公司股东同比例增资,乙公司股份额为4亿股。2014年10月30日,甲公司向乙公司发出《关于终止信托的通知》,要求乙公司将信托股份过户到其名下,并结清信托报酬。乙公司不同意将股权过户。甲公司遂向福建省高级人民法院提起诉讼,要求确认《信托持股协议》于2014年10月30日终止,并判令乙公司将其受托持有的4亿股股份立即过户给甲公司,并办理过户手续。一审福建省高级人民法院支持了甲公司的诉讼请求。乙公司不服,向最高人民法院提起上诉。

【问题】《信托持股协议》是否有效?

【解答】甲公司、乙公司关于股权代持的约定,违反了保监会《保险公司股权管理办法》第8条关于"任何单位或者个人不得委托他人或者接受他人委托持有保险公司的股权"的规定。虽然该规定系部门规章,但代持保险公司会危及金融秩序和社会稳定,损害社会公共利益,因此《信托持股协议》无效。

【评析】代持保险公司股权违反了保监会《保险公司股权管理办法》第8条关于"任何单位或者个人不得委托他人或者接受他人委托持有保险公司的股权"的

---

〔1〕 参见《期货交易管理条例》第12条。

〔2〕 参见《期货交易管理条例》第13条。

规定。尽管该规定属于部门规章,但该规定系为保持保险公司经营稳定,保护投资人和被保险人的合法权益,加强保险公司股权监管而制定,其立法目的与保险法一致。

第二十三章　房地产市场监管法律制度

【本 章 导 读】

2016年中央经济工作会议指出，要坚持“房子是用来住的、不是用来炒的”的定位，综合运用金融、土地、财税、投资、立法等手段，加快研究建立符合国情、适应市场规律的基础性制度和长效机制，既抑制房地产泡沫，又防止出现大起大落。制定和完善房地产市场监管法律制度，对于加强房地产的管理、维护房地产市场秩序、保障房地产权利人的合法权益、促进房地产业的健康发展而言意义重大。本章依次对土地管理、城乡规划、城市房地产管理与不动产登记等法律制度进行了简要介绍。

第一节　土地管理法

我国实行土地的社会主义公有制，即全民所有制和劳动群众集体所有制。任何单位和个人不得侵占、买卖或者以其他形式非法转让土地。土地使用权可以依法转让。国家为了公共利益的需要，可以依法对土地实行征收或者征用并给予补偿。国家依法实行国有土地有偿使用制度。但是，国家在法律规定的范围内划拨国有土地使用权的除外。[1] 国务院授权的机构对省、自治区、直辖市人民政府以及国务院确定的城市人民政府土地利用和土地管理情况进行督查。[2]

一、土地所有权

（一）概述

土地所有权是指国家或者农民集体对自己的土地，依法所享有的占有、使用、收益和处分的支配性权利。[3] 我国土地所有权具有以下特征：

1. 土地所有权人及其代表由法律明确规定。中华人民共和国实行土地的社会主义公有制，即全民所有制和劳动群众集体所有制。[4] 法律规定属于国家所有的

〔1〕 参见《土地管理法》第2条。

〔2〕 参见《土地管理法》第6条。

〔3〕 参见《民法典》第240条。

〔4〕 参见《土地管理法》第2条第1款、第2款。

财产,属于国家所有即全民所有。[1] 国家所有土地之外的土地,归劳动群众集体所有。

2. 土地所有权的取得、变更与丧失依法律规定,不得约定。土地所有权,应当依照《不动产登记暂行条例》的规定办理登记。集体土地所有权可因国家征收、征用而丧失。[2]

3. 土地所有权禁止交易。为了保护社会主义公有制,任何单位和个人不得侵占、买卖或者以其他形式非法转让土地。能够进行合法交易的只能是土地使用权。[3]

(二)国家土地所有权

1. 国家土地所有权的客体。城市市区的土地和法律规定属于国家所有的农村和城市郊区的土地属于国家所有。[4]

2. 国家土地所有权的主体及其代表。全民所有,即国家所有土地的所有权由国务院代表国家行使。[5] 国务院自然资源主管部门统一负责全国土地的管理和监督工作。县级以上地方人民政府自然资源主管部门的设置及其职责,由省、自治区、直辖市人民政府根据国务院有关规定确定。[6]

(三)集体土地所有权

1. 集体土地所有权的客体。农村和城市郊区的土地,除由法律规定属于国家所有的以外,属于农民集体所有;宅基地和自留地、自留山,属于农民集体所有。[7]

2. 集体土地所有权的主体及其代表。农民集体所有的土地依法属于村农民集体所有的,由村集体经济组织或者村民委员会经营、管理;已经分别属于村内两个以上农村集体经济组织的农民集体所有的,由村内各该农村集体经济组织或者村民小组经营、管理;已经属于乡(镇)农民集体所有的,由乡(镇)农村集体经济组织经营、管理。[8]

二、国有土地使用权

(一)概述

国有土地可以依法确定给单位或者个人使用。使用土地的单位和个人,有保

---

〔1〕 参见《民法典》第246条第1款。

〔2〕 参见《民法典》第243条;《土地管理法》第2条第4款。

〔3〕 参见《土地管理法》第2条第3款。

〔4〕 参见《土地管理法》第9条。

〔5〕 参见《土地管理法》第2条第2款。

〔6〕 参见《土地管理法》第5条。

〔7〕 参见《土地管理法》第9条第2款。

〔8〕 参见《土地管理法》第11条。

护、管理和合理利用土地的义务。[1] 土地使用权的登记,依照有关不动产登记的法律、行政法规执行。依法登记的土地使用权受法律保护,任何单位和个人不得侵犯。[2]

有下列情形之一的,由有关人民政府自然资源主管部门报经原批准用地的人民政府或者有批准权的人民政府批准,可以收回国有土地使用权:(1)为实施城市规划进行旧城区改建以及其他公共利益需要,确需使用土地的;(2)土地出让等有偿使用合同约定的使用期限届满,土地使用者未申请续期或者申请续期未获批准的;(3)因单位撤销、迁移等原因,停止使用原划拨的国有土地的;(4)公路、铁路、机场、矿场等经核准报废的。[3]

(二)出让土地使用权

出让是指国家将国有土地使用权在一定年限内出让给土地使用者,由土地使用者向国家支付土地使用权出让金的行为。

1. 取得方式。除特定情形外,建设单位使用国有土地,应当以出让等有偿使用方式取得。[4] 土地使用权出让,是指国家将国有土地使用权(以下简称土地使用权)在一定年限内出让给土地使用者,由土地使用者向国家支付土地使用权出让金的行为。[5] 国有土地有偿使用的方式包括:(1)国有土地使用权出让;(2)国有土地租赁;(3)国有土地使用权作价出资或者入股。[6] 土地使用权出让,可以采取拍卖、招标或者双方协议的方式。商业、旅游、娱乐和豪华住宅用地,有条件的,必须采取拍卖、招标方式;没有条件,不能采取拍卖、招标方式的,可以采取双方协议的方式。采取双方协议方式出让土地使用权的出让金不得低于按国家规定所确定的最低价。[7] 土地使用权出让,应当签订书面出让合同。土地使用权出让合同由市、县人民政府土地管理部门与土地使用者签订。[8]

2. 使用条件。以出让等有偿使用方式取得国有土地使用权的建设单位,按照国务院规定的标准和办法,缴纳土地使用权出让金等土地有偿使用费和其他费用后,方可使用土地。[9] 土地使用者必须按照出让合同约定,支付土地使用权出让金;未按照出让合同约定支付土地使用权出让金的,土地管理部门有权解除合同,

---

〔1〕 参见《土地管理法》第10条。
〔2〕 参见《土地管理法》第12条。
〔3〕 参见《土地管理法》第58条第1款。
〔4〕 参见《土地管理法》第54条第1款前段。
〔5〕 参见《城市房地产管理法》第8条。
〔6〕 参见《土地管理法实施条例》第17条第2款。
〔7〕 参见《城市房地产管理法》第13条。
〔8〕 参见《城市房地产管理法》第15条。
〔9〕 参见《土地管理法》第55条第1款。

并可以请求违约赔偿。[1] 土地使用者按照出让合同约定支付土地使用权出让金的,市、县人民政府土地管理部门必须按照出让合同约定,提供出让的土地;未按照出让合同约定提供出让的土地的,土地使用者有权解除合同,由土地管理部门返还土地使用权出让金,土地使用者并可以请求违约赔偿。[2]

3. 改变用途。土地使用者需要改变土地使用权出让合同约定的土地用途的,必须取得出让方和市、县人民政府城市规划行政主管部门的同意,签订土地使用权出让合同变更协议或者重新签订土地使用权出让合同,相应调整土地使用权出让金。[3]

(三)划拨土地使用权

土地使用权划拨,是指县级以上人民政府依法批准,在土地使用者缴纳补偿、安置等费用后将该幅土地交付其使用,或者将土地使用权无偿交付给土地使用者使用的行为。以划拨方式取得土地使用权的,除法律、行政法规另有规定外,没有使用期限的限制。[4]

下列建设用地的土地使用权,确属必需的,可以由县级以上人民政府依法批准划拨:(1)国家机关用地和军事用地;(2)城市基础设施用地和公益事业用地;(3)国家重点扶持的能源、交通、水利等项目用地;(4)法律、行政法规规定的其他用地。[5]

划拨土地使用权的取得主要存在两种方式,即支付补偿安置费取得和无偿取得。用地者申请取得划拨土地使用权需征收征用集体土地或占用其他用地者正在使用的国有土地的,申请用地者应向集体土地所有者或原国有土地使用者支付土地补偿安置费;申请用地者取得划拨土地使用权的土地为国有荒地、空地的,经依法批准后,可无偿取得。

三、集体土地使用权

(一)土地承包经营权

1. 基本制度。农村集体经济组织实行家庭承包经营为基础、统分结合的双层经营体制。农民集体所有和国家所有由农民集体使用的耕地、林地、草地以及其他用于农业的土地,依法实行土地承包经营制度。[6] 土地承包经营权人依法对其承包经营的耕地、林地、草地等享有占有、使用和收益的权利,有权从事种植业、林业、

---

[1] 参见《城市房地产管理法》第16条。
[2] 参见《城市房地产管理法》第17条。
[3] 参见《城市房地产管理法》第18条。
[4] 参见《城市房地产管理法》第23条。
[5] 参见《土地管理法》第54条;《城市房地产管理法》第24条。
[6] 参见《民法典》第330条。

畜牧业等农业生产。[1]

2. 权利主体。农村集体经济组织成员有权依法承包由本集体经济组织发包的农村土地。任何组织和个人不得剥夺和非法限制农村集体经济组织成员承包土地的权利。[2] 不宜采取家庭承包方式的荒山、荒沟、荒丘、荒滩等农村土地,可通过招标、拍卖、公开协商等方式,由农村集体经济组成成员之外的单位或者个人承包。[3] 以其他方式承包农村土地,在同等条件下,本集体经济组织成员有权优先承包。[4]

3. 权利取得的原则与程序。土地承包应当遵循以下原则:(1)按照规定统一组织承包时,本集体经济组织成员依法平等地行使承包土地的权利,也可以自愿放弃承包土地的权利;(2)民主协商,公平合理;(3)承包方案应当按照《农村土地承包法》第13条的规定,依法经本集体经济组织成员的村民会议2/3以上成员或者2/3以上村民代表的同意;(4)承包程序合法。[5] 土地承包应当按照以下程序进行:(1)本集体经济组织成员的村民会议选举产生承包工作小组;(2)承包工作小组依照法律、法规的规定拟订并公布承包方案;(3)依法召开本集体经济组织成员的村民会议,讨论通过承包方案;(4)公开组织实施承包方案;(5)签订承包合同。[6] 承包合同自成立之日起生效。承包方自承包合同生效时取得土地承包经营权。[7] 耕地的承包期为30年。草地的承包期为30年至50年。林地的承包期为30年至70年。耕地承包期届满后再延长30年,草地、林地承包期届满后依照前述规定相应延长。[8]

4. 承包方的权利与义务。承包方享有下列权利:(1)依法享有承包地使用、收益的权利,有权自主组织生产经营和处置产品;(2)依法互换、转让土地承包经营权;(3)依法流转土地经营权;(4)承包地被依法征收、征用、占用的,有权依法获得相应的补偿;(5)法律、行政法规规定的其他权利。[9] 承包方承担下列义务:(1)维持土地的农业用途,未经依法批准不得用于非农建设;(2)依法保护和合理利用土地,不得给土地造成永久性损害;(3)法律、行政法规规定的其他义务。[10]

---

〔1〕 参见《民法典》第331条。
〔2〕 参见《农村土地承包法》第5条。
〔3〕 参见《农村土地承包法》第48条。
〔4〕 参见《农村土地承包法》第51条。
〔5〕 参见《农村土地承包法》第19条。
〔6〕 参见《农村土地承包法》第20条。
〔7〕 参见《农村土地承包法》第23条。
〔8〕 参见《农村土地承包法》第21条。
〔9〕 参见《农村土地承包法》第17条。
〔10〕 参见《农村土地承包法》第18条。

5. 土地承包经营权的流转。有两种方式:(1)整体流转,包括互换与转让。承包方之间为方便耕种或者各自需要,可以对属于同一集体经济组织的土地的土地承包经营权进行互换,并向发包方备案。[1] 经发包方同意,承包方可以将全部或者部分的土地承包经营权转让给本集体经济组织的其他农户,由该农户同发包方确立新的承包关系,原承包方与发包方在该土地上的承包关系即行终止。[2] (2)仅经营权流转。承包方可以自主决定依法采取出租(转包)、入股或者其他方式向他人流转土地经营权,并向发包方备案。[3] 土地经营权人有权在合同约定的期限内占有农村土地,自主开展农业生产经营并取得收益。[4] 土地经营权流转应当遵循以下原则:(1)依法、自愿、有偿,任何组织和个人不得强迫或者阻碍土地经营权流转;(2)不得改变土地所有权的性质和土地的农业用途,不得破坏农业综合生产能力和农业生态环境;(3)流转期限不得超过承包期的剩余期限;(4)受让方须有农业经营能力或者资质;(5)在同等条件下,本集体经济组织成员享有优先权。[5] 承包方流转土地经营权的,其与发包方的承包关系不变。[6]

6. 对发包人的规制。发包人应遵守下列规定:(1)承包期内,发包方不得收回承包地。国家保护进城农户的土地承包经营权。不得以退出土地承包经营权作为农户进城落户的条件。[7] (2)承包期内,发包方不得调整承包地。承包期内,因自然灾害严重毁损承包地等特殊情形对个别农户之间承包的耕地和草地需要适当调整的,必须经本集体经济组织成员的村民会议 2/3 以上成员或者 2/3 以上村民代表的同意,并报乡(镇)人民政府和县级人民政府农业农村、林业和草原等主管部门批准。承包合同中约定不得调整的,按照其约定。[8] (3)承包期内,妇女结婚,在新居住地未取得承包地的,发包方不得收回其原承包地;妇女离婚或者丧偶,仍在原居住地生活或者不在原居住地生活但在新居住地未取得承包地的,发包方不得收回其原承包地。[9]

(二)宅基地使用权

宅基地使用权是依法经过审批由农村集体经济组织分配给其内部成员用于建造住宅的,没有使用期限限制的集体土地使用权。

---

〔1〕 参见《农村土地承包法》第 33 条。
〔2〕 参见《农村土地承包法》第 34 条。
〔3〕 参见《农村土地承包法》第 36 条。
〔4〕 参见《农村土地承包法》第 37 条。
〔5〕 参见《农村土地承包法》第 38 条。
〔6〕 参见《农村土地承包法》第 44 条。
〔7〕 参见《农村土地承包法》第 27 条第 1 ~ 2 款。
〔8〕 参见《农村土地承包法》第 28 条。
〔9〕 参见《农村土地承包法》第 31 条。

1.权利主体。宅基地使用权的权利人,必须是农村村民。

2.权利取得。农村村民住宅用地,由乡(镇)人民政府审核批准;其中,涉及占用农用地的,依照《土地管理法》第44条的规定办理审批手续。[1]

3.权利内容。宅基地使用权人依法对集体所有的土地享有占有和使用的权利,有权依法利用该土地建造住宅及其附属设施。[2] 农村村民建住宅,应当符合乡(镇)土地利用总体规划、村庄规划,不得占用永久基本农田,并尽量使用原有的宅基地和村内空闲地。编制乡(镇)土地利用总体规划、村庄规划应当统筹并合理安排宅基地用地,改善农村村民居住环境和条件。[3]

4.权利限制。农村村民一户只能拥有一处宅基地,其宅基地的面积不得超过省、自治区、直辖市规定的标准。[4] 农村村民出卖、出租、赠与住宅后,再申请宅基地的,不予批准。[5]

5.权利消灭。宅基地因自然灾害等原因灭失的,宅基地使用权消灭。对失去宅基地的村民,应当依法重新分配宅基地。[6] 已经登记的宅基地使用权转让或者消灭的,应当及时办理变更登记或者注销登记。[7]

(三)非农经营用地使用权

1.权利取得。土地利用总体规划、城乡规划确定为工业、商业等经营性用途,并经依法登记的集体经营性建设用地,土地所有权人可以通过出让、出租等方式交由单位或者个人使用,并应当签订书面合同,载明土地界址、面积、动工期限、使用期限、土地用途、规划条件和双方其他权利义务。前述规定的集体经营性建设用地出让、出租等,应当经本集体经济组织成员的村民会议2/3以上成员或者2/3以上村民代表的同意。[8]

2.权利内容。通过出让等方式取得的集体经营性建设用地使用权可以转让、互换、出资、赠与或者抵押,但法律、行政法规另有规定或者土地所有权人、土地使用权人签订的书面合同另有约定的除外。[9]

3.权利限制。集体建设用地的使用者应当严格按照土地利用总体规划、城乡

---

[1] 参见《土地管理法》第62条第4款。

[2] 参见《民法典》第362条。

[3] 参见《土地管理法》第62条第3款。

[4] 参见《土地管理法》第62条第1款。

[5] 参见《土地管理法》第62条第5款。

[6] 参见《民法典》第364条。

[7] 参见《民法典》第365条。

[8] 参见《土地管理法》第63条第1款、第2款。

[9] 参见《土地管理法》第63条第3款。

规划确定的用途使用土地。[1] 在土地利用总体规划制定前已建的不符合土地利用总体规划确定的用途的建筑物、构筑物,不得重建、扩建。[2]

4. 权利收回。有下列情形之一的,农村集体经济组织报经原批准用地的人民政府批准,可以收回土地使用权:(1)为乡(镇)村公共设施和公益事业建设,需要使用土地的;(2)不按照批准的用途使用土地的;(3)因撤销、迁移等原因而停止使用土地的。收回农民集体所有的土地的,对土地使用权人应当给予适当补偿。收回集体经营性建设用地使用权,依照双方签订的书面合同办理,法律、行政法规另有规定的除外。[3]

四、建设用地管理

(一)对农地转为建设用地的限制

建设占用土地,涉及农用地转为建设用地的,应当办理农用地转用审批手续。永久基本农田转为建设用地的,由国务院批准。在土地利用总体规划确定的城市和村庄、集镇建设用地规模范围内,为实施该规划而将永久基本农田以外的农用地转为建设用地的,按土地利用年度计划分批次按照国务院规定由原批准土地利用总体规划的机关或者其授权的机关批准。在已批准的农用地转用范围内,具体建设项目用地可以由市、县人民政府批准。在土地利用总体规划确定的城市和村庄、集镇建设用地规模范围外,将永久基本农田以外的农用地转为建设用地的,由国务院或者国务院授权的省、自治区、直辖市人民政府批准。[4]

(二)国家建设征地的程序

1. 征地条件。为了公共利益的需要,有下列情形之一,确需征收农民集体所有的土地的,可以依法实施征收:(1)军事和外交需要用地的;(2)由政府组织实施的能源、交通、水利、通信、邮政等基础设施建设需要用地的;(3)由政府组织实施的科技、教育、文化、卫生、体育、生态环境和资源保护、防灾减灾、文物保护、社区综合服务、社会福利、市政公用、优抚安置、英烈保护等公共事业需要用地的;(4)由政府组织实施的扶贫搬迁、保障性安居工程建设需要用地的;(5)在土地利用总体规划确定的城镇建设用地范围内,经省级以上人民政府批准由县级以上地方人民政府组织实施的成片开发建设需要用地的;(6)法律规定为公共利益需要可以征收农民集体所有的土地的其他情形。[5]

2. 征地批准权限及程序。征收下列土地的,由国务院批准:(1)永久基本农

---

[1] 参见《土地管理法》第64条。

[2] 参见《土地管理法》第65条。

[3] 参见《土地管理法》第66条。

[4] 参见《土地管理法》第44条。

[5] 参见《土地管理法》第45条第1款。

田;(2)永久基本农田以外的耕地超过35公顷的;(3)其他土地超过70公顷的。征收前述规定以外的土地的,由省、自治区、直辖市人民政府批准。征收农用地的,应当依照《土地管理法》第44条的规定先行办理农用地转用审批。其中,经国务院批准农用地转用的,同时办理征地审批手续,不再另行办理征地审批;经省、自治区、直辖市人民政府在征地批准权限内批准农用地转用的,同时办理征地审批手续,不再另行办理征地审批,超过征地批准权限的,应当依法另行办理征地审批。[1]

3. 征地的实施。国家征收土地的,依照法定程序批准后,由县级以上地方人民政府予以公告并组织实施。县级以上地方人民政府拟申请征收土地的,应当开展拟征收土地现状调查和社会稳定风险评估,并将征收范围、土地现状、征收目的、补偿标准、安置方式和社会保障等在拟征收土地所在的乡(镇)和村、村民小组范围内公告至少30日,听取被征地的农村集体经济组织及其成员、村民委员会和其他利害关系人的意见。多数被征地的农村集体经济组织成员认为征地补偿安置方案不符合法律、法规规定的,县级以上地方人民政府应当组织召开听证会,并根据法律、法规的规定和听证会情况修改方案。拟征收土地的所有权人、使用权人应当在公告规定期限内,持不动产权属证明材料办理补偿登记。县级以上地方人民政府应当组织有关部门测算并落实有关费用,保证足额到位,与拟征收土地的所有权人、使用权人就补偿、安置等签订协议;个别确实难以达成协议的,应当在申请征收土地时如实说明。相关前期工作完成后,县级以上地方人民政府方可申请征收土地。[2]

4. 征地补偿。征收土地应当给予公平、合理的补偿,保障被征地农民原有生活水平不降低、长远生计有保障。征收土地应当依法及时足额支付土地补偿费、安置补助费以及农村村民住宅、其他地上附着物和青苗等的补偿费用,并安排被征地农民的社会保障费用。征收农用地的土地补偿费、安置补助费标准由省、自治区、直辖市通过制定公布区片综合地价确定。制定区片综合地价应当综合考虑土地原用途、土地资源条件、土地产值、土地区位、土地供求关系、人口以及经济社会发展水平等因素,并至少每3年调整或者重新公布一次。征收农用地以外的其他土地、地上附着物和青苗等的补偿标准,由省、自治区、直辖市制定。对其中的农村村民住宅,应当按照先补偿后搬迁、居住条件有改善的原则,尊重农村村民意愿,采取重新安排宅基地建房、提供安置房或者货币补偿等方式给予公平、合理的补偿,并对因征收造成的搬迁、临时安置等费用予以补偿,保障农村村民居住的权利和合法的住房财产权益。县级以上地方人民政府应当将被征地农民纳入相应的养老等社会保

---

〔1〕 参见《土地管理法》第46条。

〔2〕 参见《土地管理法》第47条。

障体系。被征地农民的社会保障费用主要用于符合条件的被征地农民的养老保险等社会保险缴费补贴。被征地农民社会保障费用的筹集、管理和使用办法,由省、自治区、直辖市制定。

五、土地法律责任与纠纷处理

(一)违反土地管理法的民事责任

1. 侵权责任。任何组织和个人侵害土地承包经营权、土地经营权的,应当承担民事责任。[1] 发包方有下列行为之一的,应当承担停止侵害、排除妨碍、消除危险、返还财产、恢复原状、赔偿损失等民事责任:(1)干涉承包方依法享有的生产经营自主权;(2)违反《农村土地承包法》规定收回、调整承包地;(3)强迫或者阻碍承包方进行土地承包经营权的互换、转让或者土地经营权流转;(4)假借少数服从多数强迫承包方放弃或者变更土地承包经营权;(5)以划分“口粮田”和“责任田”等为由收回承包地搞招标承包;(6)将承包地收回抵顶欠款;(7)剥夺、侵害妇女依法享有的土地承包经营权;(8)其他侵害土地承包经营权的行为。[2] 承包方给承包地造成永久性损害的,发包方有权制止,并有权要求赔偿由此造成的损失。[3] 土地经营权人对土地和土地生态环境造成的损害应当予以赔偿。[4]

2. 合同责任。承包合同中违背承包方意愿或者违反法律、行政法规有关不得收回、调整承包地等强制性规定的约定无效。[5] 当事人一方不履行合同义务或者履行义务不符合约定的,应当依法承担违约责任。[6] 任何组织和个人强迫进行土地承包经营权互换、转让或者土地经营权流转的,该互换、转让或者流转无效。[7] 土地经营权人擅自改变土地的农业用途、弃耕抛荒连续两年以上、给土地造成严重损害或者严重破坏土地生态环境,承包方在合理期限内不解除土地经营权流转合同的,发包方有权要求终止土地经营权流转合同。[8]

3. 不当得利返还。任何组织和个人擅自截留、扣缴土地承包经营权互换、转让或者土地经营权流转收益的,应当退还。[9]

(二)违反土地管理法的公法责任

1. 非法转让土地。买卖或者以其他形式非法转让土地的,由县级以上人民政

---

[1] 参见《农村土地承包法》第56条。
[2] 参见《农村土地承包法》第57条。
[3] 参见《农村土地承包法》第63条第2款。
[4] 参见《农村土地承包法》第57条。
[5] 参见《农村土地承包法》第58条。
[6] 参见《农村土地承包法》第59条。
[7] 参见《农村土地承包法》第60条。
[8] 参见《农村土地承包法》第64条前段。
[9] 参见《农村土地承包法》第61条。

府自然资源主管部门没收违法所得；对违反土地利用总体规划擅自将农用地改为建设用地的，限期拆除在非法转让的土地上新建的建筑物和其他设施，恢复土地原状，对符合土地利用总体规划的，没收在非法转让的土地上新建的建筑物和其他设施；可以并处罚款；对直接负责的主管人员和其他直接责任人员，依法给予处分；构成犯罪的，依法追究刑事责任。[1]

2. 非法占用、毁坏耕地。违反《土地管理法》规定，占用耕地建窑、建坟或者擅自在耕地上建房、挖砂、采石、采矿、取土等，破坏种植条件的，或者因开发土地造成土地荒漠化、盐渍化的，由县级以上人民政府自然资源主管部门、农业农村主管部门等按照职责责令限期改正或者治理，可以并处罚款；构成犯罪的，依法追究刑事责任。[2]

3. 拒不履行土地复垦义务。违反《土地管理法》规定，拒不履行土地复垦义务的，由县级以上人民政府自然资源主管部门责令限期改正；逾期不改正的，责令缴纳复垦费，专项用于土地复垦，可以处以罚款。[3]

4. 非法占用土地。未经批准或者采取欺骗手段骗取批准，非法占用土地的，由县级以上人民政府自然资源主管部门责令退还非法占用的土地，对违反土地利用总体规划擅自将农用地改为建设用地的，限期拆除在非法占用的土地上新建的建筑物和其他设施，恢复土地原状，对符合土地利用总体规划的，没收在非法占用的土地上新建的建筑物和其他设施，可以并处罚款；对非法占用土地单位的直接负责的主管人员和其他直接责任人员，依法给予处分；构成犯罪的，依法追究刑事责任。超过批准的数量占用土地，多占的土地以非法占用土地论处。[4]

5. 非法占用土地建住宅。农村村民未经批准或者采取欺骗手段骗取批准，非法占用土地建住宅的，由县级以上人民政府农业农村主管部门责令退还非法占用的土地，限期拆除在非法占用的土地上新建的房屋。超过省、自治区、直辖市规定的标准，多占的土地以非法占用土地论处。[5]

6. 非法批准占用土地、违法征地。无权批准征收、使用土地的单位或者个人非法批准占用土地的，超越批准权限非法批准占用土地的，不按照土地利用总体规划确定的用途批准用地的，或者违反法律规定的程序批准占用、征收土地的，其批准文件无效，对非法批准征收、使用土地的直接负责的主管人员和其他直接责任人员，依法给予处分；构成犯罪的，依法追究刑事责任。非法批准、使用的土地应当收

---

[1] 参见《土地管理法》第 74 条。
[2] 参见《土地管理法》第 75 条。
[3] 参见《土地管理法》第 76 条。
[4] 参见《土地管理法》第 77 条。
[5] 参见《土地管理法》第 78 条。

回，有关当事人拒不归还的，以非法占用土地论处。非法批准征收、使用土地，对当事人造成损失的，依法应当承担赔偿责任。[1]

7. 侵占、挪用征地补偿费。侵占、挪用被征收土地单位的征地补偿费用和其他有关费用，构成犯罪的，依法追究刑事责任；尚不构成犯罪的，依法给予处分。[2]

8. 渎职行为。自然资源主管部门、农业农村主管部门的工作人员玩忽职守、滥用职权、徇私舞弊，构成犯罪的，依法追究刑事责任；尚不构成犯罪的，依法给予处分。[3]

(三)土地纠纷及其解决途径

1. 土地确权争议。土地确权纠纷是指因不同主体间就土地所有权或土地使用权的归属或界限等问题产生异议而引发的争议纠纷。土地所有权和使用权争议，由当事人协商解决；协商不成的，由人民政府处理。单位之间的争议，由县级以上人民政府处理；个人之间、个人与单位之间的争议，由乡级人民政府或者县级以上人民政府处理。当事人对有关人民政府的处理决定不服的，可以自接到处理决定通知之日起30日内，向人民法院起诉。在土地所有权和使用权争议解决前，任何一方不得改变土地利用现状。[4]

2. 土地承包经营纠纷。土地承包经营纠纷是指因土地承包经营发生的纠纷，包括发包人与承包人之间，农村集体经济组织内部成员之间，本集体经济组织内部成员与外村承包户之间因土地承包经营发生的各类纠纷。因土地承包经营发生纠纷的，双方当事人可以通过协商解决，也可以请求村民委员会、乡(镇)人民政府等调解解决。当事人不愿协商、调解或者协商、调解不成的，可以向农村土地承包仲裁机构申请仲裁，也可以直接向人民法院起诉。[5]

第二节 城乡规划法

一、概述

(一)基本概念

城乡规划，包括城镇体系规划、城市规划、镇规划、乡规划和村庄规划。城市规划、镇规划分为总体规划和详细规划。详细规划分为控制性详细规划和修建性详细规划。

---

[1] 参见《土地管理法》第79条。
[2] 参见《土地管理法》第80条。
[3] 参见《土地管理法》第84条。
[4] 参见《土地管理法》第14条。
[5] 参见《农村土地承包法》第55条。

为了加强城乡规划管理,协调城乡空间布局,改善人居环境,促进城乡经济社会全面协调可持续发展,我国全国人大常委会于2007年制定《城乡规划法》,并经过2015年与2019年两次修订。制定和实施城乡规划,在规划区内进行建设活动,必须遵守《城乡规划法》。所称"城乡规划",包括城镇体系规划、城市规划、镇规划、乡规划和村庄规划。城市规划、镇规划分为总体规划和详细规划。详细规划分为控制性详细规划和修建性详细规划。所称"规划区",是指城市、镇和村庄的建成区以及因城乡建设和发展需要,必须实行规划控制的区域。规划区的具体范围由有关人民政府在组织编制的城市总体规划、镇总体规划、乡规划和村庄规划中,根据城乡经济社会发展水平和统筹城乡发展的需要划定。[1]

(二)城市和镇的规划职责

城市和镇应当依照《城乡规划法》制定城市规划和镇规划。城市、镇规划区内的建设活动应当符合规划要求。县级以上地方人民政府根据本地农村经济社会发展水平,按照因地制宜、切实可行的原则,确定应当制定乡规划、村庄规划的区域。在确定区域内的乡、村庄,应当依照《城乡规划法》制定规划,规划区内的乡、村庄建设应当符合规划要求。县级以上地方人民政府鼓励、指导前述规定以外的区域的乡、村庄制定和实施乡规划、村庄规划。[2]

(三)规划原则与标准

制定和实施城乡规划,应当遵循城乡统筹、合理布局、节约土地、集约发展和先规划后建设的原则,改善生态环境,促进资源、能源节约和综合利用,保护耕地等自然资源和历史文化遗产,保持地方特色、民族特色和传统风貌,防止污染和其他公害,并符合区域人口发展、国防建设、防灾减灾和公共卫生、公共安全的需要。在规划区内进行建设活动,应当遵守土地管理、自然资源和环境保护等法律、法规的规定。县级以上地方人民政府应当根据当地经济社会发展的实际,在城市总体规划、镇总体规划中合理确定城市、镇的发展规模、步骤和建设标准。[3]

城市总体规划、镇总体规划以及乡规划和村庄规划的编制,应当依据国民经济和社会发展规划,并与土地利用总体规划相衔接。[4]

国家鼓励采用先进的科学技术,增强城乡规划的科学性,提高城乡规划实施及监督管理的效能。[5]

(四)主管部门与社会监督

国务院城乡规划主管部门负责全国的城乡规划管理工作。县级以上地方人民

---

〔1〕 参见《城乡规划法》第2条。
〔2〕 参见《城乡规划法》第3条。
〔3〕 参见《城乡规划法》第4条。
〔4〕 参见《城乡规划法》第5条。
〔5〕 参见《城乡规划法》第10条。

政府城乡规划主管部门负责本行政区域内的城乡规划管理工作。[1]

任何单位和个人都应当遵守经依法批准并公布的城乡规划，服从规划管理，并有权就涉及其利害关系的建设活动是否符合规划的要求向城乡规划主管部门查询。任何单位和个人都有权向城乡规划主管部门或者其他有关部门举报或者控告违反城乡规划的行为。城乡规划主管部门或者其他有关部门对举报或者控告，应当及时受理并组织核查、处理。[2]

二、城乡规划的制定

（一）体系规划和总体规划

国务院城乡规划主管部门会同国务院有关部门组织编制全国城镇体系规划，用于指导省域城镇体系规划、城市总体规划的编制。[3] 省、自治区人民政府组织编制省域城镇体系规划，报国务院审批。省域城镇体系规划的内容应当包括：城镇空间布局和规模控制，重大基础设施的布局，为保护生态环境、资源等需要严格控制的区域。[4] 城市人民政府组织编制城市总体规划。[5] 县人民政府组织编制县人民政府所在地镇的总体规划，报上一级人民政府审批。其他镇的总体规划由镇人民政府组织编制，报上一级人民政府审批。[6]

城市总体规划、镇总体规划的内容应当包括：城市、镇的发展布局，功能分区，用地布局，综合交通体系，禁止、限制和适宜建设的地域范围，各类专项规划等。规划区范围、规划区内建设用地规模、基础设施和公共服务设施用地、水源地和水系、基本农田和绿化用地、环境保护、自然与历史文化遗产保护以及防灾减灾等内容，应当作为城市总体规划、镇总体规划的强制性内容。城市总体规划、镇总体规划的规划期限一般为 20 年。城市总体规划还应当对城市更长远的发展作出预测性安排。[7]

（二）控制性详细规划

城市人民政府城乡规划主管部门根据城市总体规划的要求，组织编制城市的控制性详细规划，经本级人民政府批准后，报本级人民代表大会常务委员会和上一级人民政府备案。[8] 镇人民政府根据镇总体规划的要求，组织编制镇的控制性详

---

〔1〕 参见《城乡规划法》第 11 条。

〔2〕 参见《城乡规划法》第 9 条。

〔3〕 参见《城乡规划法》第 12 条。

〔4〕 参见《城乡规划法》第 13 条。

〔5〕 参见《城乡规划法》第 14 条第 1 款。

〔6〕 参见《城乡规划法》第 15 条。

〔7〕 参见《城乡规划法》第 17 条。

〔8〕 参见《城乡规划法》第 19 条。

细规划，报上一级人民政府审批。[1]

(三)修建性详细规则

城市、县人民政府城乡规划主管部门和镇人民政府可以组织编制重要地块的修建性详细规划。修建性详细规划应当符合控制性详细规划。[2]

三、城乡规划的实施

(一)基本要求

地方各级人民政府应当根据当地经济社会发展水平，量力而行，尊重群众意愿，有计划、分步骤地组织实施城乡规划。[3]

(二)近期建设规划

城市、县、镇人民政府应当根据城市总体规划、镇总体规划、土地利用总体规划和年度计划以及国民经济和社会发展规划，制定近期建设规划，报总体规划审批机关备案。近期建设规划应当以重要基础设施、公共服务设施和中低收入居民住房建设以及生态环境保护为重点内容，明确近期建设的时序、发展方向和空间布局。近期建设规划的规划期限为5年。[4]

(三)建设规划许可

1. 建设用地规划许可

在城市、镇规划区内以出让方式提供国有土地使用权的，在国有土地使用权出让前，城市、县人民政府城乡规划主管部门应当依据控制性详细规划，提出出让地块的位置、使用性质、开发强度等规划条件，作为国有土地使用权出让合同的组成部分。未确定规划条件的地块，不得出让国有土地使用权。以出让方式取得国有土地使用权的建设项目，建设单位在取得建设项目的批准、核准、备案文件和签订国有土地使用权出让合同后，向城市、县人民政府城乡规划主管部门领取建设用地规划许可证。城市、县人民政府城乡规划主管部门不得在建设用地规划许可证中，擅自改变作为国有土地使用权出让合同组成部分的规划条件。[5] 规划条件未纳入国有土地使用权出让合同的，该国有土地使用权出让合同无效；对未取得建设用地规划许可证的建设单位批准用地的，由县级以上人民政府撤销有关批准文件；占用土地的，应当及时退回；给当事人造成损失的，应当依法给予赔偿。[6]

2. 建设工程规划许可

在城市、镇规划区内进行建筑物、构筑物、道路、管线和其他工程建设的，建设

---

〔1〕 参见《城乡规划法》第20条。

〔2〕 参见《城乡规划法》第21条。

〔3〕 参见《城乡规划法》第28条。

〔4〕 参见《城乡规划法》第34条。

〔5〕 参见《城乡规划法》第38条。

〔6〕 参见《城乡规划法》第39条。

单位或者个人应当向城市、县人民政府城乡规划主管部门或者省、自治区、直辖市人民政府确定的镇人民政府申请办理建设工程规划许可证。申请办理建设工程规划许可证,应当提交使用土地的有关证明文件、建设工程设计方案等材料。需要建设单位编制修建性详细规划的建设项目,还应当提交修建性详细规划。对符合控制性详细规划和规划条件的,由城市、县人民政府城乡规划主管部门或者省、自治区、直辖市人民政府确定的镇人民政府核发建设工程规划许可证。城市、县人民政府城乡规划主管部门或者省、自治区、直辖市人民政府确定的镇人民政府应当依法将经审定的修建性详细规划、建设工程设计方案的总平面图予以公布。[1]

3. 乡村建设规划许可

在乡、村庄规划区内进行乡镇企业、乡村公共设施和公益事业建设的,建设单位或者个人应当向乡、镇人民政府提出申请,由乡、镇人民政府报城市、县人民政府城乡规划主管部门核发乡村建设规划许可证。在乡、村庄规划区内使用原有宅基地进行农村村民住宅建设的规划管理办法,由省、自治区、直辖市制定。在乡、村庄规划区内进行乡镇企业、乡村公共设施和公益事业建设以及农村村民住宅建设,不得占用农用地;确需占用农用地的,应当依照《土地管理法》有关规定办理农用地转用审批手续后,由城市、县人民政府城乡规划主管部门核发乡村建设规划许可证。建设单位或者个人在取得乡村建设规划许可证后,方可办理用地审批手续。[2]

(四)建设规划变更

建设单位应当按照规划条件进行建设;确需变更的,必须向城市、县人民政府城乡规划主管部门提出申请。变更内容不符合控制性详细规划的,城乡规划主管部门不得批准。城市、县人民政府城乡规划主管部门应当及时将依法变更后的规划条件通报同级土地主管部门并公示。建设单位应当及时将依法变更后的规划条件报有关人民政府土地主管部门备案。[3]

(五)临时建设规划管理

在城市、镇规划区内进行临时建设的,应当经城市、县人民政府城乡规划主管部门批准。临时建设影响近期建设规划或者控制性详细规划的实施以及交通、市容、安全等的,不得批准。临时建设应当在批准的使用期限内自行拆除。临时建设和临时用地规划管理的具体办法,由省、自治区、直辖市人民政府制定。[4]

(六)核实

县级以上地方人民政府城乡规划主管部门按照国务院规定对建设工程是否符

---

〔1〕 参见《城乡规划法》第 40 条。

〔2〕 参见《城乡规划法》第 41 条。

〔3〕 参见《城乡规划法》第 43 条。

〔4〕 参见《城乡规划法》第 44 条。

合规划条件予以核实。未经核实或者经核实不符合规划条件的,建设单位不得组织竣工验收。建设单位应当在竣工验收后6个月内向城乡规划主管部门报送有关竣工验收资料。[1]

四、城乡规划的修改

根据《城乡规划法》第47条第2款,修改省域城镇体系规划、城市总体规划、镇总体规划前,组织编制机关应当对原规划的实施情况进行总结,并向原审批机关报告;修改涉及城市总体规划、镇总体规划强制性内容的,应当先向原审批机关提出专题报告,经同意后,方可编制修改方案。

有下列情形之一的,组织编制机关方可按照规定的权限和程序修改省域城镇体系规划、城市总体规划、镇总体规划:(1)上级人民政府制定的城乡规划发生变更,提出修改规划要求的;(2)行政区划调整确需修改规划的;(3)因国务院批准重大建设工程确需修改规划的;(4)经评估确需修改规划的;(5)城乡规划的审批机关认为应当修改规划的其他情形。修改后的省域城镇体系规划、城市总体规划、镇总体规划,应当依照《城乡规划法》相关规定的审批程序报批。[2]

五、监督检查和法律责任

(一)监督检查

县级以上人民政府及其城乡规划主管部门应当加强对城乡规划编制、审批、实施、修改的监督检查。[3] 地方各级人民政府应当向本级人民代表大会常务委员会或者乡、镇人民代表大会报告城乡规划的实施情况,并接受监督。[4]

县级以上人民政府城乡规划主管部门对城乡规划的实施情况进行监督检查,有权采取以下措施:(1)要求有关单位和人员提供与监督事项有关的文件、资料,并进行复制;(2)要求有关单位和人员就监督事项涉及的问题作出解释和说明,并根据需要进入现场进行勘测;(3)责令有关单位和人员停止违反有关城乡规划的法律、法规的行为。城乡规划主管部门的工作人员履行前述规定的监督检查职责,应当出示执法证件。被监督检查的单位和人员应当予以配合,不得妨碍和阻挠依法进行的监督检查活动。[5]

(二)法律责任

《城乡规划法》第6章(第58条至第59条)规定了一系列应当追究行政法律责任的情形,主要包括:(1)违法编制或不编制各种规划的;(2)违法核发批准文件

---

[1] 参见《城乡规划法》第45条。
[2] 参见《城乡规划法》第47条。
[3] 参见《城乡规划法》第51条。
[4] 参见《城乡规划法》第52条。
[5] 参见《城乡规划法》第53条。

或发放许可证的;(3)违反相关的程序公开规则的;(4)违反规定从事建设的。由于篇幅限制,在此不作详细列举,请读者自行查阅法条。

第三节　城市房地产管理法

一、房地产开发制度

(一)概述

在城市规划区国有土地(以下简称国有土地)范围内取得房地产开发用地的土地使用权,从事房地产开发、房地产交易,实施房地产管理,应当遵守《城市房地产管理法》。房屋,是指土地上的房屋等建筑物及构筑物。房地产开发,是指在依据《城市房地产管理法》取得国有土地使用权的土地上进行基础设施、房屋建设的行为。房地产交易,包括房地产转让、房地产抵押和房屋租赁。[1]

(二)房地产开发项目管理

1. 开发规划要求。房地产开发必须严格执行城市规划,我国城市规划分为总体规划和详细规划,其中详细规划又分为控制性详细规划和修建性详细规划。详细规划对房地产开发项目具有直接约束力。确定房地产开发项目,应当符合土地利用总体规划、年度建设用地计划和城市规划、房地产开发年度计划的要求;按照国家有关规定需要经计划主管部门批准的,还应当报计划主管部门批准,并纳入年度固定资产投资计划。[2] 同时,我国对农用地加以保护,严格限制农用地转为建设用地,控制建设用地总量,对耕地实行特殊保护。

2. 开发土地使用权用途与开发期限要求。房地产开发企业应当按照土地使用权出让合同约定的土地用途、动工开发期限进行项目开发建设。出让合同约定的动工开发期限满1年未动工开发的,可以征收相当于土地使用权出让金20%以下的土地闲置费;满2年未动工开发的,可以无偿收回土地使用权。但是,因不可抗力或者政府、政府有关部门的行为或者动工开发必需的前期工作造成动工迟延的除外。[3]

3. 开发安全性要求。房地产开发企业开发建设的房地产项目,应当符合有关法律、法规的规定和建筑工程质量、安全标准、建筑工程勘察、设计、施工的技术规范以及合同的约定。房地产开发企业应当对其开发建设的房地产开发项目的质量承担责任。勘察、设计、施工、监理等单位应当依照有关法律、法规的规定或者合同

〔1〕 参见《城市房地产管理法》第2条。

〔2〕 参见《城市房地产开发经营管理条例》第10条。

〔3〕 参见《城市房地产开发经营管理条例》第15条。

的约定，承担相应的责任。[1] 房地产开发项目竣工，依照《建设工程质量管理条例》的规定验收合格后，方可交付使用。[2]

4. 鼓励开发居民住宅。国家采取税收等方面的优惠措施鼓励和扶持房地产开发企业开发建设居民住宅。

(三) 房地产开发企业管理

1. 概念及设立条件。房地产开发企业是以营利为目的，从事房地产开发和经营的企业。房地产开发企业分为专营企业、兼营企业和项目公司。设立房地产开发企业，应当具备下列条件：(1)有自己的名称和组织机构；(2)有固定的经营场所；(3)有符合国务院规定的注册资本；(4)有足够的专业技术人员；(5)法律、行政法规规定的其他条件。设立房地产开发企业，应当向工商行政管理部门申请设立登记。工商行政管理部门对符合《城市房地产管理法》规定条件的，应当予以登记，发给营业执照；对不符合《城市房地产管理法》规定条件的，不予登记。设立有限责任公司、股份有限公司，从事房地产开发经营的，还应当执行公司法的有关规定。房地产开发企业在领取营业执照后的 1 个月内，应当到登记机关所在地的县级以上地方人民政府规定的部门备案。[3]

2. 投资要求。房地产开发企业的注册资本与投资总额的比例应当符合国家有关规定。房地产开发企业分期开发房地产的，分期投资额应当与项目规模相适应，并按照土地使用权出让合同的约定，按期投入资金，用于项目建设。[4]

二、房地产交易制度

房地产交易，包括房地产转让、房地产抵押和房屋租赁。

(一) 一般规定

1. 房产权与地产权一同交易原则。房地产转让、抵押时，房屋的所有权和该房屋占用范围内的土地使用权同时转让、抵押。[5]

2. 价格公开原则。基准地价、标定地价和各类房屋的重置价格应当定期确定并公布。具体办法由国务院规定。[6]

3. 估价“三公”原则。国家实行房地产价格评估制度。房地产价格评估，应当遵循公正、公平、公开的原则，按照国家规定的技术标准和评估程序，以基准地价、标定地价和各类房屋的重置价格为基础，参照当地的市场价格进行评估。[7]

---

[1] 参见《城市房地产开发经营管理条例》第 16 条。

[2] 参见《城市房地产开发经营管理条例》第 17 条。

[3] 参见《城市房地产管理法》第 30 条。

[4] 参见《城市房地产管理法》第 31 条。

[5] 参见《城市房地产管理法》第 32 条。

[6] 参见《城市房地产管理法》第 33 条。

[7] 参见《城市房地产管理法》第 34 条。

4. 价格申报制度。国家实行房地产成交价格申报制度。房地产权利人转让房地产，应当向县级以上地方人民政府规定的部门如实申报成交价，不得瞒报或者作不实的申报。[1]

5. 权属登记制度。房地产转让、抵押，当事人应当依照《城市房地产管理法》第5章(与最新的《不动产登记暂行条例》)的规定办理权属登记。[2]

(二)房地产转让

1. 概念。房地产转让，是指房地产权利人通过买卖、赠与或者其他合法方式将其房地产转移给他人的行为。[3]

2. 禁止转让的房地产范围。下列房地产，不得转让：(1)以出让方式取得土地使用权的，不符合《城市房地产管理法》第39条规定的条件的；(2)司法机关和行政机关依法裁定、决定查封或者以其他形式限制房地产权利的；(3)依法收回土地使用权的；(4)共有房地产，未经其他共有人书面同意的；(5)权属有争议的；(6)未依法登记领取权属证书的；(7)法律、行政法规规定禁止转让的其他情形。[4]

3. 出让土地使用权的特别限制。以出让方式取得土地使用权的，转让房地产时，应当符合下列条件：(1)按照出让合同约定已经支付全部土地使用权出让金，并取得土地使用权证书；(2)按照出让合同约定进行投资开发，属于房屋建设工程的，完成开发投资总额的25%以上，属于成片开发土地的，形成工业用地或者其他建设用地条件。转让房地产时房屋已经建成的，还应当持有房屋所有权证书。[5]以出让方式取得土地使用权的，转让房地产后，其土地使用权的使用年限为原土地使用权出让合同约定的使用年限减去原土地使用者已经使用年限后的剩余年限。[6]

4. 划拨土地使用权的特别限制。以划拨方式取得土地使用权的，转让房地产时，应当按照国务院规定，报有批准权的人民政府审批。有批准权的人民政府准予转让的，应当由受让方办理土地使用权出让手续，并依照国家有关规定缴纳土地使用权出让金。以划拨方式取得土地使用权的，转让房地产报批时，有批准权的人民政府按照国务院规定决定可以不办理土地使用权出让手续的，转让方应当按照国务院规定将转让房地产所获收益中的土地收益上缴国家或者作其他处理。[7]

5. 合同形式。房地产转让，应当签订书面转让合同，合同中应当载明土地使用

---

[1] 参见《城市房地产管理法》第35条。
[2] 参见《城市房地产管理法》第36条。
[3] 参见《城市房地产管理法》第37条。
[4] 参见《城市房地产管理法》第38条。
[5] 参见《城市房地产管理法》第39条。
[6] 参见《城市房地产管理法》第43条。
[7] 参见《城市房地产管理法》第40条。

权取得的方式。[1]

6. 商品房预售的条件。商品房预售,应当符合下列条件:(1)已交付全部土地使用权出让金,取得土地使用权证书;(2)持有建设工程规划许可证;(3)按提供预售的商品房计算,投入开发建设的资金达到工程建设总投资的25%以上,并已经确定施工进度和竣工交付日期;(4)向县级以上人民政府房产管理部门办理预售登记,取得商品房预售许可证明。商品房预售人应当按照国家有关规定将预售合同报县级以上人民政府房产管理部门和土地管理部门登记备案。商品房预售所得款项,必须用于有关的工程建设。[2] 商品房预售的,商品房预购人将购买的未竣工的预售商品房再行转让的问题,由国务院规定。[3]

(三)房地产抵押

1. 概念。房地产抵押,是指抵押人以其合法的房地产以不转移占有的方式向抵押权人提供债务履行担保的行为。债务人不履行债务时,抵押权人有权依法以抵押的房地产拍卖所得的价款优先受偿。[4]

2. 抵押范围。依法取得的房屋所有权连同该房屋占用范围内的土地使用权,可以设定抵押权。以出让方式取得的土地使用权,可以设定抵押权。[5] 设定房地产抵押权的土地使用权是以划拨方式取得的,依法拍卖该房地产后,应当从拍卖所得的价款中缴纳相当于应缴纳的土地使用权出让金的款额后,抵押权人方可优先受偿。[6] 房地产抵押合同签订后,土地上新增的房屋不属于抵押财产。需要拍卖该抵押的房地产时,可以依法将土地上新增的房屋与抵押财产一同拍卖,但对拍卖新增房屋所得,抵押权人无权优先受偿。[7]

3. 设立抵押的形式。房地产抵押,应当凭土地使用权证书、房屋所有权证书办理。[8] 房地产抵押,抵押人和抵押权人应当签订书面抵押合同。[9]

(四)房屋租赁

1. 概念。房屋租赁,是指房屋所有权人作为出租人将其房屋出租给承租人使用,由承租人向出租人支付租金的行为。[10]

---

[1] 参见《城市房地产管理法》第41条。
[2] 参见《城市房地产管理法》第45条。
[3] 参见《城市房地产管理法》第46条。
[4] 参见《城市房地产管理法》第47条。
[5] 参见《城市房地产管理法》第48条。
[6] 参见《城市房地产管理法》第51条。
[7] 参见《城市房地产管理法》第52条。
[8] 参见《城市房地产管理法》第49条。
[9] 参见《城市房地产管理法》第50条。
[10] 参见《城市房地产管理法》第53条。

2. 租赁合同形式。房屋租赁,出租人和承租人应当签订书面租赁合同,约定租赁期限、租赁用途、租赁价格、修缮责任等条款,以及双方的其他权利和义务,并向房产管理部门登记备案。[1]

3. 其他规定。住宅用房的租赁,应当执行国家和房屋所在城市人民政府规定的租赁政策。租用房屋从事生产、经营活动的,由租赁双方协商议定租金和其他租赁条款。[2] 以营利为目的,房屋所有权人将以划拨方式取得使用权的国有土地上建成的房屋出租的,应当将租金中所含土地收益上缴国家。具体办法由国务院规定。[3]

三、物业服务管理制度

(一)概述

物业管理,是指业主通过选聘物业服务企业,由业主和物业服务企业按照物业服务合同约定,对房屋及配套的设施设备和相关场地进行维修、养护、管理,维护物业管理区域内的环境卫生和相关秩序的活动。[4]

国家提倡业主通过公开、公平、公正的市场竞争机制选择物业服务企业。[5] 国家鼓励采用新技术、新方法,依靠科技进步提高物业管理和服务水平。[6]

国务院建设行政主管部门负责全国物业管理活动的监督管理工作。县级以上地方人民政府房地产行政主管部门负责本行政区域内物业管理活动的监督管理工作。[7]

(二)业主及业主大会

1. 业主的权利与义务。房屋的所有权人为业主。业主在物业管理活动中,享有下列权利:(1)按照物业服务合同的约定,接受物业服务企业提供的服务;(2)提议召开业主大会会议,并就物业管理的有关事项提出建议;(3)提出制定和修改管理规约、业主大会议事规则的建议;(4)参加业主大会会议,行使投票权;(5)选举业主委员会成员,并享有被选举权;(6)监督业主委员会的工作;(7)监督物业服务企业履行物业服务合同;(8)对物业共用部位、共用设施设备和相关场地使用情况享有知情权和监督权;(9)监督物业共用部位、共用设施设备专项维修资金(以下简称专项维修资金)的管理和使用;(10)法律、法规规定的其他权利。[8] 业主在

---

[1] 参见《城市房地产管理法》第 54 条。
[2] 参见《城市房地产管理法》第 55 条。
[3] 参见《城市房地产管理法》第 56 条。
[4] 参见《物业管理条例》第 2 条。
[5] 参见《物业管理条例》第 3 条。
[6] 参见《物业管理条例》第 4 条。
[7] 参见《物业管理条例》第 5 条。
[8] 参见《物业管理条例》第 6 条。

物业管理活动中,履行下列义务:(1)遵守管理规约、业主大会议事规则;(2)遵守物业管理区域内物业共用部位和共用设施设备的使用、公共秩序和环境卫生的维护等方面的规章制度;(3)执行业主大会的决定和业主大会授权业主委员会作出的决定;(4)按照国家有关规定交纳专项维修资金;(5)按时交纳物业服务费用;(6)法律、法规规定的其他义务。[1]

2. 业主大会。物业管理区域内全体业主组成业主大会。业主大会应当代表和维护物业管理区域内全体业主在物业管理活动中的合法权益。[2] 一个物业管理区域成立一个业主大会。[3] 同一个物业管理区域内的业主,应当在物业所在地的区、县人民政府房地产行政主管部门或者街道办事处、乡镇人民政府的指导下成立业主大会,并选举产生业主委员会。但是,只有一个业主的,或者业主人数较少且经全体业主一致同意,决定不成立业主大会的,由业主共同履行业主大会、业主委员会职责。[4] 下列事项由业主共同决定:(1)制定和修改业主大会议事规则;(2)制定和修改管理规约;(3)选举业主委员会或者更换业主委员会成员;(4)选聘和解聘物业服务企业;(5)筹集和使用专项维修资金;(6)改建、重建建筑物及其附属设施;(7)有关共有和共同管理权利的其他重大事项。[5] 业主大会会议可以采用集体讨论的形式,也可以采用书面征求意见的形式;但是,应当有物业管理区域内专有部分占建筑物总面积过半数的业主且占总人数过半数的业主参加。业主大会或者业主委员会的决定,对业主具有约束力。业主大会或者业主委员会作出的决定侵害业主合法权益的,受侵害的业主可以请求人民法院予以撤销。[6] 业主委员会执行业主大会的决定事项,履行下列职责:(1)召集业主大会会议,报告物业管理的实施情况;(2)代表业主与业主大会选聘的物业服务企业签订物业服务合同;(3)及时了解业主、物业使用人的意见和建议,监督和协助物业服务企业履行物业服务合同;(4)监督管理规约的实施;(5)业主大会赋予的其他职责。[7]

3. 管理规约。管理规约应当对有关物业的使用、维护、管理,业主的共同利益,业主应当履行的义务,违反管理规约应当承担的责任等事项依法作出约定。管理规约应当尊重社会公德,不得违反法律、法规或者损害社会公共利益。管理规约对全体业主具有约束力。[8]

---

[1] 参见《物业管理条例》第 7 条。
[2] 参见《物业管理条例》第 8 条。
[3] 参见《物业管理条例》第 9 条第 1 款。
[4] 参见《物业管理条例》第 10 条。
[5] 参见《物业管理条例》第 11 条。
[6] 参见《物业管理条例》第 12 条。
[7] 参见《物业管理条例》第 15 条。
[8] 参见《物业管理条例》第 17 条。

4. 职责范围。业主大会、业主委员会应当依法履行职责，不得作出与物业管理无关的决定，不得从事与物业管理无关的活动。业主大会、业主委员会作出的决定违反法律、法规的，物业所在地的区、县人民政府房地产行政主管部门或者街道办事处、乡镇人民政府，应当责令限期改正或者撤销其决定，并通告全体业主。[1]

（三）前期物业管理

1. 前期物业服务合同。在业主、业主大会选聘物业服务企业之前，建设单位选聘物业服务企业的，应当签订书面的前期物业服务合同。[2] 建设单位与物业买受人签订的买卖合同应当包含前期物业服务合同约定的内容。[3] 建设单位依法与物业服务人订立的前期物业服务合同，以及业主委员会与业主大会依法选聘的物业服务人订立的物业服务合同，对业主具有法律约束力。[4] 前期物业服务合同可以约定期限；但是，期限未满、业主委员会与物业服务企业签订的物业服务合同生效的，前期物业服务合同终止。[5]

2. 临时管理规约。建设单位应当在销售物业之前，制定临时管理规约，对有关物业的使用、维护、管理，业主的共同利益，业主应当履行的义务，违反临时管理规约应当承担的责任等事项依法作出约定。建设单位制定的临时管理规约，不得侵害物业买受人的合法权益。[6] 建设单位应当在物业销售前将临时管理规约向物业买受人明示，并予以说明。物业买受人在与建设单位签订物业买卖合同时，应当对遵守临时管理规约予以书面承诺。[7]

3. 物业服务企业选聘方式。国家提倡建设单位按照房地产开发与物业管理相分离的原则，通过招投标的方式选聘物业服务企业。住宅物业的建设单位，应当通过招投标的方式选聘物业服务企业；投标人少于 3 个或者住宅规模较小的，经物业所在地的区、县人民政府房地产行政主管部门批准，可以采用协议方式选聘物业服务企业。[8]

（四）物业管理服务

1. 主体要求。从事物业管理活动的企业应当具有独立的法人资格。国务院建设行政主管部门应当会同有关部门建立守信联合激励和失信联合惩戒机制，加强

---

〔1〕 参见《物业管理条例》第 19 条。

〔2〕 参见《物业管理条例》第 21 条。

〔3〕 参见《物业管理条例》第 25 条。

〔4〕 参见《民法典》第 939 条。

〔5〕 参见《物业管理条例》第 26 条。

〔6〕 参见《物业管理条例》第 22 条。

〔7〕 参见《物业管理条例》第 23 条。

〔8〕 参见《物业管理条例》第 24 条。

行业诚信管理。[1] 一个物业管理区域由一个物业服务企业实施物业管理。[2]

2. 物业服务合同的订立。业主委员会应当与业主大会选聘的物业服务企业订立书面的物业服务合同。物业服务合同是物业服务人在物业服务区域内，为业主提供建筑物及其附属设施的维修养护、环境卫生和相关秩序的管理维护等物业服务，业主支付物业费的合同。[3]

3. 物业服务合同的内容。物业服务合同的内容一般包括服务事项、服务质量、服务费用的标准和收取办法、维修资金的使用、服务用房的管理和使用、服务期限、服务交接等条款。物业服务人公开作出的有利于业主的服务承诺，为物业服务合同的组成部分。[4] 物业服务企业应当按照物业服务合同的约定，提供相应的服务。物业服务企业未能履行物业服务合同的约定，导致业主人身、财产安全受到损害的，应当依法承担相应的法律责任。[5] 物业服务企业可以将物业管理区域内的专项服务业务委托给专业性服务企业，但不得将该区域内的全部物业管理一并委托给他人。[6]《民法典》合同编第24章已经对物业服务合同进行了更为详细的规范，限于本书篇幅，不再详述，请读者自行参考相关条文。

4. 物业服务费用。物业服务收费应当遵循合理、公开以及费用与服务水平相适应的原则，区别不同物业的性质和特点，由业主和物业服务企业按照国务院价格主管部门会同国务院建设行政主管部门制定的物业服务收费办法，在物业服务合同中约定。[7] 业主应当根据物业服务合同的约定交纳物业服务费用。业主与物业使用人约定由物业使用人交纳物业服务费用的，从其约定，业主负连带交纳责任。已竣工但尚未出售或者尚未交给物业买受人的物业，物业服务费用由建设单位交纳。[8] 县级以上人民政府价格主管部门会同同级房地产行政主管部门，应当加强对物业服务收费的监督。[9]

5. 物业服务企业的安全防范义务。物业服务企业应当协助做好物业管理区域内的安全防范工作。发生安全事故时，物业服务企业在采取应急措施的同时，应当及时向有关行政管理部门报告，协助做好救助工作。物业服务企业雇请保安人员的，应当遵守国家有关规定。保安人员在维护物业管理区域内的公共秩序时，应当

---

[1] 参见《物业管理条例》第32条。
[2] 参见《物业管理条例》第33条。
[3] 参见《民法典》第937条第1款。
[4] 参见《民法典》第938条第1款、第2款。
[5] 参见《物业管理条例》第35条。
[6] 参见《物业管理条例》第39条。
[7] 参见《物业管理条例》第40条。
[8] 参见《物业管理条例》第41条。
[9] 参见《物业管理条例》第42条。

履行职责,不得侵害公民的合法权益。[1] 物业服务企业等建筑物管理人应当采取必要的安全保障措施防止高空抛物情形的发生;未采取必要的安全保障措施的,应当依法承担未履行安全保障义务的侵权责任。[2]

(五)物业的使用与维护

1. 用途限制。物业管理区域内按照规划建设的公共建筑和共用设施,不得改变用途。业主依法确需改变公共建筑和共用设施用途的,应当在依法办理有关手续后告知物业服务企业;物业服务企业确需改变公共建筑和共用设施用途的,应当提请业主大会讨论决定同意后,由业主依法办理有关手续。[3]

2. 不得损害业主共同利益。业主、物业服务企业不得擅自占用、挖掘物业管理区域内的道路、场地,损害业主的共同利益。因维修物业或者公共利益,业主确需临时占用、挖掘道路、场地的,应当征得业主委员会和物业服务企业的同意;物业服务企业确需临时占用、挖掘道路、场地的,应当征得业主委员会的同意。业主、物业服务企业应当将临时占用、挖掘的道路、场地,在约定期限内恢复原状。[4]

3. 对业主行为的规制。业主需要装饰装修房屋的,应当事先告知物业服务企业。物业服务企业应当将房屋装饰装修中的禁止行为和注意事项告知业主。[5]

四、违反房地产管理法的法律责任

1. 违法批准或出让土地使用权。违反《城市房地产管理法》第 11 条、第 12 条的规定,擅自批准出让或者擅自出让土地使用权用于房地产开发的,由上级机关或者所在单位给予有关责任人员行政处分。[6]

2. 无照开发。违反《城市房地产管理法》第 30 条的规定,未取得营业执照擅自从事房地产开发业务的,由县级以上人民政府工商行政管理部门责令停止房地产开发业务活动,没收违法所得,可以并处罚款。[7]

3. 违法转让土地使用权。违反《城市房地产管理法》第 39 条第 1 款的规定转让土地使用权的,由县级以上人民政府土地管理部门没收违法所得,可以并处罚款。[8]

4. 未招标选聘物业。违反《物业管理条例》第 56 条的规定,住宅物业的建设单位未通过招投标的方式选聘物业服务企业或者未经批准,擅自采用协议方式选

---

〔1〕 参见《物业管理条例》第 46 条。
〔2〕 参见《民法典》第 1254 条第 2 款。
〔3〕 参见《物业管理条例》第 49 条。
〔4〕 参见《物业管理条例》第 50 条。
〔5〕 参见《物业管理条例》第 52 条。
〔6〕 参见《城市房地产管理法》第 64 条。
〔7〕 参见《城市房地产管理法》第 65 条。
〔8〕 参见《城市房地产管理法》第 66 条。

聘物业服务企业的，由县级以上地方人民政府房地产行政主管部门责令限期改正，给予警告，可以并处10万元以下的罚款。[1]

5. 擅自处分共用权。违反《物业管理条例》第57条的规定，建设单位擅自处分属于业主的物业共用部位、共用设施设备的所有权或者使用权的，由县级以上地方人民政府房地产行政主管部门处5万元以上20万元以下的罚款；给业主造成损失的，依法承担赔偿责任。

6. 渎职行为。房产管理部门、土地管理部门工作人员玩忽职守、滥用职权，构成犯罪的，依法追究刑事责任；不构成犯罪的，给予行政处分。房产管理部门、土地管理部门工作人员利用职务上的便利，索取他人财物，或者非法收受他人财物为他人谋取利益，构成犯罪的，依法追究刑事责任；不构成犯罪的，给予行政处分。[2]

第四节　不动产登记

一、概述

不动产，是指土地、海域以及房屋、林木等定着物。[3] 不动产物权的设立、变更、转让和消灭，应当依照法律规定登记。[4] 不动产物权的设立、变更、转让和消灭，经依法登记，发生效力；未经登记，不发生效力，但是法律另有规定的除外。依法属于国家所有的自然资源，所有权可以不登记。[5]

不动产登记，由不动产所在地的登记机构办理。国家对不动产实行统一登记制度。统一登记的范围、登记机构和登记办法，由法律、行政法规规定。[6] 不动产物权的设立、变更、转让和消灭，依照法律规定应当登记的，自记载于不动产登记簿时发生效力。[7] 当事人之间订立有关设立、变更、转让和消灭不动产物权的合同，除法律另有规定或者当事人另有约定外，自合同成立时生效；未办理物权登记的，不影响合同效力。[8]

二、登记对象、登记种类和登记机构

（一）登记对象

下列不动产权利，依照《不动产登记暂行条例》的规定办理登记：(1)集体土地

---

[1] 参见《物业管理条例》第56条。
[2] 参见《城市房地产管理法》第71条。
[3] 参见《不动产登记暂行条例》第2条第2款。
[4] 参见《民法典》第208条前段。
[5] 参见《民法典》第209条。
[6] 参见《民法典》第210条。
[7] 参见《民法典》第214条。
[8] 参见《民法典》第215条。

所有权;(2)房屋等建筑物、构筑物所有权;(3)森林、林木所有权;(4)耕地、林地、草地等土地承包经营权;(5)建设用地使用权;(6)宅基地使用权;(7)海域使用权;(8)地役权;(9)抵押权;(10)法律规定需要登记的其他不动产权利。[1]

(二)登记种类

不动产登记种类包括首次登记、变更登记、转移登记、注销登记、更正登记、异议登记、预告登记、查封登记等,且适用《不动产登记暂行条例》。

(三)主管部门与登记机构

1. 主管部门。国务院国土资源主管部门负责指导、监督全国不动产登记工作。县级以上地方人民政府应当确定一个部门为本行政区域的不动产登记机构,负责不动产登记工作,并接受上级人民政府不动产登记主管部门的指导、监督。[2]

2. 登记机构。不动产登记由不动产所在地的县级人民政府不动产登记机构办理;直辖市、设区的市人民政府可以确定本级不动产登记机构统一办理所属各区的不动产登记。跨县级行政区域的不动产登记,由所跨县级行政区域的不动产登记机构分别办理。不能分别办理的,由所跨县级行政区域的不动产登记机构协商办理;协商不成的,由共同的上一级人民政府不动产登记主管部门指定办理。国务院确定的重点国有林区的森林、林木和林地,国务院批准项目用海、用岛,中央国家机关使用的国有土地等不动产登记,由国务院国土资源主管部门会同有关部门规定。[3]

三、不动产登记簿

1. 登记事项。不动产以不动产单元为基本单位进行登记。不动产单元具有唯一编码。不动产登记机构应当按照国务院国土资源主管部门的规定设立统一的不动产登记簿。不动产登记簿应当记载以下事项:(1)不动产的坐落、界址、空间界限、面积、用途等自然状况;(2)不动产权利的主体、类型、内容、来源、期限、权利变化等权属状况;(3)涉及不动产权利限制、提示的事项;(4)其他相关事项。[4]

2. 登记簿。不动产登记簿是物权归属和内容的根据。不动产登记簿由登记机构管理。[5] 不动产登记簿应当采用电子介质,暂不具备条件的,可以采用纸质介质。不动产登记机构应当明确不动产登记簿唯一、合法的介质形式。不动产登记簿采用电子介质的,应当定期进行异地备份,并具有唯一、确定的纸质转化形式。[6]

---

〔1〕 参见《不动产登记暂行条例》第5条。

〔2〕 参见《不动产登记暂行条例》第6条。

〔3〕 参见《不动产登记暂行条例》第7条。

〔4〕 参见《不动产登记暂行条例》第8条。

〔5〕 参见《民法典》第216条。

〔6〕 参见《不动产登记暂行条例》第9条。

3. 权属证书。不动产权属证书是权利人享有该不动产物权的证明。不动产权属证书记载的事项,应当与不动产登记簿一致;记载不一致的,除有证据证明不动产登记簿确有错误外,以不动产登记簿为准。[1]

四、登记程序

(一)申请登记

因买卖、设定抵押权等申请不动产登记的,应当由当事人双方共同申请。属于下列情形之一的,可以由当事人单方申请:(1)尚未登记的不动产首次申请登记的;(2)继承、接受遗赠取得不动产权利的;(3)人民法院、仲裁委员会生效的法律文书或者人民政府生效的决定等设立、变更、转让、消灭不动产权利的;(4)权利人姓名、名称或者自然状况发生变化,申请变更登记的;(5)不动产灭失或者权利人放弃不动产权利,申请注销登记的;(6)申请更正登记或者异议登记的;(7)法律、行政法规规定可以由当事人单方申请的其他情形。[2] 当事人申请登记,应当根据不同登记事项提供权属证明和不动产界址、面积等必要材料。[3]

不动产登记机构将申请登记事项记载于不动产登记簿前,申请人可以撤回登记申请。

(二)受理登记

1. 登记机关职责。登记机构应当履行下列职责:(1)查验申请人提供的权属证明和其他必要材料;(2)就有关登记事项询问申请人;(3)如实、及时登记有关事项;(4)法律、行政法规规定的其他职责。申请登记的不动产的有关情况需要进一步证明的,登记机构可以要求申请人补充材料,必要时可以实地查看。[4] 登记机构不得有下列行为:(1)要求对不动产进行评估;(2)以年检等名义进行重复登记;(3)超出登记职责范围的其他行为。[5]

2. 受理程序。不动产登记机构收到不动产登记申请材料,应当分别按照下列情况办理:(1)属于登记职责范围,申请材料齐全、符合法定形式,或者申请人按照要求提交全部补正申请材料的,应当受理并书面告知申请人;(2)申请材料存在可以当场更正的错误的,应当告知申请人当场更正,申请人当场更正后,应当受理并书面告知申请人;(3)申请材料不齐全或者不符合法定形式的,应当当场书面告知申请人不予受理并一次性告知需要补正的全部内容;(4)申请登记的不动产不属于本机构登记范围的,应当当场书面告知申请人不予受理并告知申请人向有登记

---

[1] 参见《民法典》第217条。
[2] 参见《不动产登记暂行条例》第14条。
[3] 参见《民法典》第211条。
[4] 参见《民法典》第212条。
[5] 参见《民法典》第213条。

权的机构申请。不动产登记机构未当场书面告知申请人不予受理的，视为受理。[1]

3. 查验程序。不动产登记机构受理不动产登记申请的，应当按照下列要求进行查验：(1)不动产界址、空间界限、面积等材料与申请登记的不动产状况是否一致；(2)有关证明材料、文件与申请登记的内容是否一致；(3)登记申请是否违反法律、行政法规规定。[2]

4. 不予登记的情形。登记申请有下列情形之一的，不动产登记机构应当不予登记，并书面告知申请人：(1)违反法律、行政法规规定的；(2)存在尚未解决的权属争议的；(3)申请登记的不动产权利超过规定期限的；(4)法律、行政法规规定不予登记的其他情形。[3]

5. 受理费用。不动产登记费按件收取，不得按照不动产的面积、体积或者价款的比例收取。[4]

(三)登记错误

权利人、利害关系人认为不动产登记簿记载的事项错误的，可以申请更正登记。不动产登记簿记载的权利人书面同意更正或者有证据证明登记确有错误的，登记机构应当予以更正。不动产登记簿记载的权利人不同意更正的，利害关系人可以申请异议登记。登记机构予以异议登记，申请人自异议登记之日起15日内不提起诉讼的，异议登记失效。异议登记不当，造成权利人损害的，权利人可以向申请人请求损害赔偿。[5] 当事人有证据证明不动产登记簿的记载与真实权利状态不符、其为该不动产物权的真实权利人，请求确认其享有物权的，应予支持。[6] 异议登记因《民法典》第220条第2款规定的事由失效后，当事人提起民事诉讼，请求确认物权归属的，应当依法受理。异议登记失效不影响人民法院对案件的实体审理。[7]

(四)预告登记

当事人签订买卖房屋的协议或者签订其他不动产物权的协议，为保障将来实现物权，按照约定可以向登记机构申请预告登记。预告登记后，未经预告登记的权利人同意，处分该不动产的，不发生物权效力。预告登记后，债权消灭或者自能够

---

[1] 参见《不动产登记暂行条例》第17条。
[2] 参见《不动产登记暂行条例》第18条。
[3] 参见《不动产登记暂行条例》第22条。
[4] 参见《民法典》第223条。
[5] 参见《民法典》第220条。
[6] 参见最高人民法院《关于适用〈中华人民共和国民法典〉物权编的解释(一)》第2条。
[7] 参见最高人民法院《关于适用〈中华人民共和国民法典〉物权编的解释(一)》第3条。

进行不动产登记之日起90日内未申请登记的，预告登记失效。[1]

五、登记信息共享与保护

1. 统一平台。国务院国土资源主管部门应当会同有关部门建立统一的不动产登记信息管理基础平台。各级不动产登记机构登记的信息应当纳入统一的不动产登记信息管理基础平台，确保国家、省、市、县四级登记信息的实时共享。[2]

2. 信息共享。不动产登记有关信息与住房城乡建设、农业、林业、海洋等部门审批信息、交易信息等应当实时互通共享。不动产登记机构能够通过实时互通共享取得的信息，不得要求不动产登记申请人重复提交。[3] 国土资源、公安、民政、财政、税务、工商、金融、审计、统计等部门应当加强不动产登记有关信息互通共享。[4]

3. 保密职责与保密义务。不动产登记机构、不动产登记信息共享单位及其工作人员应当对不动产登记信息保密；涉及国家秘密的不动产登记信息，应当依法采取必要的安全保密措施。[5] 查询不动产登记资料的单位、个人应当向不动产登记机构说明查询目的，不得将查询获得的不动产登记资料用于其他目的；未经权利人同意，不得泄露查询获得的不动产登记资料。[6] 利害关系人不得公开、非法使用权利人的不动产登记资料。[7]

4. 查询、复制权。权利人、利害关系人可以依法查询、复制不动产登记资料，不动产登记机构应当提供。有关国家机关可以依照法律、行政法规的规定查询、复制与调查处理事项有关的不动产登记资料。[8]

六、法律责任

（一）纯粹民事责任

1. 虚假登记责任。当事人提供虚假材料申请登记，造成他人损害的，应当承担赔偿责任。[9]

2. 错误登记责任。因登记错误，造成他人损害的，登记机构应当承担赔偿责任。登记机构赔偿后，可以向造成登记错误的人追偿。[10]

---

[1] 参见《民法典》第221条。
[2] 参见《不动产登记暂行条例》第23条。
[3] 参见《不动产登记暂行条例》第24条。
[4] 参见《不动产登记暂行条例》第25条。
[5] 参见《不动产登记暂行条例》第26条。
[6] 参见《不动产登记暂行条例》第28条。
[7] 参见《民法典》第219条。
[8] 参见《不动产登记暂行条例》第27条。
[9] 参见《民法典》第222条第1款。
[10] 参见《民法典》第222条第2款。

3. 伪造侵权责任。伪造、变造不动产权属证书、不动产登记证明,或者买卖、使用伪造、变造的不动产权属证书、不动产登记证明,给他人造成损害的,依法承担赔偿责任。

(二)公法责任

1. 渎职行为的责任。不动产登记机构工作人员进行虚假登记,损毁、伪造不动产登记簿,擅自修改登记事项,或者有其他滥用职权、玩忽职守行为的,依法给予处分;给他人造成损害的,依法承担赔偿责任;构成犯罪的,依法追究刑事责任。[1]

2. 伪造行为的责任。伪造、变造不动产权属证书、不动产登记证明,或者买卖、使用伪造、变造的不动产权属证书、不动产登记证明的,由不动产登记机构或者公安机关依法予以收缴;有违法所得的,没收违法所得;构成违反治安管理行为的,依法给予治安管理处罚;构成犯罪的,依法追究刑事责任。[2]

3. 泄密行为的责任。不动产登记机构、不动产登记信息共享单位及其工作人员,查询不动产登记资料的单位或者个人违反国家规定,泄露不动产登记资料、登记信息,或者利用不动产登记资料、登记信息进行不正当活动,给他人造成损害的,依法承担赔偿责任;对有关责任人员依法给予处分;有关责任人员构成犯罪的,依法追究刑事责任。[3]

【复习与思考】

1. 我国土地所有权的主体有哪些?
2. 国家土地所有权的范围如何?
3. 国有土地使用权有哪些种类?
4. 集体土地使用权有哪些种类?
5. 建设用地是如何管理的?
6. 违反土地管理法要承担哪些责任?
7. 城乡规划是什么意思?
8. 城乡规划是如何制定的?
9. 城乡规划是如何实施的?
10. 违反城乡规划法要承担哪些责任?
11. 什么是城市房地产开发制度?
12. 房地产交易制度的基本规则有哪些?
13. 物业服务管理制度的基本规则有哪些?

---

〔1〕 参见《不动产登记暂行条例》第30条。
〔2〕 参见《不动产登记暂行条例》第31条。
〔3〕 参见《不动产登记暂行条例》第32条。

14. 违反房地产管理法要承担哪些责任?
15. 不动产登记的对象、种类与机构如何?
16. 不动产登记簿效力如何?
17. 不动产登记有哪些程序?
18. 登记信息共享与保护制度有哪些?
19. 违反不动产登记管理法律法规的责任有哪些?

以案释法:

划拨土地房屋买卖

【案情】黄某通过竞价方式成为某幼儿园房屋的中标人。此后不久,黄某(乙方)与城建公司(甲方)签订《幼儿园房屋买卖合同》,约定:"1. 甲方以划拨方式取得该地的土地使用权,经批准,在该地建设经济适用住房及配建幼儿园等,乙方购买的房屋为幼儿园,土地性质为划拨用地,所购买的房屋为现房……"

【问题】该买卖合同效力如何?

【解答】《幼儿园房屋买卖合同》并未违反法律、行政法规的效力性强制性规定,该买卖合同有效。经有批准权的人民政府准予转让后,应当由黄某办理土地使用权出让手续,并依照国家有关规定缴纳土地使用权出让金。或者经有批准权的人民政府按照国务院规定决定可以不办理土地使用权出让手续后,城建公司应当按照国务院规定将转让房地产所获得收益中的土地收益上缴国家或者作其他处理。

【评析】根据当时有效的《合同法》第 52 条(现《民法典》第 153 条)并参考最高人民法院《关于适用〈中华人民共和国合同法〉若干问题的解释(二)》第 14 条的规定,只有违反效力性强制性规定的合同才无效。《城市房地产管理法》第 38 条规定"下列房地产,不得转让"和第 40 条第 1 款、第 2 款规定"以划拨方式取得土地使用权的,转让房地产时,应当按照国务院规定,报有批准权的人民政府审批。有批准权的人民政府准予转让的,应当由受让方办理土地使用权出让手续,并依照国家有关规定缴纳土地使用权出让金。以划拨方式取得土地使用权的,转让房地产报批时,有批准权的人民政府按照国务院规定决定可以不办理土地使用权出让手续的,转让方应当按照国务院规定将转让房地产所获得收益中的土地收益上缴国家或者作其他处理"。从条文内容看,第 38 条、第 40 条均未直接规定违反该法条后的行为无效。而且,在此类纠纷中,认定划拨土地上的房屋买卖合同有效,继续履行合同,也不会侵害国家利益和社会公共利益。因此,本案买卖合同有效。

第二十四章　劳动力市场监管法律制度

【本章导读】

习近平总书记强调,要实施好就业优先政策,根据就业形势变化调整政策力度,减负、稳岗、扩就业并举。稳就业是一个系统工程,不仅涉及短期应急管理与长期稳定发展之间的平衡,还涉及劳动力市场需求扩大与劳动者就业能力培养之间的平衡、就业数量与就业质量之间的平衡。制定和完善劳动力市场监管法律制度对于保护劳动者的合法权益、调整劳动关系、建立和维护适应社会主义市场经济的劳动制度、促进经济发展和社会进步而言意义重大。本章首先介绍了劳动法的概念、调整对象、劳动者的主要权利义务及国家和用人单位的主要职责,其次分别对劳动合同、劳动基准法律制度进行了概述。

第一节　劳动法概述

一、劳动法的概念和调整对象

(一)劳动法的概念

劳动法是调整劳动关系以及与劳动关系密切的其他社会关系的法律规范的总和。我国劳动法的主要法律渊源有《劳动法》《劳动合同法》《劳动合同法实施条例》等。

(二)劳动法的调整对象

在中华人民共和国境内的企业、个体经济组织(以下统称用人单位)和与之形成劳动关系的劳动者,适用《劳动法》。国家机关、事业组织、社会团体和与之建立劳动合同关系的劳动者,依照《劳动法》执行。[1]

二、劳动者的主要权利与义务

1. 主要权利。劳动者享有平等就业和选择职业的权利、取得劳动报酬的权利、休息休假的权利、获得劳动安全卫生保护的权利、接受职业技能培训的权利、享受社会保险和福利的权利、提请劳动争议处理的权利以及法律规定的其他劳动权

---

〔1〕 参见《劳动法》第2条。

利。[1] 劳动者有权依法参加和组织工会。工会代表和维护劳动者的合法权益，依法独立自主地开展活动。[2] 劳动者依照法律规定，通过职工大会、职工代表大会或者其他形式，参与民主管理或者就保护劳动者合法权益与用人单位进行平等协商。[3]

2. 主要义务。劳动者应当完成劳动任务，提高职业技能，执行劳动安全卫生规程，遵守劳动纪律和职业道德。[4]

三、国家和用人单位的主要职责

1. 国家职责。国家采取各种措施，促进劳动就业，发展职业教育，制定劳动标准，调节社会收入，完善社会保险，协调劳动关系，逐步提高劳动者的生活水平。[5] 国家提倡劳动者参加社会义务劳动，开展劳动竞赛和合理化建议活动，鼓励和保护劳动者进行科学研究、技术革新和发明创造，表彰和奖励劳动模范和先进工作者。[6] 国务院劳动行政部门主管全国劳动工作。县级以上地方人民政府劳动行政部门主管本行政区域内的劳动工作。[7]

2. 用人单位职责。用人单位应当依法建立和完善规章制度，保障劳动者享有劳动权利和履行劳动义务。[8]

第二节　劳动合同法

一、概述

《劳动合同法》调整的对象是劳动关系，狭义的劳动关系主体包括用人单位和劳动者。

1. 适用范围。中华人民共和国境内的企业、个体经济组织、民办非企业单位等组织（以下统称用人单位）与劳动者建立劳动关系，订立、履行、变更、解除或者终止劳动合同，适用《劳动合同法》。国家机关、事业单位、社会团体和与其建立劳动关系的劳动者，订立、履行、变更、解除或者终止劳动合同，依照《劳动合同法》执行。[9]

---

[1] 参见《劳动法》第3条第1款。
[2] 参见《劳动法》第7条。
[3] 参见《劳动法》第8条。
[4] 参见《劳动法》第3条第2款。
[5] 参见《劳动法》第5条。
[6] 参见《劳动法》第6条。
[7] 参见《劳动法》第9条。
[8] 参见《劳动法》第4条。
[9] 参见《劳动合同法》第2条。

2. 基本原则与效力。订立劳动合同，应当遵循合法、公平、平等自愿、协商一致、诚实信用的原则。依法订立的劳动合同具有约束力，用人单位与劳动者应当履行劳动合同约定的义务。[1]

劳动合同无效或部分无效的情形有：(1)以欺诈、胁迫的手段或者乘人之危，使对方在违背真实意思的情况下订立或者变更劳动合同的；(2)用人单位免除自己的法律责任、排除劳动者权利的；(3)违反法律、行政法规强制性规定的。对劳动合同的无效或者部分无效有争议的，由劳动争议仲裁机构或者人民法院确认。劳动合同部分无效，不影响其他部分效力的，其他部分仍然有效。劳动合同被确认无效，劳动者已付出劳动的，用人单位应当向劳动者支付劳动报酬。劳动报酬的数额，参照本单位相同或者相近岗位劳动者的劳动报酬确定。

3. 劳动规章制度。用人单位应当依法建立和完善劳动规章制度，保障劳动者享有劳动权利、履行劳动义务。用人单位在制定、修改或者决定有关劳动报酬、工作时间、休息休假、劳动安全卫生、保险福利、职工培训、劳动纪律以及劳动定额管理等直接涉及劳动者切身利益的规章制度或者重大事项时，应当经职工代表大会或者全体职工讨论，提出方案和意见，与工会或者职工代表平等协商确定。在规章制度和重大事项决定实施过程中，工会或者职工认为不适当的，有权向用人单位提出，通过协商予以修改完善。用人单位应当将直接涉及劳动者切身利益的规章制度和重大事项决定公示，或者告知劳动者。[2]

4. 协调、协商机制。县级以上人民政府劳动行政部门会同工会和企业方面代表，建立健全协调劳动关系三方机制，共同研究解决有关劳动关系的重大问题。[3]工会应当帮助、指导劳动者与用人单位依法订立和履行劳动合同，并与用人单位建立集体协商机制，维护劳动者的合法权益。[4]

二、劳动合同的订立

(一)一般规定

1. 劳动关系的建立时间。用人单位自用工之日起即与劳动者建立劳动关系。用人单位应当建立职工名册备查。[5]

2. 用人单位的告知义务和劳动者的说明义务。用人单位招用劳动者时，应当如实告知劳动者工作内容、工作条件、工作地点、职业危害、安全生产状况、劳动报酬，以及劳动者要求了解的其他情况；用人单位有权了解劳动者与劳动合同直接相

---

〔1〕参见《劳动合同法》第3条。
〔2〕参见《劳动合同法》第4条。
〔3〕参见《劳动合同法》第5条。
〔4〕参见《劳动合同法》第6条。
〔5〕参见《劳动合同法》第7条。

关的基本情况,劳动者应当如实说明。[1]

3. 禁止扣押证件或索取担保。用人单位招用劳动者,不得扣押劳动者的居民身份证和其他证件,不得要求劳动者提供担保或者以其他名义向劳动者收取财物。[2]

4. 劳动合同形式。建立劳动关系,应当订立书面劳动合同。已建立劳动关系,未同时订立书面劳动合同的,应当自用工之日起1个月内订立书面劳动合同。用人单位与劳动者在用工前订立劳动合同的,劳动关系自用工之日起建立。[3]

除了非全日制用工,双方协商一致可以订立口头合同外,其余用人单位与劳动者建立劳动关系均应签订书面劳动合同。

5. 未订立合同时报酬的确定。用人单位未在用工的同时订立书面劳动合同,与劳动者约定的劳动报酬不明确的,新招用的劳动者的劳动报酬按照集体合同规定的标准执行;没有集体合同或者集体合同未规定的,实行同工同酬。[4]

6. 劳动合同的生效。劳动合同由用人单位与劳动者协商一致,并经用人单位与劳动者在劳动合同文本上签字或者盖章生效。劳动合同文本由用人单位和劳动者各执一份。[5]

(二)劳动合同的种类

劳动合同是劳动者与用人单位之间确立劳动关系,明确双方权利和义务的书面协议。我国《劳动法》明确规定,建立劳动关系应当订立劳动合同。劳动合同按有效期限的不同,分为三种:固定期限劳动合同、无固定期限劳动合同和以完成一定工作任务为期限的劳动合同。[6]

1. 固定期限劳动合同。固定期限劳动合同,是指用人单位与劳动者约定合同终止时间的劳动合同。用人单位与劳动者协商一致,可以订立固定期限劳动合同。[7] 劳动合同法对固定期限劳动合同的期限长短以及签订条件并无限制性规定,但从事矿山、井下以及其他危害身体健康的工种,岗位工作的农民工,实行定期轮换制度,合同期限最长不得超过8年。

2. 无固定期限劳动合同。无固定期限劳动合同,是指用人单位与劳动者约定无确定终止时间的劳动合同。用人单位与劳动者协商一致,可以订立无固定期限劳动合同。有下列情形之一,劳动者提出或者同意续订、订立劳动合同的,除劳动

---

〔1〕 参见《劳动合同法》第8条。

〔2〕 参见《劳动合同法》第9条。

〔3〕 参见《劳动合同法》第10条。

〔4〕 参见《劳动合同法》第11条。

〔5〕 参见《劳动合同法》第16条。

〔6〕 参见《劳动合同法》第12条。

〔7〕 参见《劳动合同法》第13条。

者提出订立固定期限劳动合同外,应当订立无固定期限劳动合同:(1)劳动者在该用人单位连续工作满10年的;(2)用人单位初次实行劳动合同制度或者国有企业改制重新订立劳动合同时,劳动者在该用人单位连续工作满10年且距法定退休年龄不足10年的;(3)连续订立二次固定期限劳动合同,且劳动者没有《劳动合同法》第39条和第40条第1项、第2项规定的情形,续订劳动合同的。用人单位自用工之日起满1年不与劳动者订立书面劳动合同的,视为用人单位与劳动者已订立无固定期限劳动合同。[1]

地方各级人民政府即县级以上人民政府有关部门为安置就业困难人员提供的给予岗位补贴和社会保险补贴的公益性岗位,其劳动合同不适用《劳动合同法》有关无固定期限的劳动合同的规定以及支付经济补偿的规定。

3. 以完成一定工作任务为期限的劳动合同。以完成一定工作任务为期限的劳动合同,是指用人单位与劳动者约定以某项工作的完成为合同期限的劳动合同。用人单位与劳动者协商一致,可以订立以完成一定工作任务为期限的劳动合同。[2]

(三)劳动合同的内容

劳动合同的内容是劳动者与用人单位在平等协商的基础上就双方的权利义务达成的具体条款,即为劳动合同的条款,一般分为必备条款和可备条款。

1. 必备条款。劳动合同应当具备以下条款:(1)用人单位的名称、住所和法定代表人或者主要负责人;(2)劳动者的姓名、住址和居民身份证或者其他有效身份证件号码;(3)劳动合同期限;(4)工作内容和工作地点;(5)工作时间和休息休假;(6)劳动报酬;(7)社会保险;(8)劳动保护、劳动条件和职业危害防护;(9)法律、法规规定应当纳入劳动合同的其他事项。

劳动合同除前款规定的必备条款外,用人单位与劳动者可以约定试用期、培训、保守秘密、补充保险和福利待遇等其他事项。[3]

2. 劳动报酬、劳动条件约定不明确。劳动合同对劳动报酬和劳动条件等标准约定不明确,引发争议的,用人单位与劳动者可以重新协商;协商不成的,适用集体合同规定;没有集体合同或者集体合同未规定劳动报酬的,实行同工同酬;没有集体合同或者集体合同未规定劳动条件等标准的,适用国家有关规定。[4]

3. 试用期。劳动合同期限3个月以上不满1年的,试用期不得超过1个月;劳动合同期限1年以上不满3年的,试用期不得超过2个月;3年以上固定期限和无

---

〔1〕 参见《劳动合同法》第14条。
〔2〕 参见《劳动合同法》第15条。
〔3〕 参见《劳动合同法》第17条。
〔4〕 参见《劳动合同法》第18条。

固定期限的劳动合同,试用期不得超过 6 个月。同一用人单位与同一劳动者只能约定一次试用期。以完成一定工作任务为期限的劳动合同或者劳动合同期限不满 3 个月的,不得约定试用期。试用期包含在劳动合同期限内。劳动合同仅约定试用期的,试用期不成立,该期限为劳动合同期限。[1]

4. 试用期工资的限制。劳动者在试用期的工资不得低于本单位相同岗位最低档工资或者劳动合同约定工资的 80%,并不得低于用人单位所在地的最低工资标准。[2]

5. 试用期内解除合同的限制。在试用期中,除劳动者有《劳动合同法》第 39 条和第 40 条第 1 项、第 2 项规定的情形外,用人单位不得解除劳动合同。用人单位在试用期解除劳动合同的,应当向劳动者说明理由。[3]

6. 服务期。用人单位为劳动者提供专项培训费用,对其进行专业技术培训的,可以与该劳动者订立协议,约定服务期。劳动者违反服务期约定的,应当按照约定向用人单位支付违约金。违约金的数额不得超过用人单位提供的培训费用。用人单位要求劳动者支付的违约金不得超过服务期尚未履行部分所应分摊的培训费用。用人单位与劳动者约定服务期的,不影响按照正常的工资调整机制提高劳动者在服务期期间的劳动报酬。[4]

7. 保密义务和竞业限制。用人单位与劳动者可以在劳动合同中约定保守用人单位的商业秘密和与知识产权相关的保密事项。对负有保密义务的劳动者,用人单位可以在劳动合同或者保密协议中与劳动者约定竞业限制条款,并约定在解除或者终止劳动合同后,在竞业限制期限内按月给予劳动者经济补偿。劳动者违反竞业限制约定的,应当按照约定向用人单位支付违约金。[5] 竞业限制的人员限于用人单位的高级管理人员、高级技术人员和其他负有保密义务的人员。竞业限制的范围、地域、期限由用人单位与劳动者约定,竞业限制的约定不得违反法律、法规的规定。在解除或者终止劳动合同后,前款规定的人员到与本单位生产或者经营同类产品、从事同类业务的有竞争关系的其他用人单位,或者自己开业生产或者经营同类产品、从事同类业务的竞业限制期限,不得超过 2 年。[6]

8. 违约金。除《劳动合同法》第 22 条和第 23 条规定的情形外,用人单位不得与劳动者约定由劳动者承担违约金。[7]

---

〔1〕 参见《劳动合同法》第 19 条。
〔2〕 参见《劳动合同法》第 20 条。
〔3〕 参见《劳动合同法》第 21 条。
〔4〕 参见《劳动合同法》第 22 条。
〔5〕 参见《劳动合同法》第 23 条。
〔6〕 参见《劳动合同法》第 24 条。
〔7〕 参见《劳动合同法》第 25 条。

9. 禁止条款。除以上必备条款和可备条款外,我国《劳动法》还规定了禁止双方当事人约定的条件:(1)用人单位招用劳动者,不得扣押劳动者的居民身份证和其他证件,不得要求劳动者提供担保或者以其他名义向劳动者收取财物;(2)除违反服务期及约定竞业限制的情形外,用人单位不得与劳动者约定由劳动者承担违约金。

三、劳动合同的效力

(一)法律适用的次序

劳动合同在性质上属于一种特殊的民事法律行为,即一种特殊的合同,因此,在其效力的判定上,应当首先适用《劳动合同法》的规定;《劳动合同法》没有规定的,才能适用《民法典》合同编、《民法典》总则编的相关规定。

(二)劳动合同的无效

1. 无效事由。下列劳动合同无效或者部分无效:(1)以欺诈、胁迫的手段或者乘人之危,使对方在违背真实意思的情况下订立或者变更劳动合同的;(2)用人单位免除自己的法定责任、排除劳动者权利的;(3)违反法律、行政法规强制性规定的。对劳动合同的无效或者部分无效有争议的,由劳动争议仲裁机构或者人民法院确认。[1] 合同中的下列免责条款无效:(1)造成对方人身损害的;(2)因故意或者重大过失造成对方财产损失的。[2] 此外,《劳动法》第15条规定:"禁止用人单位招用未满十六周岁的未成年人。文艺、体育和特种工艺单位招用未满十六周岁的未成年人,必须遵守国家有关规定,并保障其接受义务教育的权利。"因此,违反该规定招用未满16周岁未成年人的劳动合同也是无效的。用人单位招用年满16周岁不满18周岁的劳动合同通常是有效的,因为《民法典》第18条第2款规定:"十六周岁以上的未成年人,以自己的劳动收入为主要生活来源的,视为完全民事行为能力人。"一旦签订劳动合同,获得稳定收入,那么年满16周岁的未成年人就视为成年人,具有完全民事行为能力。

2. 无效范围。劳动合同部分无效,不影响其他部分效力的,其他部分仍然有效。[3] 合同不生效、无效、被撤销或者终止的,不影响合同中有关解决争议方法的条款的效力。[4]

3. 无效的法律效果。无效的或者被撤销的民事法律行为自始没有法律约束力。[5] 但是,劳动合同被确认无效,劳动者已付出劳动的,用人单位应当向劳动者

---

〔1〕 参见《劳动合同法》第26条。

〔2〕 参见《民法典》第506条。

〔3〕 参见《劳动合同法》第27条。

〔4〕 参见《民法典》第507条。

〔5〕 参见《民法典》第155条。

支付劳动报酬。劳动报酬的数额,参照本单位相同或者相近岗位劳动者的劳动报酬确定。[1]

(三)劳动合同的撤销

1. 可撤销的事由。《民法典》第 147 条规定:"基于重大误解实施的民事法律行为,行为人有权请求人民法院或者仲裁机构予以撤销。"因此,如果劳动者因为重大误解与用人单位签订了劳动合同,那么,劳动者或用人单位就可以请求法院或者劳动争议仲裁机构撤销该劳动合同。此外,劳动者与用人单位就解除或者终止劳动合同办理相关手续、支付工资报酬、加班费、经济补偿或者赔偿金等达成的协议,存在重大误解或显失公平情形,当事人请求撤销的,人民法院应予支持。[2]

2. 除斥期间。重大误解的当事人自知道或者应当知道撤销事由之日起 90 日内没有行使撤销权的,或者当事人自民事法律行为发生之日起 5 年内没有行使撤销权的,撤销权消灭。[3]

四、劳动合同的履行和变更

(一)劳动合同的履行

劳动合同的双方当事人按照合同的规定,履行各自应承担的义务。

1. 全面履行原则。根据《劳动合同法》第 3 条第 2 款的规定,劳动合同依法订立即具有法律约束力,用人单位与劳动者应当履行劳动合同规定的义务。也就是说,劳动合同一经依法订立即具有法律效力,受法律保护,双方当事人应当做到切实履行,以实现劳动合同双方当事人订立劳动合同时的预期目的。这是市场经济秩序得以维护的基本要求,也是现代法治社会的基本要求。因此,《劳动合同法》第 29 条规定:"用人单位与劳动者应当按照劳动合同的约定,全面履行各自的义务。"劳动合同的全面履行要求劳动合同的当事人双方必须按照合同约定的时间、期限、地点,用约定的方式,按质、按量全部履行自己承担的义务。劳动合同的全面履行要求劳动合同主体必须亲自履行劳动合同。劳动关系确立后,劳动者不能将应由自己完成的工作交由第三方代办,用人单位也不能将应由自己对劳动者承担的义务转嫁给其他第三方承担,未经劳动者同意不能随意变更劳动者的工作性质、岗位,更不能擅自将劳动者调到其他用人单位工作。劳动合同的全面履行,还需要劳动合同双方当事人之间相互理解和配合,相互协作履行。

2. 劳动报酬的支付。用人单位应当按照劳动合同约定和国家规定,向劳动者及时足额支付劳动报酬。用人单位拖欠或者未足额支付劳动报酬的,劳动者可以

---

[1] 参见《劳动合同法》第 28 条。

[2] 参见最高人民法院《关于审理劳动争议案件适用法律问题的解释(一)》第 10 条。

[3] 参见《民法典》第 152 条。

依法向当地人民法院申请支付令,人民法院应当依法发出支付令。[1]

3. 加班。用人单位应当严格执行劳动定额标准,不得强迫或者变相强迫劳动者加班。用人单位安排加班的,应当按照国家有关规定向劳动者支付加班费。[2]一般每天加班时间不得超过1个小时,因特殊原因需要延长工作时间的,在保障劳动者身体健康的条件下,每日不得超过3小时,每月合计不得超过36小时。同时,禁止安排未成年工、怀孕7个月以上的女职工和哺乳未满1周岁婴儿的女职工延长工作时间。此外,在加班工资方面:安排劳动者延长工作时间的,支付不低于工资的150%的工资报酬;休息日安排劳动者工作又不能安排补休的,支付不低于工资的200%的工资报酬;法定休假日安排劳动者工作的,支付不低于工资的300%的工资报酬,不能仅仅以安排补休为补偿。

4. 违章指挥、强令冒险。劳动者拒绝用人单位管理人员违章指挥、强令冒险作业的,不视为违反劳动合同。劳动者对危害生命安全和身体健康的劳动条件,有权对用人单位提出批评、检举和控告。[3]

5. 用人单位变更。用人单位变更名称、法定代表人、主要负责人或者投资人等事项,不影响劳动合同的履行。[4]

(二)劳动合同的变更

用人单位与劳动者协商一致,可以变更劳动合同约定的内容。变更劳动合同,应当采用书面形式。变更后的劳动合同文本由用人单位和劳动者各执一份。[5]

五、劳动合同的解除和终止

劳动合同的解除,只对未履行的部分发生效力。具体可分为协商解除、用人单位单方面解除、劳动者单方解除和劳动合同自行解除等,其中较为重要的是用人单位单方解除与劳动者单方解除。

(一)协商解除

劳动合同的解除,是指劳动合同在订立以后,尚未履行完毕或者未全部履行以前,由于合同双方或者单方的法律行为导致双方当事人提前消灭劳动关系的法律行为。可分为协商解除、法定解除和约定解除三种情况。《劳动合同法》第36条规定:"用人单位与劳动者协商一致,可以解除劳动合同。"此为协商解除,是指用人单位与劳动者在完全自愿的情况下,互相协商,在达成一致意见的基础上提前终止劳动合同的效力。

---

[1] 参见《劳动合同法》第30条。
[2] 参见《劳动合同法》第31条。
[3] 参见《劳动合同法》第32条。
[4] 参见《劳动合同法》第33条。
[5] 参见《劳动合同法》第35条。

（二）劳动者单方解除

在劳动关系中，劳动者相对于用人单位而言始终处于弱势地位，从保护劳动者权益出发，法律赋予了劳动者单方解除劳动合同的权利：

1. 通知解除。劳动者提前30日以书面形式通知用人单位，可以解除劳动合同。劳动者在试用期内提前3日通知用人单位，可以解除劳动合同。[1] 劳动者预告解除合同无须任何理由，用人单位不支付经济补偿金。

2. 直接解除。用人单位有下列情形之一的，劳动者可以解除劳动合同：（1）未按照劳动合同约定提供劳动保护或者劳动条件的；（2）未及时足额支付劳动报酬的；（3）未依法为劳动者缴纳社会保险费的；（4）用人单位的规章制度违反法律、法规的规定，损害劳动者权益的；（5）因《劳动合同法》第26条第1款规定的情形致使劳动合同无效的；（6）法律、行政法规规定劳动者可以解除劳动合同的其他情形。用人单位以暴力、威胁或者非法限制人身自由的手段强迫劳动者劳动的，或者用人单位违章指挥、强令冒险作业危及劳动者人身安全的，劳动者可以立即解除劳动合同，不需要事先告知用人单位。[2]

（三）用人单位单方解除

《劳动合同法》在赋予劳动者单方解除权的同时，也赋予用人单位对劳动合同的单方解除权，以保障用人单位的用工自主权，但为了防止用人单位滥用解除权，随意与劳动者解除劳动合同，立法上严格限定企业与劳动者解除劳动合同的条件，以保护劳动者的劳动权。

1. 过失性辞退。劳动者有下列情形之一的，用人单位可以解除劳动合同：（1）在试用期间被证明不符合录用条件的；（2）严重违反用人单位的规章制度的；（3）严重失职，营私舞弊，给用人单位造成重大损害的；（4）劳动者同时与其他用人单位建立劳动关系，对完成本单位的工作任务造成严重影响，或者经用人单位提出，拒不改正的；（5）因《劳动合同法》第26条第1款第1项规定的情形致使劳动合同无效的；（6）被依法追究刑事责任的。[3]

2. 无过失性辞退。有下列情形之一的，用人单位提前30日以书面形式通知劳动者本人或者额外支付劳动者1个月工资后，可以解除劳动合同：（1）劳动者患病或者非因工负伤，在规定的医疗期满后不能从事原工作，也不能从事由用人单位另行安排的工作的；（2）劳动者不能胜任工作，经过培训或者调整工作岗位，仍不能胜任工作的；（3）劳动合同订立时所依据的客观情况发生重大变化，致使劳动合同

---

〔1〕 参见《劳动合同法》第37条。

〔2〕 参见《劳动合同法》第38条。

〔3〕 参见《劳动合同法》第39条。

无法履行,经用人单位与劳动者协商,未能就变更劳动合同内容达成协议的。[1]

3.经济性裁员。有下列情形之一,需要裁减人员20人以上或者裁减不足20人但占企业职工总数10%以上的,用人单位提前30日向工会或者全体职工说明情况,听取工会或者职工的意见后,裁减人员方案经向劳动行政部门报告,可以裁减人员:(1)依照企业破产法规定进行重整的;(2)生产经营发生严重困难的;(3)企业转产、重大技术革新或者经营方式调整,经变更劳动合同后,仍需裁减人员的;(4)其他因劳动合同订立时所依据的客观经济情况发生重大变化,致使劳动合同无法履行的。裁减人员时,应当优先留用下列人员:(1)与本单位订立较长期限的固定期限劳动合同的;(2)与本单位订立无固定期限劳动合同的;(3)家庭无其他就业人员,有需要扶养的老人或者未成年人的。用人单位依照《劳动合同法》第41条第1款规定裁减人员,在6个月内重新招用人员的,应当通知被裁减的人员,并在同等条件下优先招用被裁减的人员。[2]

4.禁止解除的情形。劳动者有下列情形之一的,用人单位不得依照《劳动合同法》第40条、第41条的规定解除劳动合同:(1)从事接触职业病危害作业的劳动者未进行离岗前职业健康检查,或者疑似职业病病人在诊断或者医学观察期间的;(2)在本单位患职业病或者因工负伤并被确认丧失或者部分丧失劳动能力的;(3)患病或者非因工负伤,在规定的医疗期内的;(4)女职工在孕期、产期、哺乳期的;(5)在本单位连续工作满15年,且距法定退休年龄不足5年的;(6)法律、行政法规规定的其他情形。[3]

(四)工会的监督

用人单位单方解除劳动合同,应当事先将理由通知工会。用人单位违反法律、行政法规规定或者劳动合同约定的,工会有权要求用人单位纠正。用人单位应当研究工会的意见,并将处理结果书面通知工会。[4]

(五)劳动合同的终止

1.终止事由。有下列情形之一的,劳动合同终止:(1)劳动合同期满的;(2)劳动者开始依法享受基本养老保险待遇的;(3)劳动者死亡,或者被人民法院宣告死亡或者宣告失踪的;(4)用人单位被依法宣告破产的;(5)用人单位被吊销营业执照、责令关闭、撤销或者用人单位决定提前解散的;(6)法律、行政法规规定的其他情形。[5]

---

〔1〕 参见《劳动合同法》第40条。

〔2〕 参见《劳动合同法》第41条。

〔3〕 参见《劳动合同法》第42条。

〔4〕 参见《劳动合同法》第43条。

〔5〕 参见《劳动合同法》第44条。

2. 逾期终止。劳动合同期满，有《劳动合同法》第 42 条规定情形之一的，劳动合同应当续延至相应的情形消失时终止。但是，《劳动合同法》第 42 条第 2 项规定丧失或者部分丧失劳动能力劳动者的劳动合同的终止，按照国家有关工伤保险的规定执行。[1]

3. 经济补偿的条件。有下列情形之一的，用人单位应当向劳动者支付经济补偿：(1)劳动者有权依法单方解除劳动合同并行使解除权的；(2)用人单位依法向劳动者提出解除劳动合同并与劳动者协商一致解除劳动合同的；(3)劳动者无过失但用人单位依法提前 30 日通知或额外支付 1 个月工资后解除劳动合同的；(4)用人单位因经济性裁员而解除劳动合同的；(5)除用人单位维持或者提高劳动合同约定条件续订劳动合同，劳动者不同意续订的情形外，依照在劳动合同期满后终止固定期限劳动合同的；(6)依法在单位被宣告破产或被吊销营业执照、责令关闭、撤销后终止劳动合同的；(7)法律、行政法规规定的其他情形。[2]

4. 经济补偿的计算。经济补偿按劳动者在本单位工作的年限，每满 1 年支付 1 个月工资的标准向劳动者支付。6 个月以上不满 1 年的，按 1 年计算；不满 6 个月的，向劳动者支付半个月工资的经济补偿。劳动者月工资高于用人单位所在直辖市、设区的市级人民政府公布的本地区上年度职工月平均工资 3 倍的，向其支付经济补偿的标准按职工月平均工资 3 倍的数额支付，向其支付经济补偿的年限最高不超过 12 年。[3]

5. 违法解除或终止劳动合同的法律后果。用人单位违反《劳动合同法》规定解除或者终止劳动合同，劳动者要求继续履行劳动合同的，用人单位应当继续履行；劳动者不要求继续履行劳动合同或者劳动合同已经不能继续履行的，用人单位应当依照《劳动合同法》第 87 条规定支付赔偿金。[4]

6. 其他义务。用人单位应当在解除或者终止劳动合同时出具解除或者终止劳动合同的证明，并在 15 日内为劳动者办理档案和社会保险关系转移手续。劳动者应当按照双方约定，办理工作交接。用人单位依照《劳动合同法》有关规定应当向劳动者支付经济补偿的，在办结工作交接时支付。用人单位对已经解除或者终止的劳动合同的文本，至少保存 2 年备查。[5]

六、特别规定

（一）集体合同

集体合同是企业职工一方与用人单位通过平等协商，可以就劳动报酬、工作时

---

[1] 参见《劳动合同法》第 45 条。
[2] 参见《劳动合同法》第 46 条。
[3] 参见《劳动合同法》第 47 条。
[4] 参见《劳动合同法》第 48 条。
[5] 参见《劳动合同法》第 50 条。

间、休息休假、劳动安全卫生、保险福利等事项订立的合同。

1. 集体合同的订立和内容。企业职工一方与用人单位通过平等协商，可以就劳动报酬、工作时间、休息休假、劳动安全卫生、保险福利等事项订立集体合同。集体合同草案应当提交职工代表大会或者全体职工讨论通过。集体合同由工会代表企业职工一方与用人单位订立；尚未建立工会的用人单位，由上级工会指导劳动者推举的代表与用人单位订立。[1] 企业职工一方与用人单位可以订立劳动安全卫生、女职工权益保护、工资调整机制等专项集体合同。[2] 在县级以下区域内，建筑业、采矿业、餐饮服务业等行业可以由工会与企业方面代表订立行业性集体合同，或者订立区域性集体合同。[3]

2. 集体合同的报送和生效。集体合同订立后，应当报送劳动行政部门；劳动行政部门自收到集体合同文本之日起15日内未提出异议的，集体合同即行生效。依法订立的集体合同对用人单位和劳动者具有约束力。行业性、区域性集体合同对当地本行业、本区域的用人单位和劳动者具有约束力。[4]

3. 标准规制。集体合同中劳动报酬和劳动条件等标准不得低于当地人民政府规定的最低标准；用人单位与劳动者订立的劳动合同中劳动报酬和劳动条件等标准不得低于集体合同规定的标准。[5]

4. 纠纷与救济。用人单位违反集体合同，侵犯职工劳动权益的，工会可以依法要求用人单位承担责任；因履行集体合同发生争议，经协商解决不成的，工会可以依法申请仲裁、提起诉讼。[6]

（二）劳务派遣

劳务派遣是指劳务派遣单位与实际用工单位签订派遣协议，将与劳务派遣单位建立劳动合同关系的劳动者派遣到用工单位，用工单位使用劳动者并按照派遣协议向派遣单位支付管理费等相关费用而形成的法律关系。

1. 劳务派遣单位的设立。经营劳务派遣业务应当具备下列条件：(1)注册资本不得少于人民币200万元；(2)有与开展业务相适应的固定的经营场所和设施；(3)有符合法律、行政法规规定的劳务派遣管理制度；(4)法律、行政法规规定的其他条件。经营劳务派遣业务，应当向劳动行政部门依法申请行政许可；经许可的，依法办理相应的公司登记。未经许可，任何单位和个人不得经营劳务派遣

[1] 参见《劳动合同法》第51条。
[2] 参见《劳动合同法》第52条。
[3] 参见《劳动合同法》第53条。
[4] 参见《劳动合同法》第54条。
[5] 参见《劳动合同法》第55条。
[6] 参见《劳动合同法》第56条。

业务。[1]

2. 劳务派遣单位与劳动者间的权利义务。劳务派遣单位是本法所称用人单位,应当履行用人单位对劳动者的义务。劳务派遣单位与被派遣劳动者订立的劳动合同,除应当载明《劳动合同法》第 17 条规定的事项外,还应当载明被派遣劳动者的用工单位以及派遣期限、工作岗位等情况。劳务派遣单位应当与被派遣劳动者订立 2 年以上的固定期限劳动合同,按月支付劳动报酬;被派遣劳动者在无工作期间,劳务派遣单位应当按照所在地人民政府规定的最低工资标准,向其按月支付报酬。[2] 劳务派遣单位应当将劳务派遣协议的内容告知被派遣劳动者。劳务派遣单位不得克扣用工单位按照劳务派遣协议支付给被派遣劳动者的劳动报酬。劳务派遣单位和用工单位不得向被派遣劳动者收取费用。[3]

3. 劳务派遣协议。劳务派遣单位派遣劳动者应当与接受以劳务派遣形式用工的单位(以下简称用工单位)订立劳务派遣协议。劳务派遣协议应当约定派遣岗位和人员数量、派遣期限、劳动报酬和社会保险费的数额与支付方式以及违反协议的责任。用工单位应当根据工作岗位的实际需要与劳务派遣单位确定派遣期限,不得将连续用工期限分割订立数个短期劳务派遣协议。[4]

4. 用工单位的义务。用工单位应当履行下列义务:(1)执行国家劳动标准,提供相应的劳动条件和劳动保护;(2)告知被派遣劳动者的工作要求和劳动报酬;(3)支付加班费、绩效奖金,提供与工作岗位相关的福利待遇;(4)对在岗被派遣劳动者进行工作岗位所必需的培训;(5)连续用工的,实行正常的工资调整机制。[5]

5. 同工同酬原则。被派遣劳动者享有与用工单位的劳动者同工同酬的权利。用工单位应当按照同工同酬原则,对被派遣劳动者与本单位同类岗位的劳动者实行相同的劳动报酬分配办法。用工单位无同类岗位劳动者的,参照用工单位所在地相同或者相近岗位劳动者的劳动报酬确定。劳务派遣单位与被派遣劳动者订立的劳动合同和与用工单位订立的劳务派遣协议,载明或者约定的向被派遣劳动者支付的劳动报酬应当符合前述规定。[6]

6. 劳务派遣的岗位规制。劳动合同用工是我国的企业基本用工形式。劳务派遣用工是补充形式,只能在临时性、辅助性或者替代性的工作岗位上实施。临时性工作岗位是指存续时间不超过 6 个月的岗位;辅助性工作岗位是指为主营业务岗位提供服务的非主营业务岗位;替代性工作岗位是指用工单位的劳动者因脱产学

---

〔1〕 参见《劳动合同法》第 57 条。
〔2〕 参见《劳动合同法》第 58 条。
〔3〕 参见《劳动合同法》第 60 条。
〔4〕 参见《劳动合同法》第 59 条。
〔5〕 参见《劳动合同法》第 62 条。
〔6〕 参见《劳动合同法》第 63 条。

习、休假等原因无法工作的一定期间内,可以由其他劳动者替代工作的岗位。[1]

7. 禁止自我派遣。用人单位不得设立劳务派遣单位向本单位或者所属单位派遣劳动者。[2]

(三)非全日制用工

1. 概念。非全日制用工,是指以小时计酬为主,劳动者在同一用人单位一般平均每日工作时间不超过4小时,每周工作时间累计不超过24小时的用工形式。[3]

2. 非全日制用工劳动合同。非全日制用工双方当事人可以订立口头协议。从事非全日制用工的劳动者可以与一个或者一个以上用人单位订立劳动合同;但是,后订立的劳动合同不得影响先订立的劳动合同的履行。[4] 非全日制用工双方当事人不得约定试用期。[5] 非全日制用工小时计酬标准不得低于用人单位所在地人民政府规定的最低小时工资标准。非全日制用工劳动报酬结算支付周期最长不得超过15日。[6]

3. 终止用工。非全日制用工双方当事人任何一方都可以随时通知对方终止用工。终止用工,用人单位不向劳动者支付经济补偿。[7]

七、监督检查

国务院劳动行政部门负责全国劳动合同制度实施的监督管理。县级以上地方人民政府劳动行政部门负责本行政区域内劳动合同制度实施的监督管理。县级以上各级人民政府劳动行政部门在劳动合同制度实施的监督管理工作中,应当听取工会、企业方面代表以及有关行业主管部门的意见。[8]

县级以上地方人民政府劳动行政部门依法对下列实施劳动合同制度的情况进行监督检查:(1)用人单位制定直接涉及劳动者切身利益的规章制度及其执行的情况;(2)用人单位与劳动者订立和解除劳动合同的情况;(3)劳务派遣单位和用工单位遵守劳务派遣有关规定的情况;(4)用人单位遵守国家关于劳动者工作时间和休息休假规定的情况;(5)用人单位支付劳动合同约定的劳动报酬和执行最低工资标准的情况;(6)用人单位参加各项社会保险和缴纳社会保险费的情况;(7)法律、法规规定的其他劳动监察事项。[9]

---

〔1〕 参见《劳动合同法》第66条。
〔2〕 参见《劳动合同法》第67条。
〔3〕 参见《劳动合同法》第68条。
〔4〕 参见《劳动合同法》第69条。
〔5〕 参见《劳动合同法》第70条。
〔6〕 参见《劳动合同法》第72条。
〔7〕 参见《劳动合同法》第71条。
〔8〕 参见《劳动合同法》第73条。
〔9〕 参见《劳动合同法》第74条。

工会依法维护劳动者的合法权益，对用人单位履行劳动合同、集体合同的情况进行监督。用人单位违反劳动法律、法规和劳动合同、集体合同的，工会有权提出意见或者要求纠正；劳动者申请仲裁、提起诉讼的，工会依法给予支持和帮助。[1]

任何组织或者个人对违反《劳动合同法》的行为都有权举报，县级以上人民政府劳动行政部门应当及时核实、处理，并对举报有功人员给予奖励。[2]

八、违反劳动合同法的法律责任

（一）用人单位的法律责任

1. 规章制度违法。用人单位直接涉及劳动者切身利益的规章制度违反法律、法规规定的，由劳动行政部门责令改正，给予警告；给劳动者造成损害的，应当承担赔偿责任。[3]

2. 缺乏必备条款、不提供劳动合同文本。用人单位提供的劳动合同文本未载明《劳动合同法》规定的劳动合同必备条款或者用人单位未将劳动合同文本交付劳动者的，由劳动行政部门责令改正；给劳动者造成损害的，应当承担赔偿责任。[4]

3. 不订立书面劳动合同。用人单位自用工之日起超过1个月不满1年未与劳动者订立书面劳动合同的，应当向劳动者每月支付2倍的工资。用人单位违反《劳动合同法》规定不与劳动者订立无固定期限劳动合同的，自应当订立无固定期限劳动合同之日起向劳动者每月支付2倍的工资。[5]

4. 违法约定试用期。用人单位违反《劳动合同法》规定与劳动者约定试用期的，由劳动行政部门责令改正；违法约定的试用期已经履行的，由用人单位以劳动者试用期满月工资为标准，按已经履行的超过法定试用期的期间向劳动者支付赔偿金。[6]

5. 扣押劳动者身份等证件。用人单位违反《劳动合同法》规定，扣押劳动者居民身份证等证件的，由劳动行政部门责令限期退还劳动者本人，并依照有关法律规定给予处罚。用人单位违反《劳动合同法》规定，以担保或者其他名义向劳动者收取财物的，由劳动行政部门责令限期退还劳动者本人，并以每人500元以上2000元以下的标准处以罚款；给劳动者造成损害的，应当承担赔偿责任。劳动者依法解除或者终止劳动合同，用人单位扣押劳动者档案或者其他物品的，依照前述规定

---

〔1〕参见《劳动合同法》第78条。

〔2〕参见《劳动合同法》第79条。

〔3〕参见《劳动合同法》第80条。

〔4〕参见《劳动合同法》第81条。

〔5〕参见《劳动合同法》第82条。

〔6〕参见《劳动合同法》第83条。

处罚。[1]

6. 未依法支付劳动报酬、经济补偿等。用人单位有下列情形之一的，由劳动行政部门责令限期支付劳动报酬、加班费或者经济补偿；劳动报酬低于当地最低工资标准的，应当支付其差额部分；逾期不支付的，责令用人单位按应付金额 50% 以上 100% 以下的标准向劳动者加付赔偿金：(1) 未按照劳动合同的约定或者国家规定及时足额支付劳动者劳动报酬的；(2) 低于当地最低工资标准支付劳动者工资的；(3) 安排加班不支付加班费的；(4) 解除或者终止劳动合同，未依照《劳动合同法》规定向劳动者支付经济补偿的。[2]

7. 订立无效劳动合同。劳动合同依照《劳动合同法》第 26 条规定被确认无效，给对方造成损害的，有过错的一方应当承担赔偿责任。[3]

8. 违法解除或者终止劳动合同。用人单位违反《劳动合同法》规定解除或者终止劳动合同的，应当依照《劳动合同法》第 47 条规定的经济补偿标准的 2 倍向劳动者支付赔偿金。[4]

9. 侵害劳动者人身权益。用人单位有下列情形之一的，依法给予行政处罚；构成犯罪的，依法追究刑事责任；给劳动者造成损害的，应当承担赔偿责任：(1) 以暴力、威胁或者非法限制人身自由的手段强迫劳动的；(2) 违章指挥或者强令冒险作业危及劳动者人身安全的；(3) 侮辱、体罚、殴打、非法搜查或者拘禁劳动者的；(4) 劳动条件恶劣、环境污染严重，给劳动者身心健康造成严重损害的。[5]

10. 不出具解除、终止书面证明。用人单位违反《劳动合同法》规定未向劳动者出具解除或者终止劳动合同的书面证明，由劳动行政部门责令改正；给劳动者造成损害的，应当承担赔偿责任。[6]

11. 劳务派遣法律责任。主要包括民事责任和行政责任。用工单位给被派遣劳动者造成损害的，用人单位与用工单位承担连带赔偿责任；用人单位单方派遣给被派遣劳动者造成损害的，用人单位承担赔偿责任；劳务派遣期间，被派遣的工作人员因执行工作任务造成他人损害的，由接受劳务派遣的用工单位承担侵权责任，劳务派遣单位有过错的，承担相应的补充责任。此外，若未经许可，擅自经营劳务派遣业务的，由劳动行政部门责令停止违法行为，没收违法所得，并处违法所得 1 倍以上 5 倍以下罚款，没有违法所得的，可以处以 5 万元以下罚款；劳务派遣单位、用工单位违反《劳动合同法》有关劳务派遣规定的，由劳动行政部门责令限期改

---

〔1〕 参见《劳动合同法》第 84 条。
〔2〕 参见《劳动合同法》第 85 条。
〔3〕 参见《劳动合同法》第 86 条。
〔4〕 参见《劳动合同法》第 87 条。
〔5〕 参见《劳动合同法》第 88 条。
〔6〕 参见《劳动合同法》第 89 条。

正,逾期不改正的,以每人5000元以上1万元以下的标准处以罚款,对劳务派遣单位,吊销其劳务派遣业务经营许可证。

12. 无营业执照经营单位。对不具备合法经营资格的用人单位的违法犯罪行为,依法追究法律责任;劳动者已经付出劳动的,该单位或者其出资人应当依照《劳动合同法》有关规定向劳动者支付劳动报酬、经济补偿、赔偿金;给劳动者造成损害的,应当承担赔偿责任。[1]

(二)劳动者的法律责任

劳动者违反《劳动合同法》规定解除劳动合同,或者违反劳动合同中约定的保密义务或者竞业限制,给用人单位造成损失的,应当承担赔偿责任。[2]

(三)连带赔偿责任

1. 用人单位招用与其他用人单位尚未解除或者终止劳动合同的劳动者,给其他用人单位造成损失的,应当承担连带赔偿责任。[3]

2. 个人承包经营违反《劳动合同法》规定招用劳动者,给劳动者造成损害的,发包的组织与个人承包经营者承担连带赔偿责任。[4]

(四)渎职责任

劳动行政部门和其他有关主管部门及其工作人员玩忽职守、不履行法定职责,或者违法行使职权,给劳动者或者用人单位造成损害的,应当承担赔偿责任;对直接负责的主管人员和其他直接责任人员,依法给予行政处分;构成犯罪的,依法追究刑事责任。[5]

第三节 劳动基准法

一、工作时间和休息休假

(一)工作时间

1. 基本规定。国家实行劳动者每日工作时间不超过8小时、平均每周工作时间不超过44小时的工时制度。[6] 用人单位应当保证劳动者每周至少休息1日。[7] 企业因生产特点不能实行上述规定的,经劳动行政部门批准,可以实行其

---

[1] 参见《劳动合同法》第93条。
[2] 参见《劳动合同法》第90条。
[3] 参见《劳动合同法》第91条。
[4] 参见《劳动合同法》第94条。
[5] 参见《劳动合同法》第95条。
[6] 参见《劳动法》第36条。
[7] 参见《劳动法》第38条。

他工作和休息办法。[1] 用人单位不得违反《劳动法》规定延长劳动者的工作时间。[2]

2. 计件工作。对实行计件工作的劳动者,用人单位应当根据《劳动法》第36条规定的工时制度合理确定其劳动定额和计件报酬标准。[3]

3. 延时工资。有下列情形之一的,用人单位应当按照下列标准支付高于劳动者正常工作时间工资的工资报酬:(1)安排劳动者延长工作时间的,支付不低于工资的150%的工资报酬;(2)休息日安排劳动者工作又不能安排补休的,支付不低于工资的200%的工资报酬;(3)法定休假日安排劳动者工作的,支付不低于工资的300%的工资报酬。

(二)休息休假

休假分为法定节假日、探亲假、年休假等。

1. 一般规定。用人单位在下列节日期间应当依法安排劳动者休假:(1)元旦;(2)春节;(3)国际劳动节;(4)国庆节;(5)法律、法规规定的其他休假节日。[4]

2. 延长工时。用人单位由于生产经营需要,经与工会和劳动者协商后可以延长工作时间,一般每日不得超过1小时;因特殊原因需要延长工作时间的,在保障劳动者身体健康的条件下延长工作时间每日不得超过3小时,但是每月不得超过36小时。[5] 有下列情形之一的,延长工作时间不受前述规定的限制:(1)发生自然灾害、事故或者因其他原因,威胁劳动者生命健康和财产安全,需要紧急处理的;(2)生产设备、交通运输线路、公共设施发生故障,影响生产和公众利益,必须及时抢修的;(3)法律、行政法规规定的其他情形。[6]

3. 带薪休假。国家实行带薪年休假制度。劳动者连续工作1年以上的,享受带薪年休假。具体办法由国务院规定。[7]

二、工资法律制度

1. 同工同酬原则。工资分配应当遵循按劳分配原则,实行同工同酬。工资水平在经济发展的基础上逐步提高。国家对工资总量实行宏观调控。[8]

2. 工资确定依据。用人单位根据本单位的生产经营特点和经济效益,依法自

---

[1] 参见《劳动法》第39条。
[2] 参见《劳动法》第43条。
[3] 参见《劳动法》第44条。
[4] 参见《劳动法》第40条。
[5] 参见《劳动法》第41条。
[6] 参见《劳动法》第42条。
[7] 参见《劳动法》第45条。
[8] 参见《劳动法》第46条。

主确定本单位的工资分配方式和工资水平。[1]

3. 最低工资保障。国家实行最低工资保障制度。最低工资的具体标准由省、自治区、直辖市人民政府规定,报国务院备案。用人单位支付劳动者的工资不得低于当地最低工资标准。[2] 确定和调整最低工资标准应当综合参考下列因素:(1)劳动者本人及平均赡养人口的最低生活费用;(2)社会平均工资水平;(3)劳动生产率;(4)就业状况;(5)地区之间经济发展水平的差异。[3] 劳动者在试用、熟练、见习期间,在法定工作时间内提供了正常劳动的,用人单位应支付其不低于最低工资标准的工资。

4. 工资形式。工资应当以货币形式按月支付给劳动者本人。不得克扣或者无故拖欠劳动者的工资。[4] 劳动者在法定休假日和婚丧假期间以及依法参加社会活动期间,用人单位应当依法支付工资。[5]

三、职业安全卫生法

(一)基本规定

1. 用人单位劳动安全卫生制度。用人单位必须建立、健全劳动安全卫生制度,严格执行国家劳动安全卫生规程和标准,对劳动者进行劳动安全卫生教育,防止劳动过程中的事故,减少职业危害。[6]

2. 安全标准。劳动安全卫生设施必须符合国家规定的标准。新建、改建、扩建工程的劳动安全卫生设施必须与主体工程同时设计、同时施工、同时投入生产和使用。[7] 劳动者在劳动过程中必须严格遵守安全操作规程。劳动者对用人单位管理人员违章指挥、强令冒险作业,有权拒绝执行;对危害生命安全和身体健康的行为,有权提出批评、检举和控告。[8]

3. 防护用品。用人单位必须为劳动者提供符合国家规定的劳动安全卫生条件和必要的劳动防护用品,对从事有职业危害作业的劳动者应当定期进行健康检查。[9]

4. 专门培训。从事特种作业的劳动者必须经过专门培训并取得特种作业

---

[1] 参见《劳动法》第 47 条。
[2] 参见《劳动法》第 48 条。
[3] 参见《劳动法》第 49 条。
[4] 参见《劳动法》第 50 条。
[5] 参见《劳动法》第 51 条。
[6] 参见《劳动法》第 52 条。
[7] 参见《劳动法》第 53 条。
[8] 参见《劳动法》第 56 条。
[9] 参见《劳动法》第 54 条。

资格。[1]

5. 报告和处理制度。国家建立伤亡事故和职业病统计报告和处理制度。县级以上各级人民政府劳动行政部门、有关部门和用人单位应当依法对劳动者在劳动过程中发生的伤亡事故和劳动者的职业病状况,进行统计、报告和处理。[2]

（二）特殊保护

1. 女职工的特殊劳动保护

女职工特殊劳动保护是指根据女职工生理特点和抚育子女的需要,对其在劳动过程中的安全健康所采取的有别于男子的特殊保护。

为保护女职工的身体健康,法律规定:

(1)禁止安排女职工从事矿山井下作业、国家规定的第四级体力劳动强度的劳动和其他禁忌从事的劳动;

(2)不得安排女职工在经期从事高处、低温、冷水作业和国家规定的第三级体力劳动强度的劳动;

(3)不得安排女职工在怀孕期间从事国家规定的第三级体力劳动强度的劳动;

(4)对怀孕7个月以上的女职工,不得安排其延长工作时间和夜班劳动;

(5)女职工生育享受不少于98天的产假;

(6)不得安排女职工在哺乳未满1周岁的婴儿期间从事国家规定的第三级体力劳动强度的劳动和哺乳期禁忌从事的其他劳动,不得安排其延长工作时间和夜班劳动。

2. 未成年工的特殊劳动保护

未成年工是指年满16周岁未满18周岁的劳动者。对未成年工特殊劳动保护的措施主要有:

(1)上岗前培训。未成年工上岗,用人单位应对其进行有关的职业安全卫生教育、培训。

(2)禁止安排未成年工从事有害健康的工作。用人单位不得安排未成年工从事矿山井下、有毒有害、国家规定的第四级体力劳动强度的劳动和其他禁忌从事的劳动。

(3)提供适合未成年工身体发育的生产工具等。

(4)对未成年工定期进行健康检查。

---

[1] 参见《劳动法》第55条。

[2] 参见《劳动法》第57条。

【复习与思考】

1. 何为劳动法?
2. 劳动法的调整对象是什么?
3. 劳动合同是如何订立的?
4. 劳动合同的效力如何判定?
5. 劳动合同的履行与变更有哪些规定?
6. 劳动合同的解除和终止如何进行?
7. 何为集体合同? 如何制定? 效力如何?
8. 何为劳务派遣?
9. 违反劳动合同法的法律责任有哪些?
10. 劳动基准有哪些?

以案释法:

加　班　费

【案情】张某于2020年6月入职某科技公司,订立劳动合同时该公司要求张某与其订立一份包含"放弃加班费"内容的协议作为合同附件。半年后,张某因个人原因提出解除劳动合同,并要求支付加班费。某科技公司以协议为由拒绝该请求。张某则向劳动人事争议仲裁委员会(以下简称仲裁委员会)申请仲裁,请求该公司支付加班费。

【问题】张某的仲裁请求是否应当受到支持?

【解答】本案中,某科技公司利用在订立劳动合同时的主导地位,要求张某在其单方制定的格式条款上签字放弃加班费,既违反法律规定,也违背公平原则,侵害了张某工资报酬权益。故仲裁委员会应当依法裁决该公司支付张某加班费。

【评析】加班费是劳动者延长工作时间的工资报酬,《劳动法》第44条、《劳动合同法》第31条明确规定了用人单位支付劳动者加班费的责任。此外,最高人民法院《关于审理劳动争议案件适用法律问题的解释(一)》(法释〔2020〕26号)第35条规定:"劳动者与用人单位就解除或者终止劳动合同办理相关手续、支付工资报酬、加班费、经济补偿或者赔偿金等达成的协议,不违反法律、行政法规的强制性规定,且不存在欺诈、胁迫或者乘人之危情形的,应当认定有效。前款协议存在重大误解或者显失公平情形,当事人请求撤销的,人民法院应予支持。"同时,《劳动合同法》第26条第2项规定:"下列劳动合同无效或者部分无效:(二)用人单位免除自己的法定责任、排除劳动者权利的。"本案中,某科技公司约定放弃加班费的协议免除了用人单位的法定责任、排除了劳动者权利,显失公平,应认定无效。

第五编

宏观调控法

第二十五章　宏观调控法的一般原理

【本 章 导 读】

2013年7月23日习近平总书记在武汉召开部分省市负责人座谈会时强调，进一步提高宏观调控水平，提高政府效率和效能。以加快转变政府职能为抓手，处理好政府和市场的关系。同年9月5日习近平总书记在二十国集团领导人第八次峰会时发表讲话时指出，中国将加强市场体系建设，推进宏观调控、财税、金融、投资、行政管理等领域体制改革，更加充分地发挥市场在资源配置中的基础性作用。据此，我们应当加强宏观调控法的学习研究。

宏观调控法是经济法的重要组成部分，是经济法"一体两翼"中的一翼。本章承接"经济法总论"，统摄"宏观调控法"其他各章，是本编的"小总论"，阐述了宏观调控法的基础知识和基本制度。宏观调控法的基础知识包括宏观调控与宏观调控法的概念、宏观调控法的调整对象及调整方法、宏观调控法的基本原则、宏观调控法的体系等；宏观调控法的基本制度包括宏观调控主体制度、宏观调控权配置制度、宏观调控程序制度、宏观调控责任制度等。

第一节　宏观调控法的基础知识

一、宏观调控与宏观调控法

（一）宏观调控的概念、特征、手段及目标

宏观调控是指国家为了预防和克服市场失灵所导致的在经济总量、结构等宏观方面的失衡、失调和无序，依法运用计划、财政、税收、金融等手段调节、控制宏观经济运行，使之朝着预期的平衡、协调和有序方向发展的一系列行为。[1]

宏观调控的特征主要有：第一，国家主体性。宏观调控行为的主体是国家，并具体由国家立法机关、政府机关等来承担。第二，对象宏观性。宏观调控行为的对象是宏观经济或经济的宏观运行。第三，目的宏观性。宏观调控着眼于经济的宏观状况，其目的是预防和克服由市场失灵所带来的、在宏观经济总量和结构等方面

---

[1] 参见马工程教材编写组编：《经济法学》（第2版），高等教育出版社2019年版，第108～109页。

存在的失衡、失调、无序状况,以促使经济的宏观状况朝着预期的平衡、协调、有序的方向发展。第四,方式宏观性。宏观调控行为所采取的方式也是“宏观”的,包括财政调控方式、税收调控方式、金融调控方式和宏观经济计划等。第五,依据法定性。在法治国家,宏观调控行为必须依据法律的明确规定。国家应当在法律规定的权力、程序范围内实施宏观调控行为。

宏观调控的手段就是指实现宏观调控目标所采取的方法、措施。综观国内外宏观调控过程中所采取的方法和措施,可以认为,宏观调控手段主要包括财政调控、税收调控、金融调控和计划调控等。

宏观调控的目标主要包括四个方面:第一,总量均衡;第二,结构优化;第三,充分就业;第四,国际收支平衡。这四大目标是宏观调控的基本目标。[1] 此外,收入分配公平、经济持续发展、环境友好、资源能源高效可持续利用等,也是宏观调控所要追求的目标。

(二)宏观调控法的概念及特征

宏观调控法是指国家在对国民经济运行进行调节和控制过程中发生的经济关系的法律规范的总称。[2] 在经济法体系中,宏观调控法与市场规制法并列为经济法体系中的第一层次的部门法。这也是对宏观调控法的地位的基本认识。

1. 宏观调控法在法域归属上的地位[3]

公法、私法等法域的划分有主体论、权利论、利益论、对象论等多种标准,但无论依据哪一种标准,宏观调控法都属于公法。

(1)从宏观调控法主体来看,宏观调控行为的实施者是国家。国家以公主体的身份来实施宏观调控行为的,而不是也不可能是以私主体的身份来实施宏观调控行为。

(2)从宏观调控法权力来看,国家实施宏观调控行为是因为国家依法享有宏观调控权。宏观调控权具有很强的强制性,与宏观调控对象所享有的经营自由权之间具有很强的不对等性,是一种典型的公权力。

(3)从保护的利益来看,国家的宏观调控行为所直接保护的利益是国家整体利益。国家整体利益与国民个人利益有联系,也有区别。国家整体利益与作为私主体的国民个人利益具有共通性,国家宏观调控直接维护、增进国家整体利益,也会增进国民个人利益;但是,从其直接意义上讲,国家整体利益终究不是国民个人利益,它与国民个人利益存在不同程度的对立,是与国民个人利益有所不同的公的利益。

---

[1] 参见马工程教材编写组编:《经济法学》(第2版),高等教育出版社2019年版,第109~110页。

[2] 参见华国庆、李胜利主编:《经济法学》(第2版),法律出版社2020年版,第185~191页。

[3] 参见马工程教材编写组编:《经济法学》(第2版),高等教育出版社2019年版,第112页。

(4)从调整对象的角度来看,宏观调控法所调整的宏观调控关系,是主体地位不平等的关系,与私法所调整的平等关系不同。

综上,宏观调控法在法域上属于公法。

2.宏观调控法的基本特征[1]

(1)调整范围的整体性和普遍性。整体性是指宏观调控法对整个国民经济活动进行调整。宏观调控法着眼于对国民经济整体的调整,它不但对国民经济的生产、交换、分配、消费等环节进行调整,而且对国民经济系统中各地区、各产业的经济活动进行调整。普遍性是指宏观调控措施以对所有的经济主体调控为目的,而不是以干预个别具体的市场主体行为为目的。

(2)调整方法的指导性和调节性。宏观调控法主要以指导性调整方法引导市场主体从事经营活动的方向;以调节性方法促使市场主体的行为顺乎其方向。所谓指导性是指某项特定的法律制度所具有的指导作用,如计划指导、产业政策指导,它通过一定的法律规定,为市场主体指明具体的行为方向和行为所能达到的范围。所谓调节性是指某些特定的法律制度通过鼓励和抑制市场主体的行为以达到宏观调控的目的,如税率、利率等。指导性调整方法与调节性调整方法的有机结合,成为国家实现宏观经济调控的有效途径。

(3)调整手段的综合性和协调性。调整手段的综合性和协调性是指宏观调控法在调整国民经济的运行时,不但要运用计划、价格、税收、财政、金融等多种具体的手段,而且要使这几种调控手段相互渗透、互相配合、相互作用,形成一种整体上的合力,以促进调控目标的实现。

二、宏观调控法的调整对象及调整方法

(一)宏观调控法的调整对象

宏观调控法的调整对象是宏观调控关系,它涉及现实社会中的国民经济整体利益、社会公共利益和国家根本利益与长远利益,内容十分广泛,主要包括以下几类:[2]

1.财税调控关系。所谓财税调控关系是一种以国家权力为依托的对社会产品和国民收入进行分配和再分配所产生的特殊分配关系。政府运用财税调控手段,如预算支出结构的安排、税率的高低调整、税收优惠政策、国家信用、财政补贴等,能够更好地实现宏观调控的目标。

2.金融调控关系。由金融活动产生的金融关系是在与货币流通和银行信贷相联系的经济活动中形成的一类经济关系。货币调控和信贷资金的调控是国家调控

---

[1] 参见李昌麒主编:《经济法学》(第3版),法律出版社2016年版,第309~318页。

[2] 参见徐孟洲主编:《经济法学原理与案例教程》(第3版),中国人民大学出版社2016年版,第309~327页。

经济的极为重要的手段。因此,调整货币发行和资金流通中形成的金融调控关系是宏观调控法的重要任务。

3. 规划调控关系。规划调控关系是国家发展经济理念的完善和升华,是对计划调控关系提法的修正。在市场经济条件下,经济运行要以市场为主体,但这并不排斥规划的作用,而是要实行市场调节手段和规划调节手段相结合。国家规划是宏观调控体系的重要组成部分,宏观调控法应当对国家规划作出调整。需要注意的是,规划调控关系是一个非常宽泛的概念,其内容涉及宏观经济的各个方面,是其他调控手段的基础和依据。

4. 产业调控关系。国家通过对产业结构、产业组织形式和产业区域布局的规划和安排,达到对经济建设的总体的、合理的布局,这是宏观调控的目标之一。因此,应当将产业调控关系纳入宏观调控法的调整范畴。

5. 投资调控关系。固定资产投资膨胀是造成国民收入超分配的重要原因。要保持经济总量的基本平衡和国民经济的协调发展,必须控制固定资产投资规模,同时不影响国家重大建设项目的安排。因此,对于投资调控关系的调整也是宏观调控法的任务。

6. 储备调控关系。国家为了实现总需求与总供给均衡的宏观调控目标,需要在特殊领域实施战略性物资储备制度,如中国粮食储备制度、棉花储备制度、外汇储备制度、土地储备制度、石油储备制度等。战略物资储备制度中存在的储备功能定位、储备规模标准控制以及参与主体等问题,既是宏观调控的重要内容,也是宏观调控法必须解决的法律问题。

7. 价格调控关系。价格总水平调控是价格法的主要内容,稳定市场价格总水平是国家重要的宏观经济政策目标。国家根据国民经济发展的需要和社会承受能力,确定市场价格总水平调控目标,列入国民经济和社会发展计划,并综合运用货币、财政、投资、进出口等方面的政策和措施予以实现。稳定市场价格的措施通常包括两大方面:一是政府建立重要商品储备制度、重要商品和服务价格监测制度、重要农产品收购最低保护价格制度等;二是当市场价格总水平出现剧烈波动等异常状态时,国务院可以在全国或者部分区域内采取临时集中定价权限、部分或者全面冻结价格的紧急措施。

8. 涉外调控关系。《中共中央关于全面深化改革若干重大问题的决定》指出:要构建开放型经济新体制,统一内外资法律法规,保持外资政策稳定、透明、可预期;推进金融、教育、文化、医疗等服务业领域有序开放,放开育幼养老、建筑设计、会计审计、商贸物流、电子商务等服务业领域外资准入限制,进一步放开一般制造业;加快海关特殊监管区域整合优化;扩大企业及个人对外投资,确立企业及个人对外投资主体地位,允许发挥自身优势到境外开展投资合作,允许自担风险到各国各地区自由承揽工程和劳务合作项目,允许创新方式走出去开展绿地投资、并购投资、证券投资、联合投资等；加快同有关国家和地区商签投资协定，改革涉外投资审批体制，完善领事保护体制，提供权益保障、投资促进、风险预警等更多服务，扩大投资合作空间。因此，由国家宏观调控措施作用产生的对外经济贸易关系，应当由宏观调控法调整。

（二）宏观调控法的调整方法

宏观调控法的调整方法主要是一般禁止式、积极义务式，辅之以有条件的一般允许式。[1]

1. 一般禁止式。国家“有形之手”介入宏观经济运行的方式，既包括对原来自由竞争市场经济时期市场主体的行为设定一些禁区，也包括其他的调整方式。

2. 积极义务式。设定积极义务的条款在宏观调控法中非常普遍。宏观调控主体包括调控主体和受控主体两方面，调控主体又包括调控决策主体和执行主体。调控决策主体和执行主体行为的义务性规范非常普遍。前者如《中国人民银行法》规定，中国人民银行必须依法制定和执行货币政策；后者如《商业银行法》规定，商业银行必须执行中国人民银行关于利率的决策、存款准备金的决策，《地方各级人民代表大会和地方各级人民政府组织法》规定，地方政府及其各职能部门必须执行中央的宏观调控决策，等等。

3. 有条件的允许式。虽然宏观调控法是公法，不会像私法那样设定一般允许式的条款，但可以根据需要，在一般禁止式和积极义务式的前提下，对特定主体的特定行为予以允许。比如，中央政府规定基准利率后，允许各金融机构在一定区间内上下浮动。

此外，为了实现宏观调控的目标，有时还需要将有条件的允许式扩展为鼓励式。

三、宏观调控法的基本原则

宏观调控法的基本原则是规定于宏观调控法律之中的对宏观调控立法和执法具有统率意义的根本准则。[2] 宏观调控法的原则主要有：

1. 调控法定原则。调控法定原则包括三层含义：一是政府及其调控职能部门的调控主体资格法定，以明确其法律地位；二是各类调控主体享有的调控权力法定，调控主体必须在法律赋予的调控权范围内活动，禁止假借调控之名、侵害受控主体的权益，保障宏观经济健康运行和市场经济秩序；三是调控方式与程序法定，这是保证宏观调控法和宏观调控权实现的基本要求。[3] 调控法定原则的基本要

---

〔1〕 参见马工程教材编写组编：《经济法学》（第2版），高等教育出版社2019年版，第117页。

〔2〕 参见黄河、王兴运主编：《经济法学》（第2版），中国政法大学出版社2000年版，第280～290页。

〔3〕 参见徐孟洲主编：《经济法学原理与案例教程》（第3版），中国人民大学出版社2016年版，第309～327页。

求是:国家介入市场、调控宏观经济运行的行为必须有法律的明确授权,并受宏观调控法实体性、程序性规范的约束。

2. 调控绩效原则。宏观调控的着眼点是如何提高宏观经济效益,而不直接过问某个企业的经济效益。调控绩效原则的基本要求是:国家宏观调控行为应以提高经济运行的宏观效率、促进国民经济持续增长为目标。在制定和实施宏观调控法规范时,都应当以提高调控绩效为基本准则之一。

3. 调控公平原则。经济法所说的公平原则是指国家为了克服市场机制产生的天然的不公平,以国家力量强制性地从富裕者手中拿出部分财产去救济和帮助贫困者,从而达到社会的相对公平。调控公平原则的基本要求是:国家宏观调控行为应当兼顾效率与公平,增进经济资源配置在地区、产业和国民分配上的公平。

4. 调控适度原则。调控适度包括三层意思:一是政府调控不得冲击和削弱市场机制作用的发挥,相反,应当促进和保护市场机制调节功能的充分发挥;二是政府调控必须尊重客观经济规律,依法进行干预;三是政府一般不得直接干预经济组织的生产经营活动。[1] 调控适度原则的基本要求是:在法律实体性和程序性规定的范围内,国家宏观调控行为应当以量化的、最佳的效率和公平状态为目标,统筹宏观经济运行各变量之间的关系,兼顾宏现调控的各项目标,准确、有效地运用各种相关的宏观调控手段,努力实现宏观调控综合效果的最优化。将宏观经济运行调控在最佳区间或幅度内,是宏观调控法律制度的设计和实施应当遵循的基本准则之一。

四、宏观调控法的体系

宏观调控法的体系是指调整宏观经济调控关系的规范性文件体系。对宏观调控法结构的研究,应从宏观调控法的调整对象入手,因为某一具体宏观经济调控关系都有其特殊性,某一类宏观经济调控关系都有其共同性,因而调整这些宏观调控关系的法律、法规的特点就有一致性。这样可以避免对某一具体宏观调控法的"肢解",又便于对宏观调控法律体系的结构径行分类研究。

宏观经济调控关系包括指导性宏观经济调控关系和调解性宏观经济调控关系。与此相适应,我国需要建立和完善的宏观调控法律体系,应由两类规范性文件组成:(1)规范指导性宏观经济调控关系的法律和法规,如产业调控法、计划调控法等;(2)规范调解性宏观经济调控关系的法律、法规,如金融法、国有资产管理法、环境法、自然资源法、能源法等。

国家对经济运行的协调之一是宏观调控行为。宏观调控行为,包括财政调控行为、税收调控行为、金融调控行为和计划调控行为等;相应地,分别产生财政调控

---

[1] 参见徐孟洲主编:《经济法学原理与案例教程》(第3版),中国人民大学出版社2016年版,第309~327页。

法律关系、税收调控关系、金融调控关系和计划调控关系等；调整这些经济关系的法律规范，分别为财政调控法规范、税收调控法规范、金融调控法规范和计划调控法规范。上述各类调控规范，分别总称为财政调控法、税收调控法、金融调控法和计划调控法。

第二节　宏观调控法的基本制度

宏观调控法的基本制度包括宏观调控主体制度、宏观调控权配置制度、宏观调控程序制度、宏观调控责任制度等。

一、宏观调控主体制度

当宏观调控关系经过法律调整转化为宏观调控法律关系时，宏观调控关系中的主体就转化为宏观调控法律关系中的主体，即宏观调控法主体。因此，宏观调控法主体可以分为调控主体、受控主体。

宏观调控主体是宏观调控行为的实施者。从宏观调控法的角度看，调控主体是宏观调控义务的承担者和宏观调控权力的享有者。综观各国宏观调控法，宏观调控义务的承担者和权力的享有者是国家。我国的中央政府——国务院及发展和改革委员会、财政部、中国人民银行等，都分别依法实施不同的宏观调控行为。根据2018年3月17日第十三届全国人大第一次会议的决定，除上述部门外，工业和信息化部、农业农村部、商务部等也分别实施不同领域的宏观调控行为。

宏观受控主体即宏观调控对象，是宏观调控行为的受动者，即宏观调控行为的直接受影响者。受调控行为直接影响的，从表面上看，包括一系列经济指标，如总供给、总需求、物价、就业率等。但从承受者的角度看，是市场主体。受控主体既然是市场主体，其具体形式也就包括经营者、消费者。在特定情形下，经营者利益的代表者，如行业协会等，也成为宏观调控行为的受体。

二、宏观调控权配置制度

宏观调控权是宏观调控主体依法享有的权力。一个国家的宏观调控权是由不同国家机关分别并协调行使的。根据国家机关的性质、职能和地位，赋予不同类型和层级的宏观调控权，这就是宏观调控权的配置，可分为横向配置和纵向配置。

（一）宏观调控权的横向配置

根据宏观调控权所处的宏观调控环节，可以将宏观调控权分为宏观调控立法权和宏观调控执行权两类。

根据宏观调控权所指向的宏观调控方式，可以将宏观调控权分为财政调控权、税收调控权、金融调控权和计划调控权等。它们还可以依具体调控方式的不同作进一步的分类。比如，财政调控权，可以分为财政收入权、财政支出权和财政管理权等。在我国现行体制下，从国务院部门层面，财政调控权主要由财政部行使；税收调控权主要由财政部、税务总局行使;金融调控权主要由中国人民银行行使;计划(含产业结构、投资、价格等)调控权主要由国家发展改革委员会等部门行使。

根据权力的强制性程度不同,还可以将宏观调控权分为指令性调控权和指导性调控权。比如,产业调控部门对重大投资行为的审批权,属于指令性调控权;而产业调控部门发布产业政策指导目录,则是其指导性调控权的体现。指令性调控权具有强制性,受控主体必须遵行;指导性调控权的强制性相对较弱。

(二)宏观调控权的纵向配置

宏观调控权的纵向配置是关于如何在中央和地方之间分配宏观调控权,以及这两者根据各自的职责依法实施由决策机关作出的宏观调控的相关决策。并非所有的宏观调控权都可以进行纵向配置。比如,基于“议会保留”,税收调控权中的重要税种的新设与取消权力属于全国人大及其常委会。根据《立法法》,以后将不委托国务院行使税收立法权。再如,金融调控权也集中于中央政府,地方政府不享有该项权力。

三、宏观调控程序制度

宏观调控程序制度是宏观调控行为的程序化、法治化。宏观调控程序制度可以按调控手段、环节和领域进行细分。

(一)不同手段的调控程序制度

宏观调控行为依其手段的不同,可以分为财政调控、税收调控、金融调控和计划调控。相应地,宏观调控程序制度有财政调控程序制度、税收调控程序制度、金融调控程序制度和计划调控程序制度之别。每一项程序制度均可以细化。比如,财政调控程序制度可以细化为预算调控程序制度、国债调控程序制度、财政支出调控程序制度,等等。

(二)不同环节的调控程序制度

任何一项宏观调控行为都是由一系列有先后次序的具体行为构成的,由此形成了宏观调控行为的各个环节。依宏观调控行为的环节,宏观调控程序制度可以分为宏观调控决策程序制度和宏观调控实施程序制度。整个宏观调控的决策和实施行为又可分为信息收集整理、方案拟议、权衡抉择、公告通知、实施督促与信息反馈等诸多环节,因而又可以形成不同环节的程序制度。

(三)不同领域的宏观调控程序制度

宏观调控行为中既有立法行为,也有执法行为。根据宪法和财政法,中央预算调控程序包括预算的编制、预算的审批、预算的执行和调整以及决算等程序。其中,审批制度、调整制度和决算制度,均有全国人大或其常委会审议批准环节,实质上是立法行为。预算的编制、执行和决算草案的编制等则是执法行为。地方预算调控也是如此。我国《立法法》强调,税种的设立、税率的确定和税收征收管理等税收基本制度,只能由法律规定。这就意味着税收调控程序制度中,全国人大或其常委会审议环节成为所有涉及税种、税率的税收调控程序必不可少的环节。

四、宏观调控责任制度

宏观调控责任制度是保障宏观调控法的守法、执法和司法的重要制度。规定违反宏观调控法义务的责任,有利于保障宏观调控法的实施和宏观调控目标的实现。

(一)归责基础

违反宏观调控法的法律责任,是宏观调控法主体违反宏观调控法律义务而应承担的不利的法律后果。宏观调控法责任制度是保障宏观调控法的守法、执法和司法的重要制度。

违反宏观调控法律义务的主体之所以承担法律责任,是由于其违法行为所具有的社会危害性。当宏观经济运行出现法律规定的需要调控的临界指标时,调控主体应当依法实施调控行为。如果调控主体违反法律规定的职责和程序实施宏观调控或者不实施宏观调控,就会对宏观经济运行造成损害。同样,宏观调控受体不接受强制性的宏观调控,也会对宏观经济运行造成损害。规定违反宏观调控法义务的责任,有利于保障宏观调控法的实施和宏观调控目标的实现。

(二)责任主体

调控主体违反法律规定的职责和程序,实施宏观调控或者不实施宏观调控、受控主体不接受强制性的宏观调控,都应当承担相应的责任。从法律责任主体上看,调控主体和受控主体都是特殊主体。调控主体是特殊主体自不待言;从受控主体方面看,并不是所有的组织和个人都是受控主体,只有成为市场主体的经营者及其代表者才可能成为受控主体,才有可能基于其违法行为承担宏观调控法责任。因此,宏观调控法的责任主体是特殊主体。

(三)责任形式

违反宏观调控法的法律责任形式可分为财产性责任和非财产性责任两类[1]:

1. 财产性责任

调控主体违反宏观调控法的行为都会给国家整体利益,部分市场主体甚至普通居民的利益造成损害。是否导致赔偿(国家赔偿),要视具体情形和法律的规定而定。受控主体违反宏观调控法的行为,如从事金融活动的经营者违反法定利率、汇率,给宏观经济运行秩序和国家整体利益造成损害,将会被处以罚款、罚金;给其他经营者或消费者造成损害的,依法承担赔偿责任、返还财产责任。

2. 非财产性责任

宏观调控主体就其机关性质而言,同时是立法机关和政府机关。立法机关不因其宏观调控行为而承担法律责任,而政府机关违法实施宏观调控当然应承担法

〔1〕 参见马工程教材编写组编:《经济法学》(第2版),高等教育出版社2019年版,第122页。

律责任。

调控主体中的一般工作人员、受控主体及其工作人员违反宏观调控法,依法应当承担以下几种责任:

一是声誉罚。作为受控主体的市场主体,由于违反宏观调控法而引起的声誉上的法定不利后果。调控主体不合法的调控行为,也会受到声誉罚。

二是自由罚。受控主体严重违反宏观调控法的规定,并同时达到刑法所规定的要件时,即可能遭到"双罚"——对单位和个人的罚金以及对个人的自由罚。调控主体的工作人员严重违反宏观调控法的规定,也可能受到自由罚。

三是资格罚。受控主体因严重违反宏观调控法,可能受到吊销营业执照的处罚,这是最严重的资格罚。较轻一些的是被主管机关降低从事特别市场经营的资质等级,或者暂停从事某类或某几类业务的资格。

(四)责任竞合

违反宏观调控法的行为,在承担宏观调控法责任的同时,因其主体在外观上相同,可能同时承担违反宪法、行政法的法律责任。因此,宏观调控法责任有时也与违宪责任、行政违法责任相竞合。

【拓展学习与思考】

1.宏观调控法是一种政策性法律吗?

宏观调控法是一种政策性法律,是由宏观调控的性质所决定的。宏观调控是对国民经济的宏观调控,而国民经济是不断变化发展的,有时甚至是瞬息万变的。这就决定了宏观调控法要有效地适应国民经济的变化发展,就要具有相当的灵活性,要因时、因地、因事制宜地进行宏观调控。宏观调控法受国家或政府的宏观调控政策的影响,是一项政策性很强的工作或行为。在很大程度上可以说,宏观调控政策是宏观调控的灵魂,不了解、无视、拒斥宏观调控政策就不可能很好地进行宏观调控。因此,宏观调控法需要限缩法律的稳定性,体现政策的属性和特长,充分运用政策的灵活性。

宏观调控法成为一种政策性法律体现在两大方面:第一,宏观调控政策是宏观调控法的指南,对宏观调控法的制定、解释和执行都具有重要的指导作用和参考价值;宏观调控政策是前宏观调控法或准宏观调控法,是宏观调控法的先导,可为制定宏观调控法进行有效尝试并积累经验,可弥补宏观调控法的不足和空白。第二,宏观调控法是宏观调控政策的法律化,是成熟定型的宏观调控政策,是升华后的宏观调控政策,为贯彻落实宏观调控政策提供了一套法律程式,有利于依法贯彻落实宏观调控政策;宏观调控法是与政策结合最为密切的法律之一,在很多情况下,宏观调控法与宏观调控政策是合二为一的。例如,宏观调控法中的财政政策、货币政策和产业政策等很难说是政策还是法律,有时政策是内容,法律是形式;有时法律是内容，政策是形式；有时两者相互整合，不分彼此。

2. 宏观调控法在市场经济中的作用是什么？

市场经济需要宏观调控，宏观调控需要法治的保障。宏观调控法在市场经济中的作用体现在以下几方面：

第一，通过规定一系列宏观调控措施，促进市场总需求和总供给的平衡。这是总量的均衡，而不是微观经济单位或局部地区、部门的局部均衡。然而，为实现总量均衡目标，必须通过法律的手段和制度方式，使微观经济单位以及局部地区和部门，在市场经济活动中根据竞争原则，追求微观经济目标，或者说分散的市场行为在宏观调控下最终集合成总量均衡的趋势。

第二，促进市场经济的完善。现代市场经济从建立到完善的全过程，几乎每前进一步、每一环节的变化和发展，都离不开宏观调控法的促进。这里所讲的“促进”，既包括宏观调控法为市场经济的发展创造条件、提供机遇，又包括认识和利用市场经济规律，促进其发展与完善，还包括规定政府职能的转变，促进其更好地为市场经济服务。

第三，协调市场经济的发展。通过计划与规划法、产业政策法和投资法调整产品结构，引导资金的投资流向，优化资源配置，协调各产业部门的关系，调整不同产业部门之间的矛盾，促进其共同协调发展。政府的产业政策和投资行为，按照宏观调控法的要求，除了服务于宏观调控需要外，还必须考虑市场机制作用能否充分发挥的问题。

第四，为政府对市场经济进行宏观管理提供法律依据，规范和约束政府管理市场的行为。通过立法明确政府对市场宏观调控管理的职能机构、职能范围、方式程序，既使其具有权威性、强制性，又避免出现主观性、随意性等滥用权力破坏市场机制的行为，建立必要的监督制约机制，从而防止政府的过度干预而酿成“政府失败”的恶果。

以案释法：

房产限购

【案情】2011 年 5 月，为规避限购，某甲以其弟弟某乙的名义向某房地产开发公司购买了位于某市某小区房屋一套，款项由某甲全额支付。房产权证登记在某乙名下，后某甲以其系实际买受人为由，起诉某乙，要求确认房产归其所有，变更产权登记至其名下。

【问题】法院能支持某甲的诉讼请求吗？

【解答】某甲的诉讼请求不能获得法院支持。案涉房屋是以某甲弟弟某乙的名义购买的，而某市出台了房屋限购政策，因某甲名下已有两套房产，不具备购房资格,故对某甲以其系实际买受人为由请求确认其为房屋产权人的诉请不予支持,判决驳回某甲的诉讼请求。

【评析】为了规避国家房地产宏观调控政策,借名买房行为时有发生。此类行为不仅妨碍调控政策的落实,扰乱房屋权属登记管理秩序,对实际买受人来说也存在较大风险和隐患。一旦名义买受人对房产进行擅自处分,在相对方系善意取得的情况下,实际买受人将无法追回房屋。针对实际买受人系为规避限购政策而进行借名本身不具备购房资格的情况,法院对其以系实际买受人为由请求确认其为房屋产权人的不予支持,实际买受人可在其符合购房条件时,请求确权。

第二十六章 计划调控和投资调控法律制度

【本章导读】

2020年8月，习近平总书记对"十四五"规划编制工作作出重要指示强调，编制和实施国民经济和社会发展五年规划，是我们党治国理政的重要方式。习近平总书记还曾于2017年、2019年分别指出，实行高水平的贸易和投资自由化便利化政策，全国实行准入前国民待遇加负面清单管理制度，大幅度放宽市场准入，扩大服务业对外开放，保护外商投资合法权益；我们要促进贸易和投资自由化便利化，旗帜鲜明反对保护主义，推动经济全球化朝着更加开放、包容、普惠、平衡、共赢的方向发展。据此，我们应当加强计划、投资法律制度的学习与研究。

计划调控法和投资调控法是宏观调控法的重要组成部分。本章分别介绍了计划调控法律制度和投资调控法律制度。计划调控法律制度涉及计划、计划调控与计划调控法，计划调控法的调整对象和主要内容等；投资调控法律制度涉及投资、投资调控与投资调控法、投资主体与范围、投资管理与责任、外商投资等。学习与理解计划调控法律制度和投资调控法律制度，对于深入掌握计划调控法、投资调控法具有指导意义。

第一节 计划调控法律制度

计划是国家对市场经济进行事前调节和宏观调控的重要手段，体现着对各种经济政策和经济手段的协调以及市场经济运行的方向和目标。计划经济虽然已经成为过去式，但是在我们这样一个社会主义经济大国，计划在经济发展中的地位和作用无可替代，因而计划调控法必然是宏观调控法的重要组成部分。

一、计划、计划调控、计划调控法

（一）计划

"计划"一词有广义和狭义两种理解。广义的计划是指国家对整个社会经济活动的部署或安排；狭义的计划是指国家通过制定经济、社会发展战略，编制和组织实施中长期计划方案来诱导经济运行,调控经济发展。[1] 计划是市场经济体制下国家进行宏观经济调控的手段之一,主要表现在国家通过具有科学依据的先定的中央计划来控制宏观国民经济运行,并指导、调节宏观经济活动,保证整个国民经济协调发展。

计划可以从不同角度进行分类:[2]

1.按计划是否量化可分为指标性计划和政策性计划。指标性计划包括指导性计划和指令性计划;政策性计划包括政府的经济纲领、综合经济政策报告等。

2.按计划内容可分为综合计划、行业计划和专项计划。综合计划是指国民经济和社会发展计划,包括经济、科技、社会发展计划;行业计划是指某一行业的发展计划,包括发展目标、发展重点等内容;专项计划指某一重要领域和解决重点问题的专门性计划。

3.按计划期限可分为长期计划、中期计划和短期计划。长期计划是指十年以上的纲领性计划,是国家在较长时期内的任务和目标的总体规划。其主要任务是:(1)正确分析国内外政治经济形势和科学技术发展的趋势,进行客观经济预测,提出发展战略;(2)确定国民经济和社会发展方向、目标、步骤、重点、重大比例关系、发展速度、重要指标和重大建设项目;(3)规定实施长期计划的重大政策和措施。中期计划一般是五年计划,是长期计划的实施性计划,是国民经济和社会发展计划的基本形式。中期计划的主要任务是:(1)确定计划期间经济增长速度和重大比例关系;(2)确定人民生活提高幅度和社会发展主要目标;(3)规定重要经济和科技政策及计划实现的重大措施。短期计划一般是年度计划是落实中期计划的具体行动计划。其主要任务是:(1)根据中期计划和经济运行的实际情况,确定国民经济和社会发展任务,合理安排生产和人民生活;(2)制订实施年度计划的具体措施。这三种计划形式中,长期计划和中期计划在宏观调控中具有特别重要的意义,因为市场经济条件下的计划是一种纲领性、指导性计划,目的在于保障和引导市场健康运行,而不是对各个市场主体行为的具体指令和分配应由市场配置的资源。另外,重大科学技术成果应用、产业结构调整、生产布局改变、大中型基本建设项目落实等都需要中长期计划来安排,短期计划难以完成这些任务。因此,在市场经济条件下,国家必须重视中长期计划的编制和实施。

4.按计划是否具有强制性可分为约束性计划指标和预期性计划指标。约束性计划指标是指政府在公共服务和公共利益领域对有关部门提出的工作要求,是政府必须通过合理配置公共资源和有效运用行政力量确保实现的指标,该计划指标具有强制性;预期性计划指标是政府期望的发展目标,主要通过市场主体的自主行

---

[1] 参见黄河、王兴运主编:《经济法学》(第2版),中国政法大学出版社2000年版,第291~329页。

[2] 参见李昌麒主编:《经济法学》(第3版),法律出版社2016年版,第320页、第323~335页。

为来实现，是一种指导性、导向性指标。

（二）计划调控

计划调控是宏观调控的下位概念，是国家通过制订和实施计划的方法，对国民经济和社会发展活动施加的指引、调节与控制。计划调控是一种高层次的宏观调控手段。

国家计划调控具有以下功能：[1]（1）预测引导功能，即国家计划不但预测了未来的发展方向，而且引导市场主体遵从并行动；（2）协调功能，即在实现国家宏观调控目标的过程中，计划调控可以协调财政、税收和金融等各种手段，共同作用于宏观调控目标；（3）宏观调控功能，即通过国家发展战略和规划的预测、引导和利益协调功能，推动宏观调控目标的实现。

（三）计划调控法

计划调控法是我国宏观调控法的重要组成部分，是调整国家制定和实施国家计划调控过程中发生的社会关系的法律规范总称。[2] 计划调控法把经过严格程序、充分讨论、民主协商、科学决策后所提出和确立的科学合理的计划目标法律化，并依法加以贯彻落实。[3]

计划调控法具有如下功能：（1）计划调控法确立经济体制的性质；（2）计划调控法保证国民经济按比例协调发展；（3）计划调控法保障社会稳定；（4）计划调控法能够引导企业；（5）计划调控法与经济政策联系紧密。[4]

二、计划调控法的调整对象

计划调控法的调整对象是计划调控关系，即计划主体在计划活动中所发生的社会关系。这里所说的计划主体包括审批主体（如权力机关）、管理主体（如各级人民政府及其职能部门）、实施计划主体（如企业、事业单位）等。计划活动是指计划的编制、审批、执行、监督、检查以及调整与修改的全过程。[5]

计划调控关系可以分为两大类：[6]一是间接计划调控关系，即国家运用经济政策、经济杠杆等手段引导计划执行主体的经济活动所发生的计划调控关系；二是直接计划调控关系，即计划执行主体因完成国家的指令性计划而产生的计划关系。

计划调控关系具有以下特征：[7]

---

[1] 参见张守文主编：《经济法学》（第2版），高等教育出版社2016年版，第195页。

[2] 参见张守文主编：《经济法学》（第2版），高等教育出版社2016年版，第195页。

[3] 参见王卫国、李东方主编：《经济法学》（第3版），中国政法大学出版社2016年版，第486页。

[4] 参见王卫国、李东方主编：《经济法学》（第3版），中国政法大学出版社2016年版，第476～477页。

[5] 参见李昌麒主编：《经济法学》（第3版），法律出版社2016年版，第320页、第323～335页。

[6] 参见黄河、王兴运主编：《经济法学》（第2版），中国政法大学出版社2000年版，第291～329页。

[7] 参见王卫国、李东方主编：《经济法学》（第3版），中国政法大学2016年版，第483～489页。

1. 计划性

一种社会关系是否应由计划法来调整，关键看这种社会关系是否内在地具有计划性，要求进行计划调控。计划具有超前性，计划本质上是对未来的预测和未来的行为方案。这种社会关系表现为：[1]（1）这种社会关系是未来的，至少是现在的，只有未来的或现在的社会关系才需要计划；（2）这种社会关系内在的要求进行科学预测、事先规划、巧做安排、合理调整，有计划、按比例地发展；（3）这种社会关系具有战略性、政策性，关系大政方针和国计民生，如果不进行计划调控的话，会影响整个国民经济和社会稳定、有序、协调、健康、持续发展；（4）这种社会关系要通过足够的信息来比较准确地反映其历史和现状，并能从中预测其未来的发展趋势。

2. 宏观性

计划法不可能、也没有必要对所有的经济活动和经济关系都一一加以调整，计划法只能调整那种涉及国民经济全局、处于宏观层次、关系国计民生、影响国泰民安的社会关系，是那些具有宏观性、战略性、政策性的社会关系。宏观计划由政府尤其是中央政府去组织制订和执行，这也就决定了宏观计划主要是政府计划尤其是中央政府计划。

3. 国家意志性

计划的要义是国家以整个社会代表的身份和名义，集中全社会各个方面的意见形成国家意志，并负责依此制订和执行国民经济和社会发展计划。国家（具体由中央政府代表）本身是计划关系中最主要的主体之一，计划体现着强烈的国家意志，国家统率国民经济和社会发展的意向蓝图、目标模式和战略部署等都集中体现在计划中。可以说，没有国家和中央政府，也就没有计划。

4. 综合性

国民经济和社会发展计划是由许多因素和许多方面综合构成的。计划关系涉及国民经济和社会发展的诸多方面，包括各种经济成分（如国有、集体、私有经济等）、各种经济要素（如人口、技术、资源和环境等）、各种社会关系（如产业结构关系、地域布局关系、公平与效益关系等）、各种发展要求、各种利益主张以及政府采用的各种政策。计划关系本身是多层次的，如计划决策关系、计划管理关系、计划程序关系、计划实施关系等，也具有明显的综合性。

三、计划调控法的主要内容

计划调控法包括计划编制与审批制度、计划实施制度和计划监督检查制度等。

（一）计划编制与审批制度

计划的制订是指计划编制机构根据国内国际的社会经济形势及发展趋势和宏

---

〔1〕 参见王卫国、李东方主编：《经济法学》（第3版），中国政法大学2016年版，第483页。

观经济规律的要求，对涉及国民经济全局和长远发展的战略目标、重要任务、具体措施等进行预测、论证、编制、审议等行为。

根据计划内容的不同，计划由不同的机构进行编制。全国性的国民经济和社会发展计划由国务院编制和管理，由国家计划主管部门负责编制的具体工作；全国性的行业计划由国务院各个部门负责编制；地方性的国民经济和社会发展计划由地方人民政府编制管理，同级人民政府的计划主管部门负责具体编制工作。

计划审批机关是国家权力机关。中央计划由全国人民代表大会及其常务委员会审批，地方计划由地方人民代表大会及其常务委员会审批。全国的和地方的行业计划与专项计划，则分别由国务院和同级人民政府批准。

（二）计划实施制度

1. 计划实施的主要措施

计划批准后，各级人民政府或政府授权的部门应积极组织实施，各个企业和基层单位应切实按照社会需要和本单位的实际情况组织实施，涉及指令性计划的单位应保证计划的完成，任何单位或个人都不得擅自修改或拒不执行。

计划实施的措施和手段包括经济手段、法律手段和行政手段。经济手段是通过实施各种经济政策措施和利用经济杠杆等调整经济利益关系来间接调节经济活动；法律手段主要是通过经济立法和执法来调节经济活动；行政手段是指政府机关运用行政权力对市场、企业和有关经济活动进行的超经济行政强制。在社会主义市场经济条件下，计划的实施逐步由行政手段转为以经济手段和法律手段为主的方式。具体措施有：信息引导；与计划相互配合的金融、财政政策；政策性投融资；把国家订货、国家储备、国家投放作为稳定市场、稳定物价的手段等。

2. 计划实施过程中的调整

国民经济和社会发展计划，经法定程序正式批准后便具有法律效力，一般不作修改或调整。只有遇到下列特殊情况时，才能修改或调整计划：（1）发生特别重大的自然灾害，严重影响原定计划任务完成的；（2）发生未能预料的重大情况，必须改变计划的；（3）国际关系发生重大变化，严重影响国内经济生活的；（4）发生其他特殊重大情况，必须改变计划的，等等。修改或调整计划必须获得原计划审批机关的批准。

（三）计划监督检查制度

计划的监督是在国民经济和社会发展计划的执行过程中，对执行单位完成计划的情况进行检查和督促，并指明存在的问题。计划的监督检查是职能部门和被检查单位对国家应尽的法定义务，是计划程序的重要组织部分。[1]

根据我国现行法的有关规定，计划监督检查机关主要是各级权力机关、行政管

---

〔1〕 参见张守文主编：《经济法学》（第2版），高等教育出版社2016年版，第201～202页。

理机关、职能部门等。

计划的监督检查因监督检查者的不同而分为以下类型:(1)权力机关的监督检查,即各级人民代表大会及其常委会对同级计划的执行情况进行监督检查;(2)行政管理机关的监督检查,即各级人民政府及其发展改革委员会,对所属单位计划实施情况进行经常性监督检查;(3)职能部门的监督检查,即统计、财政、金融、物价、税收、审计和市场监督管理等职能部门,在各自职责范围内对计划执行情况进行监督检查;(4)社会监督检查,即人民群众的监督检查,这是最经常、最直接,也最具广泛性的计划监督检查。

计划监督检查的主要内容包括:计划的制订和实施是否符合法定程序;计划的内容是否切合实际;保证计划执行的政策和措施是否落实及落实的情况;计划执行过程中是否有违法行为等。对指令性计划的执行情况要严格检查、认真分析,及时发现问题,并向有关部门反映。对计划的监督检查,应以国家批准的计划和统计部门的统计数字为依据。

四、区域规划法

国家规划或计划具有导向作用,是宏观调控的重要手段。从某种意义上说,区域规划法也属于计划调控法的组成部分。[1]

(一)区域规划法的概念和渊源

区域规划法是指调整政府在进行区域规划管理过程中发生的各种社会关系的法律规范的总称。区域规划对产业结构和经济结构的优化、城镇空间布局和基础设施整合等涉及宏观调控目标和任务方面有着重要的影响作用。因此,作为调整区域规划关系的区域规划法是宏观调控法体系中的重要组成。

国家为推进区域经济、社会和生态的协调有序发展,批准发布数十个区域规划,有力推进了区域协调发展与和谐社会的建设。然而,我国的区域规划的制定和实施缺乏法律的规制。从区域规划法的渊源或外在表现形式看,我国尚未制定统一的《区域规划法》,其法律规范的表现形式主要分散在一些有关国土规划、城乡规划、环境与自然资源的法律、法规之中。例如,《土地管理法》《城乡规划法》《环境保护法》《水法》《森林法》《草原法》等法律、法规中均有涉及区域规划方面的规定。

(二)区域规划法的主要内容

1. 区域规划主体制度

区域规划主体既包括省级、市级、县级等多层级的政府,也包括执行和落实规划的相关组织。例如,在建设基础设施和公共服务设施方面,国家鼓励政府与社会资本合作,引导民营企业和私人企业成为建设主体。

---

〔1〕 参见张守文主编:《经济法学》(第2版),高等教育出版社2016年版,第208页。

2. 区域规划协作制度

区域规划协作制度是具体落实区域规划任务的合作制度，包括区域内技术交流与合作制度；区域内土地、资源、能源合作开发利用制度；区城内工业基地、先进装备基础设施等合作开发利用制度；区域生态环境共建与保护制度；区域内运输通道和通信网络的互联互通合作制度等。

3. 区域规划调控制度

区域规划调控制度是调整区域规划与产业、财政、金融等政策之间关系的法律制度。通过该制度，一方面，可以将产业、财政、金融等政策整合起来，保障整个区域内的产业梯度合理转移，实现产业分工的合理化和科学化；另一方面，可以突破行政区划限制，集聚产业，组织区域内各地区人口和资源环境，实现整个区域内经济结构、产业结构和产业布局的科学合理化，逐步形成符合区域经济发展特色的具有产业关联的、有凝聚力的新型经济综合体。

4. 区域规划程序制度

区域规划程序制度包括区域规划编制、审批和实施制度。《城乡规划法》对城乡规划的制定、实施、修改、监督等程序作出了详细的规定。该法第 12 条规定："国务院城乡规划主管部门会同国务院有关部门组织编制全国城镇体系规划，用于指导省域城镇体系规划、城市总体规划的编制。全国城镇体系规划由国务院城乡规划主管部门报国务院审批。"该法第 13 条规定："省、自治区人民政府组织编制省域城镇体系规划，报国务院审批。省域城镇体系规划的内容应当包括：城镇空间布局和规模控制，重大基础设施的布局，为保护生态环境、资源等需要严格控制的区域。"

五、对外贸易法

对外贸易法既是国家实施宏观调控的重要法律手段，也是实现国家宏观调控目标的法律保障，对于国家对外贸易发展战略与规划的制定，促进国际收支平衡，实现国家宏观调控目标，都具有重要的作用。[1]

（一）对外贸易法的概念和渊源

对外贸易法有广义与狭义之分，广义的对外贸易法是指国家调整在货物进出口、技术进出口和国际服务贸易中产生的对外贸易管理关系和对外贸易合作关系的法律规范的总称。它的表现形式散见于一系列法律、行政法规和其他具有法律效力的规范性文件中。目前，我国的对外贸易法主要规定在《对外贸易法》《海关法》《反倾销条例》《反补贴条例》《保障措施条例》等法律、行政法规中。此外，我国缔结、参加的有关国际经济贸易方面的国际条约和通行的国际惯例，也必须遵守。形式意义或狭义的对外贸易法专指《对外贸易法》，它于 1994 年制定，2004 年

---

〔1〕 参见张守文主编：《经济法学》（第 2 版），高等教育出版社 2016 年版，第 210 页。

进行了修订,2016 年进行了修正,共 11 章 70 条,除总则外,还规定了对外贸易经营者、货物进出口与技术进出口、国际服务贸易、与对外贸易有关的知识产权保护、对外贸易秩序、对外贸易调查、对外贸易救济、对外贸易促进、法律责任和附则。《对外贸易法》是我国对外贸易领域的法律基础和支柱,是整个外贸制度的核心。

(二)对外贸易预警应急制度

对外贸易预警应急制度(机制),又称产业损害预警机制,是对外贸易法中政府宏观调控的重要手段,主要通过对货物进出口、技术进出口和国际服务贸易异常情况的连续性监测,分析其对国内产业的影响,及时发布相关预警信息,为政府相关部门、产业和企业决策服务。对外贸易预警应急制度是国家调控宏观经济的重要制度,也是有效运用贸易救济措施的基础性、前瞻性、预防性制度,对维护国内产业安全具有重要作用。

要保障市场配置资源的决定性作用,就要更好地发挥政府的作用,政府的宏观调控必不可少。由于对外贸易的涉外性质,更需要政府建立调控与协调机制。因此,除了要健全反倾销、反补贴制度、关税制度等传统制度,还要建立健全对外贸易预警应急制度。《对外贸易法》第 49 条规定:"国务院对外贸易主管部门和国务院其他有关部门应当建立货物进出口、技术进出口和国际服务贸易的预警应急机制,应对对外贸易中的突发和异常情况,维护国家经济安全。"该规定强化了政府的预警职能,使我国产业损害预警机制上升为对外贸易的重要法律制度。

第二节 投资调控法律制度

投资是一国经济发展的第一推动力,投资调控是国家为弥补市场失灵而对一国的投资总量平衡、投资结构、投资布局进行调节和控制的行为。该行为直接影响到市场经济的发展,必须纳入宏观调控法律范畴。

一、投资、投资与计划、投资调控法

(一)投资

社会发展的各个时期,如果没有一定量的投入,经济是难以启动和发展的。投资是指经济主体为了获得经济利益而垫付货币或其他资源,并进而转化为实物资产或金融资产的活动。"投资"有广义与狭义之分。广义的投资是指主体牺牲或放弃现在可用于消费的价值以获取未来更大价值的一种经济活动;狭义的投资仅指固定资产投资。[1]

按照不同标准,投资有不同分类:(1)以投资对象为标准,可分为固定资产投资和流动资产投资;(2)以投资是否借助金融中介为标准,可分为直接投资和间接

---

〔1〕 参见张守文主编:《经济法学》(第 2 版),高等教育出版社 2016 年版,第 204 页。

投资;(3)以用于投资的资产性质为标准,可分为国家投资和民间投资;(4)以投资主体的身份为标准,可分为政府投资和私人投资;(5)以用于投资的资产来源是境内还是境外为标准,可分为内资投资和外资投资;(6)以资本投向是境内还是境外为标准,可分为境内投资和境外投资。[1]

(二)投资与计划

在国家宏观调控中,投资与计划紧密相关。一方面,国家的各项投资必须在国家各级政府的计划指导和协调下进行。投资计划是政府对投资活动进行宏观调控的集中体现,是投资管理的基本依据,可以促进经济结构和生产力布局优化。另一方面,国家的国民经济和社会发展计划要通过包括投资在内的各种建设活动进行落实,投资建设是实现国家发展战略和规划的手段之一。[2]

(三)投资调控法

投资调控是指政府从国民经济运行的总体发展目标出发,对整个投资活动进行的调节与控制。投资调控法是规范国家投资调控行为,调整国家投资调控关系的法律规范的总称。[3] 它是规范投资活动的行为规则,是调整投资关系、保障投资活动顺利进行的法律手段。

投资调控法律关系具有以下特征:[4](1)主体的广泛性和特定性。在投资活动中,政府、企业法人或自然人个人均可成为投资调控法律关系的主体。(2)方法的综合性。由于投资活动在宏观上兼有市场调节和计划调节的二元体系的特点,因而调控方法具有综合性。(3)行为的规范性。在投资活动中,对政府直接或间接调控投资关系的手段必须规范化,并将行政调控手段依法限制在必要的范围内。

二、投资调控法的主要内容

投资调控法的主要内容包括投资主体及投资范围、投资管理、投资程序以及投资责任等。

(一)投资主体及投资范围

1. 投资主体的条件和类型

投资主体又称投资者,是指从事投资活动、享有投资决策权、具备筹资能力并享受投资收益及承担投资风险的自然人或法人。

投资主体应具备以下条件:

(1)能够相对独立地作出投资决策的自然人或法人;

(2)有足够的资金来源;

---

〔1〕 参见张守文主编:《经济法学》(第2版),高等教育出版社2016年版,第204页。

〔2〕 参见张守文主编:《经济法学》(第2版),高等教育出版社2016年版,第204~205页。

〔3〕 参见张守文主编:《经济法学》(第2版),高等教育出版社2016年版,第205页。

〔4〕 参见黄河、王兴运主编:《经济法学》(第2版),中国政法大学出版社2000年版,第291~329页。

(3)对投资所形成的资产享有所有权和法人财产权或经营管理权;

(4)能够承担投资风险及相应的法律责任。

现阶段我国投资主体主要有政府、企业、事业单位和自然人个人及外商。

2. 投资主体的投资范围

不同主体的投资范围不同,在投资调控中也发挥着不同作用。

(1)政府投资的范围。中央政府投资范围主要面向跨区域的公用事业、全国性文化、教育、国防、航天等基础设施以及党、政、军机构的投资,极少数大型国家骨干企业、高新技术、自然资源的开发保护与再造等战略投资,以及对贫困地区的扶持和国家必须垄断的黄金、白银业的投资。地方政府投资范围主要包括区域性的公用事业、城市建设、地方骨干企业等基础设施,以及教育、文化、卫生、社会福利等非生产性的事业。

(2)企业投资的范围。企业和企业集团主要根据市场需求,进行一般生产经营性投资和技术更新改造、管理现代化的投资,以及企业内部的福利性投资和对社会公益事业的赞助投资。

(3)个人投资的范围。个人投资具有数额小、灵活性大等特点,个人一般进行灵活性较强的小型生产经营性投资、消费性住宅或购买股票、债券的投资。

(二)投资管理

投资管理是指政府依法通过经济和行政手段的综合作用对投资活动形成制约关系,从而使投资主体的活动符合计划要求的内在调控机制。[1]

投资管理分为纵向管理和横向管理两种类型。纵向管理可分为中央政府的管理和地方政府的管理。其中,中央政府的纵向管理要求国务院有关部门依据国民经济和社会计划,编制各个领域的发展建设规划;地方政府的纵向管理则要求各级地方政府及其有关部门提高政府投资效益,引导社会投资,制定并适时调整国家固定资产投资指导目录、外商投资产业指导目录,明确国家鼓励、限制和禁止投资的项目、建立投资信息发布制度,及时发布政府对投资的调控目标、主要调控政策、重点行业投资状况和发展趋势等信息,引导全社会投资活动。横向管理包括计划管理、财政管理和金融管理。一般来说,财政管理和金融管理都受财政法和金融法规范,而计划管理的内容是确定计划期内投资规模、结构、布局、项目投资来源、效率等,可纳入投资调控法中。

投资计划是政府对投资活动进行宏观调控的集中体现,是投资管理的基本依据,包含了计划调控在投资活动中的作用、原则和方法。通常属于固定资产的投资活动都需要纳入国家计划管理的范围。与投资调控有关的基本建设,不论具体的投资方式和资金来源,都要按照隶属管理和各投资主体的投资范围,由各级计划管

---

[1] 参见张守文主编:《经济法学》(第2版),高等教育出版社2016年版,第205~206页。

理部门综合平衡后，纳入基本建设计划，按照统一领导、分级管理的原则进行管理。管理的方式主要是通过不同的投资计划体系，下达不同投资计划指标体系来实现。投资计划指标主要包括固定资产投资额、建设项目、投资效益等，并根据是否有约束力分为指令性投资计划指标和指导性投资计划指标。指令性投资计划指标主要针对政府投资活动，而指导性投资计划指标主要针对非政府投资主体的投资活动。

(三)投资程序

投资程序是指在资产投资建设过程中各项工作所必须遵守的顺序，是投资及其管理活动中的一系列流程规则。投资程序包括投资项目建设程序和投资监督程序。

投资项目建设程序是指每个投资项目从投资决策、建设实施直到竣工验收和交付使用的全过程中应经过的先后阶段和先后顺序以及各阶段的法定要求。投资项目建设程序一般分为以下几个阶段：[1] (1)投资决策阶段。该阶段一般依次经过投资项目的建议、可行性研究、编制设计任务书和项目审批环节。(2)投资项目建设实施阶段。该阶段一般依次经过投资项目的设计和施工环节。(3)投资建设项目的竣工验收和交付使用阶段。该阶段是投资项目建设程序的最后阶段，是在投资建设基础上的全面检验，是提高投资效益的重要环节。

现阶段投资监督程序主要包括三种：[2] (1)政府部门在各自职权范围内对投资活动的审查监督，包括计划部门对投资计划的制订和执行进行的计划监督，税收部门依税法对投资活动实施财税监督。(2)其他国家机关(立法和司法机关)对投资活动审查监督，立法机关的审查监督有各级人大对投资计划、预算和决算的审查批准，对投资计划执行情况的监督以及对投资活动过程中违法现象的检查；司法机关的审查监督则是在其权限范围内，依法调处投资纠纷，依法追究投资活动中的违法犯罪行为人的法律责任，以保证投资活动的顺利进行。(3)有关社会组织对投资活动的审查监督。

(四)投资责任

投资主体应当对投资项目的筹划、筹资、人事任免、招标定标、建设实施直至生产经营、账务偿还以及资产保障、增值全过程负责。投资主体法律责任形式包括民事责任(如投资债务清偿中的赔偿责任)、行政责任(如投资计划决策失误需承担的行政责任)、刑事责任(如对蓄意转移国有投资资产、化公为私行为人追究的刑事责任)。在政府投资中，政府作为投资者主要承担的是民事责任，而政府中的投资决策者主要承担的是行政责任或刑事责任；在国有企业投资中，国有企业主要承担民事责任，而国有企业管理人员除了承担民事责任外，还需承担行政责任或刑事

[1] 参见张守文主编：《经济法学》(第2版)，高等教育出版社2016年版，第207页。

[2] 参见张守文主编：《经济法学》(第2版)，高等教育出版社2016年版，第207~208页。

责任。这些责任承担方式是以政府投资或国有企业投资中的法律关系为基础进行划分的。例如,在政府投资活动中,政府作为投资人(法人)进行的投资活动可视为民事活动,政府与被投资企业之间依公司法确立相互之间的责、权、利关系,同时,政府与银行之间形成投资信贷关系,以合同法明确相互间的责、权、利。但当投资决策失误造成国家资产流失时,有关责任人要承担行政责任,甚至刑事责任。[1]

三、外商投资法

(一)外商投资法的概念及特征

外商投资是指外国的自然人、企业或者其他组织直接或者间接在中国境内进行的投资活动。包括以下四类具体情形:(1)外国投资者单独或者与其他投资者共同在中国境内设立外商投资企业;(2)外国投资者取得中国境内企业的股份、股权、财产份额或者其他类似权益;(3)外国投资者单独或者与其他投资者共同在中国境内投资新建项目;(4)法律、行政法规或者国务院规定的其他方式的投资。

外商投资法是指调整外商在中国投资设立企业以及生产经营活动过程中发生的各种经济关系的法律规范的总称。《外商投资法》已由第十三届全国人民代表大会第二次会议于2019年3月15日通过,自2020年1月1日起施行。《外商投资法》是促进和保护外商投资的基础性法律,取代了我国原有的"外资三法",即外资企业法、中外合作经营企业法、中外合资经营企业法,成为我国境内统一适用促进、保护、管理外商投资的法律。

外商投资法的调整对象是外商投资促进、保护和管理的法律关系,就本质而言,基本上关注的是政府与投资者或外商投资企业之间的关系。但就因外商投资引起的法律关系而言,势必包括平等主体的投资法律关系,即投资者之间的投资合同关系。因此,外商投资法表现出以下特征:

1. 外商投资法是具有双重性质的经济法。一方面,外商投资法是一种涉外经济法,涉及国际经济合作和技术交流;另一方面,外商在中国注册登记,是中国企业法人,受中国法律保护和管理,属于国内经济法调整的范畴。

2. 外商投资法是投资行为法。外商投资法以投资行为为着眼点和依归,将外商投资所涉及的企业组织形式方面的内容,如企业设立、注册资本、组织机构、股权转让、变更终止等,交由其他相关法律去统一调整和规范,自身则集中于与外商投资行为直接相关的特色性内容,包括外资界定、外资准入、外资保护、外资审查等。

(二)外商投资法的主要制度

1. 准入前国民待遇加负面清单准入制度

《外商投资法》明确规定了外资准入的监管制度,主要有准入前国民待遇加负面清单准入制度。所谓准入前国民待遇,是指在投资准入阶段给予外国投资者及

---

[1] 参见张守文主编:《经济法学》(第2版),高等教育出版社2016年版,第206~207页。

其投资不低于本国投资者及其投资的待遇。所谓负面清单，是指国家规定在特定领域对外商投资实施的准入特别管理措施。国家对负面清单之外的外商投资，给予国民待遇。

外商投资的行业领域包括负面清单禁止投资领域、限制投资领域、其他领域，如表1所示。对不符合负面清单规定的外商投资，不予办理许可、企业登记注册等相关事项，涉及固定资产投资项目核准的，不予办理相关核准事项。有关主管部门应当对负面清单规定执行情况加强监督检查。

表1　外商投资项目涉及的审批手续

序号	类型	准入情况	可能涉及的手续
1	禁止投资领域	外国投资者不得投资	—
2	限制投资领域	应符合负面清单规定的条件	主管部门批准（发改部门或投资主管部门）/行政许可（如需）/企业登记
3	其他领域	按照内外资一致原则实施管理	主管部门备案（投资主管部门）/行政许可（如需）/企业登记

需要注意的是，无论是否属于负面清单内的行业，对影响或可能影响国家安全的外商投资项目或企业，均需要进行外商投资安全审查，同时，参与经营者集中时也需要依照反垄断法接受经营者集中审查。

2. 知识产权保护制度

知识产权保护是外国投资者投资中国最关心的焦点问题之一。近年来，我国出台了不少规定，以强化各类知识产权保护。虽然取得了一定的效果，但与知识产权强国相比，收到的效果不是很明显，这也影响到更为复杂的外资知识产权保护，从而打击了外国投资者对中国投资的信心。为消除外国投资者疑虑，《外商投资法》从法律层面强化了外国投资者和外商投资企业的知识产权，明确规定外国投资者在中国境内的知识产权使用费可以自由转出，国家保护外国投资者和外商投资企业的知识产权，保护知识产权权利人和相关权利人的合法权益，并明确规定对知识产权侵权行为，严格依法追究法律责任，切实保障知识产权权利人的合法权益。同时，国家鼓励基于自愿原则和商业规则开展技术合作，并禁止使用行政手段强迫转让技术。《外商投资法》中针对知识产权保护的有关规定，本质上是对外国投资者和外商投资企业的承诺，让外商投资企业吃下"定心丸"，也激励企业进行技术研发，增强市场整体科技水平。这是我国在立法层面上加强对市场经济支持、接轨国际投资规则、回应国际贸易争议的信号。

此外，《外商投资法》强化了对行政机关及工作人员的"保密规定"，即行政机关及工作人员在履职中获知外国投资者、外商投资企业商业秘密的，依法予以保密,不得泄露或者非法向他人提供。同时,在法律责任章节增加了惩罚规定,泄密的行政工作人员将受到处分,并有可能被追究刑事责任。

3. 外商投资信息报告制度

2015 年 9 月,中共中央、国务院《关于构建开放型经济新体制的若干意见》提出,完善外商投资监管体系,加强事中事后监管,建立外商投资信息报告制度和外商投资信息公示平台,充分发挥企业信用信息公示系统的平台作用。《外商投资法》对上述意见作出了回应,明确规定对外商投资建立信息报告制度,并需通过企业登记系统以及企业信用信息公示系统向商务主管部门报送投资信息。同时规定,外国投资者、外商投资企业违反《外商投资法》规定,未按照外商投资信息报告制度的要求报送投资信息的,由有关主管部门责令限期改正;逾期不改正的,处 10 万元以上 50 万元以下的罚款。

此外,2019 年 3 月 15 日第十三届全国人大第二次会议闭幕后,国务院总理李克强在人民大会堂三楼金色大厅答中外记者提问时明确表示:港澳台投资可参照或比照适用《外商投资法》。

【拓展学习与思考】

如何理解不同主体的投资范围不同,在投资调控中也发挥着不同作用?

不同主体的投资范围不同,在投资调控中也发挥着不同作用是由投资主体的性质决定的:(1)涉及社会公共利益的项目一般由政府负责投资。这些公共项目往往投资基金很大,成本回收周期长,私人一般不愿进行投资,只能由政府参与,并在这一领域进行投资调控。(2)涉及基础建设的项目一般由政府成立各种专业投资公司或者由企业作为投资主体进行投资,或由政府与企业合作投资。基础建设投资大、风险高、回收慢,且关系国计民生,因此多由政府垄断或承担主要投资。但这些基础建设的投资又具有一定的营利性,一些市场经济主体也会参与进来,与政府共同承担投资。(3)除公益性和基础性项目之外的其他一般投资项目,可以依靠市场进行调节,由企业或私人进行自由投资,政府只起引导和监督作用。此时各类主体都可进入这一领域,政府则退到间接调节的位置。

以案释法:

计划调控

【案情】2017 年 9 月 5 日,在某甲车辆转让过程中,市指标调控中心对于车辆转让原指标需要在半年内通过市指标调控中心申请的办理流程,未作出任何方式的指引和通知。在某甲不知情的情况下,指标作废,为实现直接申领中小客车更新指标的目的,其于 2018 年 8 月 20 日通过信访方式投诉市指标调控中心。2018 年

8 月 23 日、9 月 5 日，市指标调控中心按信访流程分别出具受理告知书和答复意见，明确原告已经失去申领更新指标资格。某甲对处理结果不满，提出行政诉讼。

【问题】某甲请求撤销涉案 1 号处理意见的诉讼请求能否获得法院支持？

【解答】某甲于 2017 年 9 月 5 日办理完车辆转移登记后，欲申请办理中小客车指标更新事宜，应按照《广州市中小客车总量调控管理办法》（2013 年 7 月 1 日实施）规定进行处理。根据该办法的规定，某甲将其名下登记的粤 A×××××的车辆办理完转移登记后，需要更新小客车指标的，应当自完成车辆登记之日起 6 个月内提出申请，即最迟应于 2018 年 3 月前提出申请，但某甲于 2018 年 8 月才提出中小客车指标更新申请，不符合上述办法规定的期限。市交通运输局对某甲提出的信访问题作出了涉案 1 号处理意见并依法送达，认定事实清楚，适用法律正确，程序合法。因此，法院驳回了某甲的诉讼请求。

【评析】中小客车指标控制属于计划调控的范畴，广州中小客车指标是上广州车牌的指标，只有取得该指标后才可以在广州市办理机动车注册登记。《广州市中小客车总量调控管理办法》（2013 年 7 月 1 日实施）已经在广州市人民政府官方网站、广州市行政规范性文件统一发布平台、广州市中小客车指标调控管理信息系统、广东政务服务网等网站予以公布，能够达到宣传及提示功能，某甲应当在办理车辆转移登记时尽到注意义务，及时了解相关法律、法规及政策。但应指出的是，市交通运输局虽已经在网站对上述办法进行公示，但在办理中小客车指标申请政策宣传和指引时，应选择多途径告知和提示，确保行政相对人能及时知晓政策规定和时限，保证行政相对人及时行使权利，保护其合法权益。

第二十七章　产业调控法律制度

【本章导读】

2015年5月在浙江召开的华东7省市党委主要负责同志座谈会上，习近平总书记指出："产业结构优化升级是提高我国经济综合竞争力的关键举措。要加快改造提升传统产业，深入推进信息化与工业化深度融合，着力培育战略性新兴产业，大力发展服务业特别是现代服务业，积极培育新业态和新商业模式，构建现代产业发展新体系。"规范产业发展需要遵循法律规定，产业政策法是国家为了扶持或者调整特定阶段内特定的产业关系而制定的，它体现了很强的国家政策意图，有利于弥补市场机制的缺陷，保障国家经济安全、增强本国产业的国际竞争力。据此，我们应当加强产业政策法的学习研究。

产业调控法也称产业政策法，是市场经济条件下政府宏观经济调控的法律依据，是宏观调控法中的基本法。本章介绍了产业调控概念及目标，产业调控法概念及特征，产业调控法的基本原则，产业调控法与相关法律的关系；阐述了产业调控法律制度包括的产业结构调控法律制度、产业组织调控法律制度、产业技术调控法律制度、产业布局调控法律制度等。学习与理解产业调控法律制度，对于深入掌握产业调控法具有指导意义。

第一节　产业调控法律制度概述

一、产业调控法概述

(一)产业政策的概念与目标

1. 产业政策的概念

产业政策是市场经济条件下政府宏观经济调控政策的重要方面。所谓产业政策是指一个国家或地区为实现其一定时期的经济和社会发展目标而制定的相应的发展、限制产业的目标以及保障实现这些目标的各项政策所组成的政策体系。产业政策一般以各产业为直接对象，保护和扶植某些产业，调整和整顿产业组织，其目的是改善资源配置，实现经济稳定与增长，增强国际竞争力，保护和改善生态环境等。

2. 产业调控的目标

不同的经济发展阶段，产业政策的目标各有侧重，总体来说，主要包括以下几类:(1)产业增长与发展目标。常见于经济振兴期或高速增长期,政府采取保护、扶持和培育等措施,促进本国产业的高速增长,从而带动本国经济的快速发展。(2)产业结构调整目标。政府通过对产业结构的调整,协调产业间的相互关系,实现产业结构的合理化与高级化,使产业资源得到合理而有效的配置,从而为本国经济的进一步发展打下坚实的基础。(3)产业组织协调目标。政府通过协调与调整产业组织关系,解决产业内部企业间的矛盾,使企业保持良好的竞争与协作关系,限制产业垄断和企业垄断,建立良好的产业活动秩序。

(二)产业调控法的概念和特征

1. 产业调控法的概念

产业调控法是调整基于产业调控而发生的社会关系的法律规范的总称,它是以国家作为调控主体,对产业结构、产业组织、产业技术和区域经济发展进行调控的法律手段,是宏观调控法中的基本法。[1] 其目的在于通过对产业结构的宏观调控,增进市场机制的效果,弥补市场机制的缺陷,促进资源在国民经济各部门之间的合理配置,提高宏观经济效益,实现国民经济增长和社会可持续发展。[2] 产业调控法包括体现产业政策实体性内容的法律规范、产业政策的制定和实施程序的法律规范。[3] 前者规定国家整体或某类产业的基本发展方向、发展目标与重点及产业政策实施保障措施;后者将产业政策的制定和实施纳入法治化的轨道,保障其正确的制定和实施。

2. 产业调控法的特征

产业调控法与其他宏观调控法相比,具有以下显著特征:[4]

(1)综合性和协调性

产业调控法的综合性表现为:第一,调整对象的综合性。产业调控法规制的对象是“产业”,即生产或提供同类或具有密切关系的产品或服务的企业的集合,产业本身具有综合性,涉及一国国民经济的整体,即由一国各产业综合构成。第二,调整方法的综合性。产业政策主要由国家依法运用刺激性手段、强制性手段、诱导性手段、法律性手段制定和推行,其中以法律性的手段为主。

产业调控法的协调性表现为:第一,产业调控法是协调市场调节机制与国家调节机制的重要法律之一,协调局部利益与整体利益、当前利益与长远利益、个人利益与社会公共利益、经济发展与环境资源保护等各种关系。第二,产业政策要通过

---

〔1〕 参见徐孟洲主编:《经济法学原理与案例教程》(第3版),中国人民大学出版社2016年版,第341~351页。

〔2〕 参见李昌麒主编:《经济法学》(第3版),法律出版社2016年版,第319页、第393~402页。

〔3〕 参见马工程教材编写组编:《经济法学》(第2版),高等教育出版社2019年版,第202页。

〔4〕 参见徐孟洲主编:《经济法学原理与案例教程》(第3版),中国人民大学出版社2016年版,第341~351页。

多种政策手段才能实现,一项产业政策至少要涉及财政、货币、对外贸易、收入分配、竞争和反垄断政策的相互综合运用,相应的法律制度显得十分复杂,只有注重众多法律制度的相互之间的协调配套,才能使产业调控法与相关法律制度在互动中得以实施。

(2)政策性与灵活性

产业调控法的制定、修改与国家的产业政策密切相关,产业调控法就是将国家制定的比较稳定的产业政策上升到法律,或将某些政策法律化,这充分体现出政策与法律的关联性,产业调控法既具有政策性也具有法律性。政策性是产业调控法在内容方面的显著特征,在产业调控法中,政策是其内容,法律是其形式,政策和法律融为一体。

产业调控法是根据一定时期和一定发展阶段的经济和社会发展整体目标,确定不同的产业政策并使之法律化。因此,灵活性是产业调控法的又一特点。这种灵活性表现为:第一,针对性。并非所有的产业都要制定产业调控法,产业调控法往往是针对特定的产业制定的,目的是扶持或调整某个产业。第二,阶段性。一旦产业调控法针对的特定产业被成功扶持或调整,该产业调控法的使命就完成,因而许多产业调控法被冠以"临时法"的称呼。

二、产业调控法的原则

产业调控法的原则,是指调整产业结构关系、产业组织关系、产业技术关系和相关社会关系的基本指导思想,是产业调控法律规范必须遵循和贯彻的基本准则。[1] 产业调控法的原则起着维系、保证产业调控法的统一、协调与稳定的作用,包括优化产业结构原则、依法合理调节原则、效率原则。

(一)优化产业结构原则

现实中的产业结构由于这样或那样的原因,总会有与社会经济发展需要相背离的情形,当市场自身无法矫正时,只有通过国家干预才能予以纠正。产业调控法就是调整国家干预产业结构活动的法律规范,其根本价值就在于它能提供这样一种制度保障,使产业结构在国家干预下,向符合社会再生产要求的方向转化。[2]

(二)依法合理调节原则

依法合理调节原则是产业结构调节关系对产业调控法提出的不同于其他法律规范的特殊要求,包括两层含义:(1)依法调节,即产业结构调节机关必须依法行使调节权。(2)合理调节,即产业结构调节权的行使应当力求客观、适度、符合理性的要求。依法合理调节原则要求被依法赋予产业结构调节权的机关,在法律规定的范围内,根据错综复杂的产业结构调节关系的实际需要,合理地行使自由裁量

---

〔1〕 参见李昌麒主编:《经济法学》(第3版),法律出版社2016年版,第319页、第393~402页。

〔2〕 参见黄河、王兴运主编:《经济法学》(第2版),中国政法大学出版社2000年版,第301~320页。

权,正确决策,合理使用各种调节手段,把握调节力度,促使产业结构符合社会再生产和社会经济可持续发展的要求。

(三)效率原则

所谓效率原则是指在产业调控法的制定和贯彻实施过程中,应讲究效率,力求以最小的代价实现优化产业结构的目的,以发挥降低交易成本和规制资源配置风险的一般作用。产业结构调节主要是一种政府行为,存在内生的低效率障碍,而必须通过法律制度来克服这一弊端。

优化产业结构原则、依法合理调节原则和效率原则反映了产业结构关系和产业结构调节活动的本质要求。优化产业结构是一切产业结构调节活动的出发点和归宿,它在产业调控法基本原则体系中居于核心地位。依法合理调节原则和效率原则体现了社会经济对产业结构调节活动的规范与约束的本质要求,是对法律的安全与效益价值的进一步反映,也是优化产业结构,促进社会经济快速、健康、持续发展的保证。贯彻落实这三项原则,可以保证我国产业结构调节活动的内在一致性、稳定性和连续性。

三、产业调控法与相关法律的关系

(一)产业调控法与计划调控法

计划调控法是调整在制订和实施国家计划的过程中发生的社会关系的法律规范的总称,与产业调控法一样,它也是宏观调控法体系中的一个重要部门法。但两者存在重大差别:

1. 调整对象不同。计划调控法的调整对象是国家在计划制订和实施过程中发生的社会关系,也即计划关系;而产业调控法的调整对象是国家在产业政策制定和实施过程中发生的经济关系。

2. 法律关系客体不同。计划调控法律关系的客体是单一的计划行为;而产业调控法律关系的客体包括物、行为和与人身相联系的精神财富或其他非物质财富。

3. 调节手段不同。计划调控法的调节手段主要是规定计划体系、指标体系以及计划程序;而产业调控法的手段则相当多,有财政手段、金融手段、直接干预手段、政策手段、行政指导手段等多种形式。

(二)产业调控法与财税金融法

财政法是调整国家为了满足公共需求而在取得、使用和管理资财的过程中所发生的社会关系的法律规范的总称;税法是调整在税收活动中发生的社会关系的法律规范的总称;金融法则是调整金融关系的各种法律规范的总称。财税金融法是宏观调控法的重要组成部分。

应当说,产业调控法和财税金融法有着密切的联系。产业政策的实施方式包括财税手段和金融手段,这种用以实施产业政策的财税措施和金融措施属于财税金融法的体系。从行业的角度来看,财政、税收、金融产业的各种发展政策也是产业政策的一个组成部分。

虽然财税金融法与产业调控法在调整内容上有交叉,但它们的宗旨、调整对象、调整方式等各不相同。

(三)产业调控法与竞争法

竞争法与产业调控法都是经济法中重要的部门法。竞争法是市场规制法的重要组成部分,它通过对市场主体的权利义务的确定和市场行为的规范,实现其维护市场竞争秩序的功能,在法律规范上以强制性规范为主。产业调控法是宏观调控法的重要组成部分,它以社会利益为核心,从宏观的高度对市场主体及其市场行为进行规制,主要采取间接或引导性的调控方式。国家一方面要为市场主体提供一个公平竞争的经济环境;另一方面,也要在日益激烈的国际竞争中,通过有效的产业政策来维护本国的经济安全,对本国企业实施必要的和适当的保护,二者均不可偏颇。但是,产业法在制定和实施过程中,对社会利益的倾斜必然要剥夺和削弱一些市场主体的利益或限制他们的行为,这些都有悖于竞争法所强调的自由、平等、公平的市场环境和秩序的目的,因此二者的冲突不可避免。从本质上说,竞争法与产业法的冲突也就是效益与公平的冲突,二者始终是经济发展过程中一对不可回避的矛盾。

第二节　产业调控法的主要内容

产业调控法覆盖面宽,调整范围广,内容繁多,是宏观调控法中规模庞大的法规群。[1] 通说认为,产业调控法主要包括产业结构调控法律制度、产业组织调控法律制度、产业技术调控法律制度、产业布局调控法律制度。

一、产业结构调控法律制度

产业结构调控法是指调控一国产业结构部门之间比例关系和有机联系的法律规范的总称。其核心在于促进产业结构合理化、高级化和资源的合理配置。

产业结构调控法律制度是国家为了实现产业结构合理优化的目标,采取必要的调控手段,发布相应的产业政策和相关法律法规。主要内容包括以下方面:

(一)整体产业结构规划制度

整体产业结构规划是国家或政府根据一定时期内整个社会经济发展的情况提出的产业结构的长期设想。[2] 总体来说,产业结构合理化的过程就是产业结构高

---

〔1〕 参见徐孟洲主编:《经济法学原理与案例教程》(第3版),中国人民大学出版社2016年版,第341~351页。

〔2〕 参见陆百甫主编:《大调整——中国经济结构调整的六大问题》,中国发展出版社1998年版,第88~92页。

级化的过程。在产业结构的总体规划下，应区别各类产业采取不同的措施。对于第一产业、第二产业、第三产业，应根据国民经济发展的要求确立基本结构和重点发展方向。

（二）保护和扶持战略产业制度

战略产业是一国为实现产业结构高级化目标所选定的对国民经济发展具有重要意义的具体产业部门。它具有以下基本特点：第一，在国民经济中占有较高份额。第二，具有广阔的市场前景和巨大的社会需求。第三，产业关联度高，可以带动和影响其他一系列产业的发展。第四，战略产业是国家竞争力的主要支撑力量。

保护扶持战略产业的法律制度是关于确定战略产业的标准、程序以及保护和扶持战略产业的法律措施和手段的总和。常用的保护和扶持手段包括四个方面：第一，贸易保护手段，即在国际规则允许的范围内，采取贸易保护措施，保护尚处于幼小阶段、缺乏竞争力的战略产业。第二，投资手段，即通过财政的优先安排，为战略产业的公共基础设施、设备进行投资，确立有利于战略产业发展的投资方向。第三，税收等优惠，主要是采取一些特别措施，给予战略产业以种种优惠。第四，战略性技术引进，主要是在一些新兴的技术部门，引进国内外先进技术和设备，并给予低息贷款等金融优惠，以加速本国产业技术进步的进程，缩短与国际先进水平的差距。

（三）调整和援助衰退产业制度

衰退产业一般是指经过一段时间发展后出现衰退或处于困境中的产业。某些衰退产业对于国民经济的整体发展和社会安定具有一定作用。因此，必须采取调整和援助措施，及早发现已经和即将陷入衰退的产业，及时采取措施对其进行援助和调整，以减少经济损失和社会动荡。

对于衰退产业的调整和援助措施主要包括五个方面：(1)调整设备。这主要是加速折旧以致报废“过剩设备”，以降低设备的生产能力。(2)调整内部结构。其目的主要是加速现代技术对衰退产业的改造过程，促进设备现代化和知识密集化，增加衰退产业的生存能力。(3)调节剩余资本和剩余劳动力，以维持社会稳定。对于衰退产业经过设备调整和结构调整后出现的剩余资本和剩余劳动力，应采取稳定措施，以维持就业和居民生活的稳定。(4)采取补贴措施。表现为专门为企业的技术改造发放低息贷款，建立工业现代化基金等。(5)吸收外国资本。具体措施是为外国投资者提供各种便利，吸引外国资金，增强企业改造能力。

（四）促进产业结构合理化的相关制度

影响产业结构合理化的因素有很多，促进产业结构合理化也必须有相应的配套制度，其中最主要的有：

1. 能源结构调整制度。由于能源结构与产业结构的密切关系，采取有利于产业结构合理化的能源调整制度，发展节能型产业，尽可能利用廉价能源，节省资本和劳动的投放，以提高劳动生产率。

2. 区域经济促进制度。区域经济促进又称为区域经济开发。区域经济开发中的生产力布局也是与产业结构设置直接相关的问题，发展规模经济要求必须有相对集中的工业布局以追求集中效益，但是工业过于集中会带来人口密集、城市急剧膨胀、环境污染等一系列问题。如何合理布局也就成为产业调控法所必须考虑的因素。

3. 环境保护制度。在制定产业结构调整目标时，必须注意经济发展与环境保护的协调问题。严重的环境污染和破坏会造成社会公害，反过来又会影响经济建设的顺利进行和持续发展，最终将会成为制约经济发展的因素，影响整个产业结构合理化目标的实现。所以，产业调控法必须考虑与环境保护法律制度相协调，保证社会、经济、环境的协调发展，以求得经济效益、社会效益与环境效益的统一。

二、产业组织调控法律制度

产业组织调控法是指在市场经济条件下，调整同一产业内企业的组织形态、资源配置形式、各企业间相互关系及产业组织合理化的法律规范的总称。其目标是促进企业合理竞争，促进规模经济和专业化协作，保障经济自由和资源最佳配置，以实现社会经济效益。

企业采取何种组织形式、某一产业内各种企业的组织方式以及各企业间的相互关系，既涉及企业自身的经济效益，也关系整个产业乃至整个国民经济发展的速度和效益。产业结构的调整必须建立在产业组织合理和高效的基础上，国家要对产业结构进行调整，必然要干预产业组织的发展方向和目标，使之适应社会经济可持续发展的需要。

产业组织调控法律制度的内容主要包括以下方面：

（一）确保经济自由和资源最佳配置的制度

产业组织调控法的首要内容就是保证企业能够充满活力，使企业能够对政府各种激励措施作出积极、敏锐的反应。这就要求政府一方面要给企业尽量提供必要的支撑条件；另一方面又要让企业在竞争机制中运行。为此，需要建立的制度有：(1)维持与扩大竞争范围制度，包括对经济管制的限制性和禁止性规定、外贸和外资自由化制度、鼓励和扶持出口制度等。(2)扶持制度，包括对中小企业的扶持制度、对中小企业合并改组的鼓励制度等。(3)合理竞争制度，包括培植各种要素市场、鼓励公平竞争的制度等。

（二）补充市场机制不足以确保社会经济效益的制度

这一制度建立的目的在于通过政府的宏观经济调控，实现经济发展外部性的内部化。因此，需要建立的制度有：(1)垄断规制法律制度。政府应根据社会公共利益的需要，对各种垄断行为进行调节，对有害于社会整体经济发展的垄断行为和垄断形式予以禁止；对具有规模经济的公用事业，在允许垄断的同时，限制其弊端；

对有利于增强国际竞争能力的特殊行业或企业,则通过企业改组和设备投资等方式鼓励其发展规模经济。(2)经济信息法律制度。以法律形式明确政府在推行产业规划、提供信息预测以及推进技术开发、过剩设备处理、促进资源流动等方面的权利义务,确保经济健康运行。

三、产业技术调控法律制度

产业技术调控法是调整科学技术的研究、开发、应用、引进,促进高新技术产业发展,提高整个产业技术水平的法律规范的总称。[1] 其主要目的在于促进产业技术进步,推动产业结构的合理化、高级化。

产业技术调控法律制度主要包括以下三方面内容:[2]

(一)产业技术结构的选择和技术发展方面的法律制度

产业技术调控法是通过促进企业技术进步从而促进产业技术进步的法律保障。当今产业结构逐步表现出技术密集趋势,因而产业技术调控法对产业结构升级具有决定性的意义。为此,国家必须通过制定合理的推动技术进步政策,促进技术进步。

(二)促进资源向技术开发领域投入的法律制度

在资源、能源有限的情况下,技术进步便成为一国经济与社会发展的根本动力。但由于技术本身具有高风险性(技术风险和商业风险),一般企业宁愿等待别人的开发成果也不愿轻易涉足。因此,国家为了促进企业的科技进步,就必须通过立法引导资源向技术开发领域流动,并使投资者得到因投资技术开发而应获得的利益,以逐步实现以技术进步带动产业升级,实现产业结构优化的目的。促进资源向技术开发领域投入的制度包括两类:(1)鼓励与引导性制度,主要有鼓励技术引进的制度及消化吸收制度、技术产权交易制度、技术风险投资制度、鼓励企业技术创新制度、鼓励科研机构与企业联合技术开发制度、政府财政和税收优惠制度等;(2)限制和禁止性制度,主要有对企业的技术评价制度、加速设备折旧制度、产品淘汰制度、产品标准和质量标准制度等。

(三)基础性研究的资助与组织制度

一般说来,基础性研究的资助和组织制度主要包括对基础性研究组织的确定制度、对企业无力承担而又必须进行的科学研究提供经费支持的制度、为企业不愿意承担的属于公益性的基础性研究(如环境保护等)提供经费的制度、为特定的高新技术领域或产业提供资助和优惠政策制度等等。[3] 由于基础性研究比一般开发性研究具有投入大、周期长、不确定性大、无直接经济效益的特点,一般的企业或

---

〔1〕 参见李昌麒、刘瑞复主编:《经济法》,法律出版社 2004 年版,第 176 页。

〔2〕 参见黄河、王兴运主编:《经济法学》(第 2 版),中国政法大学出版社 2000 年版,第 301 ~320 页。

〔3〕 参见黄河、王兴运主编:《经济法学》(第 2 版),中国政法大学出版社 2000 年版,第 301 ~320 页。

无力承担,或不会对基础性研究有大的投入兴趣。在这种情况下,国家从整体发展的高度必须担当起组织和资助基础性研究的职责,保证一国在世界科技领域的领先地位。

四、产业布局调控法律制度

产业布局是指产业系统在全国地域空间内的分布与组合。宏观层面上来说,其纵向表现为各产业在全国各地区的分布;横向表现为各地区产业系统耦合形成全国产业体系。中、微观层面上来说,其表现为产业在点、线、面、网上的分布与组合,形成多种类型的产业城市、产业基地、产业带、经济密集区和多层次的经济区域。

产业布局调控是指一定时期内,产业布局发展目标及其形成机制和保证布局目标得以实现的重大措施等在内的政策调控体系。它是整个产业调控体系的重要组成部分,也是资源和生产要素空间合理配置、优化组合以保证产业发展目标实现的重要条件。产业布局调控既是产业结构政策调控体系中不可或缺的重要内容,又是区域政策调控体系中非常重要的组成部分,只是后者更加侧重于建立和完善地区间的产业分工关系。

产业布局调控法是指一个国家或地区在一定时期内,根据产业区位理论以及国民经济与区域经济发展的要求,就产业布局进行立法而制定的产业布局方面的法律规范的总称。[1] 包括区域产业扶持政策调控、区域产业调整政策调控和区域产业保护政策调控等,其目标是实现产业空间分布和组合合理化,优化产业布局。从本质上讲,产业布局合理化的过程也就是建立合理的地区分工关系的过程,产业结构合理化与产业布局合理化是分别从纵向和横向角度考察同一事物(产业空间分布)的两个具体方面。

产业布局调控法律制度主要包括以下四个方面的内容:

1. 形成合理的区域发展格局。继续推进西部大开发,振兴东北地区等老工业基地,促进中部地区崛起,鼓励东部地区率先发展。

2. 健全区域协调互动机制,形成区域间相互促进、优势互补的互动机制。深入推进京津冀协同发展、粤港澳大湾区建设、长三角一体化发展。

3. 促进城镇化健康发展。坚持大中小城市和小城镇协调发展,提高城镇综合承载能力,按照循序渐进、节约土地、集约发展、合理布局的原则,积极稳妥地推进城镇化。

4. 促进城乡区域协调发展。通过统筹城乡发展,通过工业反哺农业、城市支持农村来解决"三农"问题。

---

〔1〕 参见徐孟洲主编:《经济法学原理与案例教程》(第3版),中国人民大学出版社2016年版,第341~351页。

【拓展学习与思考】

如何理解产业调控法治化？

产业调控法治化主要包括以下几方面内容：[1]

第一，产业政策的制定、实施、监督主体法律化。依法确定哪些机关、组织、团体有权参加产业政策的制定，哪些机构有权监督产业政策的实施，哪些机构有权对产业政策的实施效果作出评价。

第二，产业政策主体行为确定化。通过依法对产业政策的行为主体的权利、义务进行规定来明确行为主体、行为范围和行为方式，使权利的行使有法律保障，权力的运用受到法律的制约。

第三，产业政策实施手段法律化。产业政策的实施手段包括法律手段、经济手段和行政手段三种。法律手段往往是将行政手段和经济手段披上法律的外衣，也就是说，法律手段的调整内容是行政手段和经济手段。但应注意的是，法律手段不能使经济手段原有的灵活性僵化，这要求有较高的立法技术。

第四，产业政策的法律责任明晰化。产业政策作为国家的一种经济政策，大多是指导性和倡导性的。当然，对于具体的鼓励、扶持、限制产业政策而言，它有明确的鼓励、允许、限制、禁止的规定，而对违反这些规定应承担什么责任则很少论及。但是，一旦将产业政策上升到了法律层面，就应明确规定违反产业政策法的法律责任，以体现法律的强制性。

以案释法：

产业政策调控

【案情】某水泥厂因其某生产线产量低、能耗高，于2014年年底停止了生产，自愿接受国家产业政策调整，将该生产线拆除，主动列入当地重点行业淘汰落后和过剩产能计划并呈报当地经济和信息化委员会验收通过。某水泥厂根据2016年7月13日某省淘汰落后产能工作办公室发布的《某省淘汰落后产能工作办公室关于切实做好2016年淘汰落后和过剩产能工作的通知》等文件中相关补贴和奖励政策，认为其应当得到关于节能减排的资金补贴，要求各相关政府机关履行奖补职责。

【问题】某水泥厂的要求能否获得支持？

【解答】某水泥厂因产业政策调整，主动拆除了生产线，利益受到一定损害，从公平合理原则看，应该获得补偿。但补偿要有依据，针对此情况，没有能适用的奖

---

〔1〕 参见王卫国、李东方主编：《经济法学》（第3版），中国政法大学出版社2016年版，第536页。

补文件，某水泥厂的要求不能获得支持。

【评析】政府及职能部门可以通过宏观调控的方式调整、优化产业结构，以保护环境、促进经济健康可持续发展。企业作为市场主体，其生产经营活动应当符合和执行国家产业政策。本案中某水泥厂自愿接受国家产业政策调整的市场行为，应该享受国家奖励政策，只因可适用于某水泥厂的相关奖补文件已经废止，相关政府机关遂作出某水泥厂的情况不符合相关奖补的规定的答复。但是，某水泥厂是响应政府号召而拆除了案涉的生产线，牺牲了自身利益，相关政府机关应妥善解决遗留问题，帮助企业走出困境，不能做出“一纸答复”后就事不关己。

第二十八章　金融调控法律制度

【本 章 导 读】

做好金融工作要坚持市场导向,发挥市场在金融资源配置中的决定性作用。当下政府和市场的关系还未完全理顺,金融市场约束机制不够完善。为提高金融资源配置效率,加强和改善政府宏观调控金融,习近平总书记指出,必须加强党对金融工作的领导,坚持稳中求进工作总基调,遵循金融发展规律,紧紧围绕服务实体经济、防控金融风险、深化金融改革三项任务,创新和完善金融调控,健全现代金融企业制度,完善金融市场体系,推进构建现代金融监管框架,加快转变金融发展方式,健全金融法治,保障国家金融安全,促进经济和金融良性循环、健康发展。制定和完善金融调控法律制度对于保护消费者的合法权益、维护社会经济秩序、促进社会主义市场经济健康发展而言意义重大。本章首先介绍了金融调控法的基本原理,其次分别对中央银行法律制度和其他金融调控制度的基本概念以及相应的调控制度进行了概述。

金融是经济生活中所有货币资产借贷、买卖等活动以及在信用基础上组织起来的货币流通这两个不可分割部分的集合,即货币的借贷与资金的融通。而金融法是指调整货币流通以及社会信用活动中所发生的金融关系和政府对金融机构、金融行为进行监管与调控所产生的金融管理关系的法律规范系统。金融调控与财税调控、发展规划调控、产业政策与投资调控、价格总水平调控等各种经济调控手段共同构成宏观经济调控体系。而随着金融在我国的迅速发展,金融调控在宏观经济调控中的地位日趋加重。只有加强金融重点领域立法,才能更多运用金融法律手段来促进和保障国家宏观调控目标的实现。

第一节　金融调控法基本原理

金融调控法基本原理涉及金融与金融法的概念、金融法与金融调控的关系、金融调控的特征、金融调控法与金融监管法的关系等基本问题。只有学习与理解好金融调控与金融调控法的基本概念和原理,才能掌握金融调控法的具体制度。

一、金融调控与金融调控法

金融调控是宏观经济调控的一个非常重要的组成部分,是指金融调控当局

(一般是指各国中央银行)根据确定的经济发展目标,运用货币政策工具对货币供应量和信贷总量、结构的调节和控制,以保证整个经济从宏观上实现总供给与总需求的平衡。金融调控的实质是货币政策的制定与实施,货币政策本身并不是严格意义上的法律,但货币政策的制定和实施必须在法律框架下运行,这个法律框架就是金融调控法。金融调控法是调整中央银行在控制与调节货币量、利率、贷款量等过程中发生的金融宏观调控关系的法律规范系统。金融调控法律规范集中体现在一国的中央银行法中,同时也分散规定在《银行业监督管理法》《商业银行法》《证券法》《保险法》《外汇管理条例》等各金融法律规范之中。因此,金融调控法律制度主要包括中央银行法律制度和其他金融调控制度。

二、金融调控的特征

金融调控的特征包括如下四点:

第一,金融调控的主体是中央银行。从各国的实践经验来看,金融调控的权力主体在各国几乎都局限于中央银行。依据《中国人民银行法》的规定,中国人民银行是中华人民共和国的中央银行。中国人民银行在国务院领导下,制定和执行货币政策,防范和化解金融风险,维护金融稳定。[1] 国家金融监管机关有配合中央银行实施调控的职责,商业银行和非银行金融机构等有服从法定的金融调控、监管与管制的义务。

第二,金融调控的目的是中央银行适度干预金融市场的货币供给量,保证币值的稳定,以保持经济总量平衡,促进重大经济结构协调和生产力布局优化,促进金融为实体经济服务,减缓经济周期波动影响,防范区域性、系统性风险,稳定市场预期,实现经济持续健康发展的目标。货币政策是一种长期性宏观经济政策,是以调节社会总需求为目标的间接性控制措施。

第三,金融调控的手段是以货币政策为核心,采用货币政策工具。金融调控方法是指利用法定的货币政策工具(如存款准备金、利率、再贴现、再贷款、公开市场操作、信用控制)等,以实现货币政策为目的,对宏观经济关系施加的有影响力和法律后果的方法。金融调控运用货币调控方法可以控制和调节货币供应量,影响宏观经济关系,达到维护币值和金融的稳定,实现金融调控的目标。

第四,金融调控必须依法进行。中央银行必须在法定的权限范围内,严格按照法定程序,以保证权力不被滥用、维护金融市场自由为前提,制定和实施调控方案。中央银行在参与市场活动时,如公开市场操作,也应该严格依法办事。只有依法调控,才能做到金融调控行为规范。程序合法并有可预见性,才能进一步保障科学调控。

---

[1] 参见《中国人民银行法》第2条。

三、金融调控法与金融监管法的关系

金融调控法与金融监管法同是金融法体系的构成部分,都体现了国家对经济的干预。但二者在很多方面都存在差异,主要区别如下:

第一,二者分属于经济法的不同领域。金融调控法属于经济法体系中的宏观调控法领域,其任务重在实现社会总需求与社会总供给之间的平衡,通过制定和实施货币政策行使国家经济职能;金融监管法则属于经济法体系中的市场规制法领域,其任务重在监督和管理金融经营者的市场准入与退出等。

第二,二者的主体不同。金融调控的主体是国家中央银行,在我国金融调控职能主要由中国人民银行担任;而金融监管主体的主体是多元的,在我国,实施国家金融监管职能的有银保监会和证监会。

第三,二者的价值目标不同。金融调控法的价值目标是整体效益,主要通过控制货币供应量与实际需要量的平衡来实现;金融监管法的价值目标却是金融运行的秩序,即建立和维护金融运行秩序,实现金融业的稳健发展。

第四,二者采取的目标和手段不同。金融调控法运用的主要手段是货币政策工具,中央银行通过调节货币供应量来校正社会总需求与总供给的偏差;金融监管法则是在制度上作出合理设计,实行审慎性监督和管理,具体的手段往往是颁布一系列法律法规,在开业、营业、资产种类、资金运用、偿付能力等各个环节进行监管。

四、金融调控法的原则

金融调控法的基本原则,是指调整金融调控关系时所必须遵循的基本行为准则。基本原则的确立既反映了金融调控法的本质,又揭示了金融调控法调控金融关系的独特手段,有如下三种基本原则:

第一,间接调控原则。间接调控原则是指金融调控主体运用金融调控法律制度的各项具体制度,通过市场机制引导市场主体的活动,使其符合整个金融调控发展目标。在现代市场经济条件下,金融调控主体主要通过存款准备金制度、公开市场操作制度等对市场金融活动进行间接调控。

第二,计划指导原则。计划指导原则是指政府通过国民经济与社会发展计划与规划,引导市场主体的生产经营活动沿着国家计划指导的方向发展的原则。

第三,相互协调原则。相互协调原则是指金融调控中的各种调控手段相互配合,形成合力,共同发挥作用的原则。金融调控的目的是实现总需求和总供给之间的平衡,同时防范和化解金融风险,维护金融稳定。为达到这一调控目的,金融调控主体采用存款准备金制度、基准利率制度、再贴现制度、再贷款制度、公开市场操作等制度。协调各种调控手段,充分发挥其互补功能和组合效应。

第二节 中央银行调控制度

金融调控法的核心制度是中央银行法律制度。中国人民银行是中华人民共和国的中央银行。[1] 本节根据《中国人民银行法》的规定，着重阐述中央银行的职责，货币政策以及为保障货币政策实现的主要法律制度。

一、中央银行的法律地位和调控职能

(一)中国人民银行的性质与法律地位

中国人民银行在国务院领导下，制定和执行货币政策，防范和化解金融风险，维护金融稳定。[2] 中国人民银行应当向全国人民代表大会常务委员会提出有关货币政策情况和金融业运行情况的工作报告。[3] 可见，中国人民银行在性质上是国务院组成部门，是特殊的国家机关，同时接受国家权力机关的指导和监督。而货币政策目标是保持货币币值的稳定，并以此促进经济增长。[4] 这明确了中国人民银行作为国家宏观调控部门的国家机关的性质，也明确了其属于中央政府综合经济管理部门的性质。

中国人民银行同时是从事法定金融业务的特殊金融机构，与一般政府机关不同，中央银行同时要以银行身份从事金融业务(服务)，是发行的银行、政府的银行和银行的银行。中国人民银行的服务对象不是具体的工商企业和个人，而是国家、政府部门、银行等金融机构，以及间接服务于整个社会公众。中国人民银行并不是一般的金融机构，不以营利为目的，而是一国的金融调控与监管机关，将金融调控与金融监管寓于金融服务的方方面面与金融服务的全部过程。

中国人民银行作为中央银行的特殊法律地位，决定了它制定、执行货币政策、履行职责、开展业务的独立性。中国人民银行在国务院领导下依法独立执行货币政策，履行职责，开展业务，不受地方政府、各级政府部门、社会团体和个人的干涉。[5] 《中国人民银行法》在法律上保障了中国人民银行作为中央银行的地位和作用，为完善宏观调控体系，维护金融稳定中的独立性，创造了良好的金融环境。

(二)中国人民银行的调控职能

中国人民银行履行下列职责：(1)发布与履行其职责有关的命令和规章；(2)依法制定和执行货币政策；(3)发行人民币，管理人民币流通；(4)监督管理银

---

〔1〕 参见《中国人民银行法》第2条第1款。
〔2〕 参见《中国人民银行法》第2条第2款。
〔3〕 参见《中国人民银行法》第6条。
〔4〕 参见《中国人民银行法》第3条。
〔5〕 参见《中国人民银行法》第7条。

行间同业拆借市场和银行间债券市场；(5)实施外汇管理，监督管理银行间外汇市场；(6)监督管理黄金市场；(7)持有、管理、经营国家外汇储备、黄金储备；(8)经理国库；(9)维护支付、清算系统的正常运行；(10)指导、部署金融业反洗钱工作，负责反洗钱的资金监测；(11)负责金融业的统计、调查、分析和预测；(12)作为国家的中央银行，从事有关的国际金融活动；(13)国务院规定的其他职责。[1] 中央银行作为调节宏观经济的特殊金融机构，其性质决定了它具有金融调控职能。亦即，中央银行作为一国货币政策的制定和执行者，通过运用货币政策工具，对全国的货币、信用活动进行有目的的控制与调节，影响和干预国家宏观经济，实现其预期货币政策目标的职能。中央银行调控的主要对象是货币供应量，以此影响社会的总供给和总需求。中央银行履行调控职能的主要手段是各种货币政策工具，包括法定存款准备金、再贴现、公开市场业务和其他货币政策工具。

二、中央银行制定和实施的货币政策

中央银行作为发行的银行、政府的银行、银行的银行，其主要职能就是协助政府制定并贯彻货币政策。因此，货币政策是中央银行完成其任务和实现其职能的核心所在。货币政策是指中央银行为实现特定的经济目标所采取的各种控制和调节货币供应量或信用量，进而影响宏观经济的方针、政策和措施的总称。货币政策的实质是正确处理经济发展和货币稳定的关系，使国民经济的有关指标通过货币机制的调控服从和服务于国民经济政策。货币政策在社会经济中扮演着“制动器”的角色，与其他发挥驱动作用的宏观政策(如财政政策)相互配合，从而保证经济持续、稳定、协调发展，为国民经济的发展创造一个良好的货币金融环境。货币政策目标是保持货币币值的稳定，并以此促进经济增长。[2] 由此可见，中国人民银行首要的和直接的货币政策目标是保持货币币值的稳定，而且是为了促进经济增长而稳定币值。稳定币值和经济增长在货币政策目标序列中并不是并列的，而是有层次的。“有层次”是指稳定币值是货币政策目标的第一层次，促进经济增长是货币政策目标的第二层次。亦即，中国人民银行的货币政策以稳定币值为主，稳定币值是促进经济增长的前提，这突出了中国人民银行稳定币值的首要责任。

三、实现货币政策目标的金融调控法制度

中国人民银行为执行货币政策，可以运用下列货币政策工具：(1)要求银行业金融机构按照规定的比例交存存款准备金；(2)确定中央银行基准利率；(3)为在中国人民银行开立账户的银行业金融机构办理再贴现；(4)向商业银行提供贷款；(5)在公开市场上买卖国债、其他政府债券和金融债券及外汇；(6)国务院确定的

---

[1] 参见《中国人民银行法》第4条第1款。

[2] 参见《中国人民银行法》第3条。

其他货币政策工具。[1] 中国人民银行根据不同情况,综合实施以上制度,调整货币供应量和信贷总量,实现货币政策目标。

(一)存款准备金制度

存款准备金制度是指中央银行依据法律所赋予的权力,要求商业银行和非银行金融机构按规定的比率在其吸收的存款总额中提取一定的金额缴存中央银行,并借以间接地对社会货币供应量进行控制的金融调控法律制度。提取的金额被称为法定存款准备金,准备金占存款总额的比率被称为存款准备率或存款准备金率。存款准备金制度包括两个方面:一是法定准备金制度;二是超额准备金制度。法定准备金是以法律规定的形式缴存中央银行的存款准备金。超额准备金是指银行为应付可能的提款所安排的除法定准备金之外的准备金,是商业银行在中央银行的一部分资产。我国的超额准备金包括两个部分:一是存入中央银行的准备金;二是商业银行营运资金中的现金准备。前者主要用于银行间的结算和清算以及用于补充现金准备,后者主要用于满足客户的现金需要。

存款准备金制度一方面是保证商业银行存款支付和资金清偿能力,能够减缓商业银行债务负担和支付压力,对商业银行的支付和稳定有最后的保证作用;另一方面是调节和控制信贷规模,影响货币供应量。存款准备金率降低,商业银行可派生的存款增加,造成扩张,扩大货币的供应量。反之,存款准备金率提高,则产生收缩,货币供应量减少。

存款准备金制度作为中央银行的一种货币政策工具,它具有较强的控制货币和信贷规模的能力。由于存款准备金制度是通过货币乘数影响货币供给,因此,即使准备金率调整的幅度很小,也会引起货币供应量的巨大波动。存款准备金制度缺乏一定的弹性,存款准备金率调整会带来剧烈影响,因而其不具有充分的伸缩性,不能作为日常控制货币供应量的工具。正因影响剧烈,存款准备金率的调整会对整个经济和社会大众的心理预期产生显著影响,且对各类银行和各地区的影响也不一致。

(二)基准利率制度

中国人民银行为执行货币政策,可以确定中央银行基准利率。中国人民银行为执行货币政策,运用货币政策工具时,可以规定具体的条件和程序。基准利率制度就是规定如何确定中央银行的基准利率的具体条件和程序的一项金融调控法律制度。基准利率制度是指一国利率体系中起主导作用的基础利率,它的水平和变动决定其他各种利率的水平和变化。利率制度是我国货币政策调控制度的重要组成部分,也是现实货币政策的主要金融法律制度之一。

在我国,中央银行基准利率主要包括:(1)再贷款利率,指人民银行向金融机

---

〔1〕 参见《中国人民银行法》第23条第1款。

构发放再贷款所采用的利率;(2)再贴现利率,指金融机构将所持有的已贴现票据向人民银行办理再贴现所采用的利率;(3)存款准备金利率,指人民银行对金融机构交存的法定存款准备金支付的利率;(4)超额存款准备金利率,指人民银行对金融机构交存的准备金中超过法定存款准备金水平的部分支付的利率。随着利率市场化改革的逐步推进,作为实现货币政策目标的主要手段之一的利率制度,将逐步从对利率的直接调控向间接调控转化。利率作为重要的经济杠杆,在国家宏观调控体系中将发挥更加重要的作用。

利率是利息率的简称,是指一定时期内利息的金额与存入或贷出金额的比率,由资金的供求关系决定。我国的利率分为三种:(1)中国人民银行对商业银行及其他金融机构的存、贷款利率,即基准利率,又称法定利率;(2)商业银行对企业和个人的存、贷款利率,称为商业银行利率;(3)金融市场的利率,称为市场利率。其中,基准利率是核心,在整个金融市场和利率体系中处于关键地位、起决定作用,它的变化决定了其他各种利率的变化。

基准利率政策是中央银行的一项重要货币政策工具。当中央银行提高基准利率时,商业银行等金融机构筹措资金的成本增加,对中央银行的贷款需求降低,商业银行等就会到资金市场去寻求贷款。因商业银行筹借资金成本增加,则其对外贷款的利率必然提高,相应地其贷款数额就会减少,这样,社会货币供应量就会减少,反之亦然。因此,基准利率直接影响金融机构存贷款活动的开展,进而影响整个社会的信贷总量。中央银行通过提高或降低基准利率中的贷款利率,可起到限制或扩张社会信贷规模的作用。

(三)再贴现制度

贴现是指票据持有人在票据到期日前,为融通资金而向银行或其他金融机构贴付一定利息的票据转让行为。再贴现是中央银行对金融机构持有的未到期已贴现商业汇票予以贴现的行为,即商业银行或者其他金融机构以贴现所获取的未到期的票据所做的票据转让。商业银行或者其他金融机构以贴现得来的票据,背书让与中央银行兑取现款,中央银行于票面金额中扣除自兑取日至到期日之间的利息及贴现费用后,将其余额支付给商业银行或者其他金融机构。在我国,中央银行通过适时调整再贴现总量和利率,明确再贴现票据选择,达到吞吐基础货币和实施金融宏观调控的目的,同时发挥调整信贷结构的功能。

在再贴现过程中,中央银行根据执行货币政策的需要,买进商业银行等持有的未到期票据,让渡现实货币;商业银行等则为解决资金短缺而出让已贴现票据。所以,再贴现是商业银行及其他金融机构与中央银行之间的票据买卖和资金让渡的过程,是商业银行和其他金融机构向中央银行融通资金的重要方式。再贴现作为中央银行执行货币政策的重要工具之一,还起到扩张或收缩社会信用的作用。当中央银行需要收缩银根、抑制经济过快扩张时,可提高再贴现率,使商业银行和其他金融机构向中央银行融资的成本提高,从而抑制信贷需求,减少货币供给;当中央银行需要放松银根、刺激经济发展时,就降低再贴现率,从而增加货币供给。

票据的签发、取得和转让,应当遵循诚实信用的原则,具有真实的交易关系和债权债务关系。[1] 承兑、贴现、转贴现、再贴现的商业汇票,应以真实、合法的商品交易为基础。[2] 因此,我国的再贴现票据必须是具有真实的交易关系和债权债务关系的票据。

再贴现率是中央银行根据经济发展需要,反映中央银行货币政策意图所制定的利率。调整再贴现率的目的在于影响商业银行准备金及社会的资金需求。有的国家的再贴现率和中央银行放款利率相同,有的国家的再贴现率则略低于中央银行的放款利率,有的国家还对不同时期、不同种类的票据,规定有不同的再贴现率。

(四)再贷款制度

中央银行贷款指中央银行对金融机构的贷款,简称再贷款,是中央银行调控基础货币的渠道之一。再贷款政策是指中央银行通过向商业银行或其他金融机构发放货款来执行其货币调控的政策,是我国特有的一种货币政策工具。中国人民银行根据执行货币政策的需要,可以决定对商业银行贷款的数额、期限、利率和方式,但贷款的期限不得超过1年。[3] 中国人民银行不得对政府财政透支,不得直接认购、包销国债和其他政府债券。[4] 中国人民银行不得向地方政府、各级政府部门提供贷款,不得向非银行金融机构以及其他单位和个人提供贷款,但国务院决定中国人民银行可以向特定的非银行金融机构提供贷款的除外。中国人民银行不得向任何单位和个人提供担保。[5] 《中国人民银行法》明确了再贷款是短期信用贷款。信用贷款是指人民银行根据金融机构资金"头寸"情况,以其信用为保证发放的贷款。中国人民银行对商业银行的再贴款作为信用贷款,无资金保证或物资保证,且再贷款仅指中央银行向商业银行提供的信用贷款,再贷款的对象只能是商业银行。

中央银行通过调整再贷款利率,影响商业银行从中央银行取得信贷资金的成本和可使用额度,使货币供应量和市场利率发生变化。同时,再贷款利率的调整是中央银行向商业银行和社会各界宣传货币政策变动的一种有限办法,能产生预告效果,从而在某种程度上影响人们的预期。再贷款在整个银行贷款中处于总闸门的地位,因为中央银行投入的是基础货币,其投量和投向可以直接引导和调节整个

---

[1] 参见《票据法》第10条第1款。

[2] 参见《商业汇票承兑、贴现与再贴现管理暂行办法》第3条。

[3] 参见《中国人民银行法》第28条。

[4] 参见《中国人民银行法》第29条。

[5] 参见《中国人民银行法》第30条。

银行贷款的规模和结构。同时，再贷款还是我国目前重要的货币政策工具之一，是一种有效的调控手段，既可以调节需求，也可以调节供给，可以在不干预金融机构经营活动情况的前提下，把货币政策的意图传导给金融机构，促使其按货币政策目标开展经营活动。

（五）公开市场操作制度

公开市场业务是指中央银行通过买进或者卖出有价证券，吞吐基础货币，调节货币供应量的活动，以此影响货币供应量和市场利率的行为。与存款准备金等影响力极强的货币政策工具相比，公开市场业务具有主动性、灵活性和时效性等特点，而且属于一种比较温和的调节方式，充分体现出经济性、间接性的特征。

与普通的金融机构为了营利而从事证券买卖不同，中央银行公开市场业务的目的不是营利，而是调节货币供应量。中央银行通过在金融市场买进或卖出有价证券，来影响商业银行控制资金的数量，继而影响它们的货币创造能力。当中央银行认为金融市场上的货币供应量不足而必须进行信用扩张时，其可以从商业银行购进证券从而扩大基础货币供应，此时商业银行在证券减少的同时在中央银行账户上资金增加，商业银行可以扩大金融市场的信贷业务，反之亦然。

中国人民银行进行公开市场操作的工具是国债和外汇。就国债而言，中国人民银行以买卖国债的形式吞吐基础货币，调节商业银行的资金头寸，进而影响货币供应量的递减变化。就外汇而言，由于中国外汇交易中心的成立，统一的外汇市场已形成，人民银行通过在银行间外汇市场买卖外汇，同样起到吞吐基础货币的作用。

中国人民银行通过同金融机构买卖国债、外汇开展公开市场业务。人民银行买卖外汇的操作在银行间外汇市场上进行，交易的对象主要是银行，人民银行不对个人或企业、事业单位买卖外汇。人民银行在国债市场进行国债买卖，买卖的对象也不是个人和企业、事业单位，而是国债一级交易商。

（六）常备借贷便利操作制度

为提高货币调控效果，有效防范银行体系流动性风险，增强对货币市场利率的调控效力，客观上需要进一步创新和完善流动性供给及调节机制，不断提高应对短期流动性波动的能力，为维持金融体系正常运转提供必要的流动性保障。

常备借贷便利操作制度，是指中央银行向贷款符合国家产业政策和宏观审慎要求、有利于支持实体经济、总量和进度比较稳健的金融机构提供流动性支持，并借以间接地对社会货币供应量进行控制的金融法律制度。

常备借贷便利操作是中国人民银行正常的流动性供给渠道，主要是满足金融机构期限较长的大额流动性需求。常备借贷便利操作针对性强，属于“一对一”操作，它面向的对象主要为政策性银行和全国性商业银行。而且，其交易对手覆盖面广泛，通常覆盖存款金融机构。常备借贷便利利率水平根据货币政策调控、引导市场利率的需要等综合确定。常备借贷便利以抵押方式发放,合格抵押品包括高信用评级的债券类资产及优质信贷资产等,金融机构还款时要考虑债券贴现额度等问题。

中国人民银行通过常备借贷便利向贷款符合国家产业政策和宏观审慎要求、实体经济、总量和进度比较稳健的金融机构提供了流动性支持;对流动性管理出现问题的机构,也视情况采取了相应措施提供流动性支持,维护了金融稳定。

第三节 其他金融调控制度

在货币政策和宏观审慎政策双支柱调控框架下,要围绕服务实体经济和防范系统性金融风险,创新金融调控思路和方式,发挥好其他金融调控制度的作用。

一、商业银行法中的调控制度

逆周期金融宏观审慎管理有助于金融宏观目标的实现,而其运用的工具主要与商业银行的资本要求、拨备要求以及杠杆率等相关,现行的一些法律规范也体现在商业银行法中。

宏观审慎管理(Macro-prudential Supervision),是相对微观审慎管理而言的监管模式,是指将金融系统视为整体,运用审慎工具对金融系统整体风险及其对宏观经济的影响进行识别、监测和处置,以防范系统性风险的累积和集中,维护金融体系整体稳定的管理模式。“宏观审慎”包括三个基本要素,即以防范系统性风险为目标,以金融系统整体及其与实体经济相互作用为考量范围,以审慎工具为主要手段对金融体系的整体风险进行识别和监控。

金融系统自身具有顺周期性,即在时间维度上,金融体系与实体经济形成动态的正反馈机制放大繁荣和萧条周期,加剧经济的周期性波动,并导致或增强金融体系不稳定性的波动倾向。逆周期金融宏观审慎管理制度是为了应对金融系统内在的顺周期性而出现的,是宏观审慎管理中时间维度上的监管模式。

逆周期的宏观审慎管理与金融调控紧密联系,相互协调。一方面,其法治化有利于从宏观调控角度防范系统性风险,削减经济周期的波动,维护金融市场的可持续发展;另一方面,逆周期宏观审慎管理目标的前提是相信政府宏观金融调控的能力,从而提高金融体系在经济衰退及其他负面冲击下的恢复能力。

二、外汇管理法中的调控制度

外汇管理法是调整在外汇管理活动中发生的社会关系的法律规范的总称。它不仅是国家监管外汇市场的法律依据,还是金融调控法体系中的主要制度。通过外汇管理法监管外汇市场,规范国家外汇经营,促进与保持汇率市场稳定,对执行货币政策、实现国际收支平衡具有重要作用。中国人民银行和外汇管理局通过宏观审慎政策工具对外汇市场的顺周期性进行逆周期调节,维护了金融市场的稳定。

外汇,是指以外币表示的可以用作国际清偿的支付手段和资产。外汇管理,又称“外汇管制”,是指一国依法对所辖境内的外汇收支、买卖、借贷、转移以及国际结算、外汇汇率和外汇市场所实施的行政限制性措施。外汇管理的作用在于:(1)稳定本国货币的对外汇率;(2)防范外汇风险,保护国内市场,促进经济发展;(3)平衡本国国际收支。

我国目前的外汇管理体制基本上属于部分外汇管制,主要表现为:对经常项目实行可兑换,对资本项目实行一定的管制;对金融机构的外汇业务实行监督管理;禁止外币在境内计价流通;保税区实行有区别的外汇管理。

【复习与思考】

1. 试论依法进行金融调控的必要性。
2. 为什么制定货币政策是中央银行实施调控职能的核心?
3. 如何理解存款准备金制度?
4. 如何理解再贴现制度?
5. 如何理解公开市场操作?
6. 试论《商业银行法》中的调控制度。

以案释法:

基准利率变化的影响

【案情】2013 年 3 月 6 日,原告甲和被告乙签订《商品房买卖合同》,合同约定原告购买被告开发的位于沈阳市 A 区房屋,总房款 650,520 元,约定交房时间为 2012 年 10 月 31 日。该合同第 15 条约定出卖人应当在商品房交付使用后 360 个工作日内,将办理权属登记需由出卖人提供的资料报产权登记机关备案。上述合同签订后,原告向被告交付了购房款,被告于 2013 年 4 月向原告交付房屋。案涉房屋于 2020 年 6 月 4 日完成初始登记。原告于 2020 年 6 月 11 日取得房屋产权证书。《商品房买卖合同》是当事人真实意思表示,未违反相关法律、法规的规定,系有效合同。双方当事人应按照约定全面履行自己的义务。关于原告主张被告给付逾期办理产权登记违约金问题,根据该合同第 15 条约定,被告应于商品房交付使用 360 个工作日内,将办理权属登记的资料报产权登记机关备案,被告于 2013 年交房,但直至 2020 年 6 月 4 日涉案房屋才完成初始登记,故被告逾期办理产权登记备案等手续,属于履行合同义务不符合约定,应当承担违约责任。

【问题】基准利率的变化对原告主张的违约金的计算标准是否有影响?

【解答】本案双方签订的合同没有约定违约金,故可以按照原告已付购房款总额 650,520 元,参照中国人民银行规定的金融机构计收逾期贷款利息的标准计算违约金,但因2019年8月20日起中国人民银行贷款基准利率已取消,故违约金计算标准应自2018年7月9日起至2019年8月19日,以原告已付购房款650,520元为基数,按照中国人民银行发布的同期同类贷款利率的标准上浮30%计付;自2019年8月20日起至2020年6月3日,以原告已付购房款650,520元为基数,按照全国银行间同业拆借中心公布的贷款市场报价利率的标准上浮30%计付。

【评析】存贷款基准利率是央行(中国人民银行)发布给商业银行的贷款指导性利率,是央行用于调节社会经济和金融体系运转的货币政策之一。商业银行会根据这个基准利率制定存款利率的组合。提高基准利率意味着收缩信贷,降低社会流动性,提高信贷成本,缓和经济发展速度,反之亦然。本案中被告乙于本判决生效后10日内给付原告甲逾期办理房屋权属登记备案违约金(违约金以650,520元为基数,从2018年7月9日起至2019年8月19日,按中国人民银行同期同类贷款利率标准上浮30%计算;2019年8月20日至2020年6月3日,按照全国银行间同业拆借中心公布的贷款市场报价利率标准上浮30%计算)。

第二十九章　财政税收法律制度

【本章导读】

2020年党的十九届五中全会通过的《中共中央关于制定国民经济和社会发展第十四个五年规划和二〇三五年远景目标的建议》,明确提出了建立现代财税体制的目标要求、主要任务和实现路径。建立现代财税体制是全面建设社会主义现代化国家的重要保障,也是推进国家治理体系和治理能力现代化的应有之义。习近平总书记指出,科学的财税体制是优化资源配置、维护市场统一、促进社会公平、实现国家长治久安的制度保障。本章首先介绍了财政法与税收法的基本概念、适用范围与基本原则,其次分别对财政法律制度中预算法律制度、国债法律制度和政府采购法律制度以及税收法律制度中的税收征纳实体法和税收征纳程序法进行了具体阐述。

第一节　财政法律制度

一、财政法的基本概述

(一)财政法的概念

财政法是调整财政关系的法律规范总称。财政关系是指在以国家为主体而发生的财政收入、财政支出以及财政管理过程中的社会关系。

(二)财政法的调整对象

财政法的调整对象,是指在国家取得、使用和管理资财的过程中发生的社会关系,即在财政收入、财政支出、财政管理的过程中发生的社会关系。财政法所调整的财政关系主要包括以下几个方面。

1. 财政管理体制关系。财政管理体制关系是划分中央与地方之间关于财政收支、转移支付等方面权限而在有关国家机关之间发生的社会关系。

2. 预算关系。预算关系是国家各级机关在预算收入、支出和进行预算管理过程中所发生的财政关系,包括国家立法机关和预算执行机关、中央与地方之间、总预算与单位预算之间的收支分配关系。

3. 税收关系。税收关系指国家在参与国民收入和社会产品分配过程中,同法人、非法人单位、自然人之间形成的税收关系。这种关系一经税收法律规范确认,便成为税收法律关系,成为税收法律规范的调整对象。

4. 财政管理、监督关系。财政管理、监督关系指国家财政机关根据财政法的规定,对财政收支活动和对国家有关主管部门、企业和行政事业单位的财务,进行组织、管理、调节、监督检查过程中发生的管理监督关系。

5. 国家信用关系。国家信用关系是国家作为政权主体在参与信用活动中所形成的财政关系。

6. 政府采购关系。政府采购关系主要是指政府在运用财政资金进行采购的过程中所形成的财政支出关系。

(三)财政法的特征

财政法的特征是财政法区别于其他部门法的特点,它反映了财政法的本质,是对财政法概念的进一步揭示,其主要包括以下几个方面:(1)国家主体性。国家在财政关系中始终是主体的一方,且在财政活动中居于主导地位,从而使财政法具有了公法的性质,并与司法有了明显的区别。(2)法域特定性。财政法作用于财政领域,这与刑法、行政法等公法的其他部门法的法律是不同的。这种法域的特定性,使财政法的宗旨、原则、调整方法等都有自己的独特性,从而使之能够与公法领域的其他部门法相区别。(3)调整对象的独特性。财政法的调整对象是财政关系,是其他部门法都不调整的。由此不仅可以使之区别于公法中的其他部门法,还能够区别于经济法中的其他部门法。

(四)财政法的基本原则

1. 财政法治原则

财政法治,是指财政的收支活动要严格依法而行。财政法治原则的内容,可具体表现为财政职权法定、收支程序法定、收支主体法定、收支形式法定和财政责任法定。这五方面是相互关联的,也是宪法中的法治原则在财政领域中的具体体现,是对行政机关依法进行财政活动的基本要求。财政法制是依法治国方略在财政领域中的具体体现。

2. 财政公开原则

财政公开原则是指行政机关在行使财政权力时,除涉及国家秘密、商业秘密和个人隐私外,应当将有关事项如预算收支、税收计划、国债构成等向纳税人和社会各界公开。包括:(1)财政信息的公开,即政府必须在规定的时间内公布依法需公开的财政信息;(2)财政活动过程的公开,便于民众监督;(3)财政监督结果的公开,做到违法必究。

3. 财政民主原则

财政民主是经济民主在财政领域的体现。它与财政集权相对,其基本含义是指在充分尊重财政关系相关主体经济自由的基础上,通过相关主体的平等参与、多数决定、保护少数的机制充分满足公共需要。财政民主原则具体表现为:(1)财政目的的民主。财政目的是满足公共需要,财政法应基于该目的的构建和改革财政体制、确定收支总量和结构、实施财政管理等。(2)财政活动范围的民主。由满足公共需要的目的所决定,财政被现代国家作为宏观调控的重要手段而成为以国家分配为内容的经济杠杆,财政法依该要求调整财政关系,以优化资源配置、调整经济结构、实现社会公平,还应赋予宏观经济社会目标为中心进行组合,并且协调财政手段与其他宏观调控手段的关系。(3)财政运作机制的民主。财政法应保障财政运作通过政府预算制度,进行公共决策,以体现社会绝大多数人的偏好。

4. 财政安全原则

财政收支的安全直接关系国家经济发展的健康状况和国民生活的稳定。主要包含三重含义:(1)财政收支能够保持平衡;(2)尽管在相当长时期内不能实现财政收支平衡,但政府能够通过发行国债为财政赤字融资;(3)当财政脱离平衡状态后,经济变量间的相互作用可以使财政恢复或趋于恢复平衡。财政法应基于狭义上的财政安全,确立包括预算内收支和预算外收支的综合财政收支平衡体系,使赤字结构合理化,实行严密的财政收支监督机制,强化各级政府及其财政职能部门的财政收支平衡责任。

二、预算法律制度

(一)预算法的概念和分类

预算法是调整预算关系的法律规范的总称。它是为了规范政府收支行为,强化预算约束,加强对预算的管理和监督,建立健全全面规范、公开透明的预算制度,保障经济社会的健康发展。[1] 预算法的调整对象是在国家进行预算资金的筹集、分配、使用和管理过程中发生的经济关系,简称预算关系。它包括预算程序关系和预算实体关系。前者是预算主体在履行预算编制、议定、执行的程序的过程中发生的经济关系,后者是在组织、取得和分配使用预算资金过程中所发生的经济关系。从预算法所包含的内容以及有效时间的不同来看,预算法体系主要有基本预算法、特别预算法和年度预算法。

1. 基本预算法是指规定预算管理级次权限、预算编制、执行和决算等活动过程中应当遵循的基本原则等基本问题的法律规范的总和。它一般由国家最高立法机关制定,效力等级高、有效时间长、相对稳定,是制定其他预算法规的依据。

2. 特别预算法是指为了保证国家某种特殊预算需要而制定的法律规范,如战争特别预算、公债偿还特别预算、重大自然灾害特别预算等。

3. 年度预算法是指为了编制计划年度的国家预算而制定的法律,或者是常委会批准的年度预算法案。

---

〔1〕 参见《预算法》第1条。

(二)我国的预算体系

预算体系,是依据国家的政权结构形成的国家预算的协调统一的整体。预算体系是划分各级预算管理权限和收支范围的前提条件;同时,它也为预算管理提供了组织保证。根据财政法原理中的"一级政权,一级财政"原则,可以把我国的预算分为五级:(1)中央预算;(2)省、自治区、直辖市预算;(3)设区的市、自治州预算;(4)县、自治县、不设区的市、市辖区预算;(5)乡、民族乡、镇预算。这五级预算可以进一步分为两大类,即中央预算和地方预算,它们共同构成了我国的总预算。地方各级总预算由本级预算和汇总的下一级总预算组成;下一级只有本级预算的,下一级总预算即指下一级的本级预算。没有下一级预算的,总预算即指本级预算。[1]

(三)预算法的实体规定

1. 预算管理体制

预算管理体制是指有关预算管理的机构和级次、预算管理权限划分、预算收支范围的划分原则和方法等方面的法律制度,是确定中央和地方以及地方各级政府之间的分配关系的根本财政制度。预算管理体制的基本类型大致有三类:统收统支预算管理体制;统一领导、分级管理预算管理体制;分税制分级预算管理体制。我国现行分税分级预算管理体制的基本特征为:

(1)在筹集预算收入的问题上,在中央政府和省级政府之间按照税种的不同,将预算收入划分为中央预算收入、地方预算收入和中央与地方预算共享收入,并分别设立国家税务局和地方税务局。实行分税分管和分征相结合的方式,筹集各级的政府的预算收入。

(2)中央预算和地方预算分立,自求平衡,各级预算由相应级次的权力机关审批和监督。

(3)明确划分各级预算管理机关的职责权限,以便对预算活动进行规范、稳定而有效的管理。

(4)明确划分预算支出的方向为经常性支出和资本型支出,即采取复式预算的编制形式,以保证我国社会主义国家政治与经济双重职能的实现。

2. 预算收入

预算收入是国家预算的重要组成部分,是利用国家强制力参与部分社会产品或国民收入的分配而筹集的,以保证国家政治、社会、经济职能得以实现所必需的财政资金。预算收入依其性质的不同,可以分为中央预算收入、地方预算收入和中央与地方预算收入共享收入。《预算法》规定一般公共预算收入的范围主要包括:各项税收收入、行政事业性收费收入、国有资源(资产)有偿使用收入、转移性收入

---

[1] 参见《预算法》第3条。

和其他收入。[1]

3. 预算支出

预算支出是预算另一方面的重要组成部分，是国家为了实现其政治、社会和经济的职能，依照国家的社会和经济发展政策的要求，对所筹集的预算收入在具体使用方向和数额等方面做出的实际安排。按照支出主体及其具体职能的不同，预算支出分为中央预算支出和各级地方预算支出。《预算法》规定一般公共预算支出按照其功能分类，包括一般公共服务支出，外交、公共安全、国防支出，农业、环境保护支出，教育、科技、文化、卫生、体育支出，社会保障及就业支出和其他支出；按照其经济性质分类，包括工资福利支出、商品和服务支出、资本性支出和其他支出。[2]

（四）预算法的程序规定

预算管理程序是指过国家在管理预算活动中必经的工作环节和程序。我国预算的实现，必须经过预算的编制、预算的审核和批准、预算的执行、预算的调整和决算五个环节。[3]

1. 预算的编制

（1）预算编制的概念

预算的编制既是一种程序，又是一种活动，是指国家根据一定的要求，制定年度预算资金筹集和分配计划、具有固定内容和形式的活动。

（2）预算编制的方法

各级政府预算按照复式预算编制，分为政府公共预算、国有资产经营预算、社会保障预算和其他预算。复式预算的编制办法和实施步骤，由国务院另行规定。[4] 所谓复试预算，是指在预算年度内，将全部财政收支计划通过两个或两个以上的计划表格来反映，即将全部财政收支按收入来源和支出性质不同，分别编成两个或两个以上的预算。复试预算的出现与政府开支大幅度增加特别是举借外内外债弥补赤字有直接关系。[5]

（3）编制预算的基本要求

根据《预算法》的规定，各预算编制机关在编制预算时，应当按照下列要求进行：（1）各级政府、各部门、各单位应当按照国务院规定的时间编制预算草案；（2）各级预算应当根据年度经济社会发展目标、国家宏观调控总体要求和跨年度

[1] 参见《预算法》第 27 条第 1 款。

[2] 参见《预算法》第 27 条第 2 款、第 3 款。

[3] 参见《预算法》第 4 章至第 8 章。

[4] 参见《预算法实施条例》第 20 条。

[5] 参见漆多俊主编：《经济法学》（第 3 版），高等教育出版社 2014 年版，第 258 页。

预算平衡的需要,参考上一年预算执行情况、有关支出绩效评价结果和本年度收支预测,按照规定程序征求各方面意见后,进行编制;(3)省、自治区、直辖市政府应当按照国务院规定的时间,将本级总预算草案报国务院审核汇总;(4)地方各级预算按照量入为出、收支平衡的原则编制,除《预算法》另有规定外,不列赤字;(5)省、自治区、直辖市依照国务院下达的限额举借的债务,列入本级预算调整方案,报本级人民代表大会常务委员会批准。举借的债务应当有偿还计划和稳定的偿还资金来源,只能用于公益性资本支出,不得用于经常性支出;(6)各级预算收入的编制,应当与经济社会发展水平相适应,与财政政策相衔接;(7)各级一般公共预算应当按照本级一般公共预算支出额的1%至3%设置预备费,用于当年预算执行中的自然灾害等突发事件处理增加的支出及其他难以预见的开支;(8)各级政府上一年预算的结转资金,应当在下一年用于结转项目的支出;连续两年未用完的结转资金,应当作为结余资金管理。各部门、各单位上一年预算的结转、结余资金按照国务院财政部门的规定办理。[1]

2. 预算的审核和批准

中央预算由全国人民代表大会审查和批准,地方各级预算由本级人民代表大会审查和批准。应当经过的审批程序有:

(1)初步审查。县级以上各级人民政府的财政部门应当在本级人大会议举行的一个月前,将本级预算草案的主要内容提交给本级人大常委会或其财经委员会或有关工作委员会进行初步审查。

(2)国务院在全国人民代表大会举行会议时,向大会作关于中央和地方预算草案以及中央和地方预算执行情况的报告;地方各级政府在本级人民代表大会举行会议时,向大会作关于总预算草案和总预算执行情况的报告。

(3)审查。全国人民代表大会和地方各级人民代表大会对预算草案及其报告、预算执行情况的报告重点进行审查。

(4)备案。乡、民族乡、镇政府应当及时将经本级人民代表大会批准的本级预算报上一级政府备案。县级以上地方各级政府应当及时将经本级人民代表大会批准的本级预算及下一级政府报送备案的预算汇总,报上一级政府备案;县级以上地方各级政府将下一级政府依照前述规定报送备案的预算汇总后,报本级人民代表大会常务委员会备案。国务院将省、自治区、直辖市政府依照前述规定报送备案的预算汇总后,报全国人民代表大会常务委员会备案。

(5)撤销。国务院和县级以上地方各级政府对下一级政府依照《预算法》第50条规定报送备案的预算,认为有同法律、行政法规相抵触或者有其他不适当之处,需要撤销批准预算的决议的,应当提请本级人民代表大会常务委员会审议决定。

---

〔1〕 参见《预算法》第31条至第42条。

(6)批复。各级预算经本级人民代表大会批准后,本级政府财政部门应当在20日内向本级各部门批复预算。各部门应当在接到本级政府财政部门批复的本部门预算后15日内向所属各单位批复预算。[1]

3. 预算的执行

预算的执行是指各级政府、各级财政部门、各部门、各单位在实现组预算收入和划拨预算支出中的实践活动。各级预算由本级政府组织执行,具体工作由本级政府财政部门负责。各部门、各单位是本部门、本单位的预算执行主体,负责本部门、本单位的预算执行,并对执行结果负责;预算经本级人民代表大会批准后,按照批准的预算执行;预算收入征收部门和单位,必须依照法律、行政法规的规定,及时、足额征收应征的预算收入。不得违反法律、行政法规规定,多征、提前征收或者减征、免征、缓征应征的预算收入,不得截留、占用或者挪用预算收入;政府的全部收入应当上缴国库,任何部门、单位和个人不得截留、占用、挪用或者拖欠;各级政府财政部门必须依照法律、行政法规和国务院财政部门的规定,及时、足额地拨付预算支出资金,加强对预算支出的管理和监督。[2]

4. 预算的调整

预算调整是指经全国人民代表大会批准的中央预算和地方各级人民代表大会批准的地方本级预算,在执行中因特殊情况需要增加支出或者减少收入,使原批准的收支平衡的预算的总支出超过总收入,或者使原批准的预算中举借内外债的数额增加的部分的变更。

根据《预算法》规定,各级政府对于必须进行的预算调整要编制调整方案,并报本级人民代表大会或人大常委会审查和批准,未经批准不得调整预算。地方各级预算的调整方案经批准后,由本级政府报上一级政府备案。[3]

5. 决算

决算是指国家对预算执行情况予以总结的活动。编制决算草案的基本要求是,必须符合法律、行政法规的规定,必须做到收支数额准确、内容完整、报送及时。

决算活动所需的法定程序是:(1)部署。对每一年度的决算工作,由财政部具体部署。(2)编制决算草案。各级、各部门、各单位在每一预算年度终了后按国务院规定的时间编制本级、本部门和本单位的决算草案。(3)审核。各单位的决算草案应当及时上报上级主管部门审核。(4)审定。各级政府财政部门编制本级预算草案,报本级政府审定。(5)审查和批准。各级政府审定本级决算后,要将本级决算草案提请本级人大常委会或人民代表大会审查和批准。(6)批复。各级政府

[1] 参见《预算法》第43条至第52条。

[2] 参见《预算法》第53条至第57条。

[3] 参见《预算法》第69条至第73条。

决算批准后,本级财政部门应当向本级各部门批复决算。(7)备案。各级地方政府应将已获批准的决算报上一级政府备案。(8)撤销。县级以上人民政府对下一级政府报送备案的决算,认为有同法律、行政法规相抵触的或有其他不适应之处,应当提请本级人大常委会审议决定撤销。[1]

三、国债法律制度

(一)国债法的概念和调整对象

国债法是调整在国债的发行、使用、偿还和管理的过程中发生的经济关系的法律规范总称。国债法的调整对象是在国债的发行、使用、偿还和管理过程中发生的经济关系,简称国债关系。其主要包括国债的发行关系、国债的使用关系、国债的偿还关系以及国债管理关系。国债的发行关系是因国债发行而产生的国家与其他相对应的权利主体之间的经济关系;国债使用关系是在国家将取得的国债收入进行使用的过程中发生的经济关系以及国债的权利主体在国债交易活动中发生的经济关系;国债偿还关系是国家偿还国债本息的过程中发生的经济关系;国债管理关系是在对国债流动的过程中发生的经济关系。

(二)国债法的具体制度

国债法的具体制度主要包括国债的发行、转让、偿还和管理。

1. 国债发行

国债发行是指国债出售与认购的法律行为。国债发行的重要问题是发行条件和发行方法。前者涉及国债种类、发行对象、数额、发行价格、利率、付息方式、流动性等内容;后者则关系国债能否顺利的发行。

国债的发行方法有:(1)直接发行法,即政府部门面向社会公众直接募集资金的国债发行方法。(2)间接发行法,即政府部门与金融机构协商国债发行条件,先由金融机构将国债全部承购,再由其向社会转售的国债发行方法。(3)销售发行法,即政府委托证券经纪人在证券交易所出售国债以取得资金的国债发行方法。(4)摊派发行法,即政府按发行条件中规定的应债主体来分配发行数额,或者用发行新国债来顶替现金偿还义务的国债发行方法。

2. 国债转让

国债持有者在必要时可以到国债流通市场转让国债。办理国债转让业务的中介机构主要是各类证券公司,转让方式主要有两种:(1)自营买卖,即由中介机构用自己的资金向国债出售人买入国债,然后再将其售出。(2)代理买卖,即由中介机构根据国债出售人或购买人的委托,按其指定的价格、数额和交易期限代其买卖国债。

3. 国债偿还

国债的偿还是国家依法定或约定,对到期国债还本付息的过程。偿还国债本

---

[1] 参见《预算法》第74条至第82条。

息的资金来源可以是预算盈余,或者是专门的偿债基金、预算拨款,也可以是借新债还旧债。在偿还方法方面,可以是直接由政府或其委托的金融机构进行偿还,也可以通过市场收购来偿还,还可以通过抽签等方法来偿还。

4. 国债管理

国债管理是为调控国债的规模、结构、利率等所采取的各种措施。它贯穿国债的发行、使用、偿还等各个环节,对于经济的稳定增长和社会安定都尤为重要。国债管理主要包括:(1)规模管理。衡量国债规模的相对指标主要是国债的依存度(国债发行额与国家财政支出之比)、国债的负担率(国债余额与 GDP 之比)、国债的偿债率(国债的还本付息额与 GDP 之比)。(2)结构管理。主要包括期限结构、利率结构、投资者结构等方面的管理。

四、政府采购法

(一)政府采购法的概念和特点

政府采购制度是规范政府采购行为的一项公共管理制度。政府采购也称公共采购,是指各级政府及其所属机构为了履行法定职责或者提供公共服务的需要,使用财政性资金,在政府采购监督管理部门和其他有关部门及社会公众的监督下,按照平等、自愿的原则,以合同的形式,通过法定的方法和程序有偿取得货物、工程和服务的行为。

政府采购主要有如下特点:(1)政府采购的资金来源为财政资金,具有明显的公共性;(2)政府采购的主体是依靠国家财政资金运转的政府机关、事业单位和社会团体;(3)政府采购的目的是给政府部门提供消费品或向社会提供公共产品,不具营利性;(4)政府采购具有严格的规范性,并通过专门立法规范这种行为。

(二)政府采购法的基本原则

1. 公开透明原则

政府采购的信息应向全社会公开,政府采购的所有工程应置于公众的监督之下。

2. 公平竞争原则

公平竞争原则有三个含义:一是普遍竞争,凡是符合条件的供应商都可参与竞争;二是规则统一,没有特权阶层存在;三是充分竞争,在制度设计时,要有利于竞争的彻底性和充分性的发挥。

3. 公正原则

公正原则主要是基于供应商相对于政府部门的弱势地位而言,主要有以下含义:(1)对所有供应商一视同仁;(2)政府采购必须按照法定以及事先约定的条件和程序进行,不得随意更改;(3)建立管理机构与执行机构分设的机制,让财政部门与执行部门各司其职、互相监督、互相制约;(4)要事先公开评标规则,赋予供应商质疑和投诉的权利。

4. 诚信信用原则

政府采购双方应本着诚实、守信的态度,履行各自的权利和义务,讲究信誉,实现承诺。

5. 社会公共利益原则

要充分发挥政府采购的宏观调控作用,以利于社会公共利益的实现。

(三)政府采购法的具体内容

1. 政府采购法的适用范围

《政府采购法》明确规定了政府采购法的适用范围:在中华人民共和国境内进行的政府采购。政府采购是指各级国家机关、事业单位和团体组织,使用财政性资金采购依法制定的集中采购目录以内的或者采购限额标准以上的货物、工程和服务的行为。[1]

(1)采购人当事人。政府采购当事人是指在政府采购活动中享有权利和承担义务的各类主体,包括采购人、供应商和采购代理机构等。采购人是指依法进行政府采购的国家机关、事业单位、团体组织;供应商是指向采购人提供货物、工程或者服务的法人、其他组织或者自然人;集中采购机构为采购代理机构,属于非营利事业法人,根据采购人的委托办理采购事宜。两个以上的自然人、法人或者其他组织可以组成一个联合体,以一个供应商的身份共同参加政府采购,以联合体形式进行政府采购的,参加联合体的供应商均应当具备《政府采购法》第22条规定的条件,并应当向采购人提交联合协议,载明联合体各方承担的工作和义务。联合体各方应当共同与采购人签订采购合同,就采购合同约定的事项对采购人承担连带责任。[2]

(2)采购项目范围。主要包括:①纳入集中采购目录以内的采购项目。属于中央预算的政府采购项目,其集中采购目录由国务院确定并公布;属于地方预算的政府采购项目,由省、自治区及直辖市人民政府及其授权的机构确定并公布。②集中采购目录以外在限额标准以上的采购项目。属于本部门、本系统有特殊要求的项目,应当实行部门集中采购;属于本单位有特殊要求的,经省级以上人民政府批准,可以自行采购。[3]

2. 政府采购方式和程序

政府采购采用以下方式:(1)公开招标;(2)邀请招标;(3)竞争性谈判;(4)单一来源采购;(5)询价;(6)国务院政府采购监督管理部门认定的其他采购

---

〔1〕 参见《政府采购法》第2条第1款、第2款。

〔2〕 参见《政府采购法》第14条至第24条。

〔3〕 参见《政府采购法》第7条。

方式。[1]

公开招标应作为政府采购的主要采购方式。公开招标要求招标人公开发布招标公告,所有符合条件的供应商公平参与竞争。政府采购项目以标准数额为标准,分为招标数额标准以上的采购项目和招标数额标准以下的采购项目。对于招标数额标准以上的采购项目,一律采用公开招标采购方式。

政府采购的基本程序主要包括:(1)采购项目批准阶段;(2)采购合同形成阶段;(3)采购合同管理阶段;(4)妥善保存采购文件。

3. 有关政府采购的质疑与投诉

《政府采购法》规定,供应商为了维护程序的公正性,保护应有的合法权益,对政府采购活动有疑问或对有关事项有异议的,可以依法向采购人询问或质疑。确有必要,供应商还可以向政府采购监督管理部门投诉,若对投诉处理结果不服,还可以申请行政复议或直接向人民法院提起行政诉讼。[2]

第二节 税收法律制度

一、税收的基本概述

(一)税收的概念和特征

税收是人民以要求并享受国家所提供的公共服务为目的,依法向征税机关缴纳一定的财产以形成国家财政收入,从而提供国家提供公共服务之需的一种活动。税收活动是国家参与社会产品分配和再分配的重要手段,国家征税的目的是提供公共物品,实现公共职能。税收杠杆是国家据以进行宏观调控的重要工具,税收收入是国家财政收入的最主要来源,税收的权利依据是国家的政治权力,税收的实现必须依法进行,而依法征税必须有确定的征收标准,同时又必然带有强制性。

税收的特征反映了税收与其他事物相区别的本质特点,是对税收概念的解析和深化。主要包括:

1. 国家主体性。国家是税收的主体,国家或政府在税收活动中居于主导地位,征税权只属于国家并由中央政府和地方政府来具体实现。

2. 公共目的性。税收作为国家提供公共物品的最主要的资金来源,注重以满足公共欲望、实现国家的公共职能为直接目的。

3. 政权依托性。税收须以政权为依托,它所依据的是政治权力而不是财产权利。只有依托政权才能有效实现资源从私人经济部门向公共经济部门的强制性转移。

---

〔1〕 参见《政府采购法》第26条第1款。

〔2〕 参见《政府采购法》第51条至第58条。

4. 单方强制性。税收并不取决于纳税主体的主观意愿或征纳双方的意思表示，而只取决于征税主体的认识和意愿。

5. 无偿征收性。国家征税既不需要事先支付对价，也不需要事后向各个纳税人作直接、具体的偿还。在国家与纳税人之间不存在私法意义上的等价有偿交换关系，同时，纳税人缴纳税款的多少与其可能消费的公共物品的数量亦无直接关系。

6. 标准确定性。税收的征收标准是相对确定的、稳定的，并体现在税法的课税要素规定中，从而使税收具有标准确定性、固定性。

（二）税收的种类

1. 以税负能否转嫁为标准，将税分为直接税和间接税。凡税法规定的纳税人与实际负税人为同一主体，纳税人直接承担税负而不能转嫁他人的税为直接税，如各种所得税和一般财产税。凡税法规定的纳税人与实际负税人为不同主体，纳税人只是间接承担税负而转嫁于他人的税为间接税，如各种商品税。

2. 以包括税收立法权、税收管理权和税收收入权在内的税权归属的不同为标准，将税划为中央税、地方税和共享税。凡是由最高国家权力机关或经其授权的机关进行税收立法，且税收管理权和收入支配权归属于中央政府的税收为中央税，也称国税。虽由中央立法，但税收管理权和收入支配权归属于地方政府的税收，为地方税，简称地税。其税收收入由中央和地方按比例分别享有的税收为中央与地方共享税，简称共享税。其中，自2018年6月15日开始，主要省、自治区、直辖市和计划单列市国税地税正式合并和统一挂牌，到7月5日，全国各市级国税局、地税局合并，535个市级新税务局集中统一挂牌并对外履行职责，再到7月20日全国县乡国税地税机构正式合并和统一挂牌，国税地税合并已经完成，并于当年8月进入第一个税收征纳期。

3. 以课税对象的不同，将税划分为商品税、所得税与财产税。商品税即以商品或服务在流通过程中形成的流转额为课税对象所征收的各个税种；所得税即以一定纳税期间内的纯收益为课税对象的各个税种，包括企业所得税和个人所得税；财产税即以法律规定的特定财产为课税对象所征收的各个税种。

4. 以计税标准为依据，将税划分为从量税与从价税。凡是按课税对象的一定计量单位规定固定税额的税为从量税。凡是以课税对象的价格为标准，按规定税率计算税额的税为从价税。以税收与价格的关系将税划分为价内税与价外税。凡税款包含在征税对象的价格之中的税为价内税，凡税款独立于征税对象的价格之外的税为价外税。

二、税法基本概述

（一）税法的概念和基本原则

税法是调整在税收活动过程中，国家、征税机关和纳税主体等各方当事人之间产生的税收关系的法律规范的总称。税法体系上体可分为税收实体法和税收程序法,税收实体法主要由各个税种法所构成,是一国税法体系的主体部分。税收程序法主要包括税收的征收管理、税收处罚和税收救济等方面的内容。

税法的基本原则是指在税收的立法、执法、司法、守法和法律监督等各个环节都必须遵循的基本准则。主要包括税收法定原则、税收平等原则和税收效率原则。

1. 税收法定原则。税收法定原则是指征税主体征税必须且仅依法律的规定,纳税主体必须且仅依法律的规定纳税。其具体内容包括如下三个部分:(1)税种法定。税种必须由法律予以规定,一个税种必相对应于一部税种法律,非经税种法律规定,征税主体没有征收权力,纳税主体不负缴纳义务。这是发生税收关系的法律前提,是税收法定主义的首要内容。(2)税收要素确定。税收要素须有法律明确规定。在某种意义上说,税收要素是税收关系得以具体化的客观标准。每个税收要素相对于税收法律关系的各个环节。(3)程序法定。税收法律关系中的实际权利义务得以实现所依据的程序性要素须经法律规定,且征纳主体各方均须依法定程序行事。

2. 税收平等原则。税收平等原则是指在税收法律关系的各方主体之间应当贯彻公平或平等的基本准则。主要包括如下三个层次:(1)税法的平等适用。它意味着不论是征税主体还是纳税主体,都应平等地适用税法。(2)税法的征税公平。包括横向公平和纵向公平两方面,前者是指经济情况相同、纳税能力相等的纳税人,其税收负担也应相等,后者是指经济情况不同,纳税能力不等的纳税人,其税收负担亦应不同。(3)税法的本质公平。税法的本质公平是指作为实质征税主体的国家,为什么要征税,或者说国家征税是否应该。

3. 税收效率原则。税收效率原则包括行政效率和经济效率两大方面。税收的行政效率是指应当以尽可能少的征收成本征收尽可能多的税款。税收的经济效率则是指税收应当尽量避免对于市场正常配置资源的基础机制和市场主体的竞争地位产生不当影响。

(二)税法的构成要素

税法的构成要素是构成税法的必要因素,是税法必不可少的内容。其主要包括税法的实体法要素和税法的程序法要素。税法的实体法要素是构成税收征纳实体法必不可少的内容,它决定征税主体能否征税和纳税主体的纳税义务能否成立。税法的程序法要素是作为保障税收征纳实体法有效实施的必不可少的要件。

1. 实体法要素

(1)税法主体

税法主体是在税收法律关系中享有权利和承担义务的当事人,包括征税主体和纳税主体两类。征税主体是国家,在具体的征税活动中,国家授权政府的职能部门来实际行使征税权。纳税主体又称纳税义务人,是依照税法规定直接负有纳税义务的自然人、法人和非法人组织体。

(2)征税客体

征税客体是指征税的直接对象或标的。根据征税对象性质的不同,可以将其分为商品、所得和财产三大类。

(3)税目与计税依据

税目与计税依据是对征税对象在质与量上的具体化。所谓税目就是税法规定的征税的具体项目。所谓计税依据,是指根据税法规定所取得的用于计算应纳税额的依据。

(4)税率

税率是应纳税额与计税基数之间的数量关系或比率。它是衡量税负高低的重要指标,是税法的核心要素;它反映国家征税的深度和国家的经济政策,是极为重要的宏观调控手段。税率可分为比例税率、累进税率和定额税率。

(5)税收特别措施

税收特别措施包括税收优惠措施和税收重课措施。前者以减轻纳税人的税负为主要目标,后者以加重纳税人的税负为目标。

2. 程序法要素

(1)纳税时间

纳税时间是指在纳税义务发生后,纳税人依法缴纳税款的期限,纳税期限可分为纳税计算期和纳税缴库期。前者说明纳税人应多长时间计缴一次税款,后者说明应在多长期限内将税款缴入国库。

(2)纳税地点

纳税地点是指纳税人依据税法规定向征税机关申报纳税的具体地点。它说明哪些人应向哪里的征税机关申报纳税以及哪里的征税机关有权进行税收管辖的问题。

三、税收征纳实体法

税收征纳实体法在整个税法体系中居于主体地位,有关税收征纳实体法规范在税收立法中是最为大量、最为全面的部分,从而构成了十分重要的税收征纳实体法律制度,它在实现税法的宗旨方面有着重要作用。具体包括商品税、所得税和财产税三个方面的法律制度。

(一)商品税法

商品税是以商品(包括劳务)为征税对象,以依法确定的商品的流转额为计税依据而征收的一类税。商品税主要包括增值税、消费税和关税。商品税是我国税收收入的主要来源,在整个税法体系中占有重要地位。

1. 增值税法

增值税是以应税商品或劳务的增值额为计税依据而征收的一种商品税。它是商品税中的核心税种,对于保障财政收入、避免重复征税,保护公平竞争等具有特别重要的意义。同时,国务院于2017年10月30日国务院第191次常务会议通过了《关于废止〈中华人民共和国营业税暂行条例〉的规定》,正式将营业税改为增值税。

(1)税法主体

在中华人民共和国境内销售货物或者加工、修理修配劳务(以下简称劳务),销售服务、无形资产、不动产以及进口货物的单位和个人,为增值税的纳税人。[1]

此外,从税法地位和税款计算的角度,增值税的纳税主体还可以分为两类,即一般纳税人和小规模纳税人。其中,后者是指年销售额在规定标准下,并且会计核算不健全,不能按规定报送有关增值税的税务资料的纳税主体,以及税法规定视同小规模纳税人的纳税主体。小规模纳税人以外的其他纳税主体,即为增值税的一般纳税人。

(2)征税范围

增值税的征税范围包括三个方面,即销售货物、提供应税劳务和进口货物。

销售货物包括:(1)一般销售,即销售有形动产包括电力、热力和气体;(2)视同销售,包括税法列举的各个项目,如销售代销货物,将自产的货物用于非应税项目;(3)混合销售,即一项销售行为既涉及货物又涉及非应税劳务的行为。

提供应税劳务,是指提供应当征收增值税的劳务,包括提供加工修理修配劳务。

进口货物在货物报关进口时,同样要征收进口环节增值税。

(3)税率

我国增值税的税率分为三档,即基本税率、低税率和零税率。

基本税率为17%,适用于一般情况下的销售货物、进口货物以及所有提供应税劳务的情况。

低税率为11%和6%,其中11%适用于以下情形:粮食等农产品、食用植物油、食用盐;自来水、暖气、冷气、热水、煤气、石油液化气、天然气、二甲醚、沼气、居民用煤炭制品;图书、报纸、杂志、音像制品、电子出版物;饲料、化肥、农药、农机、农膜;国务院规定的其他货物。6%适用于纳税人销售服务、无形资产情形。

零税率及税率为零,纳税人出口货物,税率为零;但是,国务院另有规定的除外;境内单位和个人跨境销售国务院规定范围内的服务、无形资产,税率为零。[2]

(4)增值税应纳税额的计算

纳税人销售货物、劳务、服务、无形资产、不动产(以下统称应税销售行为),应纳税额为当期销项税额抵扣当期进项税额后的余额。应纳税额计算公式:

应纳税额 = 当期销项税额 − 当期进项税额

当期销项税额小于当期进项税额不足抵扣时,其不足部分可以结转下期继续

---

〔1〕 参见《增值税暂行管理条例》第1条。

〔2〕 参见《增值税暂行管理条例》第2条。

抵扣。[1]

小规模纳税人发生应税销售行为,实行按照销售额和征收率计算应纳税额的简易办法,并不得抵扣进项税额。应纳税额计算公式:

应纳税额 = 销售额 × 征收率

小规模纳税人的标准由国务院财政、税务主管部门规定。小规模纳税人增值税征收率为3%,国务院另有规定的除外。[2]

纳税人进口货物,按照组成计税价格和《增值税暂行管理条例》第2条规定的税率计算应纳税额。组成计税价格和应纳税额计算公式:

组成计税价格 = 关税完税价格 + 关税 + 消费税

应纳税额 = 组成计税价格 × 税率[3]

(5)免征税收

下列项目免征增值税:农业生产者销售的自产农产品;避孕药品和用具;古旧图书;直接用于科学研究、科学试验和教学的进口仪器、设备;外国政府、国际组织无偿援助的进口物资和设备;由残疾人的组织直接进口供残疾人专用的物品;销售的自己使用过的物品。[4]

2.消费税法

消费税是以特定的消费品的流转为计税依据而征收的一种商品税。其实体法规范主要包括的内容是:

(1)主体

在中华人民共和国境内生产、委托加工和进口《增值税暂行管理条例》规定的消费品的单位和个人,以及国务院确定的销售该条例规定的消费品的其他单位和个人,为消费税的纳税人。[5] 此处的单位是指企业、行政单位、事业单位、军事单位、社会团体及其他单位。个人,是指个体工商户及其他个人。[6]

(2)征税范围

消费税的征税范围包括以下消费品:(1)烟;(2)酒;(3)高档化妆品;[7]

---

[1] 参见《增值税暂行管理条例》第4条。

[2] 参见《增值税暂行管理条例》第11条、第12条。

[3] 参见《增值税暂行管理条例》第14条。

[4] 参见《增值税暂行管理条例》第15条第1款。

[5] 参见《消费税暂行条例》第1条。

[6] 参见《消费税暂行条例实施细则》第2条第1款。

[7] 自2016年10月1日起,取消对普通美容、修饰类化妆品征收消费税,将"化妆品"税目名称更名为"高档化妆品",包括高档美容、修饰类化妆品、高档护肤类化妆品和成套化妆品,即生产(进口)环节销售(完税)价格(不含增值税)在10元/毫升(克)或15元/片(张)及以上的美容、修饰类化妆品和护肤类化妆品。

(4)贵重首饰及珠宝玉石;(5)鞭炮、焰火;(6)成品油;(7)小汽车;(8)摩托车;(9)高尔夫球及球具;(10)高档手表;(11)游艇;(12)木质一次性筷子;(13)实木地板;(14)电池;(15)涂料。[1]

(3)税率

消费税的税率包括两类,即比例税率和定额税率。

比例税率,按各个税目及子目的不同分别为:①烟:雪茄烟为36%,烟丝为30%。卷烟采取生产和批发环节的双重课税方式:在生产环节(含进口),甲类卷烟[每标准条(200支)调拨价格在70元(不含增值税)以上(含70元)的卷烟]为56%,乙类卷烟[每标准条调拨价格在70元(不含增值税)以下的卷烟]为36%。在批发环节,再加征5%的消费税。②酒:白酒为20%,其他酒为10%。③高档化妆品为15%。④贵重首饰及珠宝玉石:金银首饰、铂金首饰和钻石及钻石饰品为5%,其他贵重首饰和珠宝玉石为10%。⑤鞭炮、烟火为15%。⑥小汽车:气缸容量在1.0升(含1.0升)以下的为1%,1.0～1.5升的为3%,1.5～2.0升的为5%,2.0～2.5升的为9%,2.5～3.0升的为12%,3.0～4.0升的为25%,4.0升以上的为40%;中轻型商用客车为5%。⑦摩托车:气缸容量在250毫升的为3%,气缸容量在250毫升以上的为10%。⑧高尔夫球及球具和游艇为10%。⑨高档手表为20%。⑩木质一次性筷子和实木地板为5%。

定额税率。分别为:①烟:卷烟每支0.003元,与比例税率同时计征。②酒:白酒每500克或500毫升0.5元,与比例税率同时计征;黄酒每吨240元;甲类啤酒每吨250元,乙类啤酒每吨220元。③成品油:无铅汽油、石脑油、溶剂油、润滑油每升1.52元;柴油、航空煤油、燃料油每升1.2元。

(4)应纳税额的计算

消费税应纳税额的计算包括从价定率法、从量定额法和复合计税法等三种方法。

从价定率法:应纳税额=销售额×比例税率。

从量定额法:应纳税额=销售数量×定额税率。

复合计税法:应纳税额=销售额×比例税率+销售数量×定额税率。

销售额是纳税人销售应税消费品向购买方收取的全部价款和价外费用,它与作为增值税计税依据的销售额基本相同,不包括应向购买方收取的增值税税额。

3. 关税法

(1)纳税主体

关税的纳税主体是指负有缴纳关税义务的单位和个人。根据关税法的规定,进口货物的收货人、出口货物的发货人和进出境物品的所有人是关税的纳税人;接

---

〔1〕 参见《消费税暂行条例》——《消费税税目税率表》。

受委托办理有关手续的代理人也负有缴纳关税的义务。

(2)纳税范围

关税的征税范围,包括准许进出我国关境的各类货物和物品。其中,货物是指以贸易为目的而进出境的商品物资,主要以进口货物为主。物品是指非以贸易为目的,主要属于个人自用的进入关境的非商品物资,主要包括:入境旅客携带的行李和物品;个人邮递物品;各种运输工具上服务人员携带进口的自用物品;馈赠物品以及其他方式入境的个人物品。

(3)税率

我国关税法实行差别比例税率,将同一税目的货物分为进口税率和出口税率两类。

进口关税的税率。我国进口关税共设置了最惠国税率、协定税率、特惠税率、普通税率、关税配额税率、暂定税率和报复性关税税率7种税率。

出口关税税率。我国对出口货物一般免征关税,只对少数盈利较高或需要限制其大量出口的商品才征收一定数量的关税。

(4)应纳税额的计算

关税应纳税额的计算公式为:应纳税额 = 关税完税价格 × 税率。

关税完税价格是关税的计税依据,是指为计算应纳税额而由海关确定或估定的进口货物或物品的价格。

(二)所得税法

所得税是指以所得为征税对象并由获取所得的主体缴纳的一类税的总称。我国现行税法主要包括企业所得税法和个人所得税法。

1. 企业所得税纳税主体

在中华人民共和国境内,企业和其他取得收入的组织为企业所得税的纳税人。企业分为居民企业和非居民企业。居民企业,是指依法在中国境内成立,或者依照外国(地区)法律成立但实际管理机构在中国境内的企业。非居民企业,是指依照外国(地区)法律成立且实际管理机构不在中国境内,但在中国境内设立机构、场所的,或者在中国境内未设立机构、场所,但有源于中国境内所得的企业。个人独资企业、合伙企业不在此列。[1]

2. 企业所得税征税范围

(1)居民企业应当就其源于中国境内、境外的所得缴纳企业所得税。

(2)非居民企业在中国境内设立机构、场所的,应当就其所设机构、场所取得的源于中国境内的所得,以及发生在中国境外但与其所设机构、场所有实际联系的所得,缴纳企业所得税。

---

〔1〕 参见《企业所得税法》第1条、第2条。

(3)非居民企业在中国境内未设立机构场所的,或者虽设立机构场所但取得的所得与其所设机构、场所没有实际联系的,应当就其源于中国境内的所得缴纳企业所得税。[1]

3. 企业所得税税收优惠

企业的下列收入为免税收入:(1)国债利息收入;(2)符合条件的居民企业之间的股息、红利等权益性投资收益;(3)在中国境内设立机构、场所的非居民企业从居民企业取得与该机构、场所有实际联系的股息、红利等权益性投资收益;(4)符合条件的非营利组织的收入。企业的下列所得,可以免征、减征企业所得税:(1)从事农、林、牧、渔业项目的所得;(2)从事国家重点扶持的公共基础设施项目投资经营的所得;(3)从事符合条件的环境保护、节能节水项目的所得;(4)符合条件的技术转让所得。

符合条件的小型微利企业,减按20%的税率征收企业所得税。国家需要重点扶持的高新技术企业,减按15%的税率征收企业所得税。[2]

4. 企业所得税税率

企业所得税的税率为比例税率,分为一般税率和优惠税率两类五档。

一般税率包括居民企业、非居民企业取得非预提所得适用的25%和非居民企业取得预提所得时适用的20%两档税率。

优惠税率包括三档:(1)从事国家非限制和禁止行业,并符合条件的小型微利企业,减按20%的税率征税;(2)拥有核心自主知识产权,并符合条件的国家需要重点扶持的高新技术企业,减按15%的税率征税;(3)非居民企业取得预提所提时,减按10%税率征税。

5. 企业所得税应纳税额的计算

企业所得税的应纳税额为,应纳税所得额乘以适用税率,减除依照有关税后优惠的规定减免和抵免的税额后的余额。其计算公式为:应纳税额 = 应纳税所得额 × 税率 − 税收优惠额 − 税收抵免额。

应纳税所得额为企业所得税的计税依据,即纳税人每一纳税年度的收入总额减去准予扣除项目后的余额,其计算公式为:应税所得 = 收入总额 − 不征税收入 − 免税收入 − 法定扣除项目 − 允许弥补的以前年度亏损额。

6. 个人所得税纳税主体

《个人所得税法》按住所标准和时间标准,将纳税人划分为居民纳税人和非居民纳税人。

(1)居民纳税人。居民纳税是指在中国境内有住所,或无住所而在境内居住

---

[1] 参见《企业所得税法》第3条。

[2] 参见《企业所得税法》第26条、第27条。

满 1 年的个人,应承担无限纳税义务,即应就其源于中国境内外的所得纳税。

(2)非居民纳税人。非居民纳税人是指在中国境内无住所又不居住或无住所而在中国境内居住累计不满 183 天的个人,承担有限纳税义务,仅就其源于中国境内的所得纳税。[1]

7. 个人所得税的征税范围

个人所得税以个人取得的各项取得为征税对象。《个人所得税法》规定的征税范围包括:工资、薪金所得;劳务报酬所得;稿酬所得;特许权使用费所得;经营所得;利息、股息、红利所得;财产租赁所得;财产转让所得;偶然所得。

8. 个人所得税的税率

(1)综合所得,适用 3% 至 45% 的超额累进税率;

(2)经营所得,适用 5% 至 35% 的超额累进税率;

(3)利息、股息、红利所得,财产租赁所得,财产转让所得和偶然所得,适用比例税率,税率为 20% 。

9. 免征个人所得税情形

(1)省级人民政府、国务院部委和中国人民解放军军以上单位,以及外国组织、国际组织颁发的科学、教育、技术、文化、卫生、体育、环境保护等方面的奖金;

(2)国债和国家发行的金融债券利息;

(3)按照国家统一规定发给的补贴、津贴;

(4)福利费、抚恤金、救济金;

(5)保险赔款;

(6)军人的转业费、复员费、退役金;

(7)按照国家统一规定发给干部、职工的安家费、退职费、基本养老金或者退休费、离休费、离休生活补助费;

(8)依照有关法律规定应予免税的各国驻华使馆、领事馆的外交代表、领事官员和其他人员的所得;

(9)中国政府参加的国际公约、签订的协议中规定免税的所得;

(10)国务院规定的其他免税所得。[2]

10. 个人所得税应纳税额的计算

《个人所得税法》实行分项扣除、分项定率、分项征收的计征办法,其计算公式为:应按税额 = 应税所得额 × 税率。

(三)财产税法

财产税是指以特定财产为征税对象,由特定财产进行占有、使用或收益的主体

---

〔1〕 参见《个人所得税法》第 1 条第 2 款。

〔2〕 参见《个人所得税法》第 4 条。

缴纳的一类税。它的征税对象是特定财产，是一种直接税，税负不易转嫁，且在功能上与所得税相辅相成。

我国财产税的税种较多，主要包括：资源税、房产税、城镇土地使用税、耕地占用税、土地增值税、车辆购置税等。从我国财产税总体上来看，整个财产税的立法级次普遍较低，需要进一步完善和改革。

四、税收征纳程序法

税收程序法律制度主要包括税收征纳程序制度以及与其相关的各项程序制度。

在适用范围方面，《税收征收管理法》规定，凡依法由税务机关征收的各种税收的征收管理，均适用该法。[1] 由财政机关负责的农业税等税种的征管，参照该法的有关规定执行。由海关负责的关税、船舶吨税及海关代征税收的征管，依照法律、行政法规的有关规定执行。同时，《税收征收管理法》规定了税务管理制度、税款征收制度、税务检查制度。

（一）税务管理制度

税务管理是国家税务机关依据税法对税务活动进行的决策、计划、组织、协调和监督检查等一系列活动的总称。税务管理主要包括税务登记、账簿凭证管理和纳税申报三个环节。

1. 税务登记制度

税务登记，又称纳税登记，是纳税人在开业、歇业前以及生产经营期间发生有关变动时，在法定时间内就其经营情况向所在地税务机关办理书面登记的制度。税务登记分为设立、变更、注销、外出经营保险、停业复业和扣缴税款登记六种。

企业，企业在外地设立的分支机构和从事生产、经营的场所，个体工商户和从事生产、经营的事业单位（以下统称从事生产、经营的纳税人）自领取营业执照之日起 30 日内，持有关证件，向税务机关申报办理税务登记。[2] 从事生产、经营的纳税人，税务登记内容发生变化的，自工商行政管理机关办理变更登记之日起 30 日内或者在向工商行政管理机关申请办理注销登记之前，持有关证件向税务机关申报办理变更或者注销税务登记。[3]

2. 账簿凭证管理制度

账簿、凭证是纳税人记录生产经营活动，进行经济核算的主要工具，也是税务机关确定应纳税额，进行财务监督和税务检查的重要依据。纳税人、扣缴义务人按照有关法律、行政法规和国务院财政、税务主管部门的规定设置账簿，根据合法、有

---

〔1〕 参见《税收征收管理法》第 2 条。

〔2〕 参见《税收征收管理法》第 15 条第 1 款前段。

〔3〕 参见《税收征收管理法》第 16 条。

效的凭证记账，并进行核算。[1] 税务机关是发票的主管机关，负责发票印制、领购、开具、取得、保管、缴销的管理和监督。单位、个人在购销商品、提供或者接受经营服务以及从事其他经营活动中，应当按照规定开具、使用、取得发票。[2] 从事生产、经营的纳税人、扣缴义务人必须按照国务院财政、税务主管部门规定的保管期限保管账簿、记账凭证、完税凭证及其他有关资料。账簿、记账凭证、完税凭证及其他有关资料不得伪造、变造或者擅自损毁。[3]

3. 纳税申报制度

纳税申报是纳税义务发生后，纳税人按期向税务机关申报与纳税有关各类事项的一种制度。纳税申报既是纳税人履行纳税义务和扣缴义务人履行代扣代缴、代收代缴义务的法定手续，也是税务机关办理税收征收业务、核定应纳税凭证的主要依据。

纳税人必须依照法律、行政法规规定或者税务机关依照法律、行政法规的规定确定的申报期限、申报内容如实办理纳税申报，报送纳税申报表、财务会计报表以及税务机关根据实际需要要求纳税人报送的其他纳税资料。扣缴义务人必须依照法律、行政法规规定或者税务机关依照法律、行政法规的规定确定的申报期限、申报内容如实报送代扣代缴、代收代缴税款报告表以及税务机关根据实际需要要求扣缴义务人报送的其他有关资料。[4] 纳税人、扣缴义务人可以直接到税务机关办理纳税申报或者报送代扣代缴、代收代缴税款报告表，也可以按照规定采取邮寄、数据电文或者其他方式办理上述申报、报送事项。[5] 纳税人、扣缴义务人不能按期办理纳税申报或者报送代扣代缴、代收代缴税款报告表的，经税务机关核准，可以延期申报。经核准延期办理前述规定的申报、报送事项的，应当在纳税期内按照上期实际缴纳的税额或者税务机关核定的税额预缴税款，并在核准的延期内办理税款结算。[6]

(二) 税款征收制度

税款征收是指征税机关依法将纳税主体的应纳税款征收入库的各类活动的总称。它是税收征管工作的中心环节，也是全部税收征管工作的目的和归宿；其主要内容包括税款征收的方式、税额确定制度、纳税期限制度和税款征收保障制度等。

1. 税款征收方式

税款征收方式是指税务机关依照税法规定和纳税人生产经营、财务管理情况

---

[1] 参见《税收征收管理法》第 19 条。

[2] 参见《税收征收管理法》第 21 条第 1 款、第 2 款。

[3] 参见《税收征收管理法》第 24 条。

[4] 参见《税收征收管理法》第 25 条第 1 款、第 2 款。

[5] 参见《税收征收管理法》第 26 条。

[6] 参见《税收征收管理法》第 27 条第 1 款、第 2 款。

以及便于征收和保证国家税款及时足额入库的原则而采取的具体组织税款入库的方法。税务机关依照法律、行政法规的规定征收税款,不得违反法律、行政法规的规定开征、停征、多征、少征、提前征收、延缓征收或者摊派税款。[1] 主要有以下几种:查账征收、查定征收、查验征收、定期定额征收、代扣代缴、代收代缴、委托代征、自核自缴。

2. 税额确定制度

应纳税额的确定方式主要有两种。一是自行申报,是指原则上应根据纳税人的申报确定应纳税额,只有在纳税人为自动申报或申报不适当的情况下,才由征税机关再重新确定的方式。二是税收核定,是指纳税人的应纳税额完全根据征税机关的行政处分来加以确定的方式。

3. 纳税期限制度

纳税期限是纳税主体在税收征纳活动中履行纳税义务的期限。《税收征管法》规定,纳税人、扣缴义务人按照法律、行政法规规定或者税务机关依照法律、行政法规的规定确定的期限,缴纳或者解缴税款。纳税人因有特殊困难,不能按期缴纳税款的,经省、自治区、直辖市国家税务局、地方税务局批准,可以延期缴纳税款,但是最长不得超过3个月。[2]

4. 税款征收保障制度

税款征收保障制度主要体现在《税收征管法》中的税收保全制度,税收优先权制度,强制执行制度,税收代位权、撤销权制度等。

税收保全制度。欠缴税款的纳税人或者他的法定代表人需要出境的,应当在出境前向税务机关结清应纳税款、滞纳金或者提供担保。未结清税款、滞纳金,又不提供担保的,税务机关可以通知出境管理机关阻止其出境。[3]

税收优先权制度。税务机关征收税款,税收优先于无担保债权,法律另有规定的除外;纳税人欠缴的税款发生在纳税人以其财产设定抵押、质押或者纳税人的财产被留置之前的,税收应当先于抵押权、质权、留置权执行。纳税人欠缴税款,同时又被行政机关决定处以罚款、没收违法所得的,税收优先于罚款、没收违法所得。[4]

强制执行制度。从事生产、经营的纳税人、扣缴义务人未按照规定的期限缴纳或者解缴税款,纳税担保人未按照规定的期限缴纳所担保的税款,由税务机关责令限期缴纳,逾期仍未缴纳的,经县以上税务局(分局)局长批准,税务机关可以采取下列强制执行措施:(1)书面通知其开户银行或者其他金融机构从其存款中扣缴

[1] 参见《税收征收管理法》第28条第1款。

[2] 参见《税收征收管理法》第31条第1款、第2款。

[3] 参见《税收征收管理法》第44条。

[4] 参见《税收征收管理法》第45条第1款、第2款。

税款；(2)扣押、查封、依法拍卖或者变卖其价值相当于应纳税款的商品、货物或者其他财产，以拍卖或者变卖所得抵缴税款。税务机关采取强制执行措施时，对前述所列纳税人、扣缴义务人、纳税担保人未缴纳的滞纳金同时强制执行。[1]

税收代位权、撤销权制度。欠缴税款的纳税人因怠于行使到期债权，或者放弃到期债权，或者无偿转让财产，或者以明显不合理的低价转让财产而受让人知道该情形，对国家税收造成损害的，税务机关可以依照《合同法》第73条、第74条的规定行使代位权、撤销权。税务机关依照前述规定行使代位权、撤销权的，不免除欠缴税款的纳税人尚未履行的纳税义务和应承担的法律责任。[2]

(三)税务检查制度

税务检查，是指税务机关根据国家税法和财务会计制度的规定，对纳税人履行纳税义务的情况进行的监督、审查活动。税务检查是税收征管的重要内容，它既有利于严肃税收法纪，查处偷漏税和逃骗税等违法行为，确保税收收入足额入库，也有利于促使纳税人加强经济核算，提高经济效益。

税务检查的内容主要包括以下几个方面：(1)检查纳税人执行国家税收政策和税收法规的情况；(2)检查纳税人遵守财经纪律和财会制度的情况；(3)检查纳税人的生产经营管理和经济核算情况；(4)检查纳税人遵守和执行税收征管制度的情况，检查其有无不按纳税程序办事和违反征管制度的问题。

税务机关进行税务检查一般采用以下三种方法：(1)税务查账。税务查账是对纳税人的会计凭证、账簿、报表以及银行存款账户等核算资料所反映的纳税情况所进行的检查，是税务检查中最常用的方法。(2)实地调查。实地调查是对纳税人账外情况进行现场调查，如清仓查库、现场核对、合同验证、查验当事人或检举人等。(3)税务稽查。税务稽查是对纳税人的应税货物进行的检查。一般是通过在交通要道、车站码头、货物集散地和货物出入口设置税务检查站，对纳税人运输的应税货物办理报验手续的情况进行检查，以查缉偷漏税行为。[3]

【复习与思考】

1. 简述财政法的基本原则。
2. 简述政府采购法的基本原则。
3. 税收的概念和特征。
4. 税法的基本原则。
5. 税法的构成要素。

---

[1] 参见《税收征收管理法》第40条第1款、第2款。

[2] 参见《税收征收管理法》第50条第1款、第2款。

[3] 参见《税收征收管理法》第4章税务检查。

6. 简述我国增值税的主要内容。
7. 简述我国企业所得税的主要内容。
8. 简述我国个人所得税的主要内容。
9. 论述我国税收征纳程序法律制度。

以案释法：

税制变动期间的增值税调整

【案情】2018 年 9 月 20 日、2019 年 1 月 18 日，甲公司与乙公司相继签订两份钢材购销合同，后一份合同的有效期截至 2019 年 2 月 28 日。至 2019 年 3 月 26 日，乙公司共收到甲公司货款 24,221,439.21 元，已供应甲公司价值 19,654,108.43 元的钢材，并按 16% 税率给甲公司开具了增值税发票。剩余 4,567,330.78 元货款，乙公司在 2019 年 4 月 1 日之前尚未开具发票，亦未交付相应价值的钢材。2019 年 4 月 1 日，国家征收增值税的税率下调至 13%。2019 年 4 月 1 日之后，乙公司又收到甲公司货款，就连同之前余款 4,567,330.78 元，按甲公司要求交付了相应价值的钢材，并按 13% 税率给甲公司开具了增值税发票。甲公司起诉，要求乙公司赔偿其因开票税率错误导致的税款损失，以及未附随税率调低合同价款导致的价款损失。

【问题】甲公司的诉讼请求能否得到法院支持？

【解答】本案中甲公司的有关付款为乙公司的预收货款，增值税纳税义务发生时间为货物发出的当天，符合增值税法律规定。合同对双方何时履行纳税义务、何时履行交货义务并未约定，乙公司在增值税税率下调后按照 13% 税率开具发票，不违反合同约定和法律规定。同时，增值税税率并非买卖合同法律行为的基础性事实，且增值税税率由 16% 下调为 13% 不足以导致买卖合同赖以成立的基础丧失，也不足以导致当事人合同目的无法实现，不构成情势变更，合同中也无降税降价的约定。2019 年 4 月 1 日之后，甲公司按合同约定价格又陆续给付了乙公司预付款，故甲公司要求调减合同价格依据不足，其诉讼请求不应当支持。

【评析】增值税作为价外税，增值税税率下调带来的增量经济利益如何在交易双方之间分配，在税制变动时期尤为值得探讨。是否将之作为情势变更，重新调整合同价款，关乎税收利益分配格局。本案明确了增值税税率并非买卖合同法律行为的基础性事实，增值税税率调整也不足以导致买卖合同赖以成立的基础丧失，更不足以导致当事人合同目的无法实现，不构成情势变更。同时，增值税专用发票的开票时间以纳税人纳税义务的发生为时间节点，开具增值税发票时的税率变化并不影响当事人间合同的履行，因而当事人以实际纳税义务发生时的税率开具增值税发票并不违反合同。

参考文献

1. 张文显:《法理学》(第4版),高等教育出版社2011年版。

2. 魏振瀛主编:《民法》,北京大学出版社、高等教育出版社2000年版。

3. 杨立新主编:《中华人民共和国民法典释义与案例评注》,中国法制出版社2020年版。

4. 洪功翔主编:《政治经济学》,中国科学技术大学出版社2012年版。

5. [德]路德维希·艾哈德:《社会市场经济之路》,丁安新译,武汉大学出版社1998年版。

6. [德]罗纳德·巴赫曼、[德]吉多·肯铂等:《大数据时代下半场——数据治理、驱动与发展》,刘志则等译,北京联合出版公司2017年版。

7. 漆多俊主编:《经济法学》(第3版),高等教育出版社2014年版。

8. 漆多俊:《经济法基础理论》,法律出版社2017年版。

9. 李昌麒主编:《经济法学》(第3版),法律出版社2016年版。

10. 杨紫烜主编:《经济法》(第5版),北京大学出版社、高等教育出版社2014年版。

11. 徐孟洲主编:《经济法学原理与案例教程》(第3版),中国人民大学出版社2016年版。

12. 黄河、王兴运主编:《经济法学》(第2版),中国政法大学出版社2000年版。

13. 马工程教材编写组编:《经济法学》(第2版),高等教育出版社2019年版。

14. 张守文主编:《经济法学》(第2版),高等教育出版社2016年版。

15. 张守文主编:《经济法学》(第6版),北京大学出版社2014年版。

16. 王卫国、李东方主编:《经济法学》(第3版),中国政法大学出版社2016年版。

17. 邱本:《自由竞争与秩序调控——经济法的基础建构与原理阐释》,中国政法大学出版社2001年版。

18. 单飞跃:《经济法理念与范畴的解析》,中国检查出版社2002年版。

19. 华国庆、李胜利主编:《经济法学》(第2版),法律出版社2020年版。

20. 刘永宝、骆福林主编:《实用经济法教程》(第2版),首都经济贸易大学出版社 2011 年版。

21. 中国注册会计师协会编:《经济法》,中国财政经济出版社 2018 年版。

22. 徐孟洲、谭立:《金融法》(第 4 版),高等教育出版社 2019 年版。

23. 王秉乾:《比较票据法案例选评》,对外经济贸易大学出版社 2013 年版。

24. 周正庆主编:《证券知识读本》(修订本),中国金融出版社 2006 年版。

25. 叶林:《证券法》(第 4 版),中国人民大学出版社 2013 年版。

26. 徐昆:《保险理论与实务》,北京师范大学出版社 2010 年版。

27. 钟明:《保险学》,上海财经大学出版社 2011 年版。

28. 曾卫:《保险学》,人民出版社 2011 年版。

29. 张代军:《保险实务》,经济科学出版社 2007 年版。

30. 中国保险监督委员会保险中介监管部编:《保险中介相关法规制度汇编》,中国财政经济出版社 2006 年版。

31. 王迁:《知识产权法教程》(第 6 版),中国人民大学出版社 2019 年版。

32. 邵建东:《中国竞争法》,江西人民出版社 1994 年版。

33. 李昌麒、许明月:《消费者保护法》(第 4 版),法律出版社 2014 年版。

34. 李昌麒、应飞虎:《论经济法的独立性——基于对市场失灵最佳克服的视角》,载《山西大学学报(哲学社会科学版)》2001 年第 3 期。

35. 史际春、李青山:《论经济法的理念》,载《华东政法学院学报》2003 年第 2 期。

36. 徐孟洲:《经济法如何适应中国社会主要矛盾之变》,载《经济法论丛》2018 年第 1 期。

37. 邱本:《再论经济法的基本原则》,载李昌麒:《经济法论坛》第 2 卷,群众出版社 2004 年版。

38. 张守文:《在法治框架内加强和改善宏观调控》,载《人民日报》2016 年 9 月 13 日,第 7 版。

39. 张守文:《观察经济法的风险维度》,载《国际商报》2010 年 2 月 3 日,第 2 版。

40. 肖江平:《经济法定义的中国学术史考察——侧重于经济法调整对象》,载《北京大学学报(哲学社会科学版)》2012 年第 5 期。

41. 王艳林:《市场交易的基本原则》,载《政法论坛》2001 年第 6 期。

42. 罗昆:《鼓励交易原则的反思与合理表达》,载《政治与法律》2017 年第 7 期。

43. 王冰:《市场失灵理论的新发展与类型划分》,载《学术研究》2000 年第 9 期。